《润州年鉴(2024)》编审人员

主　　审　徐心田　徐　燕

主　　编　杨　坚

副 主 编　赵　翼　于彬彬　张　晋

编　　辑　施雨婷　蒋厚军　田　岽

封面题字　王明龙

2024 润州年鉴

总第22卷

镇江市润州区史志办公室编

方志出版社
Publishing House of Local Records

图书在版编目(CIP)数据

润州年鉴. 2024 / 镇江市润州区史志办公室编.
北京 ：方志出版社，2024. 9. —ISBN 978-7-5144-6310-1

Ⅰ. Z525.34

中国国家版本馆 CIP 数据核字 第2024337FL7 号

责任编辑:李丝雨
责任校对:张玉霞
责任印制:梅中英
出 版 者:方志出版社
地　　址:北京市朝阳区潘家园东里 9 号(国家方志馆 4 层)
邮　　编:100021
网　　址: http://www.zgfzcb.cn
发　　行:方志出版社图书营销中心(010-67110500)
印　　刷:安徽禾美文化产业发展有限公司
开　　本:889 毫米×1194 毫米 1/16
印　　张:16
字　　数:536 千字
版　　次:2024 年 9 月第 1 版
印　　次:2024 年 9 月第 1 次印刷
定　　价:280.00 元

2023年8月1日，中国共产党镇江市润州区第九届委员会第五次全体会议召开

2023年12月29日，中国共产党镇江市润州区第九届委员会第六次全体会议召开

城市经济

2023年1月29日，润州区城市经济高质量发展暨项目建设提升年大会召开

2023年3月3日，“春风十里　不如有你·家在润州”企业家恳谈会举行

2023年1月13日，官塘创新社区基础设施建设特许经营项目签约仪式举行

2023年6月28日，阿里云创峰会暨长三角（镇江）数字经济高峰论坛在润州举行，活动现场举行数字经济项目集中签约仪式

社会事业

2023年5月6日，润州区赴杭州举办"数智润州·启'杭'未来" 数字经济招商推介会

2023年6月21日，"山水古渡　自在润州"文旅企业交流恳谈活动举行

2023年3月，全国赛艇冠军赛在金山湖举行，来自全国18个省市代表队的498名运动员在金山湖划桨竞赛

2023年8月8日，在南山北广场开展“全民悦动　活力润州”全民健身日活动

2023年8月26日至9月17日，举办“润州明月夜”嗨GO生活节足球赛

2023年9月8日，润州区“躬耕教坛　强国有我”第39个教师节报告会举行

2023年7月，和平路街道护渔队在“2022年度长江流域渔政协助巡护”优秀队伍评选中荣获全国一等奖

润州便览 2023

【数字润州】

土地面积113平方千米
户籍总人口20.6858万人
7个街道　3个场圃
4个行政村　48个社区
地区生产总值300.05亿元
一般公共预算收入16亿元
全社会固定资产投资58.08亿元
社会消费品零售总额151.06亿元
外贸进出口总额23.2亿元
中小学18所
在校学生23685人
城乡基本社会保险覆盖率98%
城镇登记失业率1.40%
城镇常住居民人均可支配收入63354元
在岗职工年平均工资138993元

【辖区内风景名胜】

全国重点文物保护单位：镇江英国领事馆旧址、昭关石塔
全国重点寺庙道观：金山江天禅寺
国家重点风景名胜区：“三山”风景名胜区中的“金山”
国家AAAAA级旅游景区：金山公园
国家AAAA级旅游景区：镇江博物馆、南山风景区
国家级森林公园：南山国家森林公园
省级风景名胜区：南山风景名胜区、西津渡历史文化街区

【荣誉】

全国科技进步先进区
江苏省社会治安安全区
江苏省工会工作模范区
江苏省依法行政示范点
江苏省土地执法模范区
江苏省素质教育实验区
江苏省社区建设示范区
江苏省社区卫生服务先进区
江苏省卫生应急工作示范区
江苏省科普示范区
江苏省党建工作先进区
江苏省科技进步考核先进区
江苏省残疾人社区康复先进区

区政府所在地位于北纬32°11′42″、东经119°24′20″
地址：镇江市润州路5号
邮政编码：212005
政府网站：“中国·润州”（网址：http://www.runzhou.gov.cn）

《润州年鉴（2024）》主要机构（单位）简称全称对照表

简称	全称	简称	全称
区委办	中国共产党镇江市润州区委员会办公室	区经发局	镇江市润州区经济发展局
区人大委办	镇江市润州区人民代表大会常务委员会办公室	区教育局	镇江市润州区教育局
区政府办	镇江市润州区人民政府办公室	区科技局	镇江市润州区科学技术局
区政协委办	中国人民政治协商会议镇江市润州区委员会办公室	区民政局	镇江市润州区民政局
区纪委监委	中国共产党镇江市润州区纪律检查委员会 镇江市润州区监察委员会	区司法局	镇江市润州区司法局
区委组织部	中国共产党镇江市润州区委员会组织部	区财政局	镇江市润州区财政局
区委宣传部	中国共产党镇江市润州区委员会宣传部	区人社局	镇江市润州区人力资源和社会保障局
区委统战部	中国共产党镇江市润州区委员会统一战线工作部	区住建局	镇江市润州区住房和城乡建设局
区委政法委	中国共产党镇江市润州区委员会政法委员会	区城管局	镇江市润州区城市管理局
区法院	镇江市润州区人民法院	区交通运输局	镇江市润州区交通运输局
区检察院	镇江市润州区人民检察院	区水利局	镇江市润州区水利局
区委编办	中国共产党镇江市润州区委员会机构编制委员会办公室	区农业农村局	镇江市润州区农业农村局
区委巡察办	中国共产党镇江市润州区委员会巡察工作办公室	区商务局	镇江市润州区商务局
区级机关工委	中国共产党镇江市润州区委员会区级机关工作委员会	区文体旅游局	镇江市润州区文化体育和旅游局
区委老干部局	中国共产党镇江市润州区委员会老干部局	区卫生健康委	镇江市润州区卫生健康委员会
区委研究室	中国共产党镇江市润州区委员会研究室	区退役军人事务局	镇江市润州区退役军人事务局
区史志办	镇江市润州区史志办公室	区应急管理局	镇江市润州区应急管理局
区委党校	中国共产党镇江市润州区委员会党校	区审计局	镇江市润州区审计局

简　称	全　称	简　称	全　称
区行政审批局	镇江市润州区行政审批局	官塘桥街道	镇江市润州区官塘桥街道
区市场监管局	镇江市润州区市场监督管理局	宝塔路街道	镇江市润州区宝塔路街道
区统计局	镇江市润州区统计局	和平路街道	镇江市润州区和平路街道
区信访局	镇江市润州区信访局	金山街道	镇江市润州区金山街道
区文联	镇江市润州区文学艺术界联合会	韦岗街道	镇江市润州区韦岗街道
区工商联	镇江市润州区工商业联合会	南山街道	镇江市润州区南山街道
区侨联	镇江市润州区归国华侨联合会	官塘创新社区工委 官塘创新社区管委会	镇江市官塘创新社区工作委员会 镇江市官塘创新社区管理委员会
区总工会	镇江市润州区总工会	公安润州分局	镇江市公安局润州分局
团区委	中国共产主义青年团镇江市润州区委员会	自规润州分局	镇江市自然资源和规划局润州分局
区妇联	镇江市润州区妇女联合会	润州生环局	镇江市润州生态环境局
区残联	镇江市润州区残疾人联合会	区税务局	国家税务总局镇江市润州区税务局
区科协	镇江市润州区科学技术协会	民革润州支部	中国国民党革命委员会镇江市委员会润州区支部委员会
区红十字会	镇江市润州区红十字会	民盟润州支部	中国民主同盟镇江市委员会润州区支部委员会
区工贸总公司	镇江市润州区工贸总公司	民建润州基层委员会	中国民主建国会润州基层委员会
区供销合作总社	镇江市润州区供销合作总社	民进润州支部	中国民主促进会润州综合支部
区新闻中心	镇江市润州区新闻中心	农工党润州支部	中国农工民主党润州区支部委员会
区招商中心	镇江市润州区招商中心	致公党润州基层委员会	中国致公党润州基层委员会
区机关事务服务中心	镇江市润州区政府机关事务服务中心	九三学社润州委员会	九三学社润州委员会
七里甸街道	镇江市润州区七里甸街道		

总 目 录

目 录

特 载

大事记

润州概况

中共润州区委员会

润州区人民代表大会

润州区人民政府

政协润州区委员会

中共润州区纪律检查委员会 润州区监察委员会

民主党派·工商联

群众团体

法治·军事

经济管理

农业·水利

工业·服务业

商务经济

财政·税务

城乡建设·环境保护

教　育

科技·人才·卫生健康·文体

社会事业

街道·创新社区

附　录

索　引

以学促干重实践 攻坚提升勇争先 用实干实绩书写开局起步精彩答卷

——在区委九届五次全会上的讲话

区委书记 徐心田

（2023年8月1日）

同志们：

这次全会的主要任务是，高举习近平新时代中国特色社会主义思想伟大旗帜，深入学习贯彻落实党的二十大精神和习近平总书记对江苏工作重要讲话精神，坚定对标“在推进中国式现代化中走在前、做示范”的重大定位，坚决贯彻落实“四个走在前”“四个新”的重大任务，认真落实省委十四届四次全会、市委八届五次全会部署要求，牢记嘱托、感恩奋进，攻坚提升、奋勇争先，坚定走好高质量发展之路，全力完成争先进位目标和全年各项任务，用实干实绩书写开局起步精彩答卷。

根据区委常委会会议讨论的精神，我讲三个方面的意见。

一、深入学习贯彻习近平总书记重要讲话精神，以忠诚感恩之心始终沿着总书记指引的方向坚定迈进、奋勇争先

党的十八大以来，习近平总书记四次到江苏考察调研、两次参加全国人代会江苏代表团审议，充分体现了对江苏发展的高度重视和殷切期望。今年以来，习近平总书记1月份在江苏全票当选全国人大代表，3月份在全国两会上亲临江苏代表团参加审议并发表重要讲话，时隔4个月，在全省深入开展学习贯彻习近平新时代中国特色社会主义思想主题教育的关键节点，再次亲临江苏考察调研，是我省发展历史上具有里程碑意义的大事，为我们推进现代化建设提供了行动指南。全区上下要把习近平总书记这次重要讲话重要指示精神与历次对江苏、镇江工作的重要指示精神一体学习领悟、融会贯通理解，从坚定拥护“两个确立”、坚决做到“两个维护”的政治高度，深刻理解总书记交给江苏的重大政治任务和时代使命，准确把握其精髓要义、丰富内涵、实践要求，将之贯彻落实到全面推进中国式现代化润州新实践的全过程、各领域。

*（一）时刻牢记习近平总书记的期望关怀，以重要讲话精神为现代化建设指航定向。*要牢牢把握习近平总书记对江苏的新定位新要求，自觉融入全省、全市发展大局，以总书记重要讲话重要指示精神作为现代化建设的科学指引，以忠诚感恩之心切

实将总书记对江苏工作的认可和期望，转化为推动润州高质量发展走在前列的强大动力。**一要充分认识总书记重要讲话的重大政治意义。**习近平总书记在本次考察调研江苏过程中，亲自指导推进的一系列事关中国式现代化建设的重点问题、关键问题，都是着眼于强国建设、民族复兴的战略全局，要求江苏主动担当、作出贡献。我们要立足“两个大局”，心怀“国之大者”，深刻理解和把握总书记重要讲话重要指示的战略性、全局性、指导性意义，准确把握总书记关心什么、强调什么，要求我们做到什么，深刻领悟总书记要求江苏在推进中国式现代化中走在前、做示范的重大政治考量，确保党中央的各项重要决策部署在润州一贯到底、一抓到底。**二要充分认识总书记重要讲话的重大理论意义。**总书记这次到江苏考察，再次聚焦中国式现代化的重点领域作出深刻阐述，强调“中国式现代化关键在科技现代化”“建设中华民族现代文明，是推进中国式现代化的必然要求”“社会治理现代化是中国式现代化的重要内容”等。这一系列新的重大论断，从理论和实践相结合的角度，进一步深化和拓展了我们党对中国式现代化的认识，丰富了中国式现代化的理论体系，宣誓了我国深化改革开放、坚持自信自立的信心决心，必将有力指引我们更好地把中国式现代化这项历史伟业不断推向前进。我们要从中进一步深化理论认识自觉，全面把握中国式现代化的科学内涵和本质要求，率先行动、率先落实，将党的最新理论成果自觉主动落实到润州现代化建设各项实践当中。**三要充分认识总书记重要讲话的重大实践意义。**党的十八大以来，每逢关键时期、重要节点，总书记都会为江苏指航定向，提出的重大要求与江苏发展实际高度契合、精准到位，从建设“强富美高”新江苏，到“争当表率、争做示范、走在前列”，到进一步强调“在高质量发展上继续走在前列”，再到赋予江苏在科技创新上取得新突破，在强链补链延链上展现新作为，在建设中华民族现代文明上探索新经验，在推进社会治理现代化上实现新提升“四个新”的重大任务，总书记对江苏发展的要求既一以贯之又与时俱进，我们要坚定地沿着总书记指引的方向，结合润州实际，发挥自身特色优势，全力以赴在推进中国式现代化新实践中展现润州作为。

*（二）要深刻领会习近平总书记的擘画部署，将宏伟发展蓝图变为现代化建设生动实践。*习近平总书记考察江苏重要讲话重要指示，是总书记擘画强国建设、民族复兴宏伟蓝图在江苏的具体化。润州作为镇江的主城区，必须进一步强化主城担当，找准自身定位、瞄准奋斗目标、坚定发展信心，对标对表“四个新”重大要求，不断调整方向、校正偏差，持续放大优势、补足短板，努力谱写“强富美高”新润州现代化建设新篇章。**一要加快建设创新辐射带动的关键节点。**科技创新是总书记念兹在兹的“国之大者”，加快实现高水平科技自立自强，是推动高质量发展的必由之路。展望未来的润州现代化建设，要想在高质量发展中进一步开辟发展新领域新赛道、塑造发展新动能新优势，从根本上说必须依靠科技创新。作为全市创新功能布局的重要板块，我们要聚焦基础研究、应用研究、试验开发、产业升级等各个创新链条上的关键环节，不断“聚能”“释能”“赋能”，链接服务全区乃至市域产业发展的创新需求，真正把创新优势转化为支撑产业高质量发展的“坚实底座”。**二要加快建设产业融合升级的重要阵地。**产业链供应链是经济运行的重要基础，着力提升产业链供应链韧性和竞争力，对于推动高质量发展、塑造竞争新优势具有重要意义。我们要聚焦全市产业链强链补链延链的最突出需求，把合理提升先进制造业占比作为当前重点，着力打造数字经济和生产性服务业产业集群，统筹推进传统产业改造升级、新兴产业培育壮大，不断调优产业结构，为增强全市产业链供应链的韧性和竞争力作出更大贡献。**三要加快建设城市现代文明的重要窗口。**总书记站在中华民族伟大复兴和中华文明永续传承的战略高度，提出了“建设中华民族现代文明”这一恢宏的历史命题。润州自然禀赋优越、历史文化资源丰富，是展示镇江城市现代文明形象的重要窗口，要自觉把建设精神文明、繁荣发展文化事业作为现代化建设的战略性工程，加强对城市优秀文化资源的保护传承与创新发展，建好用好各类公共文化服务载体，凝结壮大以社会主义核心价值观为引领的优秀城市文化内核，以文化的影响力和感召力带动人民群众增强文化自信、焕发精神面貌，为中国式现代化崭新实践凝聚精神动力。**四要加快建设治理体系高效运行的示范片区。**良好的社会治理是实现社会和谐稳定、人民安居乐业的前提和保障，只有持续加强和创新社会治理，推动治理体系不断完善、治理能力不断提升，才能及时发现和有效应对矛盾风险，更好保障国家安全和人民安居乐业。我们要切实扛起责任，深入践行以人民为中心的发展思想，持续优化社会保障体系，充分发挥全域党建引领基层善治的经验优势，进一步扩大基层治理体系和公共安全体系的有效覆盖，共同构筑全域共建、长效共治、高效善治的平安主城区。

（三）要扎实践行习近平总书记的殷殷嘱托，以主题教育汇聚现代化建设强大动力。今年以来，习近平总书记在多次调研中先后对“以学铸魂”“以学增智”“以学正风”进行阐释，这次在江苏考察调研期间，对“以学促干”提出明确要求，为我们扎实开展好主题教育、激励广大党员干部干事创业指明了方向。对这四个方面的要求，我们要系统化领会、把握和落实，为即将开展的主题教育抓好前期预热、做好全面准备，坚持学思用贯通、知信行统一，进一步匡正干的导向、增强干的动力、形成干的合力，全力学出新状态、干出新业绩。**一要以正确政绩观引领干事创业导向。**把准“政绩为谁而树”的根本立场，将满足人民日益增长的美好生活需要作为工作的出发点和落脚点，用心用情解决群众牵挂的烦心事；要把准“树什么样的政绩”这一根本要求，始终坚持完整、准确、全面贯彻新发展理念，珍惜用好宝贵的发展资源，坚决杜绝“捡到篮子都是菜”的盲目冲动；要把准“靠什么树政绩”的根本路径，围绕党中央各项战略部署创造性作为，在高质量发展的轨道上科学作为，在守牢底线的前提下积极作为，真正做好打基础、利长远、见实效、创实绩的利民立本工作，创造出经得起实践、人民、历史检验的实绩。**二要以饱满精气神提高干事创业活力。**切实鼓足干事创业的精气神，做到恪尽职守、担当作为，迎难而上、敢于斗争。要灵活用好调查研究法宝，善于运用党的创新理论研究新情况、解决新问题、总结新经验、探索新规律；要善用改革思维推动事业发展，聚焦重大体制机制问题，加强改革系统集成、协同高效，以“敢为、敢闯、敢干、敢首创”的大胆探索和担当作为，推动重要领域和关键环节改革取得新突破；要坚持严管和厚爱结合，严肃整治拈轻怕重、躺平甩锅、敷衍塞责、得过且过等消极现象，旗帜鲜明为担当者担当、为负责者负责、为创新者鼓劲、为实干者撑腰。**三要以高效执行力确保干事创业成果。**要积极主动抓落实，紧紧围绕新时代新征程的中心任务，自觉将本地本部门工作放到全区发展的大局中考虑、谋划、推动，牢牢把握发展的主动权；要以钉钉子的精神抓落实，面对事关发展和人民群众根本利益的问题，始终迎难奋进、勇于攻坚，以敢于啃硬骨头、拔硬钉子的魄力解决实际问题，以锲而不舍、驰而不息的精神推动工作落地见效；要聚合众力抓落实，坚持系统谋划、整体发力，始终聚焦现代化建设目标任务，既各司其职、各负其责，又相互协同、合力攻坚，坚决有力推动党中央和省委、市委各项决策部署在润州落地落实、开花结果。

二、牢牢抓紧高质量发展首要任务，以担当实干之力推动高质量发展争得新位次、取得新突破

今年以来，全区上下坚持以习近平新时代中国特色社会主义思想为指导，认真贯彻落实党的二十大精神，攻坚克难、真抓实干，坚定不移推动各项事业高质量发展。上半年，全区地区生产同比增长4.4%，一般公共预算收入同比增长26.02%，社零总额同比增长15.2%，经济运行整体保持平稳向好态势，为实现全年目标任务奠定坚实基础。

（一）突出产业项目提升，全力巩固经济企稳回升向好势头。聚焦“项目建设提升年”部署要求和“121”项目建设目标，大力攻坚产业项目建设，9个市级重点产业项目已开工8个，30个区级重点产业项目已开（复）工18个。扎实推进官塘创新社区建设，邻里中心、显洋路、四平山路等6个基础设施项目全面启动、稳步推进。深入实施招商引资全域改革，举办数字经济杭州招商推介会等系列招商活动，全面激发项目招引活力，新签约中国节能（镇江）低碳科创园、网易（镇江）联合创新中心等亿元以上项目9个，总投资额61亿元。以阿里云创峰会等为载体搭建数字经济高端合作交流平台，数字城市建设、数字技术创新、工业自动化设计等关键领域项目加速落地，数字经济和实体经济深度融合取得新进展。精准发力促进消费需求回暖复苏，举办“润州请您”系列活动，拉动市场消费超3000万元。修订并出台《润州区鼓励支持旅游业发展的若干政策》，五一期间西津渡等重点景区接待游客数较去年同期增长10倍以上。举办2023招才引智“镇江日”（润州—南京航空航天大学）专场活动，申报国家级人才17人，入选省“双创计划”1人，申报市“金山英才”计划、“169工程”34人，爱才重才氛围进一步浓厚。持续打造“润州最滋润”营商环境服务品牌，制定《“润州最滋润”优化营商环境十条措施（2023年修订版）》，实施92家重点企业“两级挂包”服务，兑付各类涉企产业政策资金2893.8万元，新增留抵退税2267万元、出口退税1.23亿元。

（二）突出保障改善民生，有效推动群众共享改革发展成果。全力稳住就业增收民生基础，上半年新增城镇就业3251人，城镇居民人均可支配收入32662.7元，同比增长4.4%、位列全市第三，企业职工养老保险新增扩面1430人。扎实开展农村人居环境整治专项行动，各类问题整改完成率达97%，铁路沿线问题整改完成率达99%。生态环境质量持续提升，PM2.5年平均浓度同比改善3.5%，优良天数比率同比提升8.6%。高标准完成长江岸线违法占用项目清理整治，区护渔队荣获2022年度长江流域渔政协助巡护优秀队伍评比一等奖，为全省唯一。公共服务品质不断提升，远洋香奈城、国控大厦创成省级党建引领物业管理服务工作示范点。教育“双减”改革持续深化，相关经验在省推进义务教育“双减”研讨会上推广，区域科学教育案例获评省“双减”工作典型案例，全员成长导师制工作经验被江苏省报刊总社专题调研采访。公共卫生服务扩容提质，黎明社区卫生服务中心首诊制做法被《新华日报》专题报道，迎江路中心社区创成省级精神障碍社区康复服务示范点，卫生应急指挥中心等重点工程全面完成建设，突发性公共卫生事件应对处置能力得到进一步提升。

（三）*突出统筹发展安全，有力促进社会发展大局和谐稳定。*夯实基层治理基础，建成区域社会治理现代化指挥中心，“12345”政务服务热线省平台满意率保持在97%以上、综合排名全市第二，网格化治理体系整体运行效率进一步提升。坚决筑牢城市安全防线，聚焦13个重点领域开展安全生产专项整治巩固提升年行动，各类问题隐患整改完成率达94.9%，燃气安全、房屋安全、城区防汛排涝等重点领域安全形势持续稳定。深入推进法治润州建设，构建矛盾纠纷多元化解“四调联动”工作机制，589件苗头性、潜在性问题在基层一线有效化解。建立信访问题源头治理“三张清单”，实施项目化管理、清单式落实，化解群体性信访矛盾事项26件。未成年人保护“6+X”检社一体化应用模型获评2023年政法智能化建设智慧检务创新奖，“三位一体”多元联动化解行政争议工作模式获最高人民法院肯定、被省高院推广。

（四）*突出全面从严治党，坚定不移推进政治生态持续净化。*聚焦全区高质量发展大事要事，区领导牵头开展调查研究29项，各单位开展调查研究65项，大兴调查研究在全区蔚然成风。全域党建工作品牌知名度进一步提升，与浦东干部学院联合编写发行首部全域党建案例集，相关经验做法第6次登上浦东干部学院讲台，新就业群体党建案例获评第六届全国基层党建创新优秀案例，获省委组织部沈莹部长调研肯定。全面从严治党不断向纵深发展，深入开展十四届省委第三轮巡视联动巡察，扎实推进“润廉护航·清风助企”专项行动，“清风里”廉洁文化阵地建设受到市委书记马明龙充分肯定，2022年润州区政治生态监测评估结果较上年度上升2位。围绕庆祝建区40周年这一鲜明主题，举办“润州记忆”主题档案展等各类活动146场，全区干部群众干事创业凝聚力显著增强。

半年来，我们坚持全区上下一盘棋，区人大围绕中心、依法履职，区政协服务发展、建言献策，各民主党派、无党派人士、工商联和群团组织积极主动、争作贡献，广大党员干部立足岗位踏实肯干、创新作为，为高质量发展注入了强大动力！在此，我代表区委常委会，向在座同志们和全区广大党员干部群众表示衷心感谢！

新征程上，我们所处的内外部环境正在持续发生深刻变化，区域经济发展仍然面临新旧矛盾交织的复杂局面，例如：全区产业结构单一、制造业占比过低，产业发展水平整体还处于中低层次；创新空间与各类资源要素耦合程度不高、科技创新策源与转化整体能力不强；基层治理还存在机制不完善、治理手段和资源力量不足、公共服务供给不精准不到位等短板等等。对于这些问题，我们要切实提高思想认识，坚持问题导向，统筹做好稳增长、促改革、调结构、惠民生、防风险工作，全面提升推动高质量发展的能力水平。

下半年工作的总体要求是：**坚持以习近平新时代中国特色社会主义思想为指导，坚决贯彻中央和省委、市委决策部署，聚焦高质量发展首要任务，坚定信心、攻坚提升，担当实干、奋勇争先，持续巩固经济运行回升向好态势，确保完成全年经济社会发展目标任务，全力以赴推动高质量发展考核争先进位。**

*一是要聚焦“在科技创新上取得新突破”这一重大要求，不断积蓄高质量发展的强大动能。*围绕全链条创新要求，不断开辟发展新赛道，塑造发展新优势，进一步增强城市经济高质量发展潜力后劲。**要精准对接产学研用。**紧扣“双轮驱动”发展战略，分层分类吸纳技术创新企业、产学研合作平台等创新主体在楼宇内集聚。加快推进科技孵化载体“扩容强体”，引导镇江数字技术融合创新中心、“镇江东创社”众创空间等载体平台培育壮大在孵企业，力争新增市级以上科创平台2家、新引进孵化企业10家。突出企业创新主体地位，分领域组织企业赴外地院校开展产学研对接活动，持续深化企业与东南大学、南京航空航天大学、江苏海洋大学等高校院所的合作关系，全年举办10场对接活动。加大“研发费用加计扣除”“高企税收减免”等政策宣传落实力度，引导企业加大科技创新投入，力争全社会研发经费支出增幅超15%，新申报高企18家以上。**要紧紧抓牢“第一资源”。**聚焦主导产业，同步规划产业集聚和人才发展，按照“产业图谱”和“人才地图”组织开展“双招双引”活动，精准对接高校毕业生、高层次人才、创新项

目、创投资本。扎实做好“金山英才·润州专项”产业强区项目评选，完善人才项目制度管理，落实好《润州区高层次人才项目绩效管理办法》《金山英才·润州专项资金管理办法》，不断提升人才招引工作质效。加快培养引进发展急需人才，全年开展各类技能培训3000人次以上，新增各级专业技术人才800人以上，引进本科及以上人才1500人以上。**要打造优良创新生态。**不断丰富拓展企业创新融通对接渠道，推动大中小企业在技术创新、产品配套、市场开拓等方面深入合作。支持企业积极承担重大科技项目，新申报市级以上科技计划项目10项以上。构建“引育用留”全方位、全周期人才服务体系，定制个性化“落地服务”清单，为各类人才提供“一揽子”解决方案，用心用情解决落户、医疗、子女教育等后顾之忧。进一步优化西津渡人才示范街区功能，打造生活休闲好去处、商务交流好去处、文化体验好去处、创意孵化好去处，营造“近悦远来”的创新生态。

*二是要聚焦“在强链补链延链上展现新作为”这一重大要求，加快推动城市经济产业体系转型升级。*聚焦产业链关键环节，坚持调旧与育新并重、增量与提质齐抓，不断推进产业基础高级化和产业链现代化。**要矢志不渝主攻重大项目。**紧扣“产业项目建设提升年”目标任务，持续拓展项目增量，更加积极主动“走出去”加强招引对接，推动更多数字经济、科技服务领域“龙头型”项目、“链主型”企业签约落地，推动产业链式布局、集群发展。加快推动项目建设，进一步完善重大项目审批服务机制，建立健全项目攻坚问题协调、调度、跟踪、落实、销号全链条管理机制，以更大力度、更实举措，全力推进39个市、区重点产业项目建设，确保所有新建项目9月底前全部开工，全年完成23.26亿元产业投资目标。着力提升项目质效，跟踪做好建成项目、落地项目的后续服务，为重点产业、重点企业快速发展成长“保障护航”，尽快形成一批功能全面、效益突出的优质示范项目。**要高质高效建设一流载体。**以官塘创新社区为核心载体，有序推进联东、国网、和润、银信等重点项目建设，优化特许经营项目等基础设施配套，进一步提高园区项目承载力。梳理产业园区和闲置楼宇等载体手册，优化产业特色空间布局，实现楼宇资源精准对接、有效盘活，力争存量楼宇去化面积10万平方米以上。**要全力以赴壮大核心产业。**聚焦数字经济和生产性服务业两条“主赛道”，锚定做大增量、盘活存量、夯实基础、创建特色，制定完善“1+N”产业发展政策。持续推动生产性服务业和数字经济做大集群、做优质效，放大“省级生产性服务业集聚示范区”优势，有效补齐科技金融业态空缺、持续丰富金融服务范畴，加快推进金融高质量服务区建设；充分发挥阿里、瑞祥等企业带动效应，吸引一批数字经济优质企业落户，确保年内数字经济核心产业营收超70亿元。鼓励“首店经济”“夜间经济”等多种经济形态发展，支持市场主体联合开展更多内容多元、形式丰富的消费促进活动，着力提升城市消费活力和品质魅力。**要精益求精优化营商环境。**持续深化“放管服”改革，积极开展“减证便民”服务，推进企业跨区“一照多址”登记改革，实施娱乐行业“一业一证”试点，谋实更多有效举措确保营商环境评价指标提档进位。扎实开展润企大走访，加快培育更多“四上”单位入库，优化在库企业整体结构，提升经济研判分析工作的精准性、有效性。做好第五次全国经济普查，全面把握“润州家底”，为调整优化政策手段、完善提升对企服务提供科学的信息基础。

*三是要聚焦“在建设中华民族现代文明上探索新经验”这一重大要求，突出彰显山水人文城市的底蕴内涵。*坚持物质文明与精神文明协调发展，持续构建人与自然和谐共生的城市空间，不断厚植城市自然生态底色，滋养强大精神内核。**要持续深化精神文明建设。**围绕学习宣传贯彻党的二十大主线，扎实做好全区宣传思想文化工作，推动“贯彻二十大 奋进新征程”主题宣讲活动出新出彩出效，提升“理响润州”理论宣讲品牌在全市、全省的影响力。围绕庆祝建区40周年，开展“砥砺四十年　奋进新润州”高质量发展大会、“和润之地·数字之州”网络宣传等系列主题活动，展示润州良好形象。积极选树各领域各行业先进典型，加快全国、省、市道德模范培育，为群众性精神文明建设提供丰润道德滋养。常态化开展文明实践活动，坚决打赢全国文明城市创建战、保卫战。**要传承创新优秀传统文化。**深入推进历史文化街区及大运河文化带的保护利用，积极推进“苏派装裱技艺”等申报省级非物质文化遗产项目。用好直播、短视频、书籍、展览等多主体协同讲述传统文化故事，让润州文化在传承创新中绽放独特光彩。充分发挥省级全域旅游示范区品牌优势，积极争创省级文旅产业融合发展示范区，整合利用文旅驿站、文化剧场、非遗空间等城市文化资源，积极建设首批文旅融合新空间，推动文化资源与旅游经济协同发展。以金山文化艺术国际旅游节、长江国际音乐节等大型文体活动为“引流”热点，链接优质消费、餐饮、住宿服务资源，推动城市现代服务业与重点旅游景区、重要文

旅资源的“无缝对接”。**要持续擦亮自然生态底色。**继续抓好第二轮中央生态环保督察整改工作，深入实施“强化四铁作风，抓落实促整改”专项行动，加快各类突出生态环境问题整改“清零”。坚决有力推进“长江大保护”战略，高标准、高质量打好长江“十年禁渔”持久战，有序推动长江岸线生态修复和水生生物保护，切实守护好长江自然生态，展现大江秀丽风光。坚持精准治污、科学治污、依法治污，深入推进“蓝天、碧水、净土”三大保卫战，持续改善空气质量关键指标，坚决落实劣Ⅴ类水体治理工作任务，确保地表水断面水质优Ⅲ比例达到100%，重拳出击、源头打击固体废物非法倾倒，有序推进“无废城市”建设。**要全面提升城市形象品质。**常态化开展占道经营、废品回收行业整治等“城市顽疾”治理工作。高质量做好黄山小区、鱼巷片区等9个老旧小区、16.62万平方米改造工程，扎实推进13个垃圾分类省级达标小区和3个污水处理提质增效达标区建设，为企业生产、群众生活提供更优质的条件。深入推进农村人居环境和铁路沿线环境治理，对照“9月底全面见效”的目标，推动各类问题整改“见底清零”，迅速健全完善相关长效管理机制，因地制宜打造一批铁路沿线节点亮点工程，整体推动城乡环境由“整洁”向“亮丽”提升转变。有效开展“加强住宅小区物业管理、提升物业服务水平”行动，聚焦违法建设、毁绿种菜、车辆停放等管理痛点难点，创新物业管理举措，改进服务质量，进一步营造“和谐宜居”新社区景象。

*四是要聚焦“在推进社会治理现代化上实现新提升”这一重大要求，着力擦亮群众美好生活的幸福底色。*坚持以人民为中心的发展理念，扎实推进“回应民生关切·兜牢民生底线”解决民生实事“四大行动”“四大计划”，牢牢兜住民生保障底线，不断提升现代化治理水平与治理能力。**要持续优化基层治理体系。**加快健全区域社会治理现代化指挥体系，推动社会治安综合治理、综合执法指挥调度、网格化服务管理、12345事项办理等相关职能集中整合、联动运行，实现“扁平化指挥、可视化调度、合成化作战”运作模式。扎实推进“精网微格”工程，加强专兼职网格员队伍建设，全面构建“街道—村（社区）—网格—微网格—户”服务体系，理顺区级部门协调机制，畅通民意反馈渠道，切实提升服务群众的能力和水平。推进多元化解“一站式”平台建设，进一步增强基层应急处突能力，将更多矛盾纠纷吸附化解在基层一线，为现代化建设提供坚实法治保障和稳定发展环境。**要切实兜牢民生保障底线。**精准搭建企业与求职者对接平台，持续做好高校毕业生、农民工等重点群体就业帮扶，加大困难群体就业帮扶力度，“点对点”“面对面”推送岗位信息，促进人岗精准匹配，确保实现零就业家庭动态清零、全年城镇新增就业6600人以上。持续健全困境特殊群体生活保障机制，稳步提升特殊困难群体救助帮扶覆盖率。坚持把基础教育放在优先发展的战略位置，推动学前教育更加优质普惠、义务教育更加优质均衡，年内新创成2所省、市优质幼儿园，力争省优质幼儿园覆盖率达85%以上。不断完善基层医疗卫生服务体系建设，加快推进社区医院绩效分配制度改革，推动七里甸社区、黎明社区卫生服务中心创成社区二级综合医院，持续做好65岁以上老年人群管理服务和健康监测工作，进一步筑牢基层群众健康防线。**要有效提升城市安全水平。**全面落实总体国家安全观，健全完善重点领域协调机制，全域推行社会稳定重大风险清单管理制度，实现对各类风险的可知可控、精准防控。统筹重点行业专项整治和安全生产综合治理，以“时时放心不下”的责任感抓细抓实安全生产、食品安全、环境保护、债务金融、社会稳定等领域风险隐患排查整治，靠前排查整治地质灾害、老旧房屋、矿山尾矿库等存量风险，积极有效应对台风、暴雨、高温等各类季节性极端天气，坚决以高水平安全保障高质量发展。

三、持之以恒将全面从严治党向纵深推进，以守正创新之举推动高质量党建走在前、做示范

全面推进中国式现代化润州新实践，关键在党，关键在人。要深入学习领会习近平总书记关于党的建设的重要思想，全面落实新时代党的建设总要求，纵深推进全面从严治党，为完成全年各项工作提供坚强政治保障。

*（一）持续深化党的政治建设。*把“牢记嘱托、感恩奋进、走在前列”贯穿主题教育始终，按照“学思想、强党性、重实践、建新功”总要求，学习借鉴第一批主题教育先进经验，系统推进理论学习、调查研究、推动发展、检视整改，组织好融入一条研学线路等十个专项活动，打造百个服务阵地、选树千名先锋群像，开展好万名党员大联学，形成“十百千万”红色地图，真正把“规定动作”做到位、把“自选动作”做扎实，切实做到以学铸魂、以学增智。深入学习贯彻习近平总书记关于巡视工作的重要论述，把自觉接受、积极配合省委巡视作为当前最大的政治任务，将抓好巡视整改作为开展主题教育的重要内容，进一步彰显以学正风的良好成效，展现以学促干的润州担当，以巡视整改

的实际成效助推我区各项工作高质量发展。

（二）持续夯实组织体系功能。要全面增强基层党组织政治功能和组织功能，持续推动“五个基本”一体落实，开展党支部“对标提升”行动，通过“规范＋创新”两手抓，让党内政治生活的炉火烧得更旺；要树立鲜明的选人用人导向，充分发挥各年龄段干部优势，选优配齐各级领导班子；突出队伍能力素质提升，探索推进基层干部专业化体系建设，持续优化社工职业体系和选录管理，有效夯实基层工作力量。要加快提升党建引领基层治理水平，建强全域党建领导协调体制，健全党建质量标准化评估机制，深入推进党群服务中心三年提升行动，开展党建阵地“两聚两化”，强化网格党支部（党小组）建设，完善“吹哨报到、接诉即办”工作机制，确保基层真正管得了事、管得好事；坚持和发展新时代“枫桥经验”，探索党组织领导下引领群众自我管理、协商共治的有效方式，健全党组织领导的群团带动和社会参与机制，构建共建共治共享的基层治理新格局；持续打响“党旗‘镇’红、红润全城”党建品牌，打造更多党建集体、个体品牌，力争成为全国城市基层党建示范区、全省基层党建高质量发展样板区、全市基层党建考核优等生，不断扩大全域党建引领基层治理的引领力、影响力。

（三）持续优化转变工作作风。要把加强作风建设作为提升服务发展能力、锻造过硬队伍的重要抓手，大力弘扬实干精神，聚焦中国式现代化润州新实践中的经济建设、社会治理、民生服务等关键性问题，持续深入基层、深入群众开展调查研究，加强对调研课题完成情况、问题解决情况的督查督办和跟踪问效，切实把调研成果转化为解决问题、改进工作的实际举措。要把“四敢”精神转化为推进工作的强大动能，牢固树立“崇尚实干、注重实绩”鲜明导向，推动“三项机制”落地落实，严格做到“六个不能”“六个严防”（不能自以为是，严防站位不高、认识不清的方向性问题；不能妄自菲薄，严防悲观守摊、无所作为的躺平式问题；不能眼高手低，严防光唱高调、不抓落实的假把式问题；不能敷衍塞责，严防消极应付、得过且过的糊弄式问题；不能故步自封，严防生搬硬套、机械执行的教条式问题；不能高高在上，严防形式主义、指手画脚的官僚式问题），锤炼锻造敢闯敢干、担当作为的过硬作风；充分激发各类市场主体活力，全面营造“亲商爱商、尊企护企”浓厚氛围，激扬敢为人先的首创精神，营造舒心无忧的首创环境，在全区形成生机盎然、争先恐后的发展氛围。要把团结奋斗的时代要求贯穿到工作的全过程各方面，区人大、区政协要想群众所想、急群众所急，广泛听取和收集群众意见建议，将其转化为高质量的提案建议，推动解决人民群众急难愁盼问题；各民主党派、无党派人士、工商联和群团组织要进一步凝聚共识、增强信心，主动担当作为，提高履职尽责能力，大力引导社会各阶层投身现代化建设，凝聚起推动润州高质量发展的强大合力。

（四）持续强化正风肃纪反腐。要坚持严的基调不动摇，以“咬定青山不放松”的政治定力，加强对党中央和省委、市委决策部署落实情况的监督检查，锲而不舍落实中央八项规定精神，持之以恒纠治“四风”，聚焦产业发展、营商环境、安全生产等重点任务，推动14项政治监督项目落地落实。要坚持无禁区、全覆盖、零容忍，一体推进“三不腐”机制，深化对权力集中、资金密集、资源富集的关键领域、关键环节的腐败整治，围绕“1+1+X”专项整治任务清单，持续整治群众身边腐败和作风问题，推动以案促改、促建、促教。要深入推进廉政文化建设，抓紧抓实纪检监察干部队伍教育整顿，积极开展“六查六看”“三查摆三强化”行动，全面推动“润廉讲堂”、“青莲领航”行动、“五廉”工程提质增效，不断增强“润廉清风”文化品牌影响力，打造独具润州特色的廉洁文化矩阵。

同志们，新时代呼唤新担当，新征程更需新作为。让我们更加紧密地团结在以习近平同志为核心的党中央周围，高举习近平新时代中国特色社会主义思想伟大旗帜，上下同心、真抓实干，攻坚提升、奋勇争先，全力投身润州现代化建设和高质量发展事业，用实干实绩书写开局起步精彩答卷！

感悟思想伟力　展现实干担当
为答好“镇江很有前途”时代答卷贡献润州力量

——在区委九届六次全会上的报告

区委书记　徐心田

(2023 年 12 月 29 日)

这次全会的主要任务是，高举习近平新时代中国特色社会主义思想伟大旗帜，全面贯彻党的二十大精神和习近平总书记关于江苏工作重要讲话重要指示精神，认真落实中央经济工作会议、省委十四届五次全会、省委经济工作会议和市委八届六次全会部署，全面落实“四个走在前”“四个新”重大任务，加快推进中国式现代化润州新实践，为答好“镇江很有前途”时代答卷贡献润州力量。

下面，我受区委常委会委托，向全会报告工作：

一、高举旗帜、以学促干，用习近平新时代中国特色社会主义思想引领推动各项工作

今年以来，我们坚持把深入学习贯彻落实党的二十大精神、贯彻落实习近平总书记对江苏工作重要讲话重要指示精神和开展学习贯彻习近平新时代中国特色社会主义思想主题教育“三件大事”一体推进，作为贯穿全年工作的主题主线，区委常委会专题学习习近平总书记考察江苏重要讲话精神，先后 30 次学习习近平总书记关于各领域工作的重要讲话重要指示精神，召开区委九届五次全会，对标对表“四个新”重大任务，提出加快建设创新辐射带动的关键节点、加快建设产业融合升级的重要阵地、加快建设城市现代文明的重要窗口、加快建设治理体系高效运行的示范片区等一系列贯彻落实具体要求，动员全区上下以实际行动将宏伟发展蓝图变为现代化建设生动实践，引领推动各项工作扎实有效开展。预计全年地区生产总值增长 6.5%，一般公共预算收入增长 11.2%，社会消费品零售总额持续保持全市前列、同比增长 10.8%，各项事业发展取得了一系列新成效、新进展。

(一) 深学笃行，增智铸魂，坚定推进重大政治任务。稳步开展主题教育。以“六个优化”压紧压实“五责联抓”工作体系，突出县处级领导干部这一重点，区委常委会带头示范，严格规范开展读书班、大讨论等各项规定动作。全区 268 名党员领导干部扎实开展“三带三入”大学习，累计讲党课 462 场次。实施“六个一”、线上送学等举措，实现对 1090 名新兴领域党员、1842 名流动党员、936 名老年党员的广泛覆盖。深化调查研究“1+X”工作机制，整理形成 2 个正反面典型案例剖析材料、26 份调研报告，初步推动成果转化 41 项。深入开展“四下基层”，解答群众问题 356 个，现场办公解决安置房小区消防设施、老旧小区电动车棚等急难愁盼问题 20 多项。对照发展所需、群众所盼、民心所向的突出问题，检视形成县处级领导干部问题清单 35 条，制定整改措施 95 项并有序落实。主题教育相关做法被央视《新闻联播》及《新闻和报纸摘要》《中国组织人事报》等权威媒体关注报道。**始终胸怀“国之大者”。**坚定推进长江经济带发展战略，坚持不懈、久久为功抓好长江大保护，区护渔队荣获 2022 年度长江流域渔政协助巡护优秀队伍评比一等奖、为全省唯一。坚决扛起耕地保护重大责任，完成市下达整改目标的 150%。统筹推进生态环境保护各项重点任务，国考新河桥断面、省考京口闸断面水质平均浓度均稳定达到Ⅱ类水标准，PM2.5 年平均浓度持续降低至 33.8 微克 / 立方米，优良天数比率升至 78.4%，两项绝对值在全市 5 个国控站点中均排名第一。**扎实推进巡视整改。**高标准严要求配合完成省委巡视工作，省委巡视组反馈意见后第一时间成立整改工作领导小组，区委常委会、区委巡视整改工作领导小组先后召开 10 次会议，研究推进巡视整改工作，明确 96 项重点任务和 117 条整改措施，同步制定“长久立”的制度机制，推动巡视整改工作持续走深走实。

(二) 创新引领，深化转型，加快提升经济运行质效。**项目建设见实见效。**紧锣密鼓推进全市首个新型工业用地项目——联东 U 谷·官塘科技港项目，9月正式开工、当年完成封顶。官塘创新社区EOD项目入选省生态环境厅项目库，为全市唯一。净增“四上”企业110家，超额完成全年目标。招商体制改革初见成效，招商中心独立运行，“一中心十组”工作架构初步形成，成功举办“数智润州·启‘杭’未来”数字经济招商推介会等招商活动，全年签约中节能（镇江）低碳科创园等亿元以上项目14个，总投资额71.1亿元，分别增长20%、16%。**重点产业蓬勃发展。**大力推动数字经济和实体经济深度融合，搭建阿里云创峰会等数字经济合作交流平台，网易（镇江）联合创新中心项目正式开园，当年入驻企业26家，瑞祥“全球购”+“福鲤圈”线上线下数字智慧交融平台入选“2023数字江苏建设优秀实践成果”，数字经济核心产业营业收入达70亿元。传统产业技术创新水平再上新高，镇江建工建设集团有限公司荣获中国建筑工程质量最高奖——“鲁班奖”。**科技创新提档加速。**规上企业研发支出同比增长66.08%，冬云云计算、鼎峰信息技术2家单位分别入选省规划布局内重点软件企业和专精特新软件企业。新认定高新技术企业15家、净增8家，有效期内高新技术企业数达27家、增幅达42.1%。江苏海洋资源开发研究院——数智低碳院项目落地见效，以“校地企”合作共建助力科技成果转化。**消费市场繁荣活跃。**开展“润州请您”“润州明月夜”系列活动，有效拉动各领域消费需求稳定回升，全年限上批发业商品零售额232.88亿元、同比增长11.2%，限上零售业商品销售额80.1亿元、同比增长23.8%。**文旅融合势头正劲。**文化旅游产业融合持续加速，入选“长三角高铁旅游小城”，为全市唯一。入选省文旅厅第二批省级文化和旅游产业融合发展示范区建设单位、西津渡入选省最美公共文化空间打造对象。“古琴斫制技艺”等6个项目入选省级非物质文化遗产代表性名录和扩展项目名录。**营商环境持续优化。**举办“家在润州”系列政企交流会，开展2023年“润州最滋润”企业大走访活动，对92家“两级挂包”服务重点企业进行全覆盖深入走访，22项交办问题全部办结。

（三）坚守初心，务实为民，持续推动民生福祉改善。**高品质优化公共服务。**打造全市首批“家门口”就业服务站，预计新增城镇就业6600人，前三季度城镇居民人均可支配收入同比增长4.9%，城乡居民基本养老保险保障水平走在全市前列。实施基层医疗卫生机构绩效分配制度改革，激励促进基层医疗卫生机构运行质量提升，七里甸、黎明2家社区卫生服务中心顺利建成二级综合医院，黎明社区卫生服务中心通过五级中医馆创建验收，特色科室基层医疗卫生机构占比提高至85.71%。实施养老服务提升行动，新建2个居家养老服务中心，完成83户老年人家庭适老化改造、10个城市社区助餐点改造提升，为10544名高龄、经济困难失能老年人提供居家上门服务。医养融合打造“定制化”养老社区做法入选中国康养事业高质量发展优秀案例。教育“双减”区域科学教育做法获评省“双减”工作典型案例。**高颜值美化城乡环境。**全面推进民生实事“四大行动”，圆满完成宝盖山滑坡治理、东家庄小流域治理等9个重点城建项目。在全市文明城市创建7次测评中，成绩均名列前茅。在全市率先完成43项铁路沿线安全环境问题整改，高标准打造6个铁路沿线提升节点，沙地公园在全市考核中作为示范样板性工程。全面完成姚大圩等美丽乡村建设，开展4轮集中整治日活动，累计清理各类垃圾2800余吨。高标准完成国家级节水型社会达标县创建工作，打造大江东去观江平台，成为市民亲水休闲新“网红打卡地”。**高效能推进区域治理。**区域社会治理现代化指挥中心正式挂牌运行，各街道指挥中心建设有序推进。科学优化微网格设置，单个微网格平均覆盖户数从93户降低到72户，微网格员配备率达100%。区检察院特殊未成年人保护“6+X”检社一体化模型项目获评2023年政法智能化建设智慧检务创新奖。全力提升劳动矛盾化解成效，“能说惠道”调解工作室创成“省金牌劳动人事争议调解组织”。高标准建设运行“一站式”非诉讼服务中心，持续深化“9+2”诉前调解模式，有力推动司法服务与基层治理深度衔接。扎实推进信访突出问题攻坚，成功化解6件五年以上积案，稳妥处置“领诚国际”涉众型群体纠纷，社会安全稳定基础更加坚实。

（四）全面覆盖，一贯到底，纵深推进全面从严治党。**强化政治建设统领。**始终把党的政治建设作为根本性建设，坚持“第一议题”学习制度，出台《区委常委会关于坚决维护党中央权威和集中统一领导的规定》，把习近平总书记重要讲话重要指示批示精神和党中央决策部署贯彻落实情况作为督查首要任务，以“钉钉子”的精神推动落地生根。**凝聚时代奋进力量。**围绕学习宣传贯彻党的二十大精神主线，区领导带头开展宣讲会28场，各层各级开展各类宣讲活动336场。隆重举办建区40周年系列活动，市委书记马明龙亲临高质量发展大会并发表讲话，极大提振全区上下干事创业信心，汇聚社会各界对润州更多关心支持。**深化党建引领基层治理。**全面推进全域党建深化提升，系统总结全域党建经验成效，出版《全域党建——镇江市润州区城市基层党建创新探索案例》，在全省党建引领城市基层治理仙林现场会上作典型经验介绍，第6次登上浦东干部学院讲台，新就业群体党建案例获评第六届全国基层党建创新优秀案例。新增1名全省“百名示范”社区书记、2个省级“红色物业”示范点，相关做法先后被《人民日报》《学习时报》报道9次，获得省委副书记、组织部部长沈莹调研肯定。**持续推进正风肃纪反腐。**推进政治监督具体化精准化常态化，扎实开展安全生产、国有融资等领域专项监督，优化营商环境专项监督经验做法被《中国纪检监察报》报道。持续纠治“四风”，全年查处违反中央八项规定精神问题16起28人。深化反腐败斗争，全年立案98件，给予党纪政务处分58人，移送检察机关6人，挽回经济损失5100多万元。坚持以案促改，制发纪检监察建议11份，推动相关单位完善制度15项。深化“润廉清风”廉洁文化品牌建设，经验做法被中央纪委国家监委网站报道，区纪委监委被中央纪委国家监委新闻传播中心评为“2023年度报网宣传工作先进单位”。

一年来，区人大常委会围绕中心依法有效履行监督职责，创新开展“聚焦产业发展、聚力项目提升，推动润州经济高质量发展”专项工作，通过现场视察调研、听取汇报、专题会议等形式，有力推动重点项目落地建设。区政协认真履行民主监督职能，开展“助力民营经济健康发展、高质量发展”深度走访调研活动，对全区76家委员企业实现走访全覆盖，精心搭建政企沟通联系平台。大统战工作格局不断健全完善，和平路街道三茅一社区入选全省第三批“红石榴家园”，金山街道杨家门社区入选全省第二批民族团结进步示范单位。工会、共青团、妇联、文联、工商联、侨联、残联、科协等群团组织充分发挥桥梁纽带作用，主动服务大局，国家安全、党管武装、双拥、慈善、档案、红十字等各方面工作取得新的成效，为开创全区高质量发展新局面贡献了积极力量。在此，我代表区委常委会，向同志们一年来的辛勤付出表示衷心的感谢！

二、牢记嘱托、感恩奋进，以主城实干担当答好“镇江很有前途”大考答卷

2024年是中华人民共和国成立75周年，是完成“十四五”规划目标任务的关键之年，是融入全市发展大局、交出习近平总书记视察镇江10周年大考答卷之年，是润州“产业项目建设三年行动计划”决胜之年。我们要持续深化巩固主题教育成果，以习近平总书记关心关怀为不竭动力，更加自觉地牢记嘱托、感恩奋进，全面落实“四个走在前”“四个新”重大任务，充分展现润州主城担当，以实际行动答好“镇江很有前途”大考答卷——

*牢记嘱托、感恩奋进，要永葆忠诚之心，始终沿着习近平总书记指引的方向勇毅前行。*主题教育开展以来，我们把学思践悟习近平新时代中国特色社会主义思想作为贯穿始终的主题和主线，深刻把握精髓要义、丰富内涵、实践要求。认真学习贯彻习近平总书记关于江苏工作的重要讲话重要指示精神，从“在高质量发展上继续走在前列”，到“在推进中国式现代化中走在前、做示范”，再到“紧紧依靠人民把强国建设、民族复兴伟业不断推向前进”，深刻感悟习近平总书记对江苏发展的亲切关怀和殷殷厚望，有力贯彻落实到润州现代化建设的全过程各领域。我们要坚持标准不降、劲头不松，将学习贯彻习近平新时代中国特色社会主义思想作为一项长期任务、永恒课题，融入日常、抓在经常，真正用心把总书记的重要指示精神学习领会透，真正用心把总书记和党中央的决策部署贯彻执行好，真正用心把各项工作扎扎实实抓好，加快推动中国式现代化润州新实践，在“镇江很有前途”大考中展现润州新作为。

*牢记嘱托、感恩奋进，要坚持特色发展，走好适合润州的现代化特色发展之路。*综合研判国内外形势，外部不确定因素不容忽视，地缘政治风险上升，贸易保护主义和逆全球化抬头，全球经济有可能较长一段时期处于低谷徘徊的阶段。聚焦国内，我国经济具有巨大的发展韧性和潜力，经济回升向好、长期向好的基本趋势没有改变，生产供给平稳增长、市场需求边际改善、发展质效稳步提升、企业信心修复回暖特征明显。**总体上看，我们推动发展面临的外部环境战略机遇和风险挑战并存，面临的问题困难是前进中的问题、发展中的烦恼，面临的有利条件强于不利因素。**近日，中央经济工作会议、中央农村工作会议、中央金融工作会议、深入推进长三角一体化发展座谈会等重要会议相继召开，长三角一体化、长江经济带建设等多重国家战略机遇叠加下，区域之间基础设施互联互通、科技产业协同创新、公共服务共建共享，为我们创造了难得的机遇，提供了丰富的资源和便利的条件。特别是近期党中央对数字经济发展、金融服务实体经济作出的一系列重大部署，更为我们特色发展、追赶超越营造了更为有利的宏观环境。我们要进一步把握用好机遇，聚焦重点领域和关键环节强化优势、锻造长板，以加快推动生产性服务业集聚、加快提升数字经济创新能力、合理提升制造业占比，

更高质量推进实施“双轮驱动”战略为主要抓手，持续塑造竞争优势，走好润州特色发展之路。

牢记嘱托、感恩奋进，要树牢宗旨意识，始终把增进民生福祉作为推动发展的出发点和落脚点。12月3日，习近平总书记在盐城参观新四军纪念馆时强调，新四军的历史充分说明，民心向背决定着历史的选择，江山就是人民、人民就是江山。无论是历史发展的任何阶段、任何时候，无论前进道路是风高浪急还是惊涛骇浪，人民永远是我们最坚实的依托、最强大的底气。要始终把人民放在心中最高位置，始终与人民风雨同舟、与人民心心相印，用心用情用力守好“人民”这座“江山”。尽管目前我们发展质效还不够高，更高水平改善民生依然面临着一些客观困难，但我们抓发展的初心不能偏离。面对人民日益增长的美好生活需要，增进民生福祉不仅要解决“有没有”的问题，更要解决“好不好”的问题。我们要坚持尽力而为、量力而行，把有限资源用在刀刃上，精准推进更多惠民生、暖民心举措，着力解决好人民群众急难愁盼问题，在更高水平上实现民生“七有”，使人民群众的获得感、幸福感、安全感更加充实、更有保障、更可持续，不断把人民对美好生活的向往变为现实。

牢记嘱托、感恩奋进，要推动敢为善为，真正把习近平总书记的关心关怀转化为干事创业的澎湃动能。习近平总书记强调，要坚持真抓实干，激发全社会干事创业活力，让干部敢为、地方敢闯、企业敢干、群众敢首创。干部是党和国家事业的中坚力量，是推动高质量发展的关键所在。推动干部敢为善为，既是干部队伍建设的应有之义，更是关系到润州现代化建设成效的基础性、战略性因素，决定了我们推动发展的总体面貌和精神状态。踏上现代化建设新征程，我们既承载着光荣使命，也面临着诸多挑战，特别是在推进项目建设、深化重点改革、解决信访矛盾等关键领域，需要我们党员干部有扛重担、啃硬骨的毅力担当，有探新路、创新业的勇气本领，只有真正把敢为善为融入基因血脉，才能在现代化建设新征程上发挥冲锋在前、引领带动的关键性作用，才能形成地方敢闯、企业敢干、群众敢首创的浓厚氛围，共同创造出属于新时代的辉煌业绩。

基于上述认识和考虑，我们开展明年工作的总体要求是：**坚持以习近平新时代中国特色社会主义思想为指导，全面贯彻落实党的二十大精神和习近平总书记关于江苏工作重要讲话重要指示精神，紧紧围绕交出“镇江很有前途”时代答卷这条主线，坚持稳中求进、以进促稳、先立后破，完整、准确、全面贯彻新发展理念，全面落实“四个走在前”“四个新”重大任务，持续深化巩固主题教育成果，进一步感悟思想伟力、展现实干担当，抓好“产业项目建设决胜年”核心发展任务，巩固和增强经济回升向好态势，更好统筹发展与安全，加快推进中国式现代化润州新实践。**预期目标是：地区生产总值增长6%以上，一般公共预算收入、社会消费品零售总额、规上服务业增加值、数字经济核心产业产值占比等主要经济指标增幅达到或高于全市平均水平，居民收入增长与经济增长同步，完成市下达的生态环保、安全生产等方面的目标任务。具体要聚焦以下7个方面的重点工作：

一要聚焦提质增效，坚决打好项目建设“决胜战”。紧紧围绕“产业项目建设决胜年”各项目标任务，全面提升项目全流程服务质效，全力推动市、区重点产业项目“早开工、早建设、早竣工、早投产”。**项目推进上要着眼“产出效益”。**对即将落地的项目，倒排工期、挂图作战、强力攻坚，推动项目投入尽快转化为实际产出；对即将竣工、已经运行的项目，深入落实重大项目闭环式管理，持续跟踪项目推进情况，强化对投资强度、形象进度和产出效益的跟踪监测、动态考核，力促项目尽快投产达效；对已经形成实际产出的成熟项目，用足用好各级政策，做好关联企业和项目的引进，逐步构建从单一企业项目到集群发展的“一群多链、聚链成群”格局。**项目服务上要注重“质效提升”。**用好评估评审和风险研判机制，全面深入分析项目的政策规划符合性、投入产出收益水平、要素资源匹配度，对符合产业需求，但前期成熟度不够的项目，要深入分析研判、寻找突破路径、敢于担当决策，推动更多项目加快落地。优化项目全生命周期服务，建立囊括立项报规、可研评审、施工图审、开工竣工等各个重要节点的全流程服务路线图，充分优化推进流程、全力压缩弹性空间，让更多项目实现“拿地即开工”。**招商手段上要发挥“乘数效应”。**深化招商引资全域改革，建立与市属重点企业之间的招商联席会议机制，加强信息互通、招引联动。紧盯数字经济、金融服务、科技创新领域强化工作专班配置，选派对外懂项目、懂产业，对内善协调、抓落实的优秀干部，当好跟踪服务的“项目管家”。有效发挥产业园区和创新载体的资源优势，强化商会、乡贤、中介机构的链接作用，进一步提升以商招商、以企引企质量，力争全年招引亿元以上项目18个以上，总投资超80亿元。

二要聚焦战略引领，加快推动科技创新和产业创新融合。坚持围绕“双轮驱动”战略，加快推动创新链、产业链、人才链、资金链的深度融合，更大力度推进产业结构调整与主导产业升级。**强化创新驱动赋能**。着力打通“政产学研金介”合作链条，纵向积极争取各级政策支持，横向广泛链接各类资源，加大高新技术企业培育支持力度，通过行业峰会、产学研活动加强龙头企业、重点项目与创新平台、研究机构、重点高校的技术创新合作，培优做强孵化载体、科技中介等机构，推动更多技术创新成果快速应用到现有重点产业，力争全年新增省级以上创新载体1个，入孵创新企业数量增长15%，科技型中小企业增至60家、高新技术企业进一步增至32家。聚焦“双轮驱动”关键领域引才聚才，精准有效促进人才集聚和产业发展同频共振，力争入选国家、省级人才计划人数实现新突破，主导产业方向高层次人才引进占比达80%以上。高标准打造人才友好型主城区，以西津渡人才友好示范街区为带动，推动更多优质服务资源“集成式”“下沉式”供给，进一步提升人才创业安居的环境温度。**加快产业集聚升级**。持续释放数字经济引领示范作用，鼓励阿里云（镇江）创新中心、网易（镇江）联合创新中心等重点企业强化技术创新攻关，加快导入大数据、人工智能领域的生态链企业，吸引导入产业链目标主体100家以上。加强与全区主导产业、全市“四群八链”实体经济的融合链接，催生更多新应用、新业态、新模式，为全市加快形成新质生产力、推进新型工业化提供润州数字力量。进一步提升以瑞祥集团为代表的数字服务平台发展质效，积极建设跨境电商产业园区，力争吸引跨境电商市场主体30家以上，创成市级中小企业公共服务示范平台5家、省级中小企业公共服务示范平台2家，数字经济核心产业营业收入超85亿元。加快提升金融服务实体质效，深入贯彻落实“金融要为经济社会发展提供高质量服务”的重大要求，聚焦高水平建设“镇江市金融中心”这一目标，制定发布《润州区金融服务业集聚区发展规划》，优化促进金融业高质量发展专项政策，依托优质载体加快打造金融特色产业楼宇，不断丰富保险、证券、股权投资、科创金融等各类金融服务业态，面向科技创新、智能制造和中小微企业提供及时精准的融资服务，力争普惠性金融提质扩面。开展企业上市培育服务工作，精准有效做好建科集团、瑞祥集团、冬云云计算等重点企业的上市辅导，力争年内实现辖区企业上市“零的突破”。**激发新型消费潜能**。持续提升“润州请您”“乐享润州　嗨GO生活节”系列消费活动影响力，联合“吃住行、游购娱”重点消费场所开展沉浸式体验式消费促进活动，有序推动全区“标准化菜市场”改造升级，积极打造西津渡商文旅消费集聚区，以品质升级、感受提升进一步促进传统消费需求增长。按照“上限企业抓入统、近限企业抓培育”的原则，深入细致抓好限上消费服务企业的联系服务工作。支持重点消费企业“联合上线”“抱团直播”，通过各类知名电商平台拓展业务渠道、扩大本地特色产品影响力。

三要聚焦核心载体，增强官塘创新社区发展带动作用。紧紧围绕市委、市政府对园区“主阵地、主战场”的定位，认真落实“园区建设提升年”部署要求，加快推动官塘创新社区基础配套体系完善和产业承载能力提升，强化产业带动能力和创新引领作用。**优化拓展产业发展空间**。以EOD项目为主抓手，聚焦联东U谷·官塘科技港、中节能（镇江）智慧创新中心等重点项目需求，加快推进宜城大道、显洋路、官山路、四平山路等基础设施建设，集中完善周边公共服务功能配置。有序推进凤栖湖生态湿地修复等3个生态环境治理类项目，谋划建设社区服务中心、住宿餐饮等18个生活性、生产性配套，打造更加优质的创新创业条件和生产生活环境，展现“山水花园名城样板区”的高水平建设形象。**着力提升产业承载能力**。贯彻市委、市政府“资源要素主要投向开发园区”的鲜明发展导向，全力保障创新社区各类发展要素。细致研究346国道沿线自西向东、环山路以东地块等产业用地的整理、上市准备工作，全面拉开创新社区建设发展框架，形成成熟一块、推出一块、发展一块的“组团式”开发模式，坚决保障创新社区项目的落地需求，努力让“土地等项目”成为常态。**持续深化体制机制创新**。将创新社区作为招商引资机制改革的“先行区”“示范点”，聚焦项目建设、招商引资核心任务，强化力量整合配备，打造专职化、专业化的招商引资工作队伍。择优整合官塘桥街道、南山街道的经济工作力量充实到创新社区发展建设中，选派经发、商务、自规等重要职能部门的专业干部“点对点”联系服务创新社区，建立与市级部门“直通式”联系机制，形成项目专班运行的实质性经验模式。

四要聚焦深化改革，稳妥推进重点任务落地落实。紧盯重点改革领域和重大改革事项，以打通关键性体制机制“堵点”为关键，持续释放改革活力。**稳妥有序完成机构改革**。认真贯彻落实党中央、国务院关于本轮机构改革的重要部署，深刻领会党中央关于推动科技创新、社会治理、数字赋能、产业升级方面的一系列重大要求，严格对照各项原则规定推进机构设置、职能调整、编制调配、机制优化等各项改革任务，构建更加适应现代化一流主城区建设需要，更加适应推动高质量发展需要的党委政府机构职能体系。**坚定深化国有企业改革。**深入实施国企改革深化提升行动，完善区属国有企业内部运行管理架构，加快推动土地整理、房地产开发、代建施工、城市服务、金融投资等各领域业务资源系统整合。要进一步厘清主责功能和主业标准，将区属企业主业控制在3个左右，聚焦重点积极稳妥推进业务转型布局，持续推动国有资本资源向重点领域、优势领域集中。加快建立完善现代化企业管理制度体系，突出企业党委把方向、管大局、抓落实的领导作用，健全各项内部管理制度机制，强化落实执行刚性，切实提升企业内部治理水平，通过市场化经营业绩考核推动实现“减员增效”的改革目标。要强化日常监管运行，建立以党内监督为主导，纪检监察监督、巡察监督、审计监督、社会监督等各类监督贯通协同的监督体系。**加强各类政策举措协同。**认真研究、有力贯彻国家、省、市各类政策措施，积极主动帮助辖区市场主体、创新主体争取政策利好。要聚焦高质量发展总体目标和核心任务，针对性加强政策预研储备，保证靠前发力；要保持政策执行刚性和新老政策的延续性，保证政策环境稳定可预期；要注重政策的组合性、协同性、精准性，做好取向一致性评估，保证各项经济政策有机结合，进一步推动经济、民生、环保、安全等各领域政策举措同向发力。

*五要聚焦绿色发展，着力擦亮江河水韵文化名片。*牢固树立和践行绿水青山就是金山银山的理念，充分发挥润州江河交汇、山水交融的自然人文资源禀赋优势，打造人与自然和谐共生的润州生动实践案例。**持续擦亮生态底色。**坚定抓好“长江大保护”，通过党建引领、跨域联动、联合执法坚决打好“十年禁渔”持久战。以南山周边片区，北部滨水片区，长江路、京江路沿线为重点，加快发掘绿色生态价值，推动生态保护与经济发展良性互动。深入实施《润州区生态文明建设规划（2023—2030）》，开展省级生态文明示范区创建工作。以更高标准做好入河（湖）排口、问题水体、国（省）考断面周边巡查整治，加快推进“333”工程二期竣工验收和三期开工建设，做好运粮河润州段、八公洞水库除险加固工程，保证国、省考断面水质平均浓度达到或优于Ⅲ类水标准，推动水环境质量稳定改善。坚持精准治污、科学治污、依法治污，聚焦扬尘管控、尾气污染、微环境管理开展重点攻坚，推动空气质量稳中向好，保证重点生态环境指标继续保持在全市前列。加强建筑垃圾、生活垃圾、农业农村废弃物等固体废物源头减量和资源化利用，有序推进“无废城市”建设。**精细描绘文史脉络。**依托长江国家文化公园建设，充分展现润州段流域特征、历史文化发展特色。加大历史文化资源挖掘、保护、传承力度，做深非遗文化、渔文化和街巷文化研究，科学布局小剧场、文旅驿站、非遗守望空间、艺术转角等城市文化阵地，完成区文化馆搬迁和银山门街巷文化提升项目。更大力度做好《润州渔业史话》《润州街巷史话》等优秀文化作品的创作推广，讲好润州历史文化故事，让优秀传统文化“活起来”。深入推进新时代文明实践中心建设，持续做好“润心”系列文化品牌，让全区人民享有更为丰富、更高质量的精神文化生活。**深入推动文旅融合。**放大“省级全域旅游示范区”“省级文旅消费示范单位”品牌效应，加快推进“省级文旅产业融合发展示范区”建设。要以文旅大项目建设为抓手，更高质量推动文旅融合发展、文化产业发展。要做好“化零为整”文章，串联山、水、文、景特色精品线路，构建人文名城、文心研学、生态康养、休闲乡村、亲子乐园、夜间文旅等“六大产品体系”，完善沉浸式演绎、互动式体验、夜间光影秀、文创产品等业态供给，打造更多文化旅游IP和“网红打卡地”，持续提升文旅公共服务基础设施建设和特色定制服务，更大程度释放“文旅休闲目的地城市”的吸引力。

*六要聚焦群众关切，持续改善提高人民生活品质。*牢固树立以人民为中心的发展思想，聚焦民生“七有”增进福祉，扎实推进十大民生实事项目，认真落实“四大计划”重点任务，共同绘就高品质生活的民生画卷。**加快公共服务提档升级。**加大援企稳岗、就业帮扶力度，做好困难人员就业援助，加大青年就业见习岗位开发，不断拓展就业渠道。有序推进低保等社会救助扩围、提质、增效，兜住兜准兜好困难群众基本生活底线。优化社区居家养老服务，持续开展特殊困难老年人家庭适老化改造，推进6个城市社区助餐点改造提升等服务项目，实现“从有到优”的服务升级。落实健康便民惠民服务举措，持续开展优质服务基层行活动，推进基层市级特色科室全覆盖。进一步深化教育“双减”成果，加大优质教育资源供给，全面提升教育教学质量，促进学生全面发展与健康成长。**分类施策推进片区开发。**以“金山福照地、烟火三茅宫”为特色定位，稳步推进三茅宫片区开发，重点实施戴家圩等地块整理，统筹谋划何家湾地块等小片区小地块开发建设，同步优化补足周边文化娱乐、养

老托幼、社区服务等公共服务设施。结合先行试点经验，同步开展同德里、大西路等老城区片区开发的研究规划工作。扎实推进12个片区18.99万平方米老旧小区改造工程，稳步推动6处12栋危房解危，做好安置房物业移交、老旧小区改造后物业跟踪管理，全面焕新老城街区面貌，力争年内创成1—2个省级宜居示范居住区。**维护市容市貌“常治”“常新”**。聚焦提升城市形象，巩固铁路沿线安全环境综合整治成效，重点实施朱方路、南山路等街景整治，实施茶砚山新村、山林苑、金湖社区等口袋公园建设。开展市容环境整治行动，持续推进生活垃圾分类，高质量完成文明城市复审“大考”任务。**积极统筹城乡融合发展**。树立大农业观大食物观，守住耕地保护红线和粮食安全底线，不断提升特色农业发展水平、乡村建设水平、乡村治理水平。学习运用“千万工程”经验，积极推进韦岗村红色美丽村庄试点建设工作，加快推动协鑫电网侧储能等项目落地。抓好秀山路、菊花山路等农路规划建设，稳步实施“雨污分流”改造、片区河道治理、植树造林等工程，精细打造宜居宜业和美乡村。支持“我的社区365”等电商平台壮大发展，落实《润州区农村集体经济组织财务管理实施细则》要求，规范农村集体“三资”管理和农村集体产权交易管理，不断推进新型农村集体经济发展。

七要聚焦稳定大局，切实提升基层治理服务效能。推进党建网格与社会治理网格充分融合，着力优化提升基层治理体系和治理能力现代化水平。**推动网格化治理提质增效**。一体推进区、街道两级社会治理现代化指挥中心规范化建设，健全指挥体系，推动实现业务集中整合、职能联动运行、资源融合支撑。优化网格事项“三项清单”，建立完善“收集—上报—处理—反馈”闭环工作模式。做好专兼职网格员和微网格员选配，分层分类强化业务培训，不断提升服务管理能力。持续开展网格联动服务日活动，加大“三官一律”进网格力度，努力将网格知晓率提升至75%以上。积极吸收新就业群体成为网格治理力量，在异常情况预警、突发事件直报、社情民意传导等方面发挥“移动微探头”作用，延伸网格化治理触角。深化“网格吹哨、部门报到”工作机制，健全考评体系，强化日常监督考核，确保网格吹哨“不走调”、部门报到“不缺位”，真正解决基层难以解决的现实问题，持续提升基层获得感、满意度。**纵深推进平安润州建设**。牢固树立践行总体国家安全观，始终以政治安全为根本，做好国家安全主题教育宣传，压实各层各级责任，进一步提高领导干部和群众国家安全风险意识。盯紧重点领域，深化运用风险防控“五项机制”，着力提高基本民生、意识形态、网络舆情等多领域风险防控能力。坚持关口前移、源头预防，针对城市内涝、极端天气等细化应急预案，加强物资储备，进一步深化建筑施工、危化品、消防、食品药品等重点行业安全监管，全力消除监管盲区，全面提升本质安全。**完善矛盾纠纷多元化解体系**。坚持和发展新时代“枫桥经验”“浦江经验”，优化打造矛盾纠纷多元化解“一站式”平台，健全“区—街道—村（社区）—网格”四级纵向贯通的矛盾纠纷多元预防化解体系，加快推进区、街道、村（社区）三级社会矛盾纠纷调处服务中心（站）建设，推动矛盾纠纷及群众来访诉求“一站式受理、一揽子调处、全链条解决”。围绕重点领域信访突出问题，落实领导包案工作机制，强化信访老案积案攻坚化解力度。健全完善我区退役军人权益保障和帮扶援助机制，不断增强广大退役军人幸福感、荣誉感。

三、全面从严、真抓实改，以新气象新作为推动高质量发展取得新成效

要深入学习贯彻习近平总书记关于党的建设的重要思想，把全面从严治党作为长期战略、永恒课题，认真贯彻落实党中央深化全面从严治党各项决策部署，以新气象新作为推动高质量发展取得新成效。

一是继续深化巩固主题教育。将深入学习贯彻落实习近平新时代中国特色社会主义思想作为长期首要任务，引导党员干部深刻领悟“两个确立”的决定性意义，深刻领会和把握习近平新时代中国特色社会主义思想的世界观、方法论和贯穿其中的立场观点方法，持续推动“学思想、强党性、重实践、建新功”融入思想和行动。坚持标准不降、劲头不松、力度不减，持续深化各项重点措施，动真碰硬统筹抓好专项整治项目、承接问题、推送问题的整改，加快推动我区95条整改措施见实见效，基层治理、营商环境、监督执纪、党群服务等方面35个问题尽快销号清零，确保主题教育善始善终、善作善成。推动“四下基层”常态长效，通过察实情、找问题、谋良策、促发展，进一步密切联系群众、畅通民意诉求通道、更好地服务基层群众。

二是从严从实抓好巡视整改。坚持以严肃、认真、负责的态度对待巡视整改，从党的自我革命、对党和人民负责、对历史负责的高度出发，切实扛起整改责任，不折不扣落实96项任务、117条整改措施。坚持以等不起、慢不得的紧迫感落实整改，对照“时间表”和“路线图”，紧扣“取得明显成效”“整改落实到位”两个关键，扎实推进整改。

对于群众反映强烈、能够马上整改的立行立改，对于需要持续推进的紧盯不放、一抓到底，确保整改彻底到位。坚持把“当下改”和“长久立”充分结合起来，推动建章立制、巩固成效，迅速补齐国有企业管理、干部监督管理、集体资金监管等方面的制度性、机制性漏洞，注重对同类问题的举一反三，以久久为功的韧劲抓好常态长效。

三是大力推动干部敢为善为。要坚持党管干部原则，把新时代好干部标准落到实处，树立重实绩、重担当、重公认的鲜明导向，既立足当前抓统筹，更放眼未来抓规划。旗帜鲜明激励干部担当作为，制定出台推动领导干部敢为善为的具体实施办法，将职务职级晋升更多向急难险重岗位、向基层一线岗位、向关键性专业性岗位倾斜，注重选拔一批表现突出、具有潜力的优秀年轻干部。坚持严管和厚爱相结合，完善担当作为激励和保护机制，严肃整治拈轻怕重、躺平甩锅、敷衍塞责、得过且过等消极现象，推动干部能上能下常态化。坚持落实好“三个区分开来”，保护敢于“挑担子”、敢于“趟路子”的同志，旗帜鲜明为担当者担当、为负责者负责、为干事者撑腰、为创新者鼓劲。持续加强领导干部能力建设，办好“基层干部大讲堂”“年轻干部大学堂”“周末课堂”等学习品牌，把更多有想法、有能力、有干劲的干部，充实到官塘创新社区“主阵地”和招商引资、项目建设、企业发展、信访稳定一线锻炼，在打硬仗、扛重活中练就铁肩膀、锤炼真本领。

四是不断夯实基层组织基础。持续深化基层党建“五责联抓”工作体系建设，压紧压实各层各级抓基层党建责任，大力实施村（社区）党组织功能“六强六好”分类提升行动，选树一批标杆型、领先型党组织，整顿转化提升软弱涣散型党组织，切实增强基层党组织政治功能和组织功能。充分有效发挥党建在基层治理中的引领作用，深化党群服务中心效用专项提升行动，推动党群服务中心标准化建设全覆盖，巩固基层党建阵地“两聚两化”成效，争创一批“党旗‘镇’红”样板阵地。持续加强基层党组织干部队伍建设，选优配强基层党组织带头人，着力发挥基层党组织在“吹哨报到”机制中的核心作用，构建问题搜集、结果反馈、跟踪问效的管理闭环，确保基层真正管得了事、管得好事。建好用好全域党建创新实践基地，积极探索“党建联盟 + 党建联盟”发展新模式，巩固新业态新就业群体党建工作基础，持续扩大全域党建品牌在全省乃至全国的影响力。

五是纵深推进全面从严治党。始终坚持严的基调不动摇，以“咬定青山不放松”的政治定力，聚焦党中央和省委、市委决策部署落实情况，围绕项目建设、安全生产、生态环保、乡村振兴等关键领域，强化对“一把手”和领导班子等“关键少数”的监督，有序开展 3 轮常规巡察，确保九届区委巡察全覆盖。一体推进“三不腐”机制，深化对权力集中、资金密集、资源富集的关键领域、关键环节的腐败整治，持续以“小切口”开展专项督察，深入整治群众身边不正之风和腐败问题，切实推动以案促改促建促教。锲而不舍落实中央八项规定精神，推动纠治“四风”常态长效，严肃整治损害党的形象、群众反映强烈的享乐主义、奢靡之风，重点纠治形式主义、官僚主义，持续涵养风清气正的政治生态。总结运用好纪检监察干部队伍教育整顿成果，持续加强纪检监察机关自身建设，着力锻造对党绝对忠诚、敢于善于斗争、自身正自身硬的纪检监察铁军。

同志们，思想伟力，要在知行合一中深刻感悟，时代答卷，要以实干担当书写作答。让我们更加紧密地团结在以习近平同志为核心的党中央周围，牢记嘱托、感恩奋进，坚决扛好新使命、展现新作为，全力以赴加快推进中国式现代化润州新实践，为答好“镇江很有前途”时代答卷贡献润州力量！

政府工作报告

——2024年1月9日在润州区第十届人民代表大会第三次会议上

区人民政府区长　徐　燕

各位代表：

现在，我代表润州区人民政府向大会报告工作，请予审议，并请各位政协委员和其他列席人员提出意见。

2023年工作回顾

过去的一年，意义特殊、极不平凡。我们坚持以习近平新时代中国特色社会主义思想为指导，以学习贯彻党的二十大精神和习近平总书记对江苏工作重要讲话重要指示精神为主线，深入落实市委、市政府和区委部署要求，知重负重、唯实唯勤，聚力“五个争先奋进”，扎实推进稳增长、兴产业、优环境、惠民生、保安全各项工作。经济社会发展主要预期目标基本实现，既定的77项重点任务较好落实，10项民生实事项目全面完成，交出了一份殊为不易的年度答卷。

（一）我们识变应变，交出了一份稳中有进的经济答卷

在新冠疫情防控取得重大决定性胜利后，迅速将工作重心转移到推动经济稳步恢复和整体好转上。**主要指标增势良好。**预计地区生产总值增长6.5%以上，高于省、市平均；一般公共预算收入16.28亿元，增长11.1%、全市第3；服务业应税营业收入173亿元，增长10%；社会消费品零售总额153.47亿元，增长10.8%、全市第1；净增“四上”单位110家、增长255.8%，创历史新高；固定资产投资、实际利用外资超额完成市下达目标；粮食种植面积和总产量增长5.1%、3.4%。**产业结构持续优化。**修订《关于加快推进产业发展的政策意见》，24条举措重点支持总部经济、数字经济、首店经济、“四上”单位等领域。聚力推动现代服务业繁荣发展，以金融服务、租赁和商务服务、科学研究和技术服务为代表的生产性服务业加速集聚，增加值占服务业比重54.7%、占GDP比重44.6%，分别增长1.4%、1.7%；制定《金融服务业集聚区发展规划》，新招引瑞众人寿、信通资管等10家企业主体落户，各类金融服务机构总数达83家，税收贡献占比提高到34.95%，商务金融服务集聚区通过省高质量发展集聚示范区综合评价确认。聚力推动数字经济与实体经济深度融合，数字经济企业数增加到2024家，核心产业营业收入达70亿元；瑞祥科技集团入选中国产业数字化百强榜62名，获评省现代服务业高质量发展领军企业；西津渡成为全省首批五家数字人民币文旅应用集聚区之一。聚力推动农文旅产业提速发展，修订《鼓励和支持旅游业发展若干政策》，接待境内外游客580.5万人次、增长130.8%，旅游总收入60.5亿元、增长106.5%；入选第二批省级文化和旅游产业融合发展示范区建设单位、第三批“长三角高铁旅游小城”，均为全市唯一；西津文旅驿站入选省最美公共文化空间打造对象，6个项目入选省级非物质文化遗产项目名录；休闲观光农业综合收入1280万元，农业电商交易额16.2亿元，龙头企业带动农户数2.8万户。**创新活力加速释放。**紧抓企业、平台、人才三大重点，规上企业研发投入增长50.3%，新认定国家级高新技术企业15家，保有量达27家、增长42.1%；镇研种业和正茂集团获评省级专精特新中小企业，实现“零”的突破；冬云云计算入选省规划布局内重点软件企业。传统产业技术创新水平再上新高，镇江建工集团参建项目获中国建筑工程质量最高奖“鲁班奖”，镇江建设集团参建项目获国家优质工程奖，船山矿投入3100万元完成溶剂线技改项目。新增市级众创空间1家、市级创业示范基地2家，江苏海洋资源开发研究院·数智低碳院落地见效，校地企合作持续深化。入选省“双创计划”项目2个、市“金山英才”计划9个，新引进大专以上人才3550人；建成西津渡人才友好街区。**商贸消费提质扩容。**制定恢复扩大消费“十六条”，组织“嗨GO生活节”系列活动，开展万达广场等商业综

合体“外摆经济”试点，接续擦亮“润州明月夜”夜间经济品牌和“润州请您”假日经济品牌，有效激发市场活力、释放消费潜力。“乐享润州”抖音号上线4个月，总点击量超2000万。全年实现限上批发业商品零售额269.7亿元、增长13.2%，限上零售业商品销售额88.8亿元、增长23.8%，限上住宿、餐饮业营业额分别增长24%、25%。

（二）我们攻坚推进，交出了一份提振信心的项目答卷

深入实施“项目建设提升年”行动，攻坚抓招引、专班抓服务、聚力抓载体，为城市经济发展蓄势聚能。**招商引资取得突破。**全域招商改革初见成效，区招商中心独立运行，“一中心十组”架构初步形成；成功举行“数智润州·启‘杭’未来”主题招商、阿里云创峰会暨长三角（镇江）数字经济高峰论坛等活动，全年小分队外出招商232次，签约中节能低碳科创园等亿元以上项目14个、总投资71.1亿元，分别增长20%、16%，20亿元以上项目实现“零”的突破。网易（镇江）联合创新中心开园运营，首批26家企业入驻。加拿大跨境电商项目签约落户，外贸新增长点逐步形成。**项目建设扎实推进。**出台重点项目管理办法，制定“五会”工作手册，建立市级重点项目区领导挂钩机制，市区两级产业项目年度投资16.1亿元。镇江首个新型工业用地项目——联东U谷·官塘科技港9月正式开工、当年主体封顶。官塘EOD项目入选省生态环境厅项目库、全市唯一。**资源资产有序盘活。**聚力发展“柱状”经济，全年去化10.2万平方米存量楼宇。开展区属行政及企事业单位国有资产调查，理清家底、规范管理，国有资产出租率提高12%。高质量编制国土空间总体规划润州分区规划，深化“三区三线”成果，城镇开发边界扩大1.73万亩，南山和西津渡生态管控区整合优化方案通过省级审查，进一步拓展了项目承载空间。盘活低效闲置用地927亩，推动“土地存量”向“发展流量”转变。**营商环境持续优化。**发布《“润州最滋润”优化营商环境十条措施》，兑付区级产业政策2893.8万元，惠及辖区企业113家。举行“家在润州”系列政企交流活动，常态开展润企大走访。建立区、街道两级挂包服务机制，覆盖403家重点企业，“找一个人解决一揽子事”初见成效，351个交办问题全部办结。坚决落实助企纾困政策，新增减税降费及退税缓费等1.2亿元。加大金融扶持中小企业力度，帮助547家企业获得贷款25.5亿元。成立“润商学院”，更好服务民营企业家能力提升。实行“一业一证”改革，设置“个转企”服务专窗，先后发放全市首张“个转企”营业执照、娱乐行业综合许可证。

（三）我们统筹发力，交出了一份融合提升的环境答卷

接续开展宜居主城建设，让城市变化可观可感。**城市更新扎实推进。**坚持规划引领，委托东南大学段进院士团队开展老城区高质量发展空间战略研究，编制完成《三茅宫片区城市更新规划实施方案》并获市政府批准通过。坚持整治提升，深入开展背街小巷、农贸集市等专项整治，全国文明城市测评保持全市前列；全市率先完成43项铁路沿线安全环境问题整治，造林14处、118.57亩，高标准打造6个提升节点，沙地公园成为全市示范样板

2023年10月20日，由镇江市人民政府、网易杭州研究院指导，润州区委、区政府和市发改委、网易数创联合主办，网易（镇江）联合创新中心、华翊数智（镇江）互联科技有限公司、官塘创新社区管委会承办的“数引镇江赋能创新”网易（镇江）联合创新中心开园仪式暨数字经济生态创新论坛隆重举行 （官塘创新社区 供稿）

2023年9月22日，全市范围内首个上市的新型工业用地“联东U谷·官塘科技港”一期项目奠基仪式隆重举行，12家首批入驻企业代表现场签约 （官塘创新社区 供稿）

工程、受到上海铁路监督管理局通报表扬；完成68栋、2.66万平方米自建房和59栋、2.37万平方米既有建筑隐患整治，11处、5866平方米危房解危。坚持连片改造，完成黄山小区等9个片区、17万平方米老旧小区改造，惠及居民2001户；完成宝盖山滑坡治理、韦岗小流域（东家庄片区）治理等重点工程，建成6.98平方公里城镇污水处理提质增效达标区。**城市管理得到提升**。加强数字城管建设，开展精准执法313次，处理店面外溢、流动摊点等3900余起，拆除违法建设222处、4886平方米，户外广告和招牌设施整治完成量居全市前列。深化垃圾分类治理，建设省级达标小区33个和“四分类”小区152个。完成5608户管道燃气管阀更换，餐饮企业燃气报警器加装率提高到99%。抓好城区防汛防涝，完成慈寿路征润州水源地积水改造等8个工程。提升物业管理水平，出台《加强住宅小区物业管理提升物业服务水平行动方案》，万科沁园等19个小区获评市级月度“红榜”项目，11个安置房物业移交项目稳步推进；累计加装既有住宅电梯21部，列主城区首位；扎实推进绿色社区和宜居示范居住区创建，江南新村获省级宜居示范居住区称号。**生态环境更加趋优**。坚定实施长江大保护战略，全市率先完成原御景湾酒店、引航道以北焦北滩遗留建筑物等清理整治任务，拆除违法建设6000余平方米。坚决落实“十年禁渔”政治任务，受到省禁捕退捕工作专班书面表扬，润州护渔队荣获长江流域渔政协助巡护优秀队伍评选全国一等奖、江苏唯一。创成全国第六批节水型社会建设达标县（区）。坚实推进“五大专项行动”，PM2.5年均浓度绝对值全市国控站点最优，优良天数改善率全市第一，国省考断面水质达标率、地表水优Ⅲ比例保持100%；开展农村人居环境整治和村庄垃圾清理行动，出台长效管护考核办法；科学管理涉危废企业，379.5吨危废安全处置率100%。

（四）我们不遗余力，交出了一份实实在在的民生答卷

继续以政府过“紧日子”节用裕民，全年民生支出14.29亿元，争取一般债及各类上级资金4.37亿元全部投入民生改善项目。**就业形势持续稳定**。精心组织“创响江苏”春风行动等系列招聘，累计提供就业岗位1.4万余个，“零工市场”精准送岗1000余个，城镇新增就业6600人，零就业家庭动态清零。**民生保障持续兜牢**。重视社保工作，完成基金征缴4.99亿元、扩面3300人，发放社保补贴1732万元。关爱弱势群体，统筹做好残疾人、困难人群服务保障，累计帮扶1.1万人次，发放住房租赁补贴919.24万元、低保金和残疾人补贴3365万元。建成精神障碍社区康复服务中心2家，改造10个城市社区助餐点，完成83户困难老年人家庭适老化改造，高龄和经济困难失能老年人享受居家养老服务6.7万人次。“全域党建推动社区高质量发展”获评全国城乡社区高质量发展典型案例。**公共服务持续提升**。教育供给不断优化，“双减”相关工作被人民网等媒体报道、教育部简报专题推广，科学教育、心理教育入选省典型案例。卫生事业稳步发展，制定基层医疗卫生机构绩效制度改革方案，七里甸、黎明两个社区卫生服务中心建成二级综合医院，官塘桥社区卫生服务中心建设顺利完成，新增1家省级健康促进医院，医养融合打造“定制化”养老社区获评人民日报《民生周刊》“中国康养事业高质量发展优秀案例”。群众文化生活更加丰富，开展“润心”系列活动96场，组织“润心课堂”系列培训750课时，人均接受文化场馆服务次数增长43%，“润心云课堂”服务1.5万人次。**安全稳定持续向好**。深入开展安全生产大检查、重点行业领域百日攻坚、“润安万家”消防安全整治等行动，排查“厂中厂”“三合一”等各类场所2796家、隐患整改率99%，新建7座应急中心站、143座街巷微型消防站。从严抓好食品安全监管，抽检率高于全市平均。想方设法推进“保交楼”，全年完成1743套、22.53万平方米房屋交付。扎实推进信访问题源头治理和突出问题攻坚化解，初信初访下降30.95%，有效化解重点积案9件；区劳动人事争议调解委获评省金牌组织。提质建设平安润州，严厉打击群众反映强烈的突出犯罪，为全国两会、亚运会等重大活动营造良好社会环境。

（五）我们全力以赴，交出了一份履职尽责的效能答卷

始终把党的领导贯穿政府工作全过程，持续加强自身建设，唯实的作风更加严实。按照省、市、区委统一部署，深入开展学习贯彻习近平新时代中国特色社会主义思想主题教育，严格落实各项规定动作，初步推动调研成果转化29项，“四下基层”解决急难愁盼问题30项。持续深化“放管服”改革，政务服务好评率100%，“全链通”平台新办理法人企业登记2804户，行政服务中心窗口受理业务21852项、办结率与好评率100%。畅通群众诉求渠道，推动12345热线规范化运转，转办工单2.27万件、综合满意率96.47%，省平台工单满意率居全市前列。深入推进政务公开标准化建设，主动公开政府信息951条。自觉接受人大、政协和社会各界监督，人大代表建议、政协委员提案办结率

和满意率100%。严管债务规模和债务成本，有效防控政府性债务风险。带头过“紧日子”，发挥财政监管和审计监督作用，财政资金使用绩效明显提升。深化法治政府建设，集体学法制度执行率、重大行政决策及协议合法性审查率、行政复议按时回复率、行政机关负责人出庭应诉率均为100%。深化政府系统党风廉政建设，不折不扣抓好省委巡视反馈问题整改。老龄、妇女儿童、青少年、残疾人、工会、红十字、慈善、志愿服务、关心下一代等事业实现新发展，审计、统计、民族宗教、外事侨务、机关事务、档案史志、对口协作、科普、供销等工作迈上新台阶，人民武装、国防教育、双拥优抚、退役军人等工作取得新进步。

这一年的步伐，我们走得很坚实。一个个连续奋战的日子，一幕幕攻坚克难的场景，一次次负重前行的努力……全区各行各业都在挥洒汗水。我们感怀在心：成绩的取得，根本在于有以习近平同志为核心的党中央领航定向，是市委、市政府和区委坚强领导的结果，是区人大、区政协监督支持的结果，是全体润州人共同奋斗的结果。在此，我谨代表区人民政府，向全区人民，向人大代表、政协委员，向各民主党派、人民团体和各界人士，向各驻区单位、在润州企业、公安干警、消防指战员，向关心支持润州发展的海内外朋友，致以最衷心的感谢！

奋进2024，前行征程上还有一些问题和挑战：面对不进则退、慢进亦退的竞争态势，产业层次不够高、发展动力不够足的弱项有待补强；面对预期偏弱、需求不足的发展形势，稳增长压力持续增大、财政收支矛盾突出的风险有待化解；面对老城更新、片区开发的建设要求，城市品质精致不够、征收搬迁困难不少的难题有待攻克；面对群众关心、社会关切的多元需求，公共资源不够优质均衡、风险防范不够精细有效的短板有待补齐；面对感恩奋进、实干担当的大考答卷，少数干部专业素养不够过硬、进取精神不够饱满的症结有待破除，等等。我们将直面问题，努力加以解决。

以实干担当交出大考答卷

今年是中华人民共和国成立75周年，是习近平总书记视察镇江10周年，是完成“十四五”规划目标任务的关键之年，润州应该交出更好的成绩单。我们既要理性看待困难挑战、更要深刻认识经济回升向好的基本趋势没有改变，既要坚定发展信心、更要做到事事用心，把工作的着力点放在更加主动系统谋划上，放在创造性落实上级决策部署上，放在把主题教育成果转化为干事创业的生动实践上，围绕区委全会“七个聚焦”重点任务抓好落实，以发展实绩交出“镇江很有前途”的润州答卷。

今年政府工作的指导思想是：**坚持以习近平新时代中国特色社会主义思想为指导，深入贯彻党的二十大精神和习近平总书记对江苏、镇江工作重要讲话重要指示精神，全面落实“四个走在前”“四个新”重大任务，坚持稳中求进、以进促稳、先立后破，以高质量发展为第一要务，以“产业项目建设决胜年”为主线任务，统筹发展和安全，巩固和增强经济回升向好态势，弘扬实干担当，增创首位优势，增强主城能级，加快推进中国式现代化润州新实践。**重点抓好“四类事”：

1. *抓好具有全局带动性的事*。深刻把握润州发展的阶段性特征，对重大项目、重要载体、重点基础设施以及教育卫生养老等事关长远竞争力的事项，前瞻布局谋划、敢于担当负责、尽早占道卡位，既考虑“难不难”、更考虑“该不该”，以重点突破带动全局。认真落实“园区建设提升年”，全面提升官塘创新社区“主阵地、主力军”作用；紧紧围绕“项目建设决胜年”，坚定不移抓招商、攻项目、补链条，持续推动稳存量、扩增量、提质量；扎实推动“片区开发突破年”，以首发起势带动工作成势，以共同缔造建设未来社区，焕发城市新的活力。

2. *抓好推动高质量发展的事*。在防风险的基础上奋力拼经济，进一步提升政府工作的前瞻性、系统性、专业性，以理念的领先推动工作的率先、形成发展的争先。把握好“稳”和“进”的关系，在守住根基的基础上，以创新驱动提速、产业转型提质、民生改善提效之“进”，巩固稳中向好之“势”；把握好“立”和“破”的关系，把以科技创新为引领的新质生产力、以内需为支撑的经济拉动力“立”起来，把制约润州高质量发展的机制掣肘“破”除掉，用发展的办法解决发展中的问题；把握好“近”和“远”的关系，既有“功成必定有我”的担当，又有“功成不必在我”的胸襟，积极谋求数字经济的新路超越、生产性服务业的特色做特、智能制造的迅速扩容、新型基础设施的布局落地。

3. *抓好增强群众获得感的事*。站稳人民立场，摒弃私心杂念，把实现人民群众对美好生活的向往作为政府工作的出发点和落脚点。坚持抓好发展提升保障水平，持续排查整治民生领域突出问题，让政府干的事情精准对接群众盼的事情，增强基本公共服务的均衡性和可及性，让润州人民拥有更多的获得感、幸福感、安全感。全面践行人民城市理念，坚持和发展新时代“枫桥经验”，充分调动群众参与基层社会治理、生态环境保护、安全隐患排查等，凝聚起共建共享、共同奋斗的磅礴力量。

4. 抓好提升城市软实力的事。城市既要有筋骨肉，更要有精气神。把城市软实力提升与文明城市建设、营商环境优化、公共服务保障等有机结合，提升核心价值引领力、城市文化驱动力、城市品牌影响力、城市形象传播力、宜居宜业吸引力。着力打造多元时尚的核心主城形象，全面提升市民和城市文明程度，多维构建和谐包容的城市氛围、公平开放的营商环境、便捷优质的社会服务，吸引更多年轻人、创业者、企业家、高知群体等怀揣梦想来润州，更好地聚人聚力聚财。

2024 年工作安排

综合考虑各方面因素，经济社会发展的主要预期目标是：**地区生产总值增长 5.2%以上，一般公共预算收入增长 4%以上，固定资产投资增长 5%，社会消费品零售总额增长 6%，服务业应税营业收入增长 8%，实际利用外资增长 15%以上，城镇新增就业 2700 人，城镇居民人均可支配收入增长与经济增长同步，节能降耗、生态环境、耕地保有量完成市下达目标，粮食产量保持基本稳定。**实践中，我们将全力争取更好结果。

（一）突出项目攻坚，加固经济“基本盘”。坚持把大抓项目、抓实项目作为“头版头条”，健全项目导向的考核机制，掀起攻坚决胜的工作热潮，形成区域经济的强力支撑。

全面发力招项目。紧扣主导产业，优化“招商图谱”，科学编制项目需求清单，主攻上海、苏州、杭州、北京、深圳等重点地区，量化考评体系，推动主要领导常态化带头招商，推动驻点招商、委托招商、基金招商的实质性突破，推动软件和信息服务、金融服务、科技服务等生产性服务业项目招引的量质齐升，力争全年新签约亿元以上项目不少于 18 个、总投资不少于 80 亿元，入库列统投资额增长 20%以上，10 亿元以上实体经济项目、省级重点产业项目申报实现“零”的突破。强化全区项目统筹流转，构建合理的利益分配机制，逐步形成街道之间共建共享的格局。

拓展空间迎项目。进一步做大做强“柱状”经济，向高度要资源，向空间要效益，楼宇去化面积新增 13 万平方米，全年新增 2 幢以上特色楼宇。鼓励支持企业自主提升，利用空置楼宇、闲置厂房、低效用地，引入适配性或上下游项目，确保全年盘活低效用地不少于 150 亩。加快推动一批科技含量高、研发能力强、成长潜力大的企业向工业综合体和商务楼宇集聚，确保新竣工工业载体出租出售率 50%以上。动态编制“读地手册”，全域梳理净地清单，实现“成熟净地等优质项目”。

攻坚提速推项目。加强市区联动，区级层面成立投资促进专班，持续优化“拿地即开工”服务流程，统筹项目招引、建设、投产全过程，完善领导会办、专班帮办、联席联办、一线督办机制，确保新开工年度投资 5000 万元以上重点产业项目 16 个以上，中节能智慧创新中心等 9 个新建市重点项目上半年开工、国网能源互联网科创中心等 4 个续建项目加快建设，确保全年完成项目投资 15.5 亿元以上，新开工项目入库列统率 70%以上。抢抓国家政策机遇，认真做好项目前期工作，全力争取有项目纳入特别国债和地方政府专项债盘子。

引培并重扩增量。实施经营主体倍增工程，加强中小企业梯度培育，大力推进“个转企”“小升规”，全年新增经营主体 5000 户。实施优质企业引培工程，建好用好“经济网格”服务体系，强化财政、税务、街道三方协同治税，防止税源流失和企业退库，净增“四上”单位 85 家以上；千方百计争取落户一批税源稳的总部型、平台型企业，一批高质量的科技服务、法律服务企业，一批效益好的银行、保险、证券、资管等金融服务企业，净增年纳税 50 万以上税源企业 80 家以上。实施“领航企业”培育工程，新增省级专精特新企业 2 家以上，新申报高新技术企业 16 家以上，备案国家科技型中小企业 60 家以上。实施企业上市服务工程，力争年内完成 2 家上市挂牌。

（二）突出产业增效，提升增长“硬实力”。坚持把数字经济和生产性服务业“双轮驱动”着力点放在实体经济上，扩大主导产业规模，建强现代产业体系，稳固高质量发展根基。

繁荣发展现代服务业。制定实施三年行动计划，着力推动生产性服务业向专业化和价值链高端延伸，围绕服务“四群八链”，加快发展工业设计、检验检测、产业信息、知识产权等重点领域，规上生产性服务业营业收入显著增加、增加值占服务业比重提高到 55.6%；强有力推进金融服务业集聚区建设，加快打造鸿鑫商业广场示范街区，全年新招引金融类企业 10 家以上。着力推动生活性服务业向高端化、品质化、多样化升级，加快发展“首店经济”“网红经济”“夜间经济”等消费新业态新模式，推出“全域消费”地图，重点培育 3—4 个高品质消费场景，加快打造西津渡商文旅消费集聚区、万达金街特色街区；用好扩大消费和房票安置政策，支持汽车、房地产等大宗消费；加快建设“省级文旅产业融合发展示范区”，完善沉浸式演绎、互动式体验、高品质文创产品等业态供给，打造更多文旅IP和“网红打卡地”。全年创成省级现代服务业高质量发展单位1家以上，规上服务业营业收入增速高于地区生产总值增速，力争实现10亿元以上文旅项目和高等级酒店项目签约落地。

聚力做优数字经济。制定数字经济引领区行动方案和配套政策，确保核心产业营业收入超85亿元、增加值占GDP比重持续提升。支持官塘创新社区聚焦数字服务和智能制造，加快推动基础配套体系完善、产业承载能力提升、主业项目招引突破、创新引领作用增强，鼓励阿里云创新中心、网易联合创新中心加快导入生态链企业，着力培育软件信息、大数据和云计算、数字互娱、人工智能等特色产业，吸引目标主体100家以上。探索壮大跨境电商等数字化新业态，提升以瑞祥科技集团为代表的数字服务平台发展质效，积极建设跨境电商产业园区，全年吸引跨境电商经营主体30家以上、新增出口网店5家，跨境电商出口额增长6%以上。发挥冬云股份等龙头效应，带动网安产业项目集聚成“链”。抢抓国家《“数据要素×”三年行动计划》政策机遇，积极争取布局重点数据中心项目，加快区大数据公司市场化合作、实体化运营，招引建设数据要素产业园，链式集聚数据资产化、要素化、资本化服务企业，争取打造数据要素改革先行地。

加速扩容先进制造业。实现高新技术产业产值占规上工业产值比重、制造业增加值占GDP比重“两个明显提升”。制定现代都市工业发展行动计划，以官塘创新社区为主要载体，其他街道立足“小而特、小而精”导向，重点发展总部型、创新型、微加工型现代都市工业，逐步构建以专业楼宇为支撑“点”、产业园区为引领“面”的承载体系；以韦岗片区为拓展空间，加快推进储能电站项目落地、抽水蓄能项目前期、传统生产企业转型。支持工业企业技改提升，全年技改投资增长10%。拓展规上企业阵容，力争新增规上工业企业3家以上、规上工业总产值增长5%。强化智改数转网联，推动企业“上云、用数、赋智”，实施智能化数字化改造项目2个以上，新增星级上云企业4家，省级重点工业互联网平台实现“零”的突破。

（三）突出改革创新，增强发展“内动力”。坚持以改革攻坚破壁垒、以创新合作拓空间、以服务高效优环境，增强发展活力，增创发展优势。

强化重点改革催化作用。高效落实好机构改革各项任务。实施国企改革深化提升行动，提速推进优化重组、瘦身增效、市场化转型，加大闲置资产盘活、遗留问题处置、在手项目推进力度，加快AA信用评级，强化盈利能力考核，实现业绩与薪酬“同升共降”；年内压降地方政府融资平台2个。加强数字政府建设，加快数据资源整合，推动信息化项目建设集中管理，以政府数字化改革引领数字经济、数字社会、数字生态、数字文化全方位协同发展。全面推行社会信用制度，依法依规运用激励和约束手段，修复企业信用200家以上。扩大对外开放，加大外资项目引进、外贸主体培育、重点企业帮扶力度，推动内外贸一体化发展。

强化创新社区主体作用。以城市设计和产业规划为引领，集中资源要素保障官塘创新社区发展，确保全区亿元以上制造业项目80%落户园区，园区75%以上的新增供地、用能、排放指标用于主导产业和首位产业。持续推进东西两翼开发整理，加快推进道路、水系、管网等基础设施建设，支持推动EOD项目落地实施，增强资源吸附力和项目承载力，提升园区综合贡献度，实现综合考评再进位。加快投资运营公司实体化运作、市场化合作，成为园区投资开发建设的首要主体。落实全市开发区管理体制改革要求，推动创新社区与属地街道“区街一体、分工明确、协调发展”的工作格局。招商和项目服务一线人员比例提高到70%，探索招商岗位聘任制和绩效工资制。

强化科技创新引擎作用。坚持“以创新引领产业强区”，聚力发展新质生产力，力争全社会研发投入增长20%。壮大创新主体方阵，实施创新型企业培育计划、科技企业孵化载体提升三年行动，梯次培育科技型中小企业、高新技术企业、创新型领军企业，高新技术企业保有量32家以上，每万家企业法人中高企数稳步提升。新增省级创新载体1个、省级以上研发机构1家，引进孵化科技企业20家以上，创成省级中小企业公共服务示范平台2家；申报省、市科技计划项目10项以上，技术合同成交额11亿元以上，市级以上首台（套）装备、首批次材料、首版次软件实现“零”的突破。发挥科技镇长团作用，深化校地企合作，引建高能级载体平台，支持合作建立中试、小试基地。加快集聚创新人才，全年引进高层次人才（团队）10个以上，基础型、应用型人才3200人以上，一体解决人才安居、子女入学、健康服务等问题，真正体现“来润州·才无忧”。

强化营商环境磁场作用。深化“放管服”改革，推动“一网通办”“一网统管”，“一件事一次办”集成改革迭代升级，加快“15分钟政务服务圈”建设，提升营商环境便利度评价。常态开展“润州最滋润”政企互动和“两级挂包”暖企服务，用心用情用力做好纾困解难，推动各类惠企政策非申即享、直达快享。包容审慎开展涉企监管执法检查，严肃查处审批、执法、服务中推诿扯皮等问题，着力清除涉企服务的痛点堵点，构建亲清政商关系。

（四）突出有机更新，打造宜居“幸福城”。积极践行城市发展新理念，统筹加快规划、建管、环保等环节，打造更具特色、更显品质、更有温度的魅力润州。

更高标准塑造“城市质感”。全年安排城建项目28个、年度投资13亿元，主要从市政道路、城区绿化、公共服务等方面进行更新改造，让政府投资释放民生效益。系统推进城市有机更新，实施王家湾片区等12个、18.99万平方米老旧小区改造，推动12栋、1.43万平方米危房解危和5.41平方千米城镇污水处理提质增效达标区建设，做好省级宜居示范居住区和美丽街巷打造工作，年内创成1—2个省级宜居示范居住区，让更多居民畅享新生活。加快推进三茅宫片区开发，完成社会投资人招标，建立项目公司运行机制，启动戴家圩组团首发项目，推进征收拆迁年度任务。积极谋划南山东入口等综合开发项目。实施朱方路、南山路等街景整治，建设茶砚山、山林苑等口袋公园。开放共享机关和企事业单位停车泊位300个，接续缓解“停车难”问题。

更多作为提升“管理品质”。以绣花之功推进文明城市管理常态长效，高质量完成复审“大考”任务。深入实施城市管理三年提升行动，全面开展市容秩序、店牌店招等重点领域整治，集中攻坚城市顽疾。向违建乱象“宣战”，开展专项整治行动，依法打击乱搭乱建，坚决遏制违建新增，维护城市文明形象。分段实施物业管理三年提升行动，做好22个市属平台安置房物业移交、2个老旧小区改造后物业跟踪管理，因地制宜推行物业公司、物业服务和业主自治“类物业”等管理模式，持续培育“红色物业”示范点。试点探索“非接触式”执法，提高城市管理质效。稳步实施环卫市场化改革，让城市保洁更精细。高标准建成省级垃圾分类达标小区30个以上。

更大力度厚植“生态底色”。把建设美丽润州摆在高质量发展的突出位置，持续打好蓝天、碧水、净土保卫战，抓好生态环境整治重点任务，确保PM2.5平均浓度、空气质量优良天数比率、断面优Ⅲ比例、劣Ⅴ类水体比例等达到市定目标。全力做好中央生态环保督察整改“后半篇文章”。深入实施《润州区生态文明建设规划（2023—2030年）》，加快建设省级生态文明示范区。巩固铁路沿线安全环境和农村人居环境整治成果，打造铁路沿线安全环境治理示范段、宜居宜业和美乡村。坚定不移抓好长江大保护，打好“十年禁渔”持久战。加强长江岸线清理整治和保护修复，加快推进入河排口整治，常态开展“两违三乱”治理，严控岸线生态空间，巩固河湖管护成效。大力推广绿色产品、绿色工厂、绿色供应链等发展方式，谋划充电桩布局建设。守住耕地保护红线和粮食安全底线。

（五）突出民生优先，增强群众“获得感”。念“民生之忧”，行“民之所盼”，高标准办好民生实事，尽全力补齐民生短板，努力让发展成果惠及更多群众。

全力兜牢民生底线。认真落实就业优先政策，建立区级供需平台，精准对接辖区企业用工需求与群众就业意向，提高就业的匹配度和成功率；抓好高校毕业生、农民工、退役军人等重点群体就业，加强职业技能培训，升级零工市场“一站式”服务，全年提供就业岗位1.5万个以上。完善创业孵化平台管理，打造省级创业孵化示范基地，支持和规范发展新就业形态，引导扶持自主创业不少于1000人。创建全国医养结合示范区，推进“家门口”的高质量养老，确保全区接受居家上门服务的老年人占比18%以上。健全分层分类社会救助保障体系，持续实施全民参保计划，纵深推进社保扩面3400人；做好低保、特困人员基本生活保障，更多关心孤儿、困境儿童、孤寡老人、残疾人等弱势群体，擦亮“情暖润州”社会救助和慈善救助品牌。

持续优化服务供给。着力打造“家门口”的优质教育，纵深推进集团化办学改革，更高水平推动教育优质均衡发展，力争创成省优质幼儿园2所；持续巩固“双减”成效，促进学生健康成长，义务教育阶段育人质量保持全省前列、全市第一方阵。进一步完善基层公共卫生体系，重视医护人员关心关爱和队伍培养，持续优化医疗资源布局，提升分级分类诊疗能力，全力当好群众健康“守门人”，年内实现基层市级特色科室全覆盖。深化“润心”文化惠民服务，实施文艺拾光浸润工程，培育小剧场等文旅新场景10个以上。启动区文化馆易地迁建、区图书馆扩建改造。

着力强化社会治理。坚决守牢安全生产底线。严格落实责任制，持续抓好重点领域安全监管和隐患排查整治，杜绝重特大和较大生产安全事故发生，争取不发生一般生产安全事故；以“国家综合减灾示范社区”创建为抓手，强化应急管理基层末端治理体系建设，提升防灾减灾救灾能力；从严抓好食品药品、工业产品、特种设备安全监管，把关口前移到事前、贯通到末梢。坚决防范重点领域风险。持续抓好政府性债务风险防范，向更安全区间迈进；严密防范突发性金融风险，严厉打击非法集资活动；持续攻坚“问题楼盘”处置，确保顺利交付；不遗余力协调安置房“办证难”问题，让群众“居有所权、居有所安”。坚决夯实基层治理基础。运用好“枫桥式工作法”，推进三级社会矛盾纠纷多元化解“一站式”平台建设，发挥“三官一律”“村社调解委员会”等群众自治力量，有效化解一批信访积案和复杂矛盾；深化“精网微格”工程，推动服务、治理等“多网合一”，常态化开展“村村到、户户进、人人访”，及时解决群众身边的“关键小事”。强化“法治润州”“平安润州”建设，积极争创江苏省法治政府建设示范区，让法治成为润州现代化建设的显著优势和核心竞争力。

加强政府自身建设

牢记使命，笃行致远。区政府将始终以政治建设为统领，以“归零”心态再出发、以“赶考”状态破难题、以“奋进”姿态创佳绩，努力建设人民满意的“五型”政府。

以忠诚凝心铸魂。坚持以习近平新时代中国特色社会主义思想领航定向，把对党和人民的绝对忠诚体现在政府工作中，把坚定拥护“两个确立”、始终胸怀“国之大者”落实到具体行动上，确保中央大政方针、省市决策部署、区委工作要求落地见效。

以实干笃定前行。坚持人民至上，厚植人民情怀，发扬唯实求真精神，大兴调查研究之风，落实“四下基层”制度，政府工作体现更多的温度、更强的弹性、更实的导向。保持夙夜在公的勤勉担当，坚持把难点当联系点、把难题当必答题、把难事当民生实事，对目标任务清晰坚定，对岗位职责清楚有数，对难点堵点清醒攻坚，尽最大努力为润州争荣光。

以法治保障发展。坚持以高水平法治保障高质量发展，扎实推进法治政府建设。严格贯彻落实重大行政决策法定程序，强化重点领域行政执法监督，深化重点领域政府信息公开。主动接受人大法律监督、政协民主监督，高质量办好人大代表建议和政协委员提案。自觉接受纪检监察、司法、审计、统计和舆论监督，确保政府权力始终在法治轨道上运行。

以清廉赢得口碑。保持“两个永远在路上”的清醒与坚定，纵深推进政府系统全面从严治党，一体推进不敢腐、不能腐、不想腐，锲而不舍纠四风、优作风、树新风。聚焦工程建设、国资国企、政府性融资等重点领域，从严整肃群众身边的腐败问题和不正之风。坚决做到厉行勤俭、节用裕民。

各位代表，惟有奋斗，才能书写荣光。让我们更加紧密地团结在以习近平同志为核心的党中央周围，在市委、市政府和区委坚强领导下，锚定目标、踔厉奋发，扎扎实实、踏踏实实，奋力推进更加绚丽的中国式现代化润州新实践！

大事记

栏目编校：余　果

1　月

1—3 日　中国人民政治协商会议镇江市润州区第七届委员会第二次会议召开。区委书记徐心田代表区委作题为《凝心聚力　团结奋斗　携手推进中国式现代化润州新实践》的讲话，区政协党组书记、主席胡如明代表区政协第七届委员会常务委员会作工作报告。区政协副主席易丽娟主持大会开幕式。区政协党组副书记、副主席、区委组织部常务副部长徐文军作提案工作报告。杨庆荣当选为政协镇江市润州区第七届委员会秘书长，陆承宝当选为政协镇江市润州区第七届委员会常务委员会委员，会议通过区政协七届二次会议关于提案审查情况的报告和区政协七届二次会议决议。

2—4 日　润州区第十届人民代表大会第二次会议召开，区人大常委会主任彭忠东主持会议并宣布大会开幕。区委副书记、区长徐燕代表区人民政府向大会作工作报告，区委常委、常务副区长杨坚作区人民政府 2022 年民生实事项目完成情况和 2023 年民生实事候选项目的报告。会议通过《选举办法》《政府民生实事项目票决办法》，书面审议《2022 年国民经济和社会发展计划执行情况与 2023 年计划（草案）的报告》《2022 年财政预算执行情况和 2023 年财政预算（草案）的报告》。会议选举易宝顺、房永为区人大常委会委员。

13 日　官塘创新社区基础设施建设特许经营项目签约仪式举行。市委副书记、市长徐曙海，中铁十五局集团总经理、党委副书记王鹏见证签约并讲话。市领导周凯、胡宗元，中铁十五局集团副总经理、华中区域总部总经理林征球，市政府秘书长马国进参加活动。润州区委书记徐心田在签约仪式上致辞。区委副书记、区长徐燕主持签约仪式。

19 日　区委书记、区委深改委主任徐心田主持召开区委全面深化改革委员会会议。会议书面审议通过 2022 年区领导联系重点改革任务进展情况的报告。

29 日　润州区召开城市经济高质量发展暨项目建设提升年大会。区委书记徐心田出席会议并讲话。区委副书记、区长徐燕主持会议。会上，区委、区政府向 108 家（名）企业、单位和个人，兑付产业发展政策资金 2893.8 万元。徐心田、徐燕、彭忠东、胡如明分别为荣获 2022 年度城市经济贡献奖的优秀企业、优秀企业家以及荣获城市经济促进奖的先进单位、先进个人颁奖。区委副书记、金山街道党工委书记陈秋明宣读 2022 年度润州区“建设现代化一流主城区”城市经济奖的表彰决定。区委常委、常务副区长杨坚通报 2022 年度产业发展政策执行情况，现场发布“润州最滋润”营商环境十条措施、2023 年系列活动计划、重点企业“两级挂包”服务方案。

2　月

2 日　《红色资源集——润州区革命遗址和纪念设施概览》（样稿）专家论证和全区红色资源保护利

用研讨会在润州区史志办（档案馆）召开。镇江市史志办副主任徐强、润州区政协副主席黄昕出席会议。

7日 由润州区人才办、区人社局和团区委联合举办的“归雁”学子春节返乡座谈会在常发大厦智创空间顺利举行。座谈会上，中信银行镇江分行团委向参加活动的“归雁”学子赠送“开学大礼包”，并受邀进行校园招聘专题宣讲。区人才服务中心的工作人员详细解读了市、区两级大学生引进政策，团区委有关负责人就服务青年人才的特色举措作了系统介绍。

9日 区人武部党委（扩大）会议暨党管武装工作述职会议召开，区委书记、区人武部党委第一书记徐心田出席会议并讲话。徐心田为七里甸街道、官塘桥街道、南山街道党工委书记现场颁发“街道人民武装部政治教导员”任职证书。区委副书记陈秋明出席会议。区委常委、区人武部政委许云东主持会议并代表区人武部党委作年度工作报告，区政府副区长崔超宣读2022年度荣获表彰奖励的先进单位和个人的通报，区人武部部长顾海华点评各街道人民武装工作并提出下一步工作要求，区人武部副部长宋光照传达上级党委扩大会议精神，韦岗街道、南山街道党工委书记作党管武装工作述职。

10日 中国共产党镇江市润州区第九届纪律检查委员会第三次全体会议召开。区委书记徐心田出席会议并讲话。区委副书记、区长徐燕，区人大常委会主任彭忠东、区政协主席胡如明、区委副书记陈秋明等四套班子领导，以及区法院院长、区检察院检察长出席会议。区委常委、区纪委书记、区监委主任邵学军主持会议。九届区纪委三次全会第二次会议书面学习传达了中央纪委、省纪委和市纪委全会精神。邵学军代表区纪委常委会作题为《以党的二十大精神引领全面从严治党新征程，为中国式现代化润州新实践提供坚强保障》的工作报告。表决通过九届区纪委三次全会工作报告和全会决议。会上还印发《2023年度落实全面从严治党“两个责任”清单》。

14日 新疆生产建设兵团第四师七十七团党委书记、政委冯天华率考察团一行赴润州区考察调研，共商合作发展。区委书记徐心田，区委副书记、区长徐燕陪同。

16日 润州区召开全区政法暨信访工作会议，部署安排2023年政法和信访重点工作。区委书记徐心田作出批示。区委常委、政法委书记张庆松出席会议并讲话，区人大常委会副主任江朝民，副区长、公安润州分局局长俞斌，区政协副主席易丽娟，区法院院长张传军出席会议、传达批示精神。区检察院检察长张东生主持会议。俞斌全面总结信访工作，提出要求，部署工作。

3 月

3日 润州区召开全区安全生产暨消防工作会议，区委书记徐心田作出批示。区委副书记、区长徐燕出席会议并讲话。

3日 润州举办“春风十里不如有你·家在润州”恳谈会，现场发布全年“7+N”系列政企合作交流活动，倡议设立润州企业家日，结合成立“惠企政策直通车”、组建“暖商服务智囊团”等一系列实在举措。

16日 润州区召开全区招商全域改革部署会。区领导徐燕、杨坚、朱明、崔超、刘向华、匡淑平参加会议。杨坚全面解读《全区招商引资全域统筹改革方案》，正式宣布“一中心十组”组成人员；朱明主持会议并对2023年全区招商引资工作进行全面部署。会上，七里甸街道、官塘桥街道、南山街道、区商务局（区招商中心）、区属平台公司分别作表态发言。

20日 润州区召开2023年区委农村工作会议，区委书记徐心田出席会议并讲话，以“敢为、敢闯、敢干、敢首创”的精神，铆足干劲、创新实干，坚决有力推进润州区乡村振兴战略，以“三农”工作的实绩实效，推动润州高质量发展迈上更高水平。

22日 润州区委统战部“牵手”招商银行镇江分行举行“润新非遗传承文化交流中心”揭牌仪式。

4 月

10日 农工党镇江市委会与中共润州区委工作交流座谈会召开。市政协副主席、农工党镇江市委会主委蒋鹏程，市政协副秘书长、农工党镇江市委会副主委兼秘书长梁新歌，区委常委、宣传部部长、统战部部长赖忠民，副区长、农工党润州支部主委刘向华参加座谈。

11日 润州区召开“四大行动计划“专题推进会，传达全市“四大行动计划”专题推进会（住建、城管专场）会议精神。区委常委、宣传部部长、统战部部长赖忠民出席会议并讲话，分析辖区内存在的问题，聚焦重点点位，扎实开展“四大行动”，提升润州文明程度，积极为全市文明城市创建作出润州贡献。

14 日 润州区召开党建工作会议暨三级基层党建“书记项目”启动部署会，区委书记徐心田出席会议并讲话。会上，区领导为十佳“书记项目”获奖单位、“书记项目”特别奖获奖单位颁奖；七里甸街道、和平路街道、区城管局、金山街道杨家门社区分别作交流发言。

14 日 润州区举行渔政执法船“32615”入列首航仪式暨润州区长江禁渔春季联合执法行动。区委书记徐心田，市委农办主任、市农业农村局党委书记、局长蒋勇，市农业综合行政执法支队支队长王正平，区委副书记陈秋明，区政府副区长崔超，区政协副主席、区财政局局长匡淑平出席活动。仪式上，徐心田现场宣布渔政执法船“32615”正式入列和长江禁渔春季联合执法行动正式启动，蒋勇授予渔政执法船证书，王正平作讲话，崔超主持入列仪式。区农业农村局主要负责人介绍润州区长江禁渔春季联合执法行动和渔政执法船基本情况。

18 日 润州区召开老干部工作会议，深入学习贯彻习近平新时代中国特色社会主义思想和全国、全省、全市老干部局长会议精神，总结 2022 年工作，部署 2023 年任务。区委书记徐心田作出批示，区委常委、组织部部长梁亮出席会议并讲话。

19 日 2023 年“润州最滋润”系列政企合作交流活动第二场活动——“砼心聚力 筑梦润州”房地产业交流恳谈活动在南山脚下举办。10 家房地产企业、7 家建筑业企业齐聚，政企双方共商发展。活动现场，润州区住建局现场发布党建结对、调研走访、政策快享、强企延链、风险化解、服务提效“六大行动”。市、区两级住建部门与 6 家建筑业企业现场组成党建联盟。

19 日 润州区举行“‘读’领风尚 阅见西津”第十五届“润心读书节”启动仪式。市新闻出版（版权）局副局长赵舒，市委市级机关工委副书记何俊，区委常委、宣传部部长、统战部部长赖忠民，区人大常委会副主任、工商联主席季莉，区政府副区长刘向华，区政协党组副书记、副主席徐文军出席活动并共同启动第十五届“润心读书节”。活动现场，润州区图书馆主要负责人现场发布 2023 年润州区“润心读书节”阅读项目。市委市级机关工委、区全民阅读活动领导小组、镇江市作协名誉主席王川向西津古渡社区、七个农家书屋、“阅见西津”阅读街区赠送图书。活动现场启动“阅见西津”全民阅读示范街区开街仪式，观看阅读示范街区视频、发布地图，赵舒为王川教授和何斌锋博士颁发街区“阅读推广大使”聘书，刘向华和金山街道主要负责人为“阅见西津”全民阅读示范街区揭牌。在第十五届“润心读书节”启动仪式上还启动护苗行动版权保护宣传周活动。区全民阅读活动领导小组成员单位分管领导，阅读组织、阅读推广人代表，全区各街道宣传委员及宣传干事，全区各村（社区）书屋管理员和居民群众参加活动。

28 日 区委书记徐心田主持召开区委常委会会议。会议学习习近平总书记在广东考察时的重要讲话精神，提出明确要求，为立足实际做好工作、推进中国式现代化润州新实践提供了科学指南。

5 月

1 日 润州区旅游协会第二届会员大会召开，140 余家会员单位参加会议，市旅游协会副会长夏雨林、区政府副区长刘向华以及区相关职能部门领导出席会议。大会选举产生新一届理事会，选举王明龙为润州区旅游协会新一届会长，大会对第一届润州区旅游协会先进会员单位进行表彰。

2 日 由市住建局主办、润州区政府承办的镇江市房地产市场健康发展座谈会在润举行，来自市区 15 家房地产开发企业负责人齐聚一堂、建言献策，以政企同心协力促进市区房地产市场健康发展。市住建局党委书记、局长戴卫东，润州区委副书记、区长徐燕参加座谈。

4 日 区委书记徐心田出席润州区纪念五四运动 104 周年暨青年干部座谈会并讲话。区委副书记陈秋明主持会议。区委常委、组织部部长梁亮宣布互派挂职干部安排并提出工作要求。下派挂职干部、青年干部代表分别作表态和交流发言。

4 日 由区委统战部、团区委及区文化体育和旅游局联合主办的“青春礼赞二十大，挺膺担当新征程”青春分享会在镇江实验学校教育集团长山校区顺利举办。团市委书记张冲，区领导梁亮、赖忠民、刘向华出席活动，江苏省交通技师学院党委副书记高为群等润州全域团建部分成员单位领导应邀出席。会议表彰全区“两红两优”荣誉获得者。区委常委、宣传部部长、统战部部长赖忠民宣读了批示。各街道党工委、区各有关部门负责人，区各直属团组织负责人、润州全域团建全体成员，润州 2022 年度国家及省市区“两红两优”荣誉获得者，以及来自基层一线的各界青年和校外少先队辅导员代表等共230余人参与活动。

6日 镇江市润州区赴中国互联网产业集聚地杭州举办“数智润州·启‘杭’未来”数字经济招商推介会，总投资超78亿元的中节能、网易等16个数字经济重点产业项目现场签约，为润州数字经济发展再添新动能。现场，润州区政府还与浙江省江苏商会、东方嘉富基金公司、浙江省区块链应用技术协会、杭州市跨境电商协会等签订委托招商协议。

10日 全国少年军校工作交流会现场观摩活动在润州区南徐小学顺利举办。中国少年儿童发展中心党委委员、纪委书记、副主任闫述军，中国少先队工作学会副会长、辅导员杂志社原主编柯英，中国少先队工作学会副会长、江苏省少先队原总辅导员华耀国，镇江团市委书记张冲，镇江市委教育工委副书记、市教育局党委副书记王思思，镇江团市委副书记、市少工委主任蒋蒙，润州区政府副区长孙晶等领导共同出席。在学校报告厅，正式启动全国少年军校星火传承计划，举办以“追求信仰之光传承红色基因”为主题的润州区南徐小学少年军校建设专题沙龙。启动仪式结束后，参会领导和嘉宾们共同参观了南徐小学国防教育馆与“南泥湾”农场，来自全国各地的从事少年军校和国防教育活动的中小学、青少年宫（活动中心）等少先队和少年儿童工作者参加观摩。

15日 润州区召开“润廉护航　清风助企”专项行动动员部署会。区委书记徐心田作出批示，区委副书记、区长徐燕出席会议并讲话，区委常委、区纪委书记、区监委主任邵学军主持会议。会上，邵学军对《润州区优化营商环境专项整治工作方案》进行解读；七里甸街道、区市场监管局、营商环境监督员代表作表态发言。会上颁发营商环境监督员聘书。

19日 区文体旅局在金山公园泽心坊商业区开展“山水古渡　自在润州”中国旅游日主题推介活动。现场，区文体旅局邀请镇江市文旅推介官魏可心、文旅圈“网红”琪哥、Oliver共同打卡金山公园、江天禅寺，收集对润州文旅自媒体运营、网红打卡点打造等方面的意见建议。通过摆放展板、发放宣传册和文创产品等形式，推广润州旅游。

19日 润州区以“签而有约、共享健康”为主题，举行“5·19”世界家庭医生日主题宣传活动暨家庭医生工作室揭牌仪式。镇江市卫生健康委副主任朱朝阳，区政府副区长孙晶，金山街道、区卫生健康委主要负责人，区委组织部分管负责人参加揭牌仪式。

27日 江苏省海洋资源开发研究院——数智低碳院和江苏海洋大学镇江技术转移中心揭牌仪式在润州区举行。江苏海洋大学党委书记王自力、润州区委书记徐心田为“江苏省海洋资源开发研究院——数智低碳院”揭牌；江苏海洋大学校长宁晓明，润州区委副书记、区长徐燕为“江苏海洋大学镇江技术转移中心”揭牌。江苏乐普科技有限公司等4家企业同步落户技术转移中心。仪式上举行现场聘任，江苏海洋大学副校长申欣为中国太平洋人寿保险镇江中心支公司总经理朱耀颁发江苏海洋大学镇江校友会副会长聘书；区委常委、副区长朱明为江苏省海洋资源开发研究院副院长李妍、江苏火石科技有限公司总经理周华颁发聘书。新任江苏省海洋资源开发研究院——数智低碳院院长李妍、新任数智低碳院副院长兼江苏海洋大学镇江技术转移中心主任周华作发言。区委常委、宣传部部长、统战部部长赖忠民出席揭牌仪式，副区长崔超主持揭牌仪式。区委办、区政府办、区经发局、区商务局、区科技局主要负责人，各街道党政主要负责人，江苏海洋大学相关领导，江苏海洋大学镇江校友会、江苏火石科技有限公司有关负责人等参加活动。

31日 润州区政府与星河地产集团举行战略合作框架协议签约仪式。星河地产集团副总裁兼华东区域总裁章建波，区委书记徐心田见证签约并讲话。区委副书记、区长徐燕主持签约仪式。星河地产集团华东区域总裁助理梁一，区领导朱明、田伟参加活动。

31日 润州区疾病预防控制局正式挂牌成立，区委副书记、区长徐燕，副区长孙晶为区疾病预防控制局揭牌。

6月

9日 润州区史志办（档案馆）主办的“润州记忆·档案见证发展之路”主题档案展在润州区政府大院内举行。展览用300余幅图片和档案文件，生动勾勒润州区40年历史面貌，重拾发展记忆，再现历史轨迹和不懈奋斗中的忙碌身影。

12日 润州区委书记徐心田率润州区党政代表团赴西藏自治区拉萨市达孜区调研，与达孜区委书记索朗次仁，区委副书记、区长刘代红等进行深入交流，看望慰问镇江援藏干部，区委常委、常务副区长杨坚代表润州区委、区政府向达孜区唐嘎乡进行捐赠。区人大常委会副主任、区总工会主席江朝民参加调研活动。

20日 “党旗‘镇’红、一线建功”工程暨全域党建工作研讨会在润州区举行。中组部党建研究所原副所长、一级巡视员，全国党建研究会副秘书长赵湘江，《中国组织人事报》总编辑徐月高，中国浦东干部学院原副院长、中国特色社会主义研究院院长刘靖北，江苏省人民政府参事、江苏省委党校原常务副校长、江苏党的建设理论与实践创新研究院院长桑学成，人民网·中国共产党新闻网副主任秦华，中国浦东干部学院社会发展与人文综合教研部副主任、基层社会治理创新研究中心主任李德，民政部《乡镇论坛》杂志社《中国社区报》采编组组长赵雪，省委组织部组织二处二级调研员余祥明到会指导。会上还举行《全域党建》图书首发仪式，观看了镇江市“党旗‘镇’红、一线建功”专题片、润州区全域党建工作汇报片。市委组织部副部长、“两新”工委书记郭鑫主持会议并介绍“党旗‘镇’红、一线建功”工程实施情况。区委副书记陈秋明出席研讨会。区委常委、组织部部长梁亮出席研讨会并介绍全域党建工作开展情况及《全域党建》编写情况。

21日 “润州最滋润”系列政企合作交流活动第三场活动——“山水古渡·自在润州”文旅企业交流恳谈活动举行。活动现场，8位润州文化旅游宣传推荐官登台受聘。

26日 省委第五巡视组巡视镇江市润州区工作动员会召开。省委第五巡视组负责本轮巡视全面工作副组长徐杰作了动员讲话，对做好巡视工作提出要求。镇江市委书记马明龙就润州区委接受巡视监督、配合和支持巡视工作提出要求。润州区委书记徐心田主持会议并作表态发言。省委第五巡视组副组长陈德荣及有关负责人，润州区委和人大常委会、政府、政协党组领导班子成员，法院、检察院党组主要负责人出席会议；润州区领导班子中除出席人员以外的其他负责人，纪委监委和组织部领导班子成员、巡察办主任和巡察组组长、所辖下一级党政主要负责人，近三年来退休的领导班子成员等列席会议。

28日 “数实融合 智引润州”——2023阿里云创峰会暨长三角（镇江）数字经济高峰论坛在润州区举办。中国工程院院士沈昌祥，国务院参事、发展中国家科学院院士、国际欧亚科学院院士石勇，阿里巴巴华东公司总经理李嘉平，阿里云智能中国区副总裁曹思培，副市长黄春年，江苏省发改委创新和高技术发展处处长鄂有阳，润州区委书记徐心田，镇江市发展和改革委员会主任谈沁磊，市交产集团董事长胡文辉，润州区委副书记、区长徐燕等知名专家、企业界人士和市区领导出席活动。

27日 润州区历史文化研究会一届二次会员大会召开。区政协副主席徐文军，区政协三级调研员、区历史文化研究会会长张春平出席会议。会上，张春平代表区历史文化研究会理事会作工作报告，区历史文化研究会监事作监事报告，三位会员代表作交流发言。会议举行区历史文化研究会新当选理事单位授牌仪式，部署文史资料征集工作。

7 月

26日 镇江市润州区工会第七次代表大会召开。润州区委书记徐心田，市总工会党组成员、副主席李学雄出席大会开幕式并讲话。区领导胡如明、陈秋明、杨坚、张庆松、邵学军、梁亮、赖忠民、许云东、崔超出席大会开幕式。区人大常委会副主任、区总工会主席江朝民主持会议并代表区总工会第六届委员会作报告。会议当天召开区总工会第七届委员会第一次全体会议，大会选举江朝民为润州区总工会第七届委员会主席，并选举产生润州区总工会副主席、常务委员。同时，还召开区总工会第七届经费审查委员会第一次全体会议，选举产生润州区总工会第七届经费审查委员会主任、副主任。闭幕式上，通过关于区总工会第六届委员会报告的决议、关于区总工会第六届委员会财务工作报告的决议、关于区总工会第六届经费审查委员会工作报告的决议等3个决议（草案）。区委常委、组织部部长梁亮出席大会闭幕式并讲话。闭幕式上，还表彰一批润州区工会工作先进单位、优秀工会工作者、优秀工会积极分子和优秀工会之友。

27日 润州区举办科技镇长团十五周年活动。区委常委、组织部部长梁亮出席座谈交流会并讲话。区政府党组成员、第十五批科技镇长团团长邓晶主持会议。扬州大学广陵学院院长凌云志，省政府驻深圳办事处机关党委二级调研员、副处长罗勇，南京航空航天大学经管学院教授庄品，江苏科技大学计算机系主任刘庆华4名代表作重点发言。区科技镇长团团员分别作交流发言。区人才办、区科技局分别介绍润州区近年来人才工作、科技工作情况。会上还观看润州宣传片和镇江市人才专题宣传片。区相关部门、各街道相关负责人参加会议。

27 日 由润州区委、区政府，市委人才办和团市委、市城建产业集团主办的镇江市第二届青年人才交友文化节暨西津渡人才友好街区人才之夜活动在西津渡启动。润州区委书记徐心田，市委组织部副部长、“两新”工委书记郭鑫，团市委书记张冲，市报业传媒集团党委书记、董事长、社长徐红军，市人社局二级调研员吴志龙，市人力资源市场管理办公室主任江华，团市委副书记蒋蒙，市城建产业集团党委委员、总会计师张慧，区领导梁亮、刘向华、邓晶出席活动。

29 日 润州区召开“回应民生关切 兜牢民生底线”推动解决民生实事工作动员部署会。区人大常委会主任彭忠东，区政协主席胡如明出席会议。区住建局、区应急管理局、和平路街道、金山街道作表态发言。会议印发区委“四大行动”“四大计划”实施方案。

31 日 2022 年度长江流域渔政协助巡护优秀队伍和优秀队员表扬活动在四川省宜宾市江安县成功举行，润州护渔队荣获 2022 年度长江流域渔政协助巡护优秀队伍一等奖，全省唯一。

8 月

1 日 中国共产党镇江市润州区第九届委员会第五次全体会议召开。全会高举习近平新时代中国特色社会主义思想伟大旗帜，深入学习贯彻落实中共二十大精神和习近平总书记对江苏工作重要讲话精神，坚定对标“在推进中国式现代化中走在前、做示范”的重大定位，坚决贯彻落实“四个走在前”“四个新”的重大任务，认真落实省委十四届四次全会、市委八届五次全会部署要求，动员全区上下奋勇争先，坚定走好高质量发展之路，全力完成争先进位目标和全年各项任务，用实干实绩书写开局起步精彩答卷。全会由区委常委会主持。区委书记徐心田作讲话。

3 日 润州区召开第五次全国经济普查动员部署会。区委常委、常务副区长杨坚出席会议并讲话。

10 日 润州区区域社会治理现代化指挥中心正式挂牌运行。润州区委常委、政法委书记张庆松为指挥中心揭牌。润州区区域社会治理现代化指挥中心（以下简称指挥中心）整合“润州区社会治安综合治理中心”“润州区网格化服务管理中心”“润州区大数据管理中心”“润州区政府公共热线服务中心”四个中心的原有职能，通过构建区域一体、扁平高效、全域联动的现代化指挥网络，助力区域治理体系和治理能力现代化。

23 日 润州区召开食品安全委员会全体（扩大）会议，总结分析前期食品安全工作，研究部署下阶段重点任务。区委书记徐心田，区委副书记、区长徐燕就加强食品安全工作作出批示。副区长、区食安委副主任孙晶出席会议并讲话。会议通报 2022 年以来全区食品安全工作情况，并提出 2023 年食品安全重点工作建议。金山街道办事处、区教育局、公安润州分局 3 家食安委成员单位作发言。

9 月

6 日 润州区召开全区政法系统党的建设暨党风廉政建设会议，区委常委、区纪委书记、区监委主任邵学军为全区政法干警作党风廉政建设专题报告，区委常委、政法委书记张庆松总结部署全区政法系统党的建设和党风廉政建设工作。区法院党组书记、院长张传军，区检察院党组书记、检察长张东生出席会议。

8 日 润州区举行庆祝第 39 个教师节报告会。区委副书记、区长徐燕出席会议并讲话。会上，徐燕、赖忠民、江朝民、孙晶、易丽娟等区领导分别为全区教育系统“园丁奖”教师、优秀教育工作者、师德先进个人、德育工作先进个人、管理工作先进个人颁发奖牌和荣誉证书。江苏省特级教师陆其勇，润州区教育系统师德先进个人向艺，江苏省基础教育班主任基本功大赛一等奖获得者史文君，执教 30 余年、镇江市骨干教师张雪梅现场分享从教心声，讲述他们的教育故事。14 名 2023 年新入职的教师庄严宣誓。

9 日 市、区两级红十字会联合金山街道西津古渡社区等多家单位共同在西津古渡开展首届“镇小红·博爱夜市”世界急救日暨“99 公益日”宣传活动。

13 日 润州区举行 2023 年网络安全宣传周启动仪式暨网络安全应急演练。区委书记、区委网信委主任徐心田作出批示，市委网信办副主任赵志燕出席活动，区委常委、宣传部部长、统战部部长、区委网信委副主任赖忠民出席活动并讲话。区委宣传部、公安润州分局、各街道以及其他部门分管领导，区重点互联网企业代表参加活动。启动仪式结束后，开展了网络安全实战应急演练。

14 日 区委学习贯彻习近平新时代中国特色社会主义思想主题教育领导小组召开第一次会议，讨论区委主题教育领导小组《工作规则》等有关文件，研究部署近期重点工作。区委书记、领导小组组长徐心田主持会议并讲话。领导小组副组长陈秋明、邵学军、梁亮、赖忠民出席会议。

17 日 润州区与市交通产业集团召开官塘创新社区联动推进会。润州区委书记徐心田、区长徐燕；市交通产业集团董事长胡文辉、总经理蔡超出席会议。会议研究相关土地调规事项，听取 EOD（生态环境导向的开发模式）项目、智慧城市项目、在手产业项目推进情况，以及联东项目开工仪式、网易项目开园仪式活动准备等情况，并就现阶段项目建设的重点工作、重点事项明晰方法路径、达成一致意见。

17 日 润州区与市交通产业集团召开官塘创新社区联动推进会。润州区委书记徐心田、区长徐燕，市交通产业集团董事长胡文辉、总经理蔡超出席会议。区委常委、副区长朱明，市交通产业集团党委委员、副总经理秦开颜，官塘创新社区管委会、宝塔路街道办事处、镇江市规划勘测设计集团相关负责人参加会议。

22 日 润州区召开九届区委第五轮巡察工作动员部署会，会议以习近平新时代中国特色社会主义思想为指导，深入学习贯彻中共二十大精神和习近平总书记考察江苏重要讲话指示精神，全面落实巡视工作方针和中央、省委、市委、区委关于巡视巡察工作的最新要求，对区委第五轮巡察工作进行动员部署，传达区委书记徐心田对区委第五轮巡察工作的批示。

29 日 区水利局联合自规润州分局、润州生态环境局等单位举行润州区河长制林长制断面达标责任制工作联盟成立仪式。市水利局党委委员、副局长董文生出席仪式。市水资源服务中心，区相关部门及各街道办事处，市、区摄影家协会相关负责人参加活动。

10 月

13 日 2023“数字赋能增长·驱动商业新能”数字经济沙龙研讨会在润州召开。盈天地科技、纷享销客、商派、星蝠科技、弗若斯特沙利文等头部行业研究机构、多位赛道厂商齐聚镇江，聚力论“数”。中国互联网协会副秘书长裴玮为本次大会开幕致辞。镇江市润州区委副书记、区长徐燕围绕“走进润州，感知润州，选择润州”介绍润州数字化建设成果。镇江市数字经济领导小组办公室副主任、市发展和改革委员会副主任石子刚围绕数字经济发展展开讲述。镇江市润州区委常委、副区长、官塘创新社区党工委书记朱明，从“和润之州”“古润之州”“兴润之州”“滋润之州”四个篇章，分享润州区的发展优势和投资环境，城市经济和数字板块的快速发展。

20 日 由镇江市人民政府、网易杭州研究院指导，润州区委、区政府、市发改委、网易数创联合主办，网易（镇江）联合创新中心、华翊数智（镇江）互联科技有限公司、官塘创新社区管委会承办的“数引镇江 赋能创新”网易（镇江）联合创新中心开园仪式暨数字经济生态创新论坛在润州区举行。市委常委、常务副市长秦海涛，网易副总裁、网易杭州研究院执行院长汪源，网易杭州研究院行业数字业务总经理张波，区委书记徐心田，市发改委主任谈沁磊，区委副书记、区长徐燕，镇江城建集团党委副书记、总经理翟德智，镇江交通产业集团党委副书记、总经理蔡超，华翊产城互联科技有限公司董事长刘波及市（区）相关部门负责人出席活动。仪式上，秦海涛、汪源、张波、徐燕、翟德智、蔡超、刘波共同为网易（镇江）联合创新中心开园正式启动。活动现场，华研文化遗产保护（江苏）有限公司、南京影联文化传媒有限公司、江苏永荣食品进出口有限公司、江苏二台传媒有限公司等首批入驻企业正式签约入驻。网易大数据实训基地、低代码应用实训基地、跨境电商直播孵化基地、拓海星盘江苏镇江运营中心、江苏省交通技师学院实习实训基地等业务生态揭牌落地。

28 日 润州区召开乡贤座谈会。中央军委后勤保障部编研部主任、中央国家机关书法家协会副主席丁嘉耕，日本专修大学经营研究所所长、教授、留日博士总会会长李建平，江苏省高级人民法院副院长李玉生，省特种设备安全监督检验研究院（苏州分院）主任赵彬等受邀参加活动。区委书记徐心田，区委常委、宣传部部长、统战部部长赖忠民等出席座谈会。

28 日 润州区高质量发展大会在南山艺术剧院举行，16 个产业项目现场集中签约，总投资 150 亿元。市政协主席郭建，市委常委、宣传部部长、秘书长陈可可，市人大常委会副主任胡宗元，市人大常委会副主任戴非平，市人民政府副市长殷敏，市政协副主席、市总工会主席高国成，市政协副主席、农工党市委主委、市第一人民医院院长蒋鹏

年4月，镇江解放后，镇江市与丹徒县分治，郊区和城区为镇江市，余为丹徒县。是年6月，建立镇江市城郊区，后经多次变更。1981年3月，建立镇江市郊区人民政府，为镇江地区所辖镇江市的郊区。1983年，江苏省实行市管县新体制，镇江市开始筹建建制郊区。9月，经省人民政府批准，撤销原郊区和谏壁区，合并建立镇江市郊区人民政府。全区设7乡1镇。1984年10月，镇江市郊区人民政府更名为镇江市润州区人民政府。原韦岗铁矿下辖的船山、红旗两个农村大队划归润州区，建立韦岗镇。至此，全区管辖7乡2镇。1992年10月，镇江市区区划重新调整，以古运河为界，古运河以西为润州区。润州区辖5个乡镇，4个街道办事处，2个场圃；1993年2月，成立润州区经济技术开发区，1995年，经镇江市人民政府批准定名为镇江市民营经济开发区。1998年1月，渔业乡更名为金江乡。2001年3月，润州区对部分乡镇、街道、行政村、居委会进行区划调整，并将居委会更名为社区居委会。经市政府批准，蒋乔镇、韦岗镇合并为蒋乔镇，撤销金江乡，其原辖行政区域由和平路街道办事处管理，撤销官塘桥乡，设立官塘桥镇。2005年12月，撤销蒋乔镇、官塘桥镇，合并设立新的蒋乔镇；撤销七里甸镇，设立七里甸街道办事处；撤销中华路街道、京儿路街道，合并成立金山街道。区划调整后的润州区辖1个镇、4个街道、3个国有场圃，1个民营经济发展管理委员会，共15个行政村、68个社区居委会。2006年3月17日，成立江苏镇江润州工业园区。12月，按照"以路为界、以块为主"的原则，对全区街道管理范围进行了调整，并将原来的68个社区合并成53个社区。当月底，五凤口社区、檀山社区、鹤林社区划入镇江市南山风景区管委会。2007年，全区辖蒋乔镇1个镇，七里甸街道、宝塔路街道、和平路街道、金山街道4个街道，镇江市黄山园艺良种场、镇江市水产养殖试验场、润州茶场3个场圃，江苏镇江润州工业园区1个开发园区，另有1个镇江润州民营经济发展管理委员会，共15个行政村、50个社区。2011年7月，撤销镇江市润州区蒋乔镇人民政府、镇江润州民营经济发展管理委员会，成立镇江市润州区蒋乔街道办事处，辖嶂山1个村，乔家门、七里、蒋家门、严庄、凤凰家园5个社区；成立官塘街道办事处，辖官塘桥、平山、秀山3个村；成立韦岗街道办事处，辖韦岗1个村；同意调整七里甸街道管辖范围。2014年5月，经市政府同意，官塘街道更名为官塘桥街道。2016年5月，经市政府同意，设立南山街道办事处，辖五凤口、鹤林、檀山、回龙、黄鹤山5个社区。2017年6月，蒋乔街道整建制划归高新区管理。10月，区政府对蒋乔街道、七里甸街道区划范围进行调整：七里甸街道划出五洲山、龙门、鲇鱼套、大桥4个村民委员会，四摆渡、福润华庭2个社区居民委员会，划出曙光村民委员会及光华、七里甸、四圩3个社区居民委员会在长山灌区以西部分行政区域（不含四圩社区在长山灌渠以西约8亩集体土地）至蒋乔街道。同时，划入原蒋乔街道七里社区居民委员会在长山灌渠以东部分行政区域。调整后，七里甸街道办事处驻地不变，辖曙光1个村民委员会，光华、四圩、金星、五里、二道巷、朱方路、七里甸、天桥路、天和星城、万科、新城花园11个社区居民委员会。现润州区辖七里甸街道、官塘桥街道、宝塔路街道、和平路街道、金山街道、韦岗街道、南山街道7个街道，镇江市黄山园艺良种场、镇江市水产养殖试验场、润州茶场3个场圃，4个行政村、48个社区。 （区史志办）

润州区主要机构及负责人名录

中共镇江市润州区委员会

书　　记　徐心田
副 书 记　徐　燕（女）
　　　　　陈秋明
常　　委　杨　坚
　　　　　张庆松
　　　　　邵学军
　　　　　梁　亮
　　　　　朱　明
　　　　　赖忠民
　　　　　许云东

区委办公室

主　　任　郑奇斌
副 主 任　刘　欢（女）
　　　　　陈晓鹏
　　　　　江　悦（女，12月起）

区委研究室

主　　任　杜　炜
副 主 任　金　蕾（女，12月止）

组织部

部　　长　梁　亮
常务副部长
　　　　　徐文军（3月止）
　　　　　汤小东（3月起）
副 部 长　江其兵
　　　　　杜婷婷（女，3月止）

张　斌(3 月止)
徐海萍(女,3 月起)
霍晓剑

区级机关工委

书　　记　欧阳国良
副 书 记　陈　璐(女)

区委老干部局

局　　长　江其兵(2 月止)
徐海萍(女,2 月起)
副 局 长　王晓滢(女)

公务员局

局　　长　江其兵

区委非公有制企业和社会组织工委

书　　记　杜婷婷(女,2 月止)
霍晓剑(2 月起)
副 书 记　蒲　宁

区委党建办

主　　任　石天琦
副 主 任　王　潇(女)

宣传部

部　　长　赖忠民
常务副部长
张　镇
副 部 长　祁明星(女,2 月止)
樊安成
袁　颖(女,2 月起)

文明办

主　　任　樊安成
副 主 任　杨　娴(女)

文联

主　　席　陈稳宇
副 主 席　倪　婕(女)

区委网信办

主　　任　祁明星(女,2 月止)
袁　颖(女,2 月起)
副 主 任　任　洁(女)

新闻中心

主　　任　祁明星(女,2 月止)
袁　颖(女,2 月起)
副 主 任　孔旺财
高　昕(女)
单维维(女)

统战部

部　　长　赖忠民
常务副部长
唐明乐
副 部 长　田　冰
李　志

民族宗教局

局　　长　唐明乐
副 局 长　徐鲁生

政法委

书　　记　张庆松
副 书 记　王卫领
金威威

区委编办

主　　任　张　斌(2 月止)
江其兵(2 月起)
副 主 任　徐海萍(女,2 月止)
蒋天一
曹　阳(2 月起)

史志办公室

主　　任　于彬彬
副 主 任　孙　伟
蒋厚军
施雨婷(女,12 月起)

档案馆

馆　　长　于彬彬

区委党校

校　　长　梁　亮
常务副校长
卢春生
副 校 长　张　静(女)
邵　昕(12 月起)

润州区人大常委会

主　　任　彭忠东
副 主 任　季　莉(女)
江朝民
周向群
徐建春(12 月止)
党组书记　彭忠东
党组副书记
江朝民

办公室

主　　任　贡帮珏

人事代表联络工作委员会

主　　任　吴润宇
副 主 任　刘银辉

监察和司法工作委员会

主　　任　姜银土(2 月止)
杨　飚(2 月起)
副 主 任　姜克才

财政经济工作委员会

主　　任　杨　飚(2 月止)
陈伟林(2 月起)
副 主 任　吴俊彪(2 月止)
王镇俐(女,2 月起)

社会事业工作委员会

主　　任　张　浩(2 月止)
张　伟(2 月起)
副 主 任　王　娟(女)

环境资源城乡建设工作委员会

主　　任　李　俊
副 主 任　张梅平

润州区人民政府

区　　长　徐　燕(女)
副 区 长　杨　坚
朱　明
俞　斌
戚　妍(3 月起)

崔　超
刘向华(女)
田　伟
孙　晶(女)

政府办公室

主　　任　赵　翼
副 主 任　胡笑宇
刘　玥(女)
吕云柱
孙　蒙(女,2月止)
张　烁
张一玄
郑　列

机关事务服务中心

主　　任　李其兵
副 主 任　姚　缤(女)
谢　亮
史靓龙

经济发展局

局　　长　吴斌斌
副 局 长　陈伟林(2月止)
袁小鲁(6月起)
倪守俊
侍婷婷(女)
陈中豪

教育局

局　　长　陈赞群
副 局 长　谢雪岭
鄂　萍(女)
祝　锋
党委委员　束乾春(2月止)
李祥荣
杜闽生
臧　翔

文体旅局

局　　长　王　慧(女,2月止)
康　云(2月起)
党组书记　康　云
副 局 长　康　云(2月止)
吴俊彪(2月起)
吴　瑛(女)

润州中等专业学校

党总支书记
杜闽生
党总支副书记
李祥荣
副 校 长　田　静(女)
高新斤

镇江实验学校

校　　长　臧　翔
副 校 长　戴天扬(女)
蒋建国
李纯刚(2月起)
党总支书记
臧　翔
党总支副书记
束乾春(2月止)

润州区实验小学

校　　长　靳钟琦(女)
党总支书记
罗雪梅(女,2月止)

科学技术局

局　　长　郭海燕(女)
汤世鹏(2月起)
副 局 长　王　妮(女,2月止)
杨海莲(女)
党组书记　江金保

民政局

局　　长　陆庆宏
副 局 长　徐怀联
张海东
仇耀峰
汤力克

司法局

局　　长　徐子强
副 局 长　张　健
朱　怡
范玲玲(女)

信访局

局　　长　胡笑宇

副 局 长　苏德志
钟　俊

财政局

局　　长　匡淑平
副 局 长　殷荣栋(2月止)
孙　蒙(女,2月起)
戴洪祥
陈铁婕(女,2月起)
党委委员　易仁东(12月止)
赵　莹(女,12月起)

人力资源和社会保障局

局　　长　刘春光
副 局 长　沈　军
俞进东
党委委员　蔡　煜

住房和城乡建设局

局　　长　戴克祥
副 局 长　吴华昆
许　谦
邓　燕(女)
康　伟
党委委员　蔡立芹

城管局

局　　长　常耀中
副 局 长　孙建军
刘洪建
刘　俊
龚祝锋
党委委员　陆　军
方　华(女)

交通运输局

局　　长　王重阳
副 局 长　陶文琦(女)
蔡　军
朱　辉(2月止)
尤　毅(12月起)

农业农村局

局　　长　李　伟
副 局 长　陈　鑫
卢　军

张云凯(2月止)
吴贞进(2月起)

水利局

局　　长　夏兴政
副 局 长　张　杰
　　　　　吕　芹(女)
　　　　　杨　勇

商务局

局　　长　李　雍
副 局 长　熊　文
　　　　　刘　璇(女)
　　　　　孙　伯(12月止)

招商中心

主　　任　李　雍(6月止)
　　　　　倪若男(6月起)
副 主 任　殷婷婷(女)
　　　　　邵　昕(12月止)
　　　　　郭芷榕(女)

卫生健康委员会

主　　任　袁其中
副 主 任　赵立军
　　　　　王国文
　　　　　江蓓芬(女)
　　　　　李　兵
党委委员　沙开红(女)
　　　　　满　明
　　　　　李红胜
　　　　　栾立敏

红十字会

会　　长　孙　晶(女)
常务副会长
　　　　　沙开红(女)
副 会 长　何　峥(女)

审计局

局　　长　史润忠
副 局 长　钱玲凤(女)
　　　　　殷叶飞
　　　　　季吉祥(3月止)

应急管理局

局　　长　胡志中
副 局 长　顾万银
　　　　　钱勇建
　　　　　汤世鹏(2月止)
　　　　　束志祥
　　　　　王　凯

统计局

局　　长　吴从尧
副 局 长　张涵宇(12月止)
　　　　　张振宇
　　　　　周　潇(女,12月起)

市场监督管理局

局　　长　耿长旭
副 局 长　肖　骁
　　　　　司智玲(女)
　　　　　李建国
　　　　　袁界荣
　　　　　徐文峰
党委委员　孙　浪

行政审批局

局　　长　陈欣国
副 局 长　蔡　雷
　　　　　张晓敏(女)

退役军人事务局

局　　长　张群林
副 局 长　王志华
　　　　　王振铭

供销合作总社

主　　任　姚　继
副 主 任　缪　迪
　　　　　王美吉
　　　　　曹　阳(2月止)
　　　　　王玉坤
　　　　　张　薇(女,12月起)
纪委书记　谭福良

区工贸总公司

总 经 理　蔡　飞(12月止)
　　　　　杨　勇(12月起)
副总经理　吴　丽(女)
　　　　　沈　洁(女)
　　　　　徐　萍(女)
党委书记　杨　勇

区属平台公司

董 事 长　徐建春(2月止)
总 经 理　杨留永
副总经理　张　轶
　　　　　陈志强
　　　　　田伟忠
　　　　　丁　军
　　　　　王永海
　　　　　朱一国
　　　　　壮　伟

政协润州区委员会

主　　席　胡如明
副 主 席　易丽娟(女)
　　　　　匡淑平
　　　　　徐文军
　　　　　黄　昕
党组书记　胡如明
党组副书记
　　　　　徐文军
秘 书 长　杨庆荣

政协办公室

主　　任　杨庆荣

政协提案委员会

主　　任　邵建栋(2月止)
　　　　　谢竞美(2月起)
副 主 任　杨贤锋(2月止)
　　　　　薄开鹏(12月起)

学习和文史委员会

主　　任　李　忠
副 主 任　张桂蕊(女)

经济科技委员会

主　　任　华晨明
副 主 任　金亚秋(女)

社会事业委员会

主　　任　曾晓亚

副 主 任　张月琴(女)

中共润州区纪律检查委员会（润州区监察委员会）

书　　记　邵学军
副 书 记　陆振兴
　　　　　孙建民
常　　委　马少俊
　　　　　吴　莹（女）
监委主任　邵学军
监委副主任
　　　　　陆振兴
　　　　　孙建民
监委委员　马少俊
　　　　　朱兆明
办公室主任
　　　　　吴　超(2月起)
信访室主任
　　　　　郭鹏宇
案件审理室主任
　　　　　尚明刚
党风政风监督室主任
　　　　　谈建桥
案件监督管理室主任
　　　　　薛容其
纪检监察干部管理监督室主任
　　　　　陈　媛(女)
第一审查调遣室主任
　　　　　徐　华
第二审查调遣室主任
　　　　　顾　宁(2月止)
　　　　　殷　新(2月起)
第三监督检查室主任
　　　　　吴　虹(女)
第四监督检查室主任
　　　　　殷　新(2月止)
第五监督检查室主任
　　　　　郑文杰

区委巡察工作办公室

主　　任　马少俊
副 主 任　马　佳(女)
　　　　　陈新宇(2月起)
巡察组组长
　　　　　周志红(女,12月止)
　　　　　方　翔
　　　　　吴国武(12月起)
巡察组副组长
　　　　　高　奇
　　　　　赵　莹（女,12月止)
派驻区委办公室纪检组组长
　　　　　谢竞美(女,2月止)
　　　　　王　妮(女,2月起)
派驻区政府办公室纪检组组长
　　　　　吴国武(12月止)
　　　　　易仁东(12月起)
派驻区人民法院纪检组组长
　　　　　朱恒赏
派驻区人民检察院纪检组组长
　　　　　江再连(2月止)
　　　　　顾　宁(2月起)
派驻区财政局纪检组组长
　　　　　易仁东(12月止)
　　　　　赵　莹（女,12月起)
区属国有公司(场圃)综合纪检组组长
　　　　　易仁东(12月止)
　　　　　赵　莹（女,12月起)

润州区人民法院

院　　长　张传军
副 院 长　王　翔
　　　　　赵　江
　　　　　余　波
党组书记　张传军
党组副书记
　　　　　杨　可
党组成员　朱恒赏
政治处主任
　　　　　王　琳(女)

执行局

局　　长　赵向阳

润州区人民检察院

检 察 长　张东生(11月止)
　　　　　鲍建武(11月起)
副检察长　徐根法
　　　　　田云山
　　　　　杨海峰
党组书记　张东生(12月止)
　　　　　鲍建武(12月起)
党组副书记
　　　　　徐根法
党组成员　蒋文明(2月止)
　　　　　江再连(2月止)
　　　　　刘秀明
　　　　　刘　滢(女)
　　　　　顾　宁(2月起)
　　　　　焦惟奇(10月起)
政治处主任
　　　　　蒋文明(2月止)
　　　　　焦惟奇(10月起)

群众团体

区总工会

主　　席　江朝民
党组书记　许传亮
副 主 席　许育根
　　　　　刘美中

共青团区委

书　　记　杨　凡(6月止)
　　　　　朱颖倩(女,12月起)
副 书 记　朱颖倩(女,12月止)
　　　　　王　颖(女,12月起)
　　　　　钱　航(挂职,2月起)

区妇联

主　　席　李志鹰(女)
副 主 席　许文珺(女)

区科协

主　　席　陆承宝(9月起)
副 主 席　尹　忠(6月止)

区侨联

主　　席　周　红（女)

区工商业联合会

主　　席　季　莉(女)
副 主 席　王镇俐(女,2月止)
　　　　　杨贤锋(2月起)
党组书记　李　志

区残疾人联合会

理 事 长　房　永

区台办

主　　任　田　冰

街道·创新社区

七里甸街道

党工委书记　曹　阳
党工委副书记
蔡楚天
凌　鑫(6月止)
周景润
夏　兵(12月止)
张涵宇(12月起)
纪工委书记
彭　明
组织统战委员
陈　晔(女)
宣传委员　江　悦(女,12月止)
党工委委员
王　昊(10月起)
办事处主任
蔡楚天
办事处副主任
瞿惠林(2月止)
周　潇(12月止)
张志团
郑泽宇
江　悦(女,12月止)
王宗坤(12月起)
人大工委主任
高　峰(12月止)
夏　兵(12月起)

官塘桥街道

党工委书记
马　乐
党工委副书记
祁明星(女,2月起)
向　绯(女)
金国民(2月起)
纪工委书记　陈　飞
组织统战委员
李心怡(女)
宣传委员　颜　玲(女)
党工委委员
朱荣平
曲　波(10月起)
人大工委主任
戴　敏
办事处主任
祁明星(女,2月起)
办事处副主任
颜　玲(女)
金　恺(12月止)
袁小鲁(6月止)
单　荣
朱荣平(12月起)

宝塔路街道

党工委书记
凌　鑫(6月起)
党工委副书记
高　飞
刘　亮
张　晋(女)
纪工委书记
庞丽娟(女)
宣传委员　王　南(女)
组织统战委员
陈　君(女)
党工委委员
李　波(10月起)
人大工委主任
钱　进
办事处主任
高　飞
办事处副主任
尤昌洋
倪若男(女,6月止)
赵艺玮(女)
谈　凯

和平路街道

党工委书记
汤小东(6月止)
石光亚(6月起)
党工委副书记
石光亚(6月止)
郑永明(2月止)
丁笑笑
阮庆红(女,2月起)
杨　凡(6月起)
纪工委书记
成　曼(女)
组织统战委员
阮庆红(女,2月止)
钟　静(女,2月起)
宣传委员　孔　雪(女,2月止)
党工委委员
周　俊(10月起)
人大工委主任
卢庆荣(2月止)
郑永明(2月起)
办事处主任
石光亚(6月止)
杨　凡(6月起)
办事处副主任
朱　辉(2月起)
张　宇
孔　雪(女)
张　环

金山街道

党工委书记
陈秋明(2月止)
杜婷婷(女,2月起)
党工委副书记
丁一舟（女）
袁　颖(女,2月止)
卜　平
胡中良(2月起)
纪工委书记
薄开鹏(12月止)
牟　莹(女,12月起)
组织统战委员
孟国曦
宣传委员　陈　茜(女)
党工委委员
马　尉(10月起)
人大工委主任
戴永能
办事处主任
丁一舟（女）
办事处副主任
高春峰

胡中良(2月止)
朱　婧(女)
陈　茜(女)
王　淮(2月起)

韦岗街道

党工委书记
张　娟(女)
党工委副书记
周恒祥
程相会
徐　春
纪工委书记
金国民(2月止)
季晓钒(女,2月起)
组织统战委员
孔　珊(女,2月止)
管思洁(女,2月起)
宣传委员
孔　珊(女,2月止)
管思洁(女,2月起)
党工委委员
辛子扬(10月起)
人大工委主任
张　伟(2月止)
张云凯(2月起)
办事处主任
周恒祥
办事处副主任
吴贞进(2月止)
黄富忠
黄雪峰
杨　帆(女)

南山街道

党工委书记
范海进
党工委副书记
张媛媛 (女)
甘文茂
尤　毅(12月止)
金　蕾(女,12月起)
纪工委书记
曾　拟(女)
组织统战委员
钟　静(女,2月止)
孔　珊(女,2月起)
宣传委员
钟　静(女,2月止)
孔　珊(女,2月起)
党工委委员
陈长征(10月起)
人大工委主任
费荣海
办事处主任
张媛媛(女)
办事处副主任
冉一帆(女)
马润东

南山联合社区

副 主 任　杨　斌
赵　鸣
梅　俊
潘心浩

官塘创新社区

党工委书记
朱　明
党工委副书记
马　东
孙　伯(12月起)
管委会主任
马　东
管委会副主任
金　恺(12月起)

中共润州区委员会

栏目编校：施雨婷

综 述

【概况】 2023年，区委全面贯彻中共二十大精神和习近平总书记关于江苏工作重要讲话重要指示精神，认真落实中央经济工作会议、省委十四届五次全会、省委经济工作会议和市委八届六次全会部署，全面落实“四个走在前”“四个新”重大任务，加快推进中国式现代化润州新实践，全年地区生产总值300.05亿元，同比增长6.8%；一般公共预算收入16.28亿元，同比增长11.1%；社会消费品零售总额151.16亿元，同比增长10.5%；城镇居民人均可支配收入达63354.4元，同比增长4.9%；各项事业发展取得了一系列新进展、新成效。

坚定推进重大政治任务。稳步开展主题教育，以“六个优化”压紧压实“五责联抓”工作体系，全区268名党员领导干部扎实开展“三带三入”大学习，开展讲党课活动累计462场次。深化调查研究“1+X”工作机制，整理形成2个正反面典型案例剖析材料、26份调研报告，初步推动成果转化41项。深入开展“四下基层”，解答群众问题356个，现场办公解决急难愁盼问题20多项。始终胸怀“国之大者”，坚持不懈、久久为功抓好长江大保护，区护渔队荣获2022年度长江流域渔政协助巡护优秀队伍评比一等奖，为全省唯一。坚决扛起耕地保护重大责任，完成市下达整改目标的150%。PM2.5年平均浓度持续降低至33.8微克/立方米，优良天数比率升至78.4%，两项绝对值在全市5个国控站点中均排名第一。扎实推进巡视整改，高标准严要求配合完成省委巡视工作，明确96项重点任务和117条整改措施，同步制定“长久立”的制度机制，推动巡视整改工作持续走深走实。

加快提升经济运行质效。稳步推进全市首个新型工业用地项目——联东U谷·官塘科技港项目，官塘创新社区EOD（生态环境导向的开发模式）项目入选省生态环境厅项目库，为全市唯一。招商中心独立运行，“一中心十组”工作架构初步形成，成功举办“数智润州·启‘杭’未来”数字经济招商推介会等招商活动，全年签约中节能（镇江）低碳科创园等亿元以上项目14个，总投资额71.1亿元。大力推动数字经济和实体经济深度融合，搭建阿里云创峰会等数字经济合作交流平台，网易（镇江）联合创新中心项目正式开园，当年入驻企业26家，数字经济核心产业营业收入达76亿元。净增“四上”企业110家，新认定高新技术企业15家、净增8家，有效期内高新技术企业数达27家、增幅达42.1%。开展“润州请您”“润州明月夜”系列活动，有效拉动各领域消费需求稳定回升，入选“长三角高铁旅游小城”，为全市唯一。举办“家在润州”系列政企交流会，开展2023年“润州最滋润”企业大走访活动，对92家“两级挂包”服务重点企业进行全覆盖深入走访，22项交办问题全部办结。

持续推动民生福祉改善。打造全市首批“家门口”就业服务站，新增城镇就业6365人，城镇居民人均可支配收入同比增长

4.9%。实施基层医疗卫生机构绩效分配制度改革，七里甸、黎明2家社区卫生服务中心顺利建成二级综合医院，黎明社区卫生服务中心通过五级中医馆创建验收，特色科室基层医疗卫生机构占比提高至85.71%。实施养老服务提升行动，新建2个居家养老服务中心，完成83户老年人家庭适老化改造、10个城市社区助餐点改造提升，为10544名高龄、经济困难失能老年人提供居家上门服务。医养融合打造“定制化”养老社区做法入选中国康养事业高质量发展优秀案例。教育“双减”区域科学教育做法获评省“双减”工作典型案例。全面推进民生实事“四大行动”，圆满完成宝盖山滑坡治理、东家庄小流域治理等9个重点城建项目。在全市率先完成43项铁路沿线安全环境问题整改，高标准打造6个铁路沿线提升节点，沙地公园在全市考核中作为示范样板性工程。全面完成姚大圩等美丽乡村建设，开展4轮集中整治日活动，累计清理各类垃圾2800余吨。高效能推进区域治理，区域社会治理现代化指挥中心正式挂牌运行。科学优化微网格设置，单个微网格平均覆盖户数从93户降低到72户，微网格员配备率达100%。高标准建设运行“一站式”非诉讼服务中心，持续深化“9+2”诉前调解模式，有力推动司法服务与基层治理深度衔接。扎实推进信访突出问题攻坚，成功化解6件五年以上积案，稳妥处置涉众型群体纠纷，社会安全稳定基础更加坚实。

纵深推进全面从严治党。始终把党的政治建设作为根本性建设，坚持“第一议题”学习制度，出台《区委常委会关于坚决维护党中央权威和集中统一领导的规定》，把习近平总书记重要讲话重要指示批示精神和党中央决策部署贯彻落实情况作为督查首要任务，以“钉钉子”的精神推动落地生根。围绕学习宣传贯彻中共二十大精神主线，区领导带头开展宣讲活动28场，各层各级开展各类宣讲活动336场。隆重举办建区40周年系列活动，市委书记马明龙亲临高质量发展大会并发表讲话，极大提振全区上下干事创业信心，汇聚社会各界对润州更多关心支持。全面推进全域党建深化提升，出版《全域党建——镇江市润州区城市基层党建创新探索案例》，在全省党建引领城市基层治理仙林现场会上作典型经验介绍，第6次登上浦东干部学院讲台，新就业群体党建案例获评第六届全国基层党建创新优秀案例。新增1名全省“百名示范”社区支部书记、2个省级“红色物业”示范点，相关做法先后被《人民日报》《学习时报》报道9次。持续推进正风肃纪反腐，推进政治监督具体化精准化常态化，扎实开展安全生产、国有融资等领域专项监督。持续纠治“四风”，全年查处违反中央八项规定精神问题16起、28人。深化反腐败斗争，全年立案98件，给予党纪政务处分58人，移送检察机关6人，挽回经济损失5100多万元。坚持以案促改，制发纪检监察建议11份，推动相关单位完善制度15项。深化“润廉清风”廉洁文化品牌建设，相关经验做法被中央纪委国家监委网站报道，区纪委监委被中央纪委国家监委新闻传播中心评为“2023年度报网宣传工作先进单位”。

一年来，区人大常委会围绕中心工作依法有效履行监督职责，创新开展“聚焦产业发展、聚力项目提升，推动润州经济高质量发展”专项工作，通过现场视察调研、听取汇报、专题会议等形式，有力推动重点项目落地建设。区政协认真履行民主监督职能，开展“助力民营经济健康发展、高质量发展”深度走访调研活动，对全区76家委员企业实现走访全覆盖，精心搭建政企沟通联系平台。大统战工作格局不断健全完善，和平路街道三茅宫第一社区入选全省第三批“红石榴家园”，金山街道杨家门社区入选全省第二批民族团结进步示范单位。工会、共青团、妇联、文联、工商联、侨联、残联、科协等群团组织充分发挥桥梁纽带作用，主动服务大局，国家安全、党管武装、双拥、慈善、档案、红十字等各方面工作取得新的成效，为开创全区高质量发展新局面贡献了积极力量。

（区委办公室）

【区委办公室工作】 2023年，区委办公室坚持以习近平新时代中国特色社会主义思想为指导，全面贯彻落实中共二十大精神，深刻学习领会习近平总书记关于江苏工作重要讲话重要指示精神，把深入开展学习贯彻习近平新时代中国特色社会主义思想主题教育，与践行习近平总书记对新时代办公厅工作作出的重要指示紧密结合起来，着力发挥好“坚强前哨”和“巩固后院”作用，紧扣区委中心工作、重点任务，聚焦“项目建设提升年”部署要求，不断提升工作规范化精细化水平。

抓好思想理论学习。结合第二批主题教育，坚持读原著学原文悟原理，学深悟透弄懂做实习近平新时代中国特色社会主义思想，深入学习领会习近平总书记重要讲话和重要指示批示精神，领导班子成员带头落实党章和《中国共产党廉洁自律准则》，依托

“周二早八点”学习会，组织全体职工及时跟进学习习近平总书记最新重要讲话精神，始终在思想上政治上行动上同以习近平同志为核心的党中央保持高度一致。压实全面从严治党主体责任，坚定不移推进全面从严治党，以严的标准、严的力度、严的要求抓好区委办自身建设。严格执行中央八项规定和省市相关规定，坚决筑牢拒腐防变的思想道德防线，始终做到规规矩矩、干干净净。

守好办文办会关口。办文方面，把守办文第一道关口，发挥第一道防线作用，扎紧扎牢规范性文件备案关口，上报下备党内规范性文件20件。办会方面，以服务“零距离”、办事“零差错”为宗旨做好会务工作，全年统筹组织全区高质量发展大会、区委全会等各类会务、活动60余次，有力有序保障全区重点工作的推进。全面贯彻落实中央关于精文减会各项要求，加大全区召开会议、发文统筹力度，做到能不开的会议坚决不开，可合并的会议坚决合并，可发可不发的文件简报一律不发，全年全区发文总数、会议数量均实现同比下降。

扎实提升以文辅政质量。坚持将文稿起草作为体现工作政治性、服务领导决策、推动办公室工作高质量发展的重要载体，强化对各地各部门工作情况的收集研判，动态掌握各地各部门总体情况，努力成为服务全区高质量发展的“活字典”。全年，共起草各类综合文字材料150余篇，其中，区委全会报告为全年工作定下了发展基调，明确了奋斗目标，细化了主攻方向。2篇国家安全情报信息被中央领导批示；深入开展调查研究，形成高质量调研报告12篇；落实办公室“全员办信息”制度，《镇江市润州区做好“三个+”大力发展数字经济》获市委书记马明龙批示，《润州区首创社区矫正智能互联检矫系统探路市域社会治理数字模式》信息专报获市委常委批示，编印《润州信息》18期，为领导决策提供参考。

提升督查督办成效。督查督办是落实重要决策部署、推动工作落实的有力抓手，区委办紧盯省委、市委和区委决策部署以及区委领导指示批示要求，加大督查督办力度，切实打通贯彻执行“最后一公里”，确保政策落地、政令畅通。严格做好领导批件督办工作台账，督促办理区委主要领导批示108件，督促各承办部门做到“件件有着落，事事有回音”，有力推动工作落实，改进机关工作作风。严格做好市委书记马明龙批示的跟踪督查、闭环销号工作；对铁路沿线安全环境进行督查检查，印发围绕“区委书记项目暨网格化社会治理工作落实情况”等方面重点任务，每季度跟进督查改革任务，形成督查通报9期，推动决策落地生根。

严格机要保密工作。贯彻落实总体国家安全观，从“大安全”的角度，统筹谋划推进机要密码、保密和专用通信等工作，认真执行保密制度，严把环节流程管控，确保万无一失。积极推进安可替代和专线布置等工作，完成83台计算机终端替代任务，推动党政业务综合平台及统一协同办公系统正式在润州区上线运行并做好后续维护工作，不断提高办公效率和质效。认真落实24小时应急值班制度，全年累计办理各级文件、电报900余件，有力保障上传下达。突出抓好通信和计算机信息系统及重点要害部门的保密工作，对重点涉密单位开展针对性保密检查1次。

（区委办公室）

重要会议

【中国共产党镇江市润州区第九届委员会第五次全体会议】　8月1日，中国共产党镇江市润州区第九届委员会第五次全体会议召开。全会高举习近平新时代中国特色社会主义思想伟大旗帜，深入学习贯彻落实中共二十大精神和习近平总书记对江苏工作重要讲话精神，坚定对标“在推进中国式现代化中走在前、做示范”的重大定位，坚决贯彻落实“四个走在前”“四个新”的重大任务，认真落实省委十四届四次全会、市委八届五次全会部署要求，动员全区上下奋勇争先，坚定走好高质量发展之路，全力完成争先进位目标和全年各项任务，用实干实绩书写开局起步精彩答卷。

全会指出，要深入学习贯彻习近平总书记重要讲话精神，从坚定拥护“两个确立”、坚决做到“两个维护”的政治高度，深刻理解习近平总书记交给江苏的重大政治任务和时代使命，以忠诚感恩之心始终沿着总书记指引的方向坚定迈进、奋勇争先。时刻牢记习近平总书记的期望关怀，充分认识习近平总书记重要讲话的重大政治意义、重大理论意义、重大实践意义，以重要讲话精神为现代化建设指航定向。深刻领会习近平总书记的擘画部署，加快建设创新辐射带动的关键节点，加快建设产业融合升级的重要阵地，加快建设城市现代文明的重要窗口，加快建设治理体系高效运行的示范片区，将宏伟发展蓝图变为现代化建设生动实践。扎实践行习近平总书记的殷殷嘱托，以正确政绩观引领干事创业导向，以饱满精气神提高干事创业活力，以高效执行力确保干事创业成果，汇聚现代化建设强大动力。

全会认为，上半年区委常委会坚持以习近平新时代中国特色社会主义思想为指导，牢牢把握高质量发展首要任务，团结带领全区人民，以担当实干之力推动高质量发展，突出产业项目提升，全力巩固经济企稳回升向好势头；突出保障改善民生，有效推动群众共享改革发展成果；突出统筹发展安全，有力促进社会发展大局和谐稳定；突出全面从严治党，坚定不移推进政治生态持续净化，各项事业高质量发展取得新成效，为实现全年目标任务奠定坚实基础。

全会强调，要牢牢把握高质量发展首要任务，坚定信心、攻坚提升，担当实干、奋勇争先，聚焦“在科技创新上取得新突破”这一重大要求，不断积蓄高质量发展的强大动能；聚焦“在强链补链延链上展现新作为”这一重大要求，加快推动城市经济产业体系转型升级；聚焦“在建设中华民族现代文明上探索新经验”这一重大要求，突出彰显山水人文城市的底蕴内涵；聚焦“在推进社会治理现代化上实现新提升”这一重大要求，着力擦亮群众美好生活的幸福底色，确保完成全年经济社会发展目标任务，全力以赴推动高质量发展考核争先进位。

全会要求，要持之以恒将全面从严治党向纵深推进，持续深化党的政治建设，持续夯实组织体系功能，持续优化转变工作作风，持续强化正风肃纪反腐，以守正创新之举推动高质量党建走在前、做示范。

全会号召，全区上下要更加紧密地团结在以习近平同志为核心的党中央周围，高举习近平新时代中国特色社会主义思想伟大旗帜，上下同心、真抓实干，攻坚提升、奋勇争先，全力投身润州现代化建设和高质量发展事业，用实干实绩书写开局起步精彩答卷。（区委办公室）

【中国共产党镇江市润州区第九届委员会第六次全体会议】 12月29日，中国共产党镇江市润州区第九届委员会第六次全体会议召开。全会高举习近平新时代中国特色社会主义思想伟大旗帜，全面贯彻中共二十大精神和习近平总书记关于江苏工作重要讲话重要指示精神，认真落实中央经济工作会议、省委十四届五次全会、省委经济工作会议和市委八届六次全会部署，全面落实“四个走在前”“四个新”重大任务，加快推进中国式现代化润州新实践，为答好“镇江很有前途”时代答卷贡献润州力量。

全会听取和审议区委书记徐心田受区委常委会委托所作的工作报告，审议通过《中国共产党镇江市润州区第九届委员会第六次全体会议决议》，书面审议《区委常委会2023年度落实全面从严治党主体责任情况报告》。

全会认为，2023年以来，区委常委会坚持高举旗帜、以学促干，用习近平新时代中国特色社会主义思想引领推动各项工作。扎实深入开展学习贯彻习近平新时代中国特色社会主义思想主题教育，坚定推进各项重大政治任务，加快提升经济运行质效，持续推动民生福祉改善，纵深推进全面从严治党，各项事业高质量发展取得新成效。

全会指出，2024年是习近平总书记视察镇江10周年，全区上下要永葆忠诚之心，始终沿着习近平总书记指引的方向勇毅前行。要坚持特色发展，走好适合润州的现代化特色发展之路。要树牢宗旨意识，始终把增进民生福祉作为推动发展的出发点和落脚点。要推动敢为善为，真正把习近平总书记的关心关怀转化为干事创业的澎湃动能。

全会强调，要坚持以习近平新时代中国特色社会主义思想为指导，紧紧围绕交出“镇江很有前途”时代答卷这条主线，坚持稳中求进、以进促稳、先立后破，抓好“产业项目建设决胜年”核心发展任务，加快推进中国式现代化润州新实践。

全会重点从七个方面对2024年工作作出部署：一要聚焦提质增效，坚决打好项目建设“决胜战”，项目推进上着眼“产出效益”，项目服务上注重“质效提升”，招商手段上发挥“乘数效应”。二要聚焦战略引领，加快推动科技创新和产业创新融合，强化创新驱动赋能，加快产业集聚升级，激发新型消费潜能。三要聚焦核心载体，增强官塘创新社区发展带动作用，优化拓展产业发展空间，着力提升产业承载能力，持续深化体制机制创新。四要聚焦深化改革，稳妥推进重点任务落地落实，稳妥有序完成机构改革，坚定深化国有企业改革，加强各类政策举措协同。五要聚焦绿色发展，着力擦亮江河水韵文化名片，持续擦亮生态底色，精细描绘文史脉络，深入推动文旅融合。六要聚焦群众关切，持续改善提高人民生活品质，加快公共服务提档升级，分类施策推进片区开发，维护市容市貌“常治”“常新”，积极统筹城乡融合发展。七要聚焦稳定大局，切实提升基层治理服务效能，推动网格化治理提质增效，纵深推进平安润州建设，完善矛盾纠纷多元化解体系。

全会指出，做好2024年经济工作，要坚定不移抓项目扩投资，进一步凝聚项目工作是“头版头条”的强烈共识，从全力招大引强中抓“项目”，从攻坚项目建设中抓“投资”，从加大企业引育中抓“增量”，扎实推进“产业项目决胜年”；要坚定不移抓产业优结构，把“双轮驱动”的着力点放在实体经济上，提档升级现代服务业，重点培育数字经济，迅速扩容先进制造业；要坚定不移抓园区促改革，坚持两个规划引领，提升园区发展水平，真正体现主阵地作用；要坚定不移抓创新强科技，把“以创新引领产业强区”提到更加突出的位置，壮大创新主体方阵，汇聚用好创新资本，聚力发展新质生产力；要坚定不移抓保障惠民生，兜住基本民生底线，提高群众居住品质，提升生态环境质量，优化公共服务供给，把更多财力用于基层“三保”和经济发展刀刃上；要坚定不移抓安全保稳定，坚决守牢安全底线，防范重点领域风险，提升基层治理能力。

全会强调，要深入学习贯彻习近平总书记关于党的建设的重要思想，把全面从严治党作为长期战略、永恒课题，认真贯彻落实党中央深化全面从严治党各项决策部署，继续深化巩固主题教育，从严从实抓好巡视整改，大力推动干部敢为善为，不断夯实基层组织基础，纵深推进全面从严治党，以新气象新作为推动高质量发展取得新成效。

全会号召，全区上下要更加紧密地团结在以习近平同志为核心的党中央周围，牢记嘱托、感恩奋进，坚决扛好新使命、展现新作为，为答好“镇江很有前途”时代答卷贡献润州力量！

（区委办公室）

组织工作

【概况】 2023年，区委组织部坚持以中共二十大精神为指导，以开展学习贯彻习近平新时代中国特色社会主义思想主题教育作为贯穿全年工作的主题主线，学深悟透习近平总书记关于党的建设的重要思想，贯彻落实各级组织工作会议精神，紧紧围绕中心、服务大局，为全面推进中国式现代化润州新实践提供坚强组织保证。

基层党建全域提升。围绕“四全”模式，聚焦深化全域党建引领城市基层治理，全面提升基层治理现代化水平。“全参与”机制更加完善。强化街道“大工委”、社区“大党委”建设，全市首创“网格治理合伙人”，吸纳省政协人口资源环境委等党建联盟单位91家。通过全域党建“同题共答”，撬动市级职能部门共解居民急难愁盼22件。“全天候”服务更加温暖。深化“两聚两化”行动，统筹激活党建微阵地，升级改造党建微家47个。推动95%以上的社区覆盖“一老一小”功能，近50%的社区党群服务中心提供各类形式的延时服务。“全回应”渠道更加顺畅。积极推进网格建支部、支部进小区，构建“街道党工委—社区党组织—网格（小区）党支部—微网格党小组—党员中心户”五级组织体系。以“五共工作法”探索支部进小区引领物业治理，推动小区党组织100%覆盖。“全感受”作用更加凸显。组织机关党员开展“三进三到”活动121场次，“家门口”系列服务惠及群众31000余人次。金山街道西津古渡社区党组织书记入选全省第三批“百名示范”社区书记。润州区护渔队荣获2022年度长江流域渔政协助巡护优秀队伍一等奖。

干部队伍建设高质量发展。加强培养历练，精准强化干部队伍素质。全年开展中共二十大精神轮训班、乡科级干部进修班、“党建引领基层治理”专题研讨班等8个班次，周末课堂18讲、基层干部大讲堂4期，通过实地教学、案例分析、交流研讨切实增强培训的针对性和实效性，有效提升全区干部的政治素质和专业能力，累计参学参训人员近2000人次，实现区管干部全覆盖。围绕区委、区政府中心工作，实施“金雁工程”，搭建专业比武平台，组织年轻干部参加经济能力测评、择优选派赴一线锻炼，促进年轻干部增阅历、长才干。树立用人导向，激发干部敢为善为动能。开展“三聚三提五创”三十佳评选活动，选树好班子、好搭档、好班长、好书记、好助手30个（名），将评选结果运用在考核、晋升等鼓励激励中，其中16人直接评定为年度考核优秀，1名村（社区）书记所处岗位等级任职年限核增1.5年，促进干部见贤思齐。牢固确立“项目为王”发展导向，考核内容增设“重大项目招引、重大项目推进”专项，切实发挥综合考核牵引和激励效应。把考事与考人相结合，进一步提高考核结果与干部选拔任用的紧密度，对连续获评“第一”等次的单位、多次获评“优秀”的干部，在选拔使用时优先考虑、重点倾斜。坚持严管厚爱，提升干部管理监督质效。修订出台《润州区区管单位中层干部选拔任用工作实施细则》等政策制度，配合区委巡察，严格开展选人用人专项检查并督促整改，持续增强干部选用、管理和监督的规范性。高标准配合完成省委巡视选人用人专项检查，成立整改落实工作领导小组，扎实有序推进整改，针对反馈的五个方面16项问题，逐条逐项制定整改措施30条，其中5条措施立行立改、15条措施在3个月内整改完成。结合巡视反馈问题，完善现有的监督体系，修订完善因私出国（境）、社团企业兼职、试用期管理等制度文件，不断加强干部教育、管理和监督精准度。

【深入开展“两聚两化”行动】 优选17个社区党群服务中心深化“两聚两化”（即聚人气、聚民心，室内阵地为民服务面积最大化、室外公共空间党建共享效用最大化）行动，坚持因地制宜彰显特色、围绕大局服务为民、聚焦高效便捷治理，统筹激活党建微阵地，升级改造老城区党群服务中心、小区门卫岗亭（传达室）、凉亭长廊等，新建“护渔驿站”等党建微家47个。推动95%以上的社区覆盖“一老一小”功能，常态开展“量血压、做义诊”等服务，近50%的社区党群服务中心提供“星期六社区”等各类形式的延时服务，网格楼栋标准化公示实现全覆盖，设立帮办代办点、成立帮办代办队伍，为民帮办代办如尊老金登记等99个事项，惠及群众31000余人次。

【深化全域党建引领基层治理】 以书记项目高位推进全域党建引领城市基层治理，区委书记项目围绕“四全”模式，深化全域党建引领城市基层治理、七里甸街道党工委书记项目“零距离”党建引领城市基层治理精细化分别获评2023年度市级基层党建十佳、优质书记项目。以“五共工作法”积极推进“支部进小区”，构建“街道党工委—社区党组织—网格党支部—微网格党小组—党员中心户”五级组织体系，远洋香奈城、国控大厦入选全省党建引领物业管理服务工作示范点，承办全市党建引领基层治理现场会，在全省党建引领基层治理现场会作交流发言，相关做法获省委副书记、组织部部长沈莹肯定，获评首届全国城乡社区高质量发展典型案例，并到人民日报社作经验分享。

【全面实施“金雁工程”】 树立“项目为王”鲜明导向，进一步加强全区领导干部懂经济、知产业、抓项目的能力水平。搭建专业比武平台，由区委书记亲自出题，组织165名干部参加经济能力测评，特聘经济领域实操专家采取角色扮演、实景演练等方式进行面试工作，综合考虑成绩、经历、特长等，形成跟踪培养名单，择优选派到经济发展一线“摔打历练”。坚持“主题研修＋专题培训＋周末课堂”联培联训，通过“上台讲、互相比、众人评”让工作骨干分享经验，邀请省市经济部门、苏州等先进地区的领导专家开展经济专业知识系列培训。相关做法被江苏先锋宣传。

【培养选拔优秀年轻干部】 开设年轻干部“学思想 强党性”集训班，围绕党的创新理论、项目建设及招商引资等开展专题培训，提升年轻干部能力本领，共有35名年轻干部参训。进一步落实《润州区关于加强年轻干部培养监督工作的意见》，全年选派7名年轻干部赴项目建设、招商引才、生态环保、信访“四个一线”摔打历练，2名干部赴上级机关挂职锻炼；举办互派挂职暨年轻干部座谈会，了解年轻干部思想和工作状态，促进年轻干部健康成长。在全区49个单位开展中层干部“无任用推荐”，通过领导推、集体评等方式，初步掌握了160余名表现优秀的中层干部名单，持续拓宽选人用人视野。2023年新提拔重用“90后”科级干部10人，其中正科职2名、“95后”副科职2名，配备35周岁左右干部的区直单位占比超2/3。

【高质高效开展综合考核工作】 围绕综合考核“争先进位”主题，着重建立“三个一”机制，抓实“三分”工作法。明确一个目标，省监测考核“保六争五”、市考核指标再进位次；成立一个专班，由区委副书记、区政府常务副区长挂帅，区委考核办、区

2023年7月，区委组织部承办全市党建引领基层质量现场会

（区委组织部 供稿）

经发局、区统计局组成，成立“考核攻坚专班”，统筹调度、定期通报；构建一套体系，着力构建考核委领导、区领导指导、考核办统筹、牵头部门推进、责任单位（属地街道）落实的“五级联动”体系。重点针对2023年度18个省监测指标，采用指标AB“分类”、目标任务“分解”、差距短板“分析”的“三分”工作法，确定指标类别，明晰牵头单位和区领导，锚定前进方向，为推动全区高质量发展综合考核争先进位奠定基础。

【学习贯彻习近平新时代中国特色社会主义思想主题教育】 深入开展学习贯彻习近平新时代中国特色社会主义思想主题教育，全区55个参加单位一体推进理论学习、调查研究、推动发展、检视整改、建章立制等重点措施。突出县处级领导干部重点，严格落实读书班、理论学习中心组学习、讲专题党课、“四下基层”等重点任务。坚持分类指导，充分发挥党支部主体作用，1090名“三新党员”、1842名流动党员等重点群体实现有形有效覆盖。聚焦“以学促干”，全区3209名机关在职党员下沉社区，解决群众急难愁盼问题253个、办理民生实事19项，整改整治突出问题142个，化解信访积案6件。中央指导组、省委主题教育办和省委巡回督导组到润州现场调研，给予充分肯定。相关做法被中央主题教育官网报道。圆桌议事“以学促干”、推动“学思想”有形有效覆盖等做法分别被央视《新闻联播》和中央人民广播电台《新闻和报纸摘要》报道；学用结合抓实主题教育等多个举措先后被《中国组织人事报》《新华日报》头版、江苏广电《江苏新时空》等省级以上媒体报道7次；通过主题教育推动民生事实办理、以全域党建引领全域团建等做法被省委主题教育简报、团中央第三指导组重要信息动态刊登。 （区委组织部）

2023年润州区党的基层组织数量情况和换届情况一览表

表1　　截止时间:2023年12月31日　　单位：个

项目		总数	党委	总支部	支部
党的基层组织数		648	85	34	529
任届期满		167	32	12	123
本年换届		167	32	12	123
城市街道		372	50	18	304
乡镇		—	—	—	—
企业	国有经济体制	18	3	—	15
	集体经济体制	6	—	1	5
	非公有制经济体制	102	6	6	90
事业单位		55	2	2	51
机关	合计	152	16	11	125
	中央一级	—	—	—	—
	省（区、市）一级	—	—	—	—
	市（地、州、盟）一级	—	—	—	—
	县（市、区、旗）一级	136	—	11	125
社会组织		6	—	1	5
其他		309	58	13	238

（区委组织部）

宣传工作

【概况】 2023年，润州区委宣传部始终坚持正确政治方向，围绕中心、服务大局，守正创新、担当作为，全面推动宣传思想文化工作高质量发展，为现代化建设提供强大精神文化支撑。

【抓实理论武装】 抓好理论学习中心组学习。持续深入抓好县处级以上领导干部理论学习，制定2023年区委理论学习中心组学习计划，及时跟进学习习近平总书记最新重要讲话精神，高质量开展区委理论学习中心组学习会13场。做实党员冬训。深入开展“我是冬训主讲人”活动，录制主讲人视频12条，发布冬训主题稿件205篇。润州区被评为全省基层党员冬训工作示范区，金山街道被评为全省冬训工作示范街道。以宣讲聚人心。立足“1+7+N”大宣讲工作体系，用好用活“理响润州”百人宣讲队伍，围绕学习贯彻党的二十大精神主线，区领导带头开展宣讲会28场，依托全区60个新时代文明实践中心（所、站），探索“理论＋文艺”等群众喜闻乐见的宣讲模式，各层各级开展各类宣讲活动336场。

【讲好润州故事】 对内宣传凝聚共识。开设《冬训课堂》《润有法》《文明润州你我共建》等专栏，立体呈现润州经济社会发展新进展、新成效，“润州发布”全年微信发稿1200多篇。打造“网语润心”网络传播品牌，推出系列短视频17期，点击量22万次。对外宣传展示形象。开展高质量调研行活动，新华社、《新华日报》等采访润州区推行医疗资源下沉和黎明社区卫生服务中心首诊制做法；举办民生实事、食品安全等新闻发布会19场；全年，在区外媒体发表稿件1500余篇，其中国家级媒体400多篇、省级媒体近600篇、《镇江日报》500多篇。主题宣传感恩奋进。学习贯彻习近平新时代中国特色社会主义思想主题教育相关做法被中央电视台《新闻联播》栏目、中央人民广播电台《新闻与报纸摘要》栏目关注报道；举办润州区高质量发展大会，市委书记马明龙参加并发表讲话，《人民日报》全媒体平台关注报道；制定建区40周年“1+N”系列活动方案，统筹开展各类活动63场。

2023年3月5日，打造“网语润心”网络传播品牌

（区委宣传部 供稿）

【精神文明建设】 文明创建注重常态长效。以“四大行动”为抓手，重点攻坚三茅宫片区、康复医院、万达商圈等文明创建难点；拟定文明城市创建倡议书，开展文明倡议“九进”行动；2023年，润州区在全市文明城市创建7次测评中，成绩均名列前茅。文明实践汇聚大爱力量。深化新时代文明实践中心（所、站）建设，市委书记马明龙赴润州区新时代文明实践中心现场调研并给予肯定。指导基层所、站开展“我爱古诗词”“文明进万家”“清洁家园”等系列活动200余场。典型选树弘扬正能量。2023年，润州区被评为江苏“最美基层干部”1名，全省宣传系统先进工作者1名（镇江共2名），江苏省优秀志愿服务社区1个，“镇江好人”4人，“润州好人”15人；加强未成年人思想道德建设，全区有4人被评为镇江市“新时代好少年”，20人被评为润州区“新时代好少年”；突出“身边榜样”辐射带动作用，评选出“和润之星——最美润州人”10人。

【意识形态建设扎实推进】 压紧压实责任链条。区委常委会专题研究意识形态工作5次，按要求召开意识形态领域情况分析研判联席会议；配合做好省委巡视工作，制定专项检查整改方案；印发《意识形态工作“责任清单”“任务清单”》，修订《网络意识形态工作责任制实施细则》，对33家单位开展意识形态专项检查。聚力管网治网主战场。加强互联网行业党建，“365”电子商务平台被评为全省“苏网先锋”先进集体并在全省作交流发言；网络安全科普视频《网》入选全省网络数据安全宣传作品，舆情复盘案例获全市舆情案例一等奖；打造共建共享网信阵地，组织开展“网民e事汇”“好网民故事会”等活动6场；从严整治自媒体乱象。健全风险防控机制。持续深入开展扫黄打非工作，和平路街道被评为2023年全省“扫黄打非”进基层示范点。处置网络安全事件35件。

【文化事业和文化产业发展】 丰富阅读供给。探索“书香＋文旅”嵌入式公共文化服务模式，以“阅见西津”全民阅读示范街区为起点，结合“文心书坊”建设，将书香嵌入街区、景区、商务区；以“润州明月夜”系列活动为契机，开展“悦读夜润州”主题活动20余场次。文化产业赋能经济发展。高效服务全区14家规模以上文化企业；完成“五经普”文化单位认定及编码单位3466家，目标任务完成率128.4%，全市排名第三。支持文艺精品创作。歌曲《祖国爱我我爱祖国》获镇江市第四届精神文明建设“五个一工程”优秀作品奖；长篇小说《治污梦》成功申报2023年度重大文艺创作项目扶持资金。加强版权保护。指导镇江风物文化创意有限公司申报版权示范单位并完成省级实地考察（全市唯一）；组织印刷企业参加市首届印刷行业职业技能竞赛，并获得多项荣誉。

【建区40周年系列活动】 2023年10月是润州区建区40周年，区委、区政府高度重视，制定庆祝建区40周年系列活动方案，在“1+N”活动架构统揽下，全区上下开展高质量发展大会、理论武装、主题宣讲、论坛交流、书籍出版、文艺演出、征文摄影、新闻宣传、书法绘画等6类40项庆祝活动。

高质量发展大会。10月28日下午，润州区高质量发展大会在南山艺术剧院举行，大会邀请中央广播电视总台主持人沙晨主持。市委书记马明龙出席活动并讲话，他指出40年来，润州综合实力实现大跨越，改革转型实现大突破，城乡面貌实现大变样，人民生活实现大改善，是镇江发展的一个生动缩影。马明龙强调，希望润州以建区40周年为新起点，坚定不移以习近平新时代中国特色社会主义思想为指导，完整准确全面贯彻新发展理念，牢牢把握高质量发展这个首要任务，聚力建设产业兴旺的主城区，进一步发力城市经济，加快形成具有主城特点的产业体系；用心打造活力充沛的新片区，聚焦聚力官塘创新社区的建设和发展，全力打造高质量发展

2023年10月28日，润州区高质量发展大会项目签约仪式

（区委宣传部 供稿）

2023年9月，润州区多家印刷企业在市首届印刷行业职业技能竞赛中获得多项荣誉

（区委宣传部 供稿）

的“关键增长极”；持续焕新温暖滋润的老街区，聚焦民生“七有”增进福祉，加快推进社会治理现代化，把历史文化遗存保护与城市有机更新紧密结合，让和润之州发展迈上新台阶、不断展现新风采。区委书记徐心田致辞，表示新时代的润州将紧随时代潮流，乘势扬帆起航，满怀信心豪情迈上现代化建设新征程，全方位打造新时代的创新润州、实力润州、文化润州、幸福润州。区委副书记、区长徐燕以《和润之州向未来》为题，向与会人员推介润州。大会现场表彰“和润之星——最美润州人”润州榜样10人、提名奖获得者10人，举行项目集中签约仪式。活动现场播放寄语润州视频和润州40年发展成就宣传片《追梦》。市政协主席郭建，市委常委、宣传部部长、秘书长陈可可，市人大常委会副主任胡宗元，市人大常委会副主任戴非平，市人民政府副市长殷敏，市政协副主席、市总工会主席高国成，市政协副主席、农工党市委主委、市第一人民医院院长蒋鹏程；市委原常委孙晓南，市政协原副主席、工商联原主席孙志安，市关工委主任唐成海，中国农业科学院蚕研所原副所长、二级教授、博士生导师李奕仁；中央军委后勤保障部编研部主任、中央国家机关书法家协会副主席丁嘉耕，江苏省高级人民法院副院长李玉生，日本工程院外籍院士、欧洲科学与艺术学院院士、东南大学首席教授吴智深，日本专修大学教授、留日博士总会会长李建平；曾在润州区任职的老领导昌万海、赵腊根、周梅生、张甫雄、王润亮、宦祥宝、胡小青等莅临大会。区委书记徐心田，区委副书记、区长徐燕，区人大常委会主任彭忠东，区政协主席胡如明等四套班子领导和润州社会各界人士参加活动。人民日报全媒体平台、荔枝新闻、“交汇点”移动新闻客户端、镇江新闻平台等媒体对大会进行宣传报道。

“润州记忆·档案见证发展之路”主题档案展。6月9日，润州区史志办（档案馆）主办的“润州记忆·档案见证发展之路”主题档案展在润州区政府大院内举行，展览全面梳理润州发展脉络，分别从“开局起步”“城乡协调发展”“城市精彩蝶变”和“新时代·新征程”四个篇章，用300余幅图片和档案文件，生动勾勒出润州区40年历史面貌，镌刻新时代润州印记，激励全区党员干部在新的历史起点上砥砺前行，奋力谱写润州区中国式现代化建设新篇章。

群众性文艺活动。坚持深入基层、热在群众，多用群众喜闻乐见的形式，组织开展诗词创作、征文、文艺会演等特色鲜明的活动，吸引群众踊跃参与。组织“辉煌40年，奋进新时代”主题采风活动和“咏颂润州精神书写时代华章”诗词楹联大赛，全国各地诗词爱好者踊跃参与，共收到诗词245首、楹联126副，评出十佳和入围奖若干。开展“四十年 我与润州共华年”征文大赛，累计收到投稿183篇，进行初评打分，按照累计得分高低共评选出20篇获奖作品，其中一等奖3篇、二等奖4篇、三等奖13篇，优秀作品在“润州发布”微信号连载。开展“耕耘四十载·筑梦新时代”优秀群众文艺节目巡演14场，“国粹芳菲·戏韵润心”送戏下乡（进社区）惠民展演7场，“润州明月夜·和合共美时”戏曲演出8场。

（区委宣传部）

2023年10月28日，“和润之星——最美润州人”颁奖

（区委宣传部 供稿）

统战工作

【概况】 2023年，区委统战部团结率领全区统一战线，坚持以习近平新时代中国特色社会主义思想为指导，深入学习贯彻中共二十大精神，积极开展“同心+”五大行动，牢记嘱托、步步发力，共同描绘团结奋进同心圆。

【政治思想教育】 党建引领更加强化。组织统战系统“贯彻二十大 奋进新征程”活动，学习宣传贯彻中共二十大精神，支持各民主党派、无党派人士和党外知识分子、新阶层人士深入开展“凝心铸魂强根基、团结奋进新征程”主题教育，办好第三届民营企业家精神“研学周”活动，指导宗教界开展“爱党爱国爱社会主义”主题教育，全年，开展全区统战领域专题理论学习5次，外出调研学习8次，主题教育20余次，不断夯实共同思想政治基础，增强统一战线同心奋斗的理论自觉和政治自觉。思想建设更加深入。举办统战成员专题学习会、交流分享会等，集中学习传达重大会议、方针政策和决策部署，引导统战成员增强对中国特色社会主义的道路自信、理论自信、制度自信、文化自信，激发统战干部和统战成员干事创业的政治热情。运用媒体对党中央关于统战工作的重大决策部署及时宣传，不断传递统一战线最新指示，强化广大统战成员思想建设。

【中心工作服务】 在凝智聚力上更加有为。开展“同心·商”行动，召开党外代表人士座谈会，加强润州区委和民主党派市委会的交流合作，支持各民主党派、工商联和无党派人士深入调查研究，共提出意见建议60余条，为协助润州发展贡献智慧力量。在引贤聚才上更加有为。充分发挥统战系统资源优势，以第三届江苏发展大会、建区40周年高质量发展大会为契机，加强与润州籍乡贤的联络交友，邀请乡贤嘉宾回润州参观考察、交流座谈，扩大“朋友圈”，打好“乡情牌”。建立“润商学院”，聘请专家学者、业界精英、社会名流为学院特聘专家，共同助力润州高质量发展。在助推经济建设上更加有为。开展“同心·干”行动，主动融入招商引资工作大局，组织企业家赴多地开展“以商引商”活动。落实“润企暖春行动”及“五送五助”服务，建立领导干部与年青一代民营经济人士联谊交友工作机制，深化政企沟通交流。组建“同心”律师服务团，全力优化营商环境。加强基层商会合规建设，引导商会围绕产业和经济发展主动作为。“牵手”招商银行等7家银行开展金融统战创建工作，促进统战工作与金融发展同频共振。

2023年11月20日，举办润州区第三届民营企业家精神“研学周”启动暨“润商学院”揭牌仪式 （区委统战部 供稿）

【民族宗教工作】 推进民族宗教团结进步。开展“同心·和”行动，发挥红石榴家园辐射引领作用，开展民族团结活动60余场。抓好宗教活动场所安全隐患排查整改工作，全年开展各类安全检查101次，排查并整改安全隐患30处，高崇寺、圆通寺危房整改闭环，促进民族宗教领域更加和顺。推动法治观念落地落实。指导帮助宗教活动场所建立人员管理、外事管理等规章制度，提升宗教事务管理制度化、科学化水平，健全“三级网络、两级责任”监管机制，推进“两个专项”工作。开展执法培训，组织民宗局3名干部参加行政执法证考试，不断建强执法队伍、增强执法力量。组织宗教教职人员开展专题培训10余次，开展宗教领域非法出版物检查及普法宣传活动20余次，常态化开展线上线下法律法规普及教育，引导统战成员积极学法用法守法，切实做到学用结合、学以致用。防范化解风险隐患。全年查处网上非法传教活动3起，取缔非法宗教活动场所3处，妥善处理“12345”工单43件。

【自身建设】 压实责任意识。严明政治纪律和政治规矩，严格落实党委（党组）主体责任。年初专题研究部署年度党风廉政工作，对照《2023年度落实全面从严治党“两个责任”清单》要求，明确主要负责人履行“第一责任人”职责和班子其他成员履行“一岗双责”，强化对党员干部的日常监督管理，确保单位党风廉政建设工作有序开展。强化基础建设。抓牢干部队伍建设，注重人岗相适标准选用干部，提拔副股级干部1人，进一步优化干部使用结构。规范党外人士管理，指导民进综合支部换届工作和九三学社润州委员会届中人事调整，完成首批32名党外人士的无党派人士身份认定工作。提升工作影响力。一年来，统战工作各项成果在《新华日报》、《侨报》、"学习强国"学习平台及中央、省、市级统战官网等平台报道展示共50余篇，全区统战工作的传播力进一步提升。

【阵地建设】 创新"统战+非遗"基层统战新思路。把非遗传承人纳入统战工作视野，建成"润新 非遗 传承 文化交流中心"，打造具有润州统战特色的非遗阵地及文化寻访线路，获得中央、省、市委统战部官网宣传报道。开展"同心·网"行动，用好网言网语，鼓励支持非遗传承人借助短视频平台宣传润州优秀传统文化，获得线上线下各方关注，提高网络统战成效。升级打造"1+N"统战阵地矩阵。持续深化西津渡统战特色街区建设，指导杨家门社区创成全省第二批民族团结进步示范单位、三茅宫第一社区获评省级红石榴家园，万科社区侨务工作被省委统战部认可并支持。新建民进"会员之家""农工之家"和2个无党派人士工作室。提升联谊交友影响力。开展"同心·桥"行动，深化港澳台统战和海外联络联谊工作，紧扣重要时间节点、关键人物对象持续发力，广泛团结和争取各方面力量。圆满完成2023年台湾村里长团队镇江行活动，做好对台企台商的交流及服务。一年来，累计接待港台同胞、海外侨胞，中央和省市各地统战部门等参观调研共27次500余人。

（区委统战部）

史志档案工作

【概况】 2023年是润州区建区40周年，区史志办主动作为，围绕深入学习贯彻中共二十大精神主线，聚焦庆祝建区40周年工作重点，在全区高质量发展工作大局中找准史志档案工作定位和价值，充分发挥工作职能，全面打响"红润兰台"工作品牌，写好"存史资政育人"新篇章。2023年，区史志办被评为全市档案工作先进集体，在2022年度考核中位列一等次，党支部被评为四星级党支部。

【档案工作】 认真落实中央和省委、市委关于档案工作的部署要求，全面推进档案资源体系、利用体系和安全体系建设，完善档案体制机制，加速档案工作转型，档案事业发展取得新进展。小窗口服务大民生。区档案馆顺利接入长三角地区民生档案异地查询平台和全国档案查询利用服务平台，实现部分民生档案的异地远程查档服务功能。全年开展档案查阅利用1100余人次、提供档案查询结果1422件。全面夯实工作基础。突出抓好基础建设、档案服务、档案征集、数字化转型等工作，切实提升档案治理效能，4月26日，区政协召开七届十四次主席会议，围绕"提升档案治理效能"专题开展协商座谈，听取史志办工作汇报；五凤口社区档案室被市档案局、市档案馆联合评定为示范档案室。持续加强档案资源建设。按照年度工作目标，认真做好档案接收工作，加强专业档案、实物档案、音像档案等各类档案进馆工作。全年接收区经发局、区委统战部、韦岗街道、结算中心4家单位的档案8468卷4451件。深入落实《重大活动和突发事件档案管理办法》要求，认真做好建区40周年活动，学习贯彻习近平新时代中国特色社会主义思

2023年3月22日，"润新 非遗 传承 文化交流中心"成立

（区委统战部 供稿）

想主题教育等专题档案进馆工作，确保各类重要档案资料悉数进馆、妥善保管。

【红色资源】 深入挖掘红色资源。在牵头编印全区首部红色资源集的基础上，2月4日，召开全区红色资源保护利用研讨会，围绕如何推动全区珍贵的红色资源保护利用，推动本土红色文化资源创造性转化和创新性发展邀请文史专家开展理论研讨。开展韦岗街道红色资源研究工作，助力韦岗街道入选全国新一轮红色美丽村庄建设试点工作，7月，在省党史工办等部门联合举办的江苏百个红色地名故事展演中，《战韦岗》节目在省级舞台展示，显著提升红色韦岗影响力。

【建区40周年档案史料征集活动】 为了进一步充实润州建区以来的发展史料，全面回顾润州发展历史，生动记录润州建区以来的重大活动和重要历史进程，2023年2月起，区史志办启动建区40周年图片文字资料征集工作，同时开展润州发展亲历者口述史采集工作。征集启事经“润州发布”推送后，得到众多热心人士的响应，征集到珍贵史料照片百余幅，顺利采集润州区建区首任区长昌万海关于建区初期润州发展情况的口述史料，全文2.2万余字，为厘清润州建区初期的一些重要情况提供了第一手客观翔实的史料。

开展润州建区40周年发展史料研究工作，《留存城市记忆 感悟城市蝶变——从档案看润州建区40周年》文章先后在《创新》杂志和“学习强国”学习平台等多家有重要影响力的媒体发表，“学习强国”学习平台浏览点击量达到24万次。

【“润州记忆——档案见证发展之路”建区40周年主题展】 结合润州区建区40周年活动，在“6·9”国际档案日之际，举办“润州记忆——档案见证发展之路”建区40周年主题展，分别从“开局起步”“城乡协调发展”“城市精彩蝶变”和“新时代·新征程”四个篇章，用300余幅图片和档案文件，生动勾勒出润州区40年历史面貌，镌刻新时代润州印记。区委、区政协主要领导先后带队集中参观展览，其他区领导也以不同方式参观展览，全区广大干部群众踊跃参观，累计有2000余人次参观展览，并有区级机关党工委、区总工会、区法院等多家单位借助展览举办灵活多样的主题党日活动，为庆祝建区40周年和庆祝第16个“6·9”国际档案日营造了浓厚氛围。

【编印纪念建区40周年画册】 在10月28日召开的纪念建区40周年润州区高质量发展大会上，由区史志办编纂的《润州记忆·档案》和《走进新时代 润州这十年》两本画册作为大会材料发放给全体参会人员。两本画册由区委书记徐心田分别作序，全景式回顾了润州40年的发展历程，共收录照片和档案文件资料800余幅，大量珍贵的历史老照片和档案资料是首次公开，生动展示了润州建区40年以来的城市蝶变历程和润州区在经济、政治、文化、社会和生态环保等方面取得的发展成果，两本画册为展示润州形象提供了鲜活的文化读本，成为润州对外宣传交流的重要文化名片。

【《润州年鉴（2023）》出版】 2023年12月，《润州年鉴(2023)》组稿和编纂工作圆满完成，顺利出版。全书设23个类目，118个分目，约69万字，系统记述了2022年全区的经济、政治、文化、社会、生态文明等方面的情况，内容全面，资料丰富，特点显著。

（区史志办）

2023年6月12日，区委书记徐心田(右3)一行观看建区40周年图片展

（区史志办 供稿）

编制工作

【概况】　2023年，区委编办认真贯彻落实习近平新时代中国特色社会主义思想与中共二十大精神，始终围绕区委、区政府中心工作，坚持盘活用好机构编制资源存量，不断强化机构编制基础管理，高质高效推进机构设立与改革工作，为奋力推进中国式现代化润州新实践贡献力量。

【机构设置】　协同推进官塘创新社区设立，以市委、市政府和区委、区政府主要领导关于官塘创新社区建设要求为目标，按序时进度开展机构设置工作。全面落实中央、省、市关于开发区管理机构设置要求，协同配合上级部门开展机构设立工作，成立中共镇江市官塘创新社区工作委员会、镇江市官塘创新社区管理委员会，确立为正科级行政机构、区委区政府派出机关，配合区行政审批局做好赋权赋能，保障官塘创新社区高效运行，进一步增强辖区经济发展活力。依序组建社会治理指挥中心，紧紧围绕指挥中心“一屏管全区、一网管润州”功能定位，加速推进区域社会治理现代化指挥中心建设。整合现有社会治安综合治理中心、大数据管理、政府公共热线服务、智慧城管等部门职能，新组建润州区区域社会治理现代化指挥中心，为区政府办下属公益一类全额拨款事业单位，归口区委政法委管理，实现对突发事件、治理力量、应急资源的统一调度，打造成为“一图展示、一屏调用、一站响应”的基层治理体系。深化辖区国防动员体制改革，以中共二十大关于“加强国防动员和后备力量建设”要求为指导，努力构建打仗型国防动员新格局。按照市委、市政府关于深化国防动员体制改革要求，在区经济发展局加挂“镇江市润州区国防动员办公室”牌子，划入经济动员、交通战备等综合协调职能，保证辖区国防动员系统高效运转，切实夯实新时代国防动员根基。

【编制管理】　全力保障基层部门用编需求，把准基层一线优先用编进人的方向，统筹推进机关事业单位用编计划，促进各领域各部门健康发展。全面摸清相关部门发展过程中的阻滞障碍，结合自然减员、工作调动、大学生村官转任、领导干部配备等因素，科学制定年度公务员招录、事业单位工作人员招录计划，2024年度拟招录公务员与事业人员中，半数以上为民生一线部门，力争将有限的编制资源发挥出更大的作用。严格规范机构编制资源管理，锚定“机构清、编制清、领导职数清、实有人员清”的目标，加强机构编制基础管理，扎实开展年报统计工作。认真落实省、市编办关于2023年度年报要求，明确政策口径和指标内容，梳理年报要求新增变化，指导各责任单位按既定流程操作，对易错、易漏、易混点提醒到位，确保按要求完成本年度机构编制年报统计。

【事业单位运行管理】　依规开展事业单位年检，坚持提前谋划、严把关口，全力做好事业单位法人年报年检，更好地接受社会监督检验。主动联系相关单位年报负责人，明确年报公示的填报注意事项，极大提高了一次性通过率。全区事业单位按时报送并在网上公示，完成率100%。按要求开展“双随机、一公开”检查，随机部分单位进行督查，对年报公示内容进行逐一核实，做到不遗漏、不走虚，推动事业单位依法履职、诚实守信。组织事业单位信用评价，切实加强事业单位信用体系建设，扎实开展事业单位信用等级评价，为事业单位健康发展提供信用支撑。明确列出事业单位信用等级具体评价指标，制定事业单位评价表，安排工作人员进行现场核查，按照单位汇总、分类评分、初定等级、反馈征询的程序推进，建立以结果为导向的事业单位诚信体系，2023年度全区参评事业单位信用等级均为A级。

（区委编办）

机关党建工作

【概况】　2023年，润州区委区级机关工委以习近平新时代中国特色社会主义思想为指导，立足“围绕中心、建设队伍、服务群众”职责定位，向中心聚焦、为全局聚力、往基层扎根，以高质量机关党建服务高质量发展，大力开启“红润机关、奋勇争先”崭新实践。

【政治建设】　树立政治机关的鲜明意识，在强化政治建设上把舵定向，奋力当好“两个维护”的先锋、“履职尽责”的先锋、“遵纪守规”的先锋。一是压实责任强引领。把政治建设的要求贯穿到机关党建全过程各环节，深化政治统领，提高政治站位，深入落实机关党组织主体责任和“一把手”抓党建工作责任，制定下发机关党建工作要点，细化责任清单，压紧压实各项任务，层层传导压力，守好机关党建责任田。二是狠抓落实聚合力。立足区委“建设现代化一流主城区”的总体目标要求，提高机关党建统筹谋划能力，发挥牵头抓总作用，分批次、全覆盖开展机关党建工作调研4场次，通过现场观摩、听取汇报、座谈交流等方式，打开工作思路，形成齐抓共管合力。三是打造品牌创特色。围绕“党旗‘镇’红 一线建功”工程，精心塑造“红润机关 奋勇争先”品牌矩阵，子品牌推陈出新，不断形成重要支点；深入谋划实施以联合联动联建为内容的“三联提升”书记项目，整体推进，同题共答，有声音、有图像、有影响，在省、市各级平台、各类媒体宣传推介49篇，彰显丰硕成果。

【基层基础】　坚定固本强基的工作思路，在提升组织功能上久久为功，扎实做好机关党组织组织建设、队伍思想建设、作风效能建设。一是夯实基础固底板。坚持问题导向，开展机关党建“大体检”，深入推进基层党建“补短板、固底板”专项整顿。聚焦党支部建设规范化标准化建设，做好党组织换届选举，制定具体工作建议，提供具体工作指导，开展业务培训，对2023年到期换届的26家党组织进行具体指导，对组织机构调整后新成立的招商中心党支部建立党支部工作进行“一对一”指导，确保环节一个不减、步骤一个不少、程序一个不漏。规范党员发展各阶段工作，建立党支部重点工作和党员学习月提醒机制；开展党务实务“情景式”演练，全面提高党建业务能力水平。发展入党积极分子14名，发展对象2名。二是凝心聚力学思想。把深入学习贯彻习近平新时代中国特色社会主义思想作为重大政治任务，指导机关党组织扎实开展主题教育，落实“学思想、强党性、重实践、建新功”的总要求，把理论学习、一线建功、检视整改贯穿其中，推动党员学习全覆盖，做实每一个规定动作，确保方向不偏、力度不减、标准不降。组织机关党务工作者专题理论培训，开展区级机关百名党员网上知识竞赛主题活动，举行新党员入党仪式，开展“互学共进悟初心，勇毅敢为当先锋”联合主题党日、“四十年　我与润州共华年”主题征文比赛、“与润州记忆面对面”等主题活动，持续做优“机关青年说”，以“我们的润州”为主题，链接新老思想交流，薪火接力、对话成长，提升党建铸魂和思想教育实效。三是比学赶超促提升。以“党支部评星定级”创建为抓手，与支部标准化、规范化、品牌化建设有机结合，强化“评星”标准质量，严把“评星”程序，努力营造比学赶超氛围，深化服务型党组织建设，深化模范机关创建工作，深化作风效能建设，注重党建促发展、促服务、促提升的成效，积极打造一批“叫得响、过得硬、推得开”的特色品牌党支部，推动基层党支部建设全面进步、全面过硬。2023年，积极推荐4家党支部申报“四星级”党支部、2家申报“五星级”党支部，4家机关党组织申报“模范机关”。

【创新融合】　聚焦全域党建，创新融合作为的路径，深化“三结三定”、推进“三进三到”、开展“先锋行动”。一是创新机制筑牢基本盘。完善优化机关与基层社区“三结三定”方案，重点推动区级机关党建力量和职能服务下沉，制定印发《关于深化“三结三定”建立机关部门“三进三到”工作机制的实施方案》《关于区级机关党员到居住地社区（村）报到的通知》，做实机关36个党组织和494名党员到结对社区和居住地双报到、常报到、双服务，落实“进社区、协同共治到家门口，进微家、志愿服务到家门口，进一线、纾困解难到家门口”的“三进三到”工作要求。二是融入网格打造硬支点。建立“工作在机关、志愿在基层、服务双岗位”的模式，引导和鼓励机关党组织

2023年9月26日，举办“我们的润州·机关青年说”专场活动

（区委区级机关工委　供稿）

和党员把人本情怀、社会责任、党员义务有机结合，为基层“雨中撑伞”、为群众“雪中送炭”。机关党员编入社区网格，担任兼职网格员、宣传员、调解员、服务员，与社区群众同坐小板凳、共话家常事，建立情感认同，搭建连心桥梁；设定每月首个星期六“固定服务日”，对接社区党组织梳理的需求清单，链接各方资源，发挥机关党员特长，建立“微阵地”、开展“微关怀”、提供“微帮助”，设立“听邻说”圆梦心愿树项目，积极回应“一老一小”、困难家庭、弱势群体和普通百姓的急难愁盼。三是巡回服务作答最优解。立足机关业务职能，有效整合机关党组织资源，组建机关党组织理论宣讲、协商调解、帮扶普惠、纾困解难 4 支巡回服务队，主动对接相关街道组织实施区级机关映“山”红、指“南”针、“和”你同行系列先锋行动，零距离服务群众，累计开展全域联动进社区 7 场次，送出服务项目 9 个，设立集中服务摊位 45 个，服务群众 2000 余人次，解决基层急难愁盼 200 余件。

（区委区级机关工委）

老干部工作

【概况】　2023 年，润州区老干部工作在强化党建引领、抓实教育管理、聚焦作用发挥方面抓好“三个结合”，不断推动老干部工作高质量发展。

【党组织建设】　持续加强基层党的组织建设，进一步扩大组织覆盖，为离退休干部党员就近参加组织活动、就便发挥作用创造有利条件。在离退休干部党员集中居住地建立功能性党支部，新成立润州花园“心连心”老干部党支部。持续推进党支部标准化规范化建设，积极创建“六好”示范党支部，加强动态督查，确保示范党支部的先进性、引领性。在离退休干部党组织中全面推行党员“政治生日”制度，统一开展“6+X”项活动，即开展一次谈心谈话、组织一次集中学习、赠送一份生日礼物、重温一遍入党誓词、讲述一次初心故事、参加一项志愿服务，进一步增强了老党员的党性意识、责任意识。

【教育培训】　综合运用集中培训、交流研讨、沉浸式教育等形式，统一开展“学思践悟二十大，银发先锋在行动”“铭嘱托　铸忠诚　强动力”主题党日活动，灵活开展“学习新党章，践行新党章，奋进新征程”“学思践悟守初心　凝心聚力铸忠魂”“咏颂润州精神　书写时代华章”等紧贴时代脉搏、突出润州特色的主题党日活动共 76 场次。在中国老年报社主办的中共二十大精神知识竞赛中获优秀组织奖。落实党员分类管理办法，着重抓好“头雁”的培育，润州区 2 名老支部书记在镇江市“老支书论坛”刊发个人工作的感悟体会；定期举办离退休干部党支部书记培训班和老干部工作者培训班，用“头雁”带领“群雁”；认真做好送学上门、送温暖上门，用心关爱“孤雁”。创新教育方式方法，开展“党建红七月”集中学习，线上组织学习《微党课》《党史小故事》《党的二十大知识问答》，线下集中学习党章、习近平新时代中国特色社会主义思想等，组织开展知识竞答活动，累计参与达 700 人次，提高老干部参加组织生活的积极性，学习成效明显。

【作用发挥】　围绕福“润”桑榆品牌建设，不断研究探索老干部作用发挥的新方法、新途径。深入实施“银发生辉·银龄行动”，推进银发赋能高质量发展“六项行动”，加强老干部志愿服务特色团队建设，新成立检察院“南山蓝”银发志愿服务分队和金山街道“红船”银发志愿服务分队。积极开展“话传统、谈复兴、聚力量”专题调研活动，组织引导老干部为润州发展建净言、献良策。组织“夕阳荣光话人生，深情传播正能量”“学习二十大，增强使命感”等系列宣讲活动，由身边的正能量先锋、银发宣讲团成员开展宣讲，带头宣讲党的路线方针，做好群众身边的引路人。同时在政治上尊重、生活上关心、精神上关怀老干部。组织老干部“学党的二十大精神，看润州四十年变化”参观活动，参加全区高质量发展大会，赴扬州大运河博物馆学习，不断增强老干部的组织归属感、思想认同感、生活幸福感，增强正能量发挥的主动性。

（区委老干部局）

党校工作

【概况】　2023 年，区委党校以习近平新时代中国特色社会主义思想为指导，紧紧围绕区委、区政府中心工作，坚持“党校姓党”的根本原则，坚守党校“为党育才、为党献策”的初心使命，严格遵循《中国共产党党校（行政学院）工作条例》《干部教育培训工作条例》，充分发挥干部教育培训主渠道和主阵地作用，真抓实干、开拓创新，逐步实现党校各项工作的高质量发展。

【干部教育培训】 区委党校坚持贯彻落实习近平总书记加强新时代干部能力建设的重要论述和要求，认真遵循区委《2023年润州区干部教育培训计划》，充分发挥干部教育培训主渠道和主阵地作用。2023年是贯彻落实中共二十大精神开局之年，也是润州实施“三步走”产业项目建设行动计划的提升年。全年，完成了“产业强区·聚焦项目势能提升”“党建引领基层治理”2期主体班次的干部教育培训工作；完成3期“学习二十大，奋进新征程”学习贯彻中共二十大精神研讨班的轮训班次；举办了“提升履职能力，争得城市荣光”等6期专题班次培训工作，培训学员近1000人次，培训规模稳步提升。在教学内容方面，区委党校坚持把学习中共二十大精神和习近平新时代中国特色社会主义思想系列论述相关内容作为干部教育培训、提升党性修养的必修课，力争党的理论教育和党性教育课程的比重不低于总课时的70%，党性教育课程的比重不低于总课时的20%，充分利用“主阵地”培养“好干部”。2023年，区委党校持续打造的常态化教育培训品牌“周末课堂”共举办18讲，参学人员千余人次。为进一步发挥街道领导干部在全区高质量发展中的主力军作用，经区委主要领导批示，区委党校在“周末课堂”中新增“基层干部大讲堂”，聚焦街道工作怎么看、怎么干，每季度举办1次，全年举办4讲，参学人员近400人次，通过理论联系实际的形式和真实案例的分析讲解，在调动基层领导干部学习积极性的同时，切实增强了街道领导干部服务中心大局的热忱与本领。另外，在党校阵地建设方面，全区街道（社区）已实现“街道（社区）党校”全覆盖，逐步建立完善“区委党校＋街道党校＋社区党校”培训链条，强化阵地建设，延伸基层党校触角。

【教研咨政能力提升】 围绕中心工作，区委、区政府需要研究解决什么重大问题，党校就努力在哪些方面建言献策。先后组织教师参加中国干部网络学院平台开展的网络集中培训、线上直播培训和中央党校组织的全国党校（行政学院）系统学习贯彻中共二十大精神师资培训10余次。依托镇江党校联盟、镇江市委党校、江苏省委党校等平台，以专题化教学为切入点，以现代化手段为突破口参加系列教研活动7次，通过领导点评、教师互评、修改完善、复盘分析等方式严把授课关，有效提升教师授课水平和教学质量。着手修订教学科研考核奖励办法，充分调动教职员工主动参与教学、开展科研的主动性，积极开展重要课题研究。积极申报省市级理论课题，年内完成2项市级课题和1项省级课题的科研立项工作，其中，提交镇江市社科联（院）的“镇江市‘党建＋’引领‘两新’组织高质量发展研究”荣获2023年度“社科应用研究精品工程奖”二等奖。提交镇江市党校联盟（镇江市情研究中心）的《聚焦服务厚植沃土 打造“来润州才无忧”人才服务强磁场》一文荣获优秀奖。通过组建课题小组，扎实推进调查研究，形成可行性调研报告，有力提升了区委党校教研咨一体化水平。聚焦党的创新理论研究阐释和新思想在润州的生动实践，紧扣优化人才服务、全域党建等重点课题，大兴调查研究之风，真正把调查研究作为了解情况、解决问题、提升本领的重要手段，已完成并提交《关于进一步优化人才服务工作的调研报告》1篇，并获区委主要领导批示。由区委党校牵头组织编写的《全域党建案例》已出版发行。

2023年4月7日，润州区“学习二十大，奋进新征程”学习贯彻党的二十大精神研讨班开班

（区委党校 供稿）

【落实全面从严治党】 坚持从严治校、从严治教、从严治学，严格落实支部各项工作制度，实现党建与业务工作同频共振。把学习宣传贯彻习近平新时代中国

特色社会主义思想作为办学治校的头等大事，把党性教育作为教学的主要内容，建立健全“一年一张计划统领，一月一次全员推进，一人一个专题落实”机制，利用每月的“集中读书学习周”，坚持带着嘱托学、带着感情学、带着责任学。结合学习贯彻习近平新时代中国特色社会主义思想主题教育，区委党校坚持高标准、高要求，列出必读书目，制订学习计划，通过读原著、学原文、悟原理，推动党的理论“大学习”、筑牢信仰“大熔炉”、学出“很有前途”新状态，充分展示新时代党校工作新成效、红色学校新气象。将意识形态工作作为一项重大政治任务，放入重要议事日程，纳入领导班子和党员干部目标考核工作中。把党的思想理论建设作为意识形态工作的根本任务，认真学习贯彻习近平总书记重要讲话精神，及时组织开展意识形态领域情况分析研判专题会议，按要求主动分析研判意识形态领域情况，定期向区委宣传部报送意识形态领域情况分析研判报告，统筹协调在教学、科研、行政管理等工作中体现意识形态工作要求，严把备案关、审核关，杜绝“杂音”，消除“噪声”。成功创建润州区“四星党支部”，积极响应区委组织部“动员令”，定期与“三结三定”社区开展各类形式丰富的共建活动，并于5月开始常态化开展“微·周六”志愿服务。支部先后组织开展了慰问困难党员、母亲节主题“微·周六”志愿服务活动、“学习二十大 奋进新征程”、“铭嘱托铸忠诚强动力”、“三进三到”党员报到等联合主题党日活动，切实用高效优质的服务展示新时代共产党人的良好风貌。自觉担负起新形势下宣传思想工作的使命任务，派专职教师深入机关、企业、社区和乡村，深入宣传宣讲中共二十大精神、《中国共产党章程》等党的创新理论和路线、方针、政策，推动习近平新时代中国特色社会主义思想深入人心、落地生根，为巩固壮大主流思想，让党的创新理论飞入寻常百姓家贡献党校力量。全年，共开展专题宣讲活动16次，参学人员1200余人次。

（区委党校）

2023年润州区“基层干部大讲堂”课程一览表

表2

时间	主要授课内容	授课人	授课人职务
3月24日	基层面上工作体系合法性审查	陈秋明	润州区委副书记
7月30日	做好项目投资的全过程服务	吴斌斌	区经发局党组书记、局长
	招商项目的SWOT分析	李　雍	区商务局党组书记、局长
	应统尽统——统计工作实务解析	吴从尧	区统计局党组书记、局长
9月22日	从巡视工作看基层全面从严治党	陈秋明	区委副书记
	算好腐败后的一本账	孙建民	区纪委副书记、监委副主任
	学习贯彻习近平总书记关于党的建设的重要思想，推进党建引领基层治理	霍晓剑	区委组织部副部长、非公有制企业和社会组织工委书记
	街道党工委如何落实意识形态工作责任制	张　镇	区委宣传部常务副部长、区新闻出版局（版权局）局长、四级调研员
	推动新时代润州统战工作高质量发展	唐明乐	区委统战部常务副部长、区民宗局局长
12月5日	让民生“七有”在基层落地落实	阮庆红	和平路街道党工委副书记
	办好一场活动，你不可不知的几大要点	陈　茜	金山街道宣传委员、办事处副主任
	党建引领集体经济发展 凝心聚力服务一方居民	唐家义	七里甸街道光华朱方路社区党委书记
	“大党建＋微治理＋宽服务”——“全域党建”引领下的基层实践	史梅玲	金山街道西津古渡社区党委书记、社区主任

2023年润州区干部教育培训情况一览表

表3

时间	名称	地点
2023年4月1日至2日 2023年4月8日至9日	润州区基层党组织书记 学习贯彻党的二十大精神轮训班	镇江市长山学校
2023年4月7日至9日 2023年4月15日至16日	润州区“学习二十大，奋进新征程” 学习贯彻党的二十大精神研讨班	镇江市委党校
2023年4月23日至5月23日	润州区“产业强区聚焦项目势能提升” 乡科级干部进修班	镇江市委党校 苏州新汇点
2023年5月8日至9日 2023年5月11日至12日	润州区国有平台公司学习贯彻党的二十大精神研讨班	镇江市委党校
2023年5月28日至6月3日	“党建引领基层治理”专题研讨班	浦东干部学院
2023年7月2日至13日	西藏尼木县学习宣传贯彻党的二十大精神，奋力推进“强经济”专题培训班	镇江市委党校
2023年8月11日至13日	润州区“学习二十大，奋进新征程”学习贯彻党的二十大精神研讨班	镇江市南徐小学
2023年9月4日至8日	润州区工会干部综合能力提升专题培训班	重庆大学
2023年10月29日至11月3日	2023年全国新录用公务员初任培训班	镇江市委党校 润州区委党校
2023年11月17日至20日	润州区年轻干部“学思想　强党性”集训班	润州区委党校
2023年12月6日至8日	润州区基层党支部书记和党员轮训培训班	镇江市润州区七里甸街道会议室 镇江康华汇利喜来登会议厅

2023年润州区“周末课堂”课程一览表

表4

时间	主要授课内容	授课人	授课人职务
2月17日	提升中青年干部经济工作能力水平和素养合法性审查	周　云 胡志铭 胡　晔 钟成刚	苏州昆山市招商专家团队
3月4日	如何拓展招引渠道，争取项目信息	王新文	镇江市商务局投资促进处处长
3月18日	推进文化和旅游产业融合发展	郭新茹	南京师范大学文化产业与创意传播基地常务副主任、教授
4月22日	依法统计、依法治统，进一步发挥统计监督职能作用	施荣贵	镇江市统计局执法监督局局长

续表 4

时间	主要授课内容	授课人	授课人职务
5 月 5 日	如何撰写反映高质量社情民意信息	夏学斌	镇江市政协研究室副主任
5 月 20 日	积极应对人口老龄化加快养老服务发展	陈正革	镇江市民政局养老服务处处长
6 月 10 日	如何推动新时代民宗工作	周志强	镇江市民宗局副局长
6 月 17 日	民间借贷中的常见问题 揭秘养老诈骗套路，守护好老年人“钱袋子”	何莉婷 杨　元	润州法院民事第一审判庭副庭长 润州区检察院第一检察部副主任
7 月 8 日	双碳战略背景下区域发展路径探索 近零碳园区技术路径研究	柳剑雄 朱　虹	同济大学长三角可持续发展研究院执行院长、同济大学环境科学与工程学院原党委书记、上海城市污染控制工程研究中心有限公司董事长。 同济大学环境科学与工程学院办公室主任
7 月 15 日	贯彻二十大、落实新条例、开创新局面	张　搏	镇江市信访局党组成员、信访督查专员
7 月 21 日	解读 2023 年度综合考核文件 解读 2023 年度综合考核绩效评价等相关指标	薛　松 邹威华	镇江市委考核办副主任 镇江市统计局综合处副处长
8 月 5 日	招商实务（结合新兴产业）	王玮焱	合肥招商专家
8 月 25 日	新一代信息技术发展趋势、资源布局及案例分享	刘国权	长三角国创中心管委会委员
9 月 15 日	把“坚持政治引领”贯穿于强军兴军伟大实践中	吕冬梅	陆军炮兵防空兵学院教授
10 月 7 日	政府招商中对赌协议的适用和法律风险点	袁舒燕	上海正策律师事务所资深律师
10 月 13 日	从生态文明建设视角　打造幸福河湖的水文化	王　斌	镇江市水利局河湖处处长
11 月 4 日	五社联动视角下的社区治理	李　旭	浙江工商职业技术学院社会工作专业主任
11 月 20 日	宏观经济及政策展望	于　翔	中信证券研究部首席政策分析师

润州区人民代表大会

栏目编校：蒋厚军

综　述

【概况】　2023年，在区委的坚强领导下，区人大常委会坚持以习近平新时代中国特色社会主义思想为指导，以深入学习贯彻中共二十大精神为主线，全面落实中央和省市区委人大工作会议部署，聚焦高质量发展中心任务，按照“四个年”的总体定位，坚持“抓大事、少而精、求实效”工作导向，切实做好重大决定、做深专项监督、做特代表工作、做强机关建设，人大履职迈出了坚实步伐，取得了新的成效，为深入细致描绘现代化一流主城区美好画卷作出人大贡献。

【政治思想工作】　坚持把党的领导贯穿人大工作的全过程各方面，以党的创新理论武装头脑、指导实践。

以鲜明立场彰显政治自觉。坚持重大事项向区委请示报告，并按照区委要求和法定程序抓好贯彻落实。坚持每年向区委常委会全面汇报人大常委会党组工作，做到人大工作始终在区委领导下依法开展。把“省委14号文件、市委9号文件”专项督查反馈问题整改落实作为重要政治责任，第一时间制定整改方案。成立人大常委会机关党组，完成机关党总支换届。举办人大常委会组成人员中共二十大精神专题培训班。

以理论清醒坚定思想自觉。建立“第一议题”制度，举办“润州人大讲堂”。扎实开展学习贯彻习近平新时代中国特色社会主义思想主题教育，聚焦学思想、强党性、重实践、建新功，深入推进以学铸魂、以学增智、以学正风、以学促干。开展“牢记嘱托、感恩奋进、走在前列”大讨论，举办专题党课，召开调研成果交流会；坚持问题导向，主动开展“四下基层”，系统梳理问题清单，对照问题检视整改，推动主题教育走深走实。

以笃信笃行强化行动自觉。紧贴中心任务确定履职重点，及时将区委决策部署落实到人大工作中。重点监督议题“回头看”“聚焦产业发展、聚力项目提升，推动润州经济高质量发展”专项工作被纳入区委深化改革重点项目。积极落实区委交办的其他任务，扎实做好省委巡视、润州建区40周年、重点项目挂钩、企业走访慰问、卫生城市创建等工作。

【决策服务】　牢牢把握服务大局的主题主线，聚焦区委部署、人民权益、民主法治履职尽责，真正做到思想聚焦、行动聚力。

立足稳市场，推动经济发展提质增效。强化对经济运行的持续监督，全面落实市人大“帮项目攻坚、让企业敢干”专项工作任务，创新开展“聚焦产业发展、聚力项目提升，推动润州经济高质量发展”专项工作，作出“关于进一步加快推进重大产业项目落地的议案的决议”，先后召开优化营商环境、“银企联动、发展联促、信息联享”座谈会，开展“我为优化营商环境献一策”等活动，有效推动全区经济回升向好。听取并审议财政预决算、审计、国有资产管理等情况的报告，推动更好地守护人民群众的“钱袋子”。听取科技创新高质量发展、文旅产业融合发展示范区建设等情况汇报，推动创新链、产业链、人才链深度融合。在全市率先完成首轮人大监督街道国有和集体资产管理工作，有力推动街道盘活资产、增加收入。国有资产监督工作经验做法被编入2023年中国人大年鉴。

立足解难题，推动城市管理精细有效。听取并审议2022年度环境状况和环境保护目标完成及中央环保督察交办问题整改情况的报告，深入推进污染防治攻坚战。听取国土空间分区规划编制情况的汇报，为全区高质量发展提供空间保障。听取城镇污水处理提质增效达标区建设、城乡生活垃圾分类治理等情况的汇报。继续深化街道年度环境报告，聚焦群众关注的热点难点问题解决。和平路街道选聘代表作为民间河长参与巡河，南山街道组织代表跟进南山生态长廊建设，不断助力提升城市治理现代化精细化水平。

立足重民生，推动社会事业取得实效。坚持民有所呼、我有所应，致力增进民生福祉。关切“学有优教”，听取并审议实施“双减”三年行动计划完成情况报告，加快形成减负增效、协同育人的工作格局。关切“病有良医”，听取围绕健康润州行动开展医防融合建设情况的汇报，重点督办“加快推进官塘桥社区卫生服务中心迁建项目进度、满足辖区万名居民医疗保障需求”的重要建议，推动建立优质均衡的医疗保障体系。关切“老有颐养”，听取养老服务工作情况的汇报，推动养老事业和养老产业协同发展。关切“住有宜居”，重点督办“进一步加强住宅小区物业管理”的重要建议，推动物业服务专业化、标准化、优质化。关切“食有所安”，听取食品安全工作情况的汇报，全力守护人民群众“舌尖上的安全”。

立足严法治，推动执法司法规范高效。听取并审议刑事审判、企业合规等情况的报告，视察公安润州分局“完善大案要案牵引机制、提高保民平安水平”推进情况，让司法有力量、有是非、有温度。听取“八五”普法工作情况的汇报，推动在广普法、严执法、善用法上发声发力。对《润州区重大行政决策程序规定》进行规范性文件备案审查，保证地方政府规章的正确实施。处理信访案件12件（次），推动依法妥善解决群众合理诉求。七里甸街道积极探索“党建+立法”融合机制推进立法联系点建设。

立足讲政治，推动重大事项落地见效。依法作出关于润州区生态文明建设规划、关于润州区国土空间分区规划、关于加强财政经济工作监督等决定；作出关于接受相关市、区两级代表和常委会组成人员辞职请求的决定；作出关于批准2022年财政决算、调整2023年财政预算的决定。坚持党管干部和人大依法任免有机统一，依法任免国家机关工作人员47人次，任命人民陪审员89名，补选区人大代表8名。加强任命干部的监督，对3名部门负责人、8名两院干部开展述职评议，对29个政府组成部门开展效能测评，进一步树立担当作为、实绩实干的鲜明导向。

【代表履职尽责】 坚持尊重代表、依靠代表、服务代表，不断丰富代表联系群众内容形式、方法路径，支持和保障代表履职尽责、发挥作用。

强化服务联系，夯实“能为”基础。进一步优化“三化一评”代表履职管理机制，逐步健全代表履职档案，优化代表考核办法，开展“双晒”活动，开展“四优”评选，全面激发代表依法履职热情。督促“一府一委两院”及时向代表报告工作情况，提供信息资料，为代表依法履职做好保障。扩大代表对常委会工作的参与面，广泛邀请代表参加调研视察、执法检查等活动。加快数字人大建设，全面升级代表履职平台系统，在金山街道探索实施“民情码扫一扫、百姓事议一议”网上收集民意，切实为代表履职提供全天候智能化服务。

丰富活动载体，发挥“善为”作用。在全市率先召开“牢记嘱托、感恩奋进”学习实践活动工作会议，创新开展“深学争优、履职争先”专题学习活动，推动各级代表在深学细悟上下功夫、在履职尽责上见实效、在创先争优上展风采，相关经验做法在省人大《人民与权力》《学习实践工作动态》刊载推广。认真落实“双联系”制度，连续10年组织五级人大代表统一接待选民工作，继续开展“民呼我应新作为”主题实践活动，严格落实每月接待选民代表轮值制度，走访社区（村）、企业153家，收集意见建议266条，解决问题148个，汇聚了代表联系群众、服务发展的强大合力。组织代表参加“请代表监督、让群众满意”法检两院行、建区40周年“润州回忆”展览等活动。进一步提档升级代表联络工作站（室）建设，市人大常委会主任李健专题视察官塘桥街道代表联络站建设并给予高度肯定；金山街道在西津渡社区建成全过程人民民主实践站、西津渡“阅生活”民情联系点，在全市有地位、全省有影响；蒋乔街道设立“企业选民接待日”，宝塔路街道成立商圈人大协商议事会，将“问需于民、问计于民、问效于民”落到实处；官塘桥街道打造的全市首个“人大代表讲习所”经验做法在《人民与权力》刊发，人大代表听取选民意见建议做法被《求是》宣传报道。

督办意见建议，激发“有为”担当。以“内容高质量、办理高质量”为导向，持续优化代表建议提出、交办、督办、反馈、评价全流程工作机制，听取重要建议办理情况的报告，推行“两次评价”。2023年交办的80件代表建议，解决率同比增长3.96%，办结率和答复率均100%，代表满意率96.8%。韦岗街道试行代表建议办理联络单制度，得到代表广泛好评。以高质量实施和完成为目标，推动区政府健全完善项目征集、调研论证、实施推进、绩效考核等工作机制，探索代表全方位参与、全流程监督的方法途径，年内10件民生实事项目稳步实施。

【自身建设】 聚焦“四个机关”建设目标要求，坚持不懈强能力、练本领、转作风，推动自身建设与时俱进、完善发展。

注重党建与业务融合。全面贯彻落实新时代党的建设总要求，结合市对区的高质量党建考核，制定落实人大年度工作要点和任务清单，严格落实全面从严治党主体责任、意识形态工作责任制，严肃党内政治生活，支持派驻纪检组工作，坚守人大常委会机关的政治属性。印发《关于加强作风效能建设的实施意见》，推动人大系统作风转变、效能提升。扎实开展“重走总书记视察路线”“铭嘱托 铸忠诚 强动力”等主题党日活动，赴句容赵亚夫事迹馆等地开展现场教育，组织学习研讨，集中观看红色影片，不断提高人大机关干部政治判断力、政治领悟力、政治执行力。

注重调研与宣传共进。认真贯彻落实中央关于在全党大兴调查研究的工作要求，开展人大创新课题研究，建立领导领衔、委办结对的调研模式，全年形成16篇高质量的调研报告，其中4篇文章获省市优秀调研成果奖。围绕传播人大声音、讲好民主故事，在省市媒体宣传报道348篇，其中“学习强国”学习平台7篇、省人大《代表与权力》8篇、市人大《民主法治建设》26篇。广泛开展人大交流，先后与23个省内外县区组织座谈、学习借鉴，进一步拓展人大工作思路。

注重联系与指导协同。完成市人大交办的各项任务，协助建成市全过程人民民主实践中心，配合市人大到润州开展调研、视察、执法检查26次，参加各类座谈研讨22次。全面加强对人大街道工委的联系指导，落实常委会主任会议成员联系街道制度，定期听取人大街道工委工作情况报告，精心指导各街道规范召开议政代表会、开展民生实事票决、做好代表补选等工作，支持街道人大工作创新，推动基层人大工作与街道经济发展、民生保障、社会治理有机融合，形成整体合力。

【重要视察活动】 为用好《中华人民共和国宪法》赋予人大的监督权，进一步提升监督工作实效，使人大监督能够真正造福于人民。2023年，区人大常委会主任会议代表先后视察区红十字会工作情况；视察官塘桥社区服务卫生中心民生实事项目建设情况；视察区人民政府关于城镇污水处理提质增效达标区建设情况；视察公安润州分局“完善大案要案牵引机制、提高保民平安水平”工作情况。

【镇江市润州区第十届人民代表大会第二次会议】 2023年1月1—4日，镇江市润州区第十届人民代表大会第二次会议在粤海国际会议中心召开。

大会的指导思想是以习近平新时代中国特色社会主义思想为指导，全面深入贯彻落实中共二十大会议精神，深刻认识“两个确立”的决定性意义，切实做到“两个维护”，胸怀“两个大局”、牢记“国之大者”，围绕全区工作大局，认真履行宪法和法律赋予的职责，积极践行全过程人民民主，审议、决定全区经济和社会事业发展的大事，将大会开成一个民主、团结、求实、奋进的大会，动员和组织全区人民凝心聚力、踔厉奋发、勇毅前行，深入细致描绘现代化一流主城区美好画卷。

会议期间，大会听取、审议镇江市润州区人民政府工作报告；镇江市润州区人民政府2022年民生实事完成情况和2023年民生实事候选项目的报告，并进行票决；审查、批准镇江市润州区2022年国民经济和社会发展计划执行情况与2023年计划（草案）的报告；镇江市润州区2022年财政预算执行情况和2023年财政预算（草案）的报告；听取、审议镇江市润州区人大常委会工作报告、镇江市润州区人民法院工作报告和镇江市润州区人民检察院工作报告。

在大会主席团的领导下，近200名区人大代表共商发展大计、共谋高质量发展良策、共绘中国式现代化建设新蓝图，为实现2023年经济社会发展目标任务凝聚共识、形成合力。大会分别通过区人大常委会和“一府两院”工作报告，批准2023年国民经济和社会发展计划以及财政预算安排，补选区十届人大常委会委员，圆满完成了预定的各项任务。 （区人大办）

2023年润州区人大常委会会议情况一览表

表5

时间	会议名称	议题
2月27日	区十届人大常委会第七次会议	通报2022年度效能建设优秀单位，授予连续3年排前6名的效能建设优秀单位“人民满意优秀单位”称号；审议、表决《润州区人大常委会2023年工作要点》；审议、表决2023年区人大常委会、主任会议历次会议议题以及重大活动安排；有关人事任免事项
4月26日	区十届人大常委会第八次会议	听取并审议区人民政府关于2022年环境状况和环境保护目标完成情况及中央环保督察交办问题整改情况的报告；听取关于“进一步加快推进重大产业项目落地”议案的处理意见，并作相关决议；组织对区教育局主要负责人述职评议；组织市人大代表述职评议；有关人事任免事项
6月29日	区十届人大常委会第九次会议	听取并审议区人民政府关于2022年财政决算情况和同级审计情况的报告，并作相关决定；对区司法局、区住建局主要负责人开展述职评议；对市人大代表开展述职评议；有关人事任免事项
8月25日	区十届人大常委会第十次会议	听取并审议区人民政府关于2023年上半年国民经济和社会发展计划及财政预算执行情况的报告；听取并审议区人民法院关于刑事审判工作情况的报告；对市人大代表开展述职评议（书面述职）；有关人事任免事项；听取区人民政府政情通报
9月28日	区十届人大常委会第十一次会议	听取并审议区人民政府关于《镇江市润州区生态文明建设规划（2023—2030）》编制情况的报告，并作相关决议
10月27日	区十届人大常委会第十二次会议	听取并审议区人民政府关于国有资产管理情况的报告；听取并审议区人民检察院关于企业合规工作情况的报告；听取并审议区人民政府关于区第十届人民代表大会第二次会议代表批评、建议和意见办理情况的报告；听取并审议区人民政府关于实施“双减”三年行动计划2023年工作目标完成情况的报告；作关于召开区十届人大三次会议的决定；有关人事任免事项
12月29日	区十届人大常委会第十三次会议	有关人事任免事项；审议、表决《镇江市润州区国土空间分区规划(2021—2035)》，并做相关决议；审议区人民政府关于“进一步加快推进重大产业项目落地”议案办理情况的报告，并开展满意度测评；审议、表决《关于加强财政经济工作监督的决定（草案）》；审议、表决《关于进一步落实街道国有和集体资产管理情况报告制度的指导意见（草案）》；审议、表决“四优”评选结果的通报；审议、表决区人大常委会工作报告(草案)；审议、表决区第十届人民代表大会第三次会议的相关事项；区人大常委会组成人员对区政府组成部门、垂直管理部门和“两院”效能建设开展测评
1月5日	区十届人大常委会第十四次会议	补选市人大代表；听取区人民政府关于2023年政府民生实事项目完成情况和2024年政府民生实事候选项目情况的报告；听取并审查区人民政府关于调整润州区2023年财政预算的报告，并作相关决议；听取区人民政府关于润州区2023年国民经济和社会发展计划未完成指标的相关情况说明

2023年润州区人大常委会主任会议情况一览表

表6

时间	会议名称	议题
2月24日	区十届人大常委会第十五次主任会议	研究《区十届人大常委会2023年工作要点》；研究2023年区十届人大常委会、主任会议历次会议议题以及重大活动安排；听取市人大代表向区人大常委会述职的实施办法和述职计划；听取关于区第十届人民代表大会第二次会议议案和重要建议的处理意见；讨论、研究区十届人大常委会第七次会议相关事项
3月28日	区十届人大常委会第十六次主任会议	对区人大常委会任命的法院干部开展述职评议；听取关于“加快推进官塘桥社区卫生服务中心迁建项目进度，满足辖区万名居民医疗保障需求”重要建议的处理意见；听取关于“进一步加强住宅小区物业管理”重要建议的处理意见；听取关于“聚焦产业发展、聚力项目提升、推动润州经济高质量发展”专项工作方案情况汇报；听取关于“进一步加快重大产业项目落地的议案”的督办工作方案情况汇报
4月25日	区十届人大常委会第十七次主任会议	听取区人民政府关于养老服务工作情况报告
5月30日	区十届人大常委会第十八次主任会议	对区人大常委会任命的检察院干部开展述职评议；听取区人民政府关于围绕健康润州行动开展医防融合建设的相关情况报告
6月20日	区十届人大常委会第十九次主任会议	视察区红十字会工作情况；听取区人民政府关于垃圾分类治理实施情况的报告
7月27日	区十届人大常委会第二十次主任会议	视察官塘桥社区服务卫生中心民生实事项目建设情况；听取区人民政府关于2023年民生实事项目推进情况的报告；听取区人民检察院关于未成年人检察工作意见落实整改情况的报告，并开展满意度测评
8月23日	区十届人大常委会第二十一次主任会议	视察并听取区人民政府关于城镇污水处理提质增效达标区建设情况的汇报；听取区人民政府关于食品安全工作情况的汇报；听取2022年区人民政府关于贯彻落实《关于进一步减轻义务教育阶段学生作业负担和校外培训负担的意见》监督意见落实情况的汇报，并开展满意度测评
9月5日	区十届人大常委会第二十二次主任会议	研究9月份增开区十届人大常委会第十一次会议相关事项
9月27日	区十届人大常委会第二十三次主任会议	视察公安润州分局“完善大案要案牵引机制、提高保民平安水平”工作情况，并听取相关工作汇报；听取镇江市润州区国土空间分区规划（2021—2035）编制情况的汇报；听取区政府关于2021年区财政预算执行和其他财政财务收支情况的审计问题监督意见落实情况汇报，并开展满意度测评
10月26日	区十届人大常委会第二十四次主任会议	听取区人民政府关于文旅产业融合发展示范区建设情况的汇报；听取区人民政府关于2022年《镇江市农村公路条例》实施情况监督意见落实情况的汇报，并开展满意度测评
11月28日	区十届人大常委会第二十五次主任会议	听取并审查区人民政府关于2023年财政预算执行情况和2024年财政预算（草案）的汇报；听取区人民政府关于科技创新高质量发展工作情况的汇报；听取区人民政府关于“八五”普法工作情况的汇报
12月22日	区十届人大常委会第二十六次主任会议	听取关于“加快推进官塘桥社区卫生服务中心迁建项目进度，满足辖区万名居民医疗保障需求”重要建议办理情况的汇报；听取关于“进一步加强住宅小区物业管理”重要建议办理情况的汇报；听取关于“四优”评选推荐名单的汇报

（区人大办）

重要建议

【关于加快推进官塘桥社区卫生服务中心迁建项目进度，满足辖区万名居民医疗保障需求的建议】 1.基本情况。润州区官塘桥社区卫生服务中心主体建筑是1999年建成的，有部分是20世纪80年代的业务用房，总面积2929平方米。2008年官塘新城建设以来，官塘桥街道范围内官塘桥村、平山村、秀山村等3个村先后完成整体拆迁，居民全部上楼变为新市民，由于周围居民拆迁，原社区卫生服务中心附近已经没有居民居住。社区服务中心的业务用房由于年代久远，卫生设施、安全设施不符合标准，有些经鉴定是危房存在安全隐患，距离偏远、药品短缺、检测设施陈旧、不能为幼儿免疫接种情况难以满足人民群众对医疗服务需求，辖区人民群众对医疗配套欠缺反映强烈，迫切需要搬迁到人员居住比较集中的地区，以更好地满足人民群众对方便就医的需求。

2.迁建项目的现状及原因。前期在区委、区政府关心下，区卫生健康委积极协调下，原计划在2021年底前将官塘社区服务中心整体搬迁至安置居民比较集中的官塘绿苑小区，打造一所硬、软件俱佳，集医疗、康复、体检、健康管理、免疫接种、公共卫生服务于一体的，体现人文关怀的新中心，满足官塘创新社区范围内近2万名居民卫生服务需求。

新官塘桥社区卫生服务中心建设地点位于官塘绿苑三期17号楼，建筑面积约4800平方米，工程估算2250万元。该项目是由镇江市润州区卫生健康委员会通过镇江市公共资源交易电子服务平台发布，江苏华澳装饰工程有限公司镇江分公司中标，设计单位是苏州建设规划建筑设计院有限责任公司。项目装饰工程图纸最终定稿已经官塘桥社区卫生服务中心领导班子“三重一大”会议确认通过。一楼的基础框架工程已经完工50%，1—5层的门窗已经确认过，外挂电梯已确认过。工程处于停滞状态，当年未能完成交付，一转眼现在已经到了2022年年底，辖区人民群众医疗需求久久得不到满足，群众意见很大。根据项目代建单位润州区土地房屋开发有限公司的反馈停工的原因主要有以下两点。

（1）官塘绿苑三期17号楼，原规划为南山街道文体中心，而不是社区卫生服务中心，上级相关部门认为与规划不符。

（2）消防设计没有通过审核通过。因为第一个原因导致施工图纸无法报审图中心审核，施工许可证无法办理。第二个原因造成无法先施工后送审。

建议：

习近平总书记指出“民生无小事，枝叶总关情”，作为党中央提出的“两不愁三保障”之一的医疗保障，虽然前期在区委、区政府及各相关职能部门领导的关心下，在辖区万名群众的期待的目光中，工程得以顺利开工建设，因为市级相关职能部门职能因素以与“规划不符”的理由，而不是房屋本身存在安全隐患导致工程停工，人民群众的医疗需求得不到保障。在2022年市委巡察组巡察官塘桥街道时也明确提出“教育医疗配套欠缺，群众反映强烈。唯一的社区卫生服务中心设施陈旧，距居民小区较远，幼儿接种疫苗只能到其他街道的社区卫生服务中心”。为了破解这一难题，我们提出以下建议。

1.建议政府部门工作要坚持以人民为中心的发展思想，坚持以民生需求为导向，眼睛向下、脚步向下，了解基层群众的基本需求，从满足广大人民群众基本医疗保障的角度出发，创新思维，主动担当作为，积极协调满足群众医疗保障的需求。

2.区卫生健康委牵头积极协调，向区委、区政府领导汇报，区人大积极协调在润州区的市人大代表积极向上呼吁，并深入官塘片区群众中调研，听民意、察民情、解民忧，并向市人大、市政府反映人民意愿，力争把这一情况意见建议带到市人民代表大会会议上，作为市人大代表议案或意见建议交办给市政府相关职能部门积极协调解决，满足辖区人民群众方便就近就医的基本需求，使辖区群众的获得感、幸福感、安全感得到提升，对此官塘创新社区范围内近2万名人民群众充满期待。

【关于进一步加强住宅小区物业管理的建议】 1.背景。“小物业”牵动“大民生”。物业管理是广大人民群众高度关注的热点难点问题，与人民群众切身利益、社区治理水平以及城市整体形象休戚相关。近年来，随着我区城市建设的快速发展，城市化水平不断提高，新建住宅小区日益增多，老旧小区、安置小区及开放式小区等多元共存，因此物业管理的重要性逐渐凸显。但由于润州区物业管理体制相对落后，造成物管矛盾纠纷时有发生，信访投诉也持续增加，这直接影响到人民群众生活环境的改善和全区社会和谐稳定的大局。

2.问题。针对此类问题，近期我就辖区内几个小区的物业管理情况进行了调研，并走访了部分小区居民住户，总结主要存在问题如下：物业管理公司规范性、专业性不够，整体经营水平不高，普遍存在重收费、轻服务、缺管理的现象，招聘的服务从业人员门槛过低，绝大多数不具备服务和管理的能力。一方面有些小区没有物业管理，小区内部卫生环境都得不到基本保障，脏乱差现象屡见不鲜，住户的人身财产安全系数也相对较低；另一方面，除部分高档小区外，大多数有物业管理的小区物业服务标准不高、服务领域狭窄、服务理念滞后，一般只负责门卫保安、垃圾清运、简单保洁，而小区内部私搭乱建、车辆乱停乱放、邻里纠纷等共性问题却无人管理，这些现象与润州区创建文明、卫生、幸福城市的工作方向格格不入。

小区交付把关不严格，未让属地街道和社区参与，导致交付后遗留问题、矛盾较多，造成属地街道、社区无力解决。

居民群众对物业管理认识不高，特别是对物业有偿服务的消费意识淡薄。希望得到很好的生活环境和服务享受，但又不愿意支付物业服务费，导致物业服务企业收费难。

建议：

综合上述几个问题的存在及相互影响，最终物业服务企业与业主之间矛盾频发，业主因不满物业服务拒缴物业费，物业服务企业因收不到物业费而降低服务标准，从而造成恶性循环。因此，建议如下。

1.建立健全工作机制，形成齐抓共管合力。物业管理是一项涉及多方面的综合性系统服务工程，需要多个部门相互支持、配合、协调。政府相关职能部门要从源头上加强物业管理工作，明确房管、市场监管、城管、住建、执法、环卫、社区居委会等单位对小区管理的职责，认真落实各项监管措施，从根本上减少物业管理矛盾纠纷。同时实施物业管理联席会议制度，及时研究物业管理工作中的新情况新问题，不断完善各项工作机制，使润州区的物业管理有章可循，健康发展。

2.建立竞争考核机制，提高物业管理水平。政府相关监管部门要加强对物业管理企业的资质管理、审核，严格准入退出制度，逐步实现市场化管理，建议大力推行招投标制度，建立物业服务企业信用档案库，选择具备相应资质、企业信誉好、管理水平高的企业，让物业管理企业在竞争中优胜劣汰，从而推进物业管理专业化、规模化、高效化经营。同时可由城市管理部门牵头组成考核小组，每三年对小区物业服务企业进行工作考评，对服务质量差的物业企业予以劝退，或取消其从业资格。

3.充分发挥行业自律作用，进一步规范物业企业服务行为。组建市、区级物业管理行业协会，尽快制定物业企业星级服务标准，组织开展业务培训，引导物业企业履行服务承诺，做好信息公开，实施服务明码标价，公开收费标准、收费依据和重大事项收支情况，让小区业主明白消费。

4.严格物业承接查验交接制度，防止开发建设企业造成历史遗留问题。新建物业交付前，要组织承接、查验，进行见证监督，发现问题及时整改，务求物业服务设施建设到位，为做好物业管理工作创造条件。

5.增强自治意识，发挥业主委员会作用。大部分小区并没有成立业主委员会，或成立后大多形同虚设，导致业主和物业缺乏沟通的桥梁和纽带。建议政府相关职能部门要加大力度贯彻《物业管理条例》，指导和帮助小区建立业主委员会,更多地吸纳一些离退休干部或有一定专业知识的人才进入，发挥其在物业企业与业主之间的承接作用，建立起双方能相互沟通、理解、信任的稳固关系。

6.加大宣传力度，转变群众观念，营造良好社会氛围。政府职能部门要加强对《中华人民共和国物权法》《中华人民共和国价格法》等相关法律法规的宣传工作，使居民正确理解和认识物业管理，增强业主维权意识、自治意识、有偿服务意识，自觉履行业主的职责和义务，营造有利于物业管理的良好社会氛围。

总之，物业管理是一项复杂的工作，它的服务涉及千家万户的安居乐业。因此希望政府能够将小区物业管理工作提高到城市管理的重要位置来看待、谋划、推进和落实，全方位提升居民生活幸福指数。　（区人大办）

润州区人民政府

栏目编校：施雨婷

综　述

【概况】　2023年，区政府坚持以习近平新时代中国特色社会主义思想为指导，以学习贯彻党的二十大精神和习近平总书记对江苏工作重要讲话重要指示精神为主线，深入落实市委、市政府和区委部署要求，知重负重、唯实唯勤，聚力“五个争先奋进”，扎实推进稳增长、兴产业、优环境、惠民生、保安全各项工作。经济社会发展主要预期目标基本实现，既定的77项重点任务较好落实，10项民生实事项目全面完成。

经济方面。主要指标增势良好。地区生产总值增长6.8%以上，高于省、市平均；一般公共预算收入16.28亿元，增长11.1%、全市第三；服务业应税营业收入173亿元，增长10%；社会消费品零售总额151.2亿元，增长10.5%、全市第一；净增“四上”单位110家、增长255.8%，创历史新高；固定资产投资、实际利用外资超额完成市下达目标；粮食种植面积和总产量增长5.1%、3.4%。产业结构持续优化。修订《关于加快推进产业发展的政策意见》，24条举措重点支持总部经济、数字经济、首店经济、“四上”单位等领域。聚力推动现代服务业繁荣发展，以金融服务、租赁和商务服务、科学研究和技术服务为代表的生产性服务业加速集聚，增加值占服务业比重54.7%、占GDP比重44.6%，分别增长1.4%、1.7%；制定《金融服务业集聚区发展规划》，新招引瑞众人寿、信通资管等10家企业主体落户，各类金融服务机构总数达83家，税收贡献占比提高到34.95%，商务金融服务集聚区通过省高质量发展集聚示范区综合评价确认。聚力推动数字经济与实体经济深度融合，数字经济企业数增加到2024家，核心产业营业收入达70亿元；瑞祥科技集团入选中国产业数字化百强榜第62名，获评省现代服务业高质量发展领军企业；西津渡成为全省首批五家数字人民币文旅应用集聚区之一。聚力推动农文旅产业提速发展，修订《鼓励和支持旅游业发展若干政策》，接待境内外游客580.5万人次、增长130.8%，旅游总收入60.5亿元、增长106.5%；入选第二批省级文化和旅游产业融合发展示范区建设单位、第三批“长三角高铁旅游小城”，均为全市唯一；西津文旅驿站入选省最美公共文化空间打造对象，6个项目入选省级非物质文化遗产项目名录；休闲观光农业综合收入1280万元，农业电商交易额16.2亿元，龙头企业带动农户数2.8万户。创新活力加速释放。紧抓企业、平台、人才三大重点，规模以上企业研发投入增长50.3%，新认定国家级高新技术企业15家，保有量达27家、增长42.1%；镇研种业和正茂集团获评省级专精特新中小企业，实现“零”的突破；冬云云计算入选省规划布局内重点软件企业。传统产业技术创新水平再上新高，镇江建工集团参建项目获中国建筑工程质量最高奖“鲁班奖”，镇江建设集团参建项目获国家优质工程奖，船山矿投入3100万元完成溶剂线技改项目。新增市级众创空间1家、市级创业示范基地2家，江苏海洋资源开发研究院·数智低碳院落地见效，校地企合作持续深化。入选省“双创计划”项目2个、市“金山英才”计划9个，新引进大专以上人才3550人；建成西津渡人才友好街区。商贸消费提质扩容。制定恢复扩大消费“十六条”，组织“嗨GO生活节”系列活动，开展万达广场等商业综合体“外摆经济”试点，接续擦亮“润州明月夜”夜间经济品牌和“润州请您”假日经济品牌，有效激发市场活力、释放消费潜力。“乐享润州”抖音号上线4个月，总点击量超2000万次。全年实现限额以上批发业商品零售额269.7亿元、增长13.2%，限额以上零售业商品销售额88.8亿元、增长23.8%，限额以上住宿、餐饮业营业额分别增长24%、25%。

深入实施“项目建设提升年”行动，攻坚抓招引、专班抓服务、聚力抓载体，为城市经济发展蓄势聚能。招商引资取得突破。全域招商改革初见成效，区招商中心独立运行，“一中心十组”架构初步形成；成功举行“数智润州·启‘杭’未来”主题招商、阿里云创峰会暨长三角（镇江）数字经济高峰论坛等活动，全年小分队外出招商232次，签约中节能低碳科创园等亿元以上项目14个、总投资71.1亿元，分别增长20%、16%，实现20亿元以上项目“零的突破”。网易（镇江）联合创新中心开园运营，首批26家企业入驻。加拿大跨境电商项目签约落户，外贸新增长点逐步形成。项目建设扎实推进。出台重点项目管理办法，制定“五会”工作手册，建立市级重点项目区领导挂钩机制，市区两级产业项目年度投资16.1亿元。镇江首个新型工业用地项目——联东U谷·官塘科技港9月正式开工，当年主体封顶。官塘EOD（生态环境导向的开发模式）项目入选省生态环境厅项目库、全市唯一。资源资产有序盘活。聚力发展“柱状”经济，全年去化10.2万平方米存量楼宇。开展区属行政及企事业单位国有资产调查，理清家底、规范管理，国有资产出租率提高12%。高质量编制国土空间总体规划润州分区规划，深化“三区三线”成果，城镇开发边界扩大1153.33公顷，南山和西津渡生态管控区整合优化方案通过省级审查，进一步拓展了项目承载空间。盘活低效闲置用地927亩，推动“土地存量”向“发展流量”转变。营商环境持续优化。发布《“润州最滋润”优化营商环境十条措施》，兑付区级产业政策2893.8万元，惠及辖区企业113家。举行“家在润州”系列政企交流活动，常态开展润企大走访。建立区、街道两级挂包服务机制，覆盖403家重点企业，“找一个人解决一揽子事”初见成效，351个交办问题全部办结。坚决落实助企纾困政策，新增减税降费及退税缓费等1.2亿元。加大金融扶持中小企业力度，帮助547家企业获得贷款25.5亿元。成立“润商学院”，更好服务民营企业家能力提升。实行“一业一证”改革，设置“个转企”服务专窗，先后发放全市首张“个转企”营业执照、娱乐行业综合许可证。

接续开展宜居主城建设，让城市变化可观可感。城市更新扎实推进。坚持规划引领，委托东南大学段进院士团队开展老城区高质量发展空间战略研究，编制完成《三茅宫片区城市更新规划实施方案》并获市政府批准通过。坚持整治提升，深入开展背街小巷、农贸集市等专项整治，全国文明城市测评保持全市前列；全市率先完成43项铁路沿线安全环境问题整治，造林14处、118.57亩，高标准打造6个提升节点，沙地公园成为全市示范样板工程，受到上海铁路监督管理局通报表扬；完成68栋、2.66万平方米自建房和59栋、2.37万平方米既有建筑隐患整治，11处、5866平方米危房解危。坚持连片改造，完成黄山小区等9个片区、17万平方米老旧小区改造，惠及居民2001户；完成宝盖山滑坡治理、韦岗小流域（东家庄片区）治理等重点工程，建成6.98平方千米城镇污水处理提质增效达标区。城市管理得到提升。加强数字城管建设，开展精准执法313次，处理店面外溢、流动摊点等3900余起，拆除违法建设222处、4886平方米，户外广告和招牌设施整治完成量居全市前列。深化垃圾分类治理，建设省级达标小区33个和“四分类”小区152个。完成5608户管道燃气管阀更换，餐饮企业燃气报警器加装率提高到99%。抓好城区防汛防涝，完成慈寿路征润州水源地积水改造等8个工程。提升物业管理水平，出台《加强住宅小区物业管理提升物业服务水平行动方案》，万科沁园等19个小区获评市级月度“红榜”项目，11个安置房物业移交项目稳步推进；累计加装既有住宅电梯21部，列主城区首位；扎实推进绿色社区和宜居示范居住区创建，江南新村获省级宜居示范居住区称号。生态环境更加趋优。坚定实施长江大保护战略，全市率先完成原御景湾酒店、引航道以北焦北滩遗留建筑物等清理整治任务，拆除违法建设6000余平方米。坚决落实“十年禁渔”政治任务，受到省禁捕退捕工作专班书面表扬，润州护渔队荣获长江流域渔政协助巡护优秀队伍评选全国一等奖，江苏唯一。创成全国第六批节水型社会建设达标县（区）。坚实推进“五大专项行动”，PM2.5年均浓度绝对值全市国控站点最优，优良天数改善率全市第一，国考省考断面水质达标率、地表水优Ⅲ比例保持100%；开展农村人居环境整治和村庄垃圾清理行动，出台长效管护考核办法；科学管理涉危废企业，379.5吨危废安全处置率100%。

民生方面。全年民生支出14.29亿元，争取一般债及各类上级资金4.37亿元全部投入民生改善项目。就业形势持续稳定。精心组织“创响江苏”春风行动等系列招聘，累计提供就业岗位1.4万余个，“零工市场”精准送岗1000余个，城镇新增就业6600人，零就业家庭动态清零。民生保障持续兜牢。重视社保工作，完成基金征缴4.99亿元、扩面3300人，发放社保补贴1732万元。关爱弱势群体，统筹做好残疾人、困难人群服务保障，累计帮扶1.1万人次，发放住房租赁补贴919.24万元、低保金和残疾人补贴3365万元。建成精神障碍社区康复服务中心2家，改造10个城市社区助餐点，完成83户困难老年人家庭适老化改造，高龄和经济困难失能老年人享受居家养老服务6.7万人次。“全域党建推动社区高质量发展”获评全国城乡社区高质量发展典型案例。公共服务持续提升。教育供给不断优化，“双减”相关工作被人民网等媒体报道、教育部简报专题推广，科学教育、心理教育入选省典型案例。卫生事业稳步发展，制定基层医疗卫生机构绩效制度改革方案，七里甸、黎明两个社区卫生服务中心建成二级综合医院，官塘桥社区卫生服务中心建设顺利完成，新增1家省级健康促进医院，医养融合打造“定制化”养老社区获评人民日报《民生周刊》“中国康养事业高质量发展优秀案例”。群众文化生活更加丰富，开展“润心”系列活动96场，组织“润心课堂”系列培训750课时，人均接受文化场馆服务次数增长43%，“润心云课堂”服务1.5万人次。安全稳定持续向好。深入开展安全生产大检查、重点行业领域百日攻坚、“润安万家”消防安全整治等行动，排查“厂中厂”“三合一”等各类场所2796家、隐患整改率99%，新建7座应急中心站、143座街巷微型消防站。从严抓好食品安全监管，抽检率高于全市平均水平。想方设法推进“保交楼”，全年完成1743套、22.53万平方米房屋交付。扎实推进信访问题源头治理和突出问题攻坚化解，初信初访下降30.95%，有效化解重点积案9件；区劳动人事争议调解委获评省金牌组织。提质建设平安润州，严厉打击群众反映强烈的突出犯罪，为全国两会、亚运会等重大活动营造良好社会环境。

持续加强自身建设，唯实的作风更加严实。按照省、市、区委统一部署，深入开展学习贯彻习近平新时代中国特色社会主义思想主题教育，严格落实各项规定动作，初步推动调研成果转化29项，“四下基层”解决急难愁盼问题30项。持续深化“放管服”改革，政务服务好评率100%，“全链通”平台新办理法人企业登记2804户，行政服务中心窗口受理业务21852项、办结率与好评率100%。畅通群众诉求渠道，推动“12345”热线规范化运转，转办工单2.27万件、综合满意率96.47%，省平台工单满意率居全市前列。深入推进政务公开标准化建设，主动公开政府信息951条。自觉接受人大、政协和社会各界监督，人大代表建议、政协委员提案办结率和满意率100%。严管债务规模和债务成本，有效防控政府性债务风险。带头过“紧日子”，发挥财政监管和审计监督作用，财政资金使用绩效明显提升。深化法治政府建设，集体学法制度执行率、重大行政决策及协议合法性审查率、行政复议按时回复率、行政机关负责人出庭应诉率均为100%。深化政府系统党风廉政建设，不折不扣抓好省委巡视反馈问题整改。老龄、妇女儿童、青少年、残疾人、工会、红十字会、慈善、志愿服务、关心下一代等事业实现新发展，审计、统计、民族宗教、外事侨务、机关事务、档案史志、对口协作、科普、供销等工作迈上新台阶，人民武装、国防教育、双拥优抚、退役军人等工作取得新进步。

【区政府办公室工作】 2023年，区政府办公室深入贯彻落实全国、全省党委和政府秘书长会议精神，围绕中心、服务大局，充分发挥了中枢服务、参谋助手、督查跟进的职能作用，较好地完成了年度工作目标和领导交办的各项任务。

聚焦运转中枢定位，政务运行更加通畅。一是全力保障经济运行。牵头筹备完成润州区城市经济高质量发展暨项目建设提升年大会，参与组织开展“家在润州”“筑梦润州”“自在润州”等多领域政企交流活动；协助区领导联系走访企业90余家（次），有效帮助解决企业实际问题，深入推动构建亲清政商关系。二是严格落实值班值守制度。全方位从严落实24小时领导带班、专人值班要求，持续强化对各街道、部门应急值守视频点名调度，截至 2023 年年底，共参与值班 740 余人次。加强值班信息审核报送，及时向上级报送《信息快报》14 期，做到遇突发事件第一时间上报处置，全年接收办理各类重要紧急件“零差错”。三是持续强化政务保障。有序做好重要会议服务保障，召开区政府常务会议 12 次、区长办公会议 12 次、各类专题会议 176 次。加强公文审核把关，累计接收、流转各类文件 4132 件，手工登记、传阅办理涉密文件 535 件，审核、制发各类公文 161 件。持续提升“精文减会”工作实效，实现政府系统办文、办会“只减不增”。

聚焦参谋辅政职能，信息反馈更加全面。一是有效服务科学决策。围绕经济运行、城市建设、民生发展等重点工作，深入调查研究，编辑报送政务信息 300 余篇，其中，被国办录用 2 篇、省政府办录用 19 篇，市政府办录用 3 篇。同时，全面排查梳理基层突出瓶颈问题，提出建设性意见建议，撰写专题调研报告 10 余篇、理论交流文章 32 篇，为区政府决策提供有力参考。二是深入推进政务公开。加大信息公开力度，政府网站主动公开信息 951 条，受理答复依申请公开 8 件，实现政府信息依申请公开“零诉讼”。加大政策解读力度，坚持政策发布与解读同步进行，协调举办了民生实事、食品安全、“八五”普法、消费季活动、案件审理等 17 场主题新闻发布会，助力润州城市经济高质量发展。三是高效回应群众诉求。畅通来信来访渠道，积极协助区领导办理信访事项，接收、办理人民来信 95 件，协调、处置上级交办信访函件 41 件。畅通网上诉求渠道，通过“阳光信访”平台经办信访件 31 件，收到“书记、区长信箱”来信 83 件，均按要求及时受理、按期回复。

聚焦决策部署落地，督查推进更加有力。一是全力推进政府重点任务。充分履行区政府办督查职能，对区政府工作报告确定的事项进行分解，明确 2023 年度区政府重点工作，每季度定期跟踪督办，推动各项工作有效落地落细。二是扎实推进民生实事项目。对区第十届人民代表大会第二次会议票选出的 10 项政府民生实事，实行目标责任制管理，完善问题协调解决机制，定期开展现场督查，确保项目按期推进。基础教育保障提升项目、环卫基础设施提升工程项目、韦岗东家庄小流域治理工程、“护渔”驿站工程项目等 4 项实事已顺利完成，剩余 6 项实事正在按序时推进中。三是圆满完成建议提案办理。采取重点建议提案区领导督办等方式，加大建议提案办理力度，办理市、区两级人大代表建议、政协委员提案 210 件，办复率和满意率、基本满意率均达 100%，一大批群众反映强烈、代表委员高度关注的难点、热点问题得到解决。

聚焦自身建设提升，机关作风更加过硬。一是扎实开展机关党建工作。以开展第二批主题教育为契机，组织支部党员广泛开展集中学习、研讨交流、专题培训等活动。严格落实集体学习、“三会一课”、谈心谈话等制度，完成了党总支换届选举工作，组织开展了“牢记嘱托、感恩奋进、走在前列”大讨论活动，支部的凝聚力和战斗力得到进一步增强。二是稳步推进党风廉政建设。始终将政治建设摆在首位，严格落实全面从严治党主体责任和“一岗双责”责任制。坚持民主集中制，坚持重大事项集体决策，召开区政府办党组会议、主任办公会议集体研讨 12 次。三是配合做好巡视整改工作。积极配合做好省委巡视各项保障工作，坚持把落实整改、促进工作作为切入点和落脚点，对标省委巡视反馈的涉及政府的 57 项问题，牵头逐一制定细化方案，明确责任单位和完成时限，切实压实整改责任。 （区政府办）

重要会议

【城市经济高质量发展暨项目建设提升年大会】 1 月 29 日下午，润州区召开城市经济高质量发展暨项目建设提升年大会。区委书记徐心田出席会议并讲话。区委副书记、区长徐燕主持会议。会上，徐心田从“直与天地争春回，光荣成就属于时代浪潮中的奋斗者”“一鼓作气展宏图，发展战略要以务实举措一贯到底”“一往无前敢为先，美好画卷要靠创新实干精细绘就”三个方面，对全区经济“提升质效、优化结构”、更有力度推进“产业项目建设提升年”行动作出具体部署，提出明确要求。区委、区政府向 108 家企业、单位和个人，兑付产业发展政策资金 2893.8 万元。其中，支持人才和产业融合发展奖补资金达 1026 万元，占比超过 1/3。区委副书记、金山街道党工委书记陈秋明宣读 2022 年度润州区“建设现代化一流主城区”城市经济奖的表彰决定。区委常委、常务副区长杨坚通报 2022 年度产业发展政策执行情况，现场发布“润州最滋润”营商环境十条措施、2023 年系列活动计划、重点企业“两级挂包”服务方案。中信银行股份有限公司镇江分行党委书记、行长汤效勇，江苏瑞祥科技集团有限公司党委书记、高级副总裁顾建辉现场交流过去一年的发展感悟和经验。官塘桥街道(官塘创新社区)，区商务局，区税务局围绕各自重点任务作表态发言。区委、区人大常委会、区政府、区政协领导，区法院、区检察院主要领导；各街道党政主要负责人、分管负责人，各社区(村)书记；区各部委办、局，各人民团体、各直属单位主要负责人；获奖单位和个人代表以及100多位企业家和金山英才、润州英才参加会议。

【区政府全体（扩大）会议】 8月11日上午，区政府全体（扩大）会议召开。区委副书记、区长徐燕出席会议并以《满弓紧弦抓落实　知重负重争进位》为题作讲话，强调要转变作风、真抓实干，推动形成“促发展一天也不耽误、抓落实一刻也不放松、讲担当一个也不掉队”的工作格局，以强烈的责任感和荣辱感，推动润州各项重点工作整体、持续好转，在全省、全市发展大局中争回润州应有的份额位次。区领导杨坚、朱明、戚研、崔超、刘向华、田伟、孙晶通过PPT讲解，用数据说话、以事实阐明，从比较满意的工作、比较不满意的工作两方面对条口半年工作进行点评，并结合各自分工对下半年重点工作提出指导性意见。会上，区经发局、区招商中心汇报上半年工作开展情况和下半年工作打算；七里甸街道围绕“重点指标全面补缺、重点项目尽快破‘零’”，宝塔路街道围绕“重点行业发展提升、重点领域招商突破”，和平路街道围绕“加强常态长效管理、全面提升城市品质”，区属平台公司围绕“加快片区发展建设、探索老城焕新模式”作表态发言。　（区政府办）

2023年润州区政府常务会议情况一览表

表7

时间	会议名称	议题
1月19日	第13次常务会议	会议研究2023年《政府工作报告》百项任务、区政府民生实事任务分解工作情况
3月2日	第14次常务会议	审议《镇江市润州区乡村建设行动实施方案》
4月3日	第15次常务会议	学习《江苏省数字经济促进条例》，审议《润州区“项目建设提升年”行动方案》
4月27日	第16次常务会议	审议《润州区关于加快推进产业发展的政策意见（2023年修订版）》《润州区深入实施“精美主城”行动方案》
5月29日	第17次常务会议	学习二十届中央财经委员会第一次会议精神以及《江苏省就业促进条例》
6月29日	第18次常务会议	学习习近平总书记在文化传承发展座谈会上的重要讲话
7月29日	第19次常务会议	学习《江苏省行政程序条例》
8月25日	第20次常务会议	学习习近平总书记在中央财经委员会第二次会议上的重要讲话精神
9月28日	第21次常务会议	学习习近平总书记关于推进新型工业化的重要指示和《江苏省养老服务条例》
11月2日	第22次常务会议	审议《全区“全面冲刺四季度”工作方案》《镇江市润州区国土空间分区规划（2021—2035）》
11月30日	第23次常务会议	学习习近平总书记在进一步推动长江经济带高质量发展座谈会上的重要讲话精神
12月21日	第24次常务会议	学习中央经济工作会议精神

（区政府办）

信访工作

【概况】 2023年，全区信访系统在区委、区政府的坚强领导下，深入贯彻落实中共二十大精神和习近平总书记关于加强和改进人民信访工作重要思想，以积案化解为重点，接续开展信访突出问题“双月攻坚”，稳步推进重点领域信访突出问题专项攻坚行动。

2023年，信访事项及时受理率、按期答复率均为100%，责任单位满意率99.46%，群众参评率97.19%，求决类初次信访事项一次性化解率97.52%，国家信访局登记的初次信访量同比下降30.95%。

【高位部署推进工作落实】 明确职责落实包案。区委、区政府主要领导每月调度信访工作，带头接访下访10次，召开专题推进会17次，对重点信访案件逐个过堂调度，压实包案责任，推进疑难复杂信访案件化解。全区各级包案领导积极履行“四包三亲自”工作责任，推进包案化解，按计划前往人民来访接待中心接待群众，15名县处级党政领导接访下访133人次，接待信访群众165人次。多措并举优化机制。压实初信初访首办负责制，建立重要信息日呈报、疑难问题周分析、群体问题月会商等工作机制，对排查出的问题，逐案甄别诉求、明确专班，按照工作规范及时处理。

【积案源头治理】 一是充分发挥机制作用。区信联办积极做好统筹协调，推动“骨头案”“钉子案”化解，成功化解9件积案，信访总量降幅明显。强化考核压实责任。对积案化解工作进行量化分解，并纳入全年高质量发展综合考核。国家信访局交办121件国治件已全部办结，回流倒访7件。二是紧盯初信初访事项。专人负责及时跟踪，确保群众表达诉求有渠道、反映问题有回声，问题尽可能一次性化解，最大限度减少问题积累。定期排查交办重复信访投诉案件，推动重复信访事项解决。

【基础业务质效水平稳步提升】 各类指标稳步提升。区信访系统高度重视“阳光信访”平台系统各项指标数据，及时对接相关处室寻求指导，准确把握政策口径，各项指标均高于全市平均水平。加大宣传报道力度。组织开展《信访工作条例》一周年主题学习、“我与《信访工作条例》”主题征文等活动，扩大社会宣传影响；2023年，各级媒体刊登润州信访信息共18篇，其中国家级媒体5篇、省级媒体7篇、市级媒体6篇，“江苏信访”公众号以《时时心系群众 倾力为民解难》为题，专题报道2023年全省最美信访干部苏德志事迹，生动展现了润州信访干部的风采面貌，为全市唯一。全面开展专项攻坚。排查梳理三大重点领域，确保实现重点领域信访量和在国家信访局登记信访量同比均下降20%以上。 （区信访局）

应急管理

【概况】 2023年，区应急管理局坚持以习近平新时代中国特色社会主义思想为指引，紧紧围绕安全发展这个主题主线，夯实“基本盘”、掌控“基本面”，不越“红线”、固牢“底线”，统筹抓好经济发展和安全生产等各项工作，把问题解决在萌芽之时、成灾之前，安全生产形势平稳可控。

【执法改革】 制定印发《润州区应急管理综合行政执法改革实施方案》，提请区委编办印发《镇江市润州区应急管理综合行政执法大队职能配置、内设机构和人员编制规定》《关于明确镇江市润州区应急管理综合行政执法大队机构规格和内设机构的通知》，明确润州区应急管理综合行政执法大队为润州区应急管理局下属参公事业单位，大队核定编制6名，设大队长1名（副科职），副大队长1名（正股职），中队长2名（副股职），工作人员2名。在岗人员6名，其中大队长1名，副大队长1名，中队长2名，一级行政执法员2名。执法大队内设2个中队，一中队承担七里甸街道、宝塔路街道、和平路街道和金山街道辖区内应急管理领域综合行政执法工作；二中队承担官塘桥街道、韦岗街道和南山街道辖区内应急管理领域综合行政执法工作。

【专项整治】 推进安全风险整治巩固提升年行动。矿山安全方面，开展矿山智能化、信息化建设，加快推进边坡监测和“电子封条”试行；团山尾矿库启动取砂销库程序，2023年底前已销号；毛竹湾尾矿库2023年已回采80余万吨，回采进度明显加快。燃气安全方面，通过燃气安全专项整治系统App完善燃气非居民用户底数并及时录入系统，共录入企业1099家，已检查987家；对5573家居民瓶装气用户入户安检，累计更换橡胶软管（换为金属管）5258户。既有建筑方面，2023年共59处需整治，已完成整治37栋，其中，人员撤离24栋，维修加固4栋，经专家评估无隐患9栋。消防安全方面，全区新安装电动自行车集中充电系统60套，独立烟感400只，简易喷淋50套，联网监测8家；推动建立智慧消防服务中心，分别接入点位707个；新建和改造防火道路1千米、蓄水池1座。

【重点工作】　有序落实风险报告。工业企业分级分类管理基本完成，全区共74家企业，已分级73家，其中B级1家、C级5家、D级67家，完成率98.6%。工业企业上报较大以上风险正有序进行处置，已上报44家124条，上报率40%。深入排查事故隐患。全面推进重大事故隐患排查整治，全区共排查重大事故隐患87条，包括企业自查重大事故隐患7条，其中6条已完成整改，1条矿山隐患将于2024年完成（涉及东南边坡治理，已编制整改计划，2023年10月25日通过专家评审）。规模以上企业自查重大隐患率走在全市前列，各部门上报重大隐患80条，其中，2条消防隐患计划实施挂牌督办，已全部完成整改。

【监管执法】　围绕中小型工业企业管理提升、劳动密集型企业“生命通道”、有限空间作业、重大事故隐患等重点开展计划执法和专项执法，突出企业主要负责人履职、外包承租安全、危险作业等重点事项，运用交叉检查、联合执法等手段，严厉打击违法违规行为，采取曝光、约谈、交办等形式，倒逼企业主体责任落实，全年共检查企业100余次，实施事前处罚11起，有效规范了企业生产经营。

【安全宣传】　通过在主流媒体开设专栏、组织广场宣传和主题宣讲、开展警示教育等形式，积极引导广大人民群众增强安全意识，组织“安全生产月”广场活动140场，开展“百团进百万企业千万员工”主题宣讲活动100余次，集中组织观看《生命重于泰山——学习习近平总书记关于安全生产重要论述》电视专题片30余次，不断提升安全发展理念和抓安全工作的本领。

2023年6月，润州区开展“安全生产月活动”

（区应急管理局　供稿）

【防灾减灾】　建成区级物资储备仓库，明确定点存放、专人管理、按需取用，相关物资均已储备。实施“润安万家”民生实事项目，投入65万元新增设置7所应急中心站、143座街巷微型消防站，为全区362户独居老人家庭免费安装烟感报警器等技防设施，已全部安装到位。

【应急管理】　印发《“十四五”应急管理体系建设规划》《安全生产规划》《综合防灾减灾规划》；完成所有乡镇（街道）、村（社区）等基层组织“1+13+X+Y”应急预案编制；城乡居民住房保险缴费续保工作如期完成；镇、村灾害信息员AB角人员全部确定并组织轮训，实施灾害信息员培训2期100余人。严格落实关键岗位24小时值班、领导干部到岗带班和事故信息报告制度，组织信息报告、应急处置等培训，开展相关设备调试、组织信息装备拉动，确保通信联络和信息渠道畅通，落实各类站点调度200余次、外勤调度5次、电话查岗30余次，均在岗在位、实时应答。

（区应急管理局）

机关事务服务中心工作

【概况】　2023年，区机关事务服务中心在区委、区政府的正确领导下，坚持以习近平新时代中国特色社会主义思想为指导，紧扣全区重点工作，扎实推动机关事务工作高质量发展，为建设“强富美高”新润州作出了应有的贡献。

【机关事务管理】　办公用房管理有了新作为。一是进一步健全全区党政机关办公用房信息库。

完成全区81家党政机关办公用房基础数据系统录入工作，借此契机全面掌握全区党政机关办公用房权属使用信息，为权属统一登记工作做好前期准备。二是落实办公用房的规范管理。配合省机关事务管理局做好对区法院、公安局润州分局、区韦岗派出所、区七里甸街道、区金山街道等5家党政机关的办公用房专项巡检工作，定期开展办公用房安全隐患排查整改工作。三是做好办公用房维修改造工作。完成润州区区域社会治理现代化指挥中心办公室的改造工程、润州区政府新建电房设备及安装工程、区政府大院内光伏发电项目的收尾工作。

公务用车管理有了新进展。一是进一步加强公务用车监督管理。完成公务用车管理平台系统的升级工作，做好公务用车投保、维修、车辆租赁等平台的数据填报工作，完成全区党政机关公务用车GPS定位终端设备电信卡2G升级4G工作。二是认真把关车辆更新处置工作。完成区市场监督管理局2辆公务车的报废更新审批工作，待更新2辆公务用车，均计划采购新能源汽车。三是切实加强公务用车日常监管。2023年，累计保障用车调度3100次，安全行驶25万千米。积极配合纪委监委对全区党政机关公务用车开展专项检查，持续开展党政机关公车信息数据统计分析，组织节假日公车封存停驶情况的常态化检查。

公共机构节能有了新突破。一是深入实施绿色低碳引领行动。推动公共机构分布式光伏发电系统建设，组织开展夏季、冬季节电专项检查，做好全区党政机关能耗统计工作，稳步推进公共机构节能降碳工作。指导实施反食品浪费成效评估，区机关食堂2022年泔水回收量6500千克，2023年为5900千克，同比下降9.2%。二是积极开展节能创建工作。完成镇江市中华路小学、润州区检察院节能示范单位的复核工作，指导区科技局、区科协、区文体旅局、区编办、区行政审批局、区机关工委、区应急管理局、区退役军人管理局等8家党政机关完成2023年度节约型机关创建的台账资料准备及申报工作。三是有序推进合同能源管理。扎实推动全区公共机构光伏发电工程的建设及使用维护。区政府机关大院光伏发电面积共3500平方米，功率为0.75兆瓦，据初步测算，一年累计发电量75万千瓦时，发电总营业收入近50万元。四是加强节能宣传培训工作。联合区水利局、区城管局开展“节水宣传周”“机关带头做表率，垃圾分类促新风”“节能宣传进社区”等活动，增强节能环保意识。

区政府光伏发电项目

（区机关事务服务中心　供稿）

【队伍建设】　把开展党建工作与机关事务工作结合起来，以王大双被评为建区40周年“和润之星——最美润州人”为契机，在单位树立“学劳模、做劳模”的良好风气，营造对标找差、争先进位的氛围，不断提高干部职工精气神。推出服务上门，先后组织党员职工深入檀山白龙湖社区、金泉社区、光华社区开展志愿服务活动7次，为社区居民提供手机贴膜、义务维修小家电、废旧电池及过期药品旧物置换服务。

【后勤服务】　一是完成了镇江市机关事务管理局到润州区调研机关事务高质量发展情况的接待及汇报工作。二是推进后勤服务标准化建设。完成保洁、绿化、会务服务的社会化采购。成立会务专班，完成约850场会议的服务保障任务。三是努力建设“平安大院”。组织召开全区消防安全工作会议，全年接待上访150余次，完成消防巡查50次，排除安全隐患8次，覆盖党政办公用房500余间。四是切实提高机关食堂服务水平，3月份，完成区政府食堂招投标工作，设置早餐窗口、午餐特色窗口，全年累计保障约66000人次就餐。不断加大餐饮服务的监管力度，针对全区集中用餐的区级行政事业单位开展食品经营许可情况摸底统计及食品安全问题专项检查。五是扎实开展零星维修和日常维护。通过日常一周两次、用电高峰期一天两次的实地巡查，发现安全隐患 14 处，全年接听报修和求助电话 420 余起，完成零星维修 610 余次。

（区机关事务服务中心）

2023 年 12 月 1 日，全区消防安全工作会议召开

（区机关事务服务中心　供稿）

区新闻中心

【概况】　2023 年，润州区新闻中心以习近平新时代中国特色社会主义思想为指导，紧紧围绕全区城市经济高质量发展大局，严把舆论导向，不断提升“润州发布”官微质量和《镇江日报》润州专版《润州天地》用稿质量，创新宣传手段，内宣、外宣呈现出勃勃生机，为润州经济和各项社会事业发展营造了良好的舆论环境，圆满完成了各项新闻宣传任务。

【内宣工作】　“润州发布”全年推送各类新闻、通告等信息 1600 条，开设“五经普”“四十年我与润州共华年”“四大行动四大计划”等一系列专栏，重要活动以图文、视频形式同步宣传，区内新闻做到每日发布。《镇江日报》《润州天地》专版全年刊发期数 50 期，文字、图片稿发稿 750 余篇（条），形成了“润州发布”新媒体以重点保障政府重大会议、通告、信息为主，《润州天地》传统纸媒主推基层民生动态的立体新闻宣传矩阵。2023 年人大和政协会议期间，两大媒体都以重要版面大篇幅宣传报道了会议重要内容，采取视频、文字、照片同步的方式丰富报道形式，推出了一批有影响力的报道，取得良好的宣传效果。“润州发布”在全市政务类微信公众号的热度排名中始终稳居前十。

【外宣工作】　发挥媒体主观能动性，寻找润州特色亮点，积极对接中央、省、市各级媒体，深入宣传全区高质量发展所取得的新进展和新成就，全年，在中央电视台、《人民日报》、《光明日报》、光明网、人民网、中新社、《新华日报》、“学习强国”学习平台、“交汇点”移动新闻客户端等省级及以上媒体用稿 1000 篇，在《镇江日报》等市级媒体用稿 3800 篇。润州区扎实开展第二批主题教育的有关情况被中央电视台《新闻联播》和中央人民广播电台《新闻和报纸摘要》节目报道，传达学习省委十四届五次全会、省委经济工作会议精神的相关做法以及《润州区纪委监委：“三步走”织牢安全生产监督网》等报道被《新华日报》采用。健全新闻发布制度和发布流程，层层压实主体责任，逐步形成多层级新闻发布格局。2023 年以来，共举办民生实事项目、党建领域、食品安全、普法成果等系列新闻发布会活动 19 场，架起党委政府与媒体、群众“连心桥”，传递润州高质量发展“权威声音”，有效展示润州好形象。

【基层服务】　继续组织中央及省、市级媒体走进街道和部门，以新闻发布会、“现场看亮点”等形式开展活动，挖掘基层工作的亮点，聚焦民生实事项目的落实情况展开报道，助推基层宣传工作的全方位发展，真正讲好润州民生故事。下沉基层社区，与“三结三定”社区开展一起上党课活动，并在全市文明城市、卫生城市双创期间，组织党员职工与基层一起开展文明宣传和秩序引导等志愿服务。参加区委区级机关工委组织开展的党员先锋进社区活动，与其他机关党支部一起开展为民服务活动，受到社区百姓的欢迎。在有限的办公经费中拿出一部分资金，支持社区安装为民服务电子显示屏。

（区新闻中心）

政协润州区委员会

栏目编校：蒋厚军

综　述

【概况】　2023年，区政协坚持以习近平新时代中国特色社会主义思想为指引，在中共润州区委的坚强领导下，团结引领广大政协委员、各民主党派团体和各族各界人士，紧紧围绕全区工作大局，牢牢把握团结民主两大主题，积极推进建言资政和凝聚共识双向发力，为润州经济社会高质量发展贡献了政协智慧和力量。

【政治思想引领】　把坚持党的领导作为政协履职的根本遵循，筑牢主心骨，把好方向盘。政治引领明方向。始终坚持党对人民政协的全面领导，自觉在区委领导下谋划和推进工作，做到重要工作主动报告、重大事项及时反映、重点议题及时沟通，不折不扣落实区委各项要求，确保政协履职与全区中心大局同向共进。积极发挥区政协党组领导核心作用，团结带领全体政协委员深刻领悟“两个确立”的决定性意义，增强“四个意识”、坚定“四个自信”、做到“两个维护”，不断提高政治判断力、政治领悟力和政治执行力。

理论武装铸忠诚。严格落实“第一议题”制度，完善以党组理论学习中心组学习为龙头，党组会议、主席会议集体学习和委员读书、专题讲座、委员培训等相配套的学习制度体系。扎实开展学习贯彻习近平新时代中国特色社会主义思想主题教育，深入学习领会和贯彻落实中共二十大精神、习近平总书记重要讲话、重要指示批示精神，开展“牢记嘱托、感恩奋进、走在前列”大讨论，坚持不懈用习近平新时代中国特色社会主义思想武装头脑、指导实践、推动工作。

组织建设强堡垒。以党的政治建设为统领，推进政协党的各项建设，实现党的组织对党员委员、党的工作对政协委员“两个全覆盖”。完善政协系统党的组织体系，成立区政协机关党组。深入开展“三走进三服务”活动，走访企业92家，协调交办问题建议24个，走访社区49个，收集社情民意信息43条，开展社会公益活动15场次，推动党建与履职的深度融合。

【建言资政】　把协商建言作为政协履职的重要任务，建睿智之言，献务实之策。专题协商有高度。聚焦区委、区政府中心工作，就城市经济产业体系优化、老旧小区物业管理等事关全区经济社会发展的大事要事召开专题议政性常委会会议，区委、区政府主要领导亲自到会听取意见建议。会议提出夯实产业升级基础、培育数字经济载体、挖掘生态文旅资源、强化专业人才支撑等多条对策，并针对老旧小区物业管理，在深度调研的基础上总结提炼出“四种管理模式”，协商成果《关于优化服务业产业结构的建议案》和《关于探索老旧小区物业管理新模式的建议案》，得到区委、区政府主要领导的批示肯定。

重点协商有深度。围绕“营造优质上市环境，助企用好资本力量”“提升文化软实力，服务经济社会发展”“打造人才安居环境，建设宜业魅力主城”“增强孵化载体服务能力，提升在孵企业运营成效”等议题，以主席会议的形式开展重点协商，提出意见建议46条，加速了相关规

所、评估机构、律师事务所等配套服务机构集聚发展，以建立起有需求、有供给、有配套、黏性大、活跃度高的金融产业体系。二是健全企业上市培育机制，建立政府产业基金，与各类股权融资相关的基金、金融中介以及为企业上市并购提供配套服务的律所等机构加强合作，不断织密企业上市、融资租赁、科技保险等金融综合保障网络。三是推动金融与创业孵化融合，鼓励金融机构设立技术研发机构，拓展科技信贷、科技保险等科技金融新业态应用场景，不断扩大科技要素的交易、融资规模，不断提升创新型中小企业融资服务。

3.坚持数字赋能，培育数字经济载体。一是建设数字基础设施，积极推动冬云超算中心、5G基站等数字基础设施建设，推动各类楼宇载体、产业园进行数字化改造，加快5G网络优质深度覆盖，推动下一代互联网（IPv6）规模部署。二是拓展数字服务场景，完善数字研发设计、网络技术服务等生产性服务业支撑体系，推动文旅、商贸、养老等生活性服务业与数字人民币使用场景深度融合，构建优质高效的数字服务业新体系。三是创建数据要素市场，《江苏省数字经济促进条例》已经于2022年8月1日开始施行，未来数据要素的融通机制将不断完善，润州区要积极参与到公共数据的开放工作，探索建立以政务大数据带动民用、商用大数据协同发展的新路径、新市场。

（二）全面促进生活性服务业高品质消费升级

1.推动传统服务业转型升级。一是优化消费空间布局，走出“大而全”的传统商圈布局思维，根据各个片区的消费人群、消费习惯，打造无人经济、共享经济等新业态新模式，建立各类有影响力的小型商圈，例如，万科生活汇、朱方路美食街等。二是构建新型消费场景，积极引入各类新型消费品牌（如瑞幸咖啡、超市会员店等），培育提升首店经济，挖掘“高品质消费新场景”精选案例，充分激发万达、常发、协信等综合体以及各类商家的创造力，持续引领消费新潮流和新风尚，形成新型信息消费示范典型。

2.推动现代文旅产业体系建设。一是挖掘生态文旅资源，推广“旅游+”“文化+”服务业态，在南山片区、韦岗片区推动休闲度假旅游、红色旅游、乡村旅游等业态提质升级，开发文化体验旅游、康养旅游等新业态产品，学习“淄博烧烤”“漠河舞厅”“驾游安徽”等国内旅游宣传推广的优秀经验，打造属于润州区的现象级IP，吸引更多外来人口到润州旅游消费，带动商贸、旅游业共同提升。二是加速“智慧旅游”进程，随着新时代智慧化的不断升级，旅游已经成为一种个性化需求，“走马观花”的传统旅游逐步被淘汰，技术创新提供人性化服务成为旅游产品和服务升级的主方向，要充分发挥虚拟数字人、智能机器人等成熟的人工智能技术在旅游推广、个性化服务等方面的优势，推动旅游个性化、品质化、智慧化。

3.推动房地产结构性优化发展。一是走高端地产之路，引进高端房地产品牌，打造环境优美、结构合理、配套完善、管理优秀的高档住宅区，满足高净值人群对高生活品质的需求。二是走智能地产之路，用科技赋能房地产业，加大智能建筑管理、智能安防系统、智慧物业管理、智慧社区服务的应用，推动房地产数字化、智慧化。三是走与老旧片区改造相结合之路，让房地产企业承接老旧小区改造项目，通过对旧房的装修和升级改造，推动房地产市场的转型升级，同时促进老旧片区的改造升级。

（三）全面强化“润州最滋润”高水平服务保障

1.强化专业人才支撑。一是要引进人才，加大力度引进培育符合现代服务业重点发展方向的人才和团队，放宽学历、学位等条件限制，注重实践经验和贡献程度，建立更加科学合理的人才评价体系。二是要留住人才，紧紧围绕润州“人才生态质效提升年”主题，为人才提供落户安居、消费娱乐、教育医疗等“一揽子”资源，不断提升人才人居环境，让人才在润州真正留得住、沉得下。

2.强化政策扶持引导。一是推进政策落地生效，建立完善的实践机制和信息发布机制，利用早餐会、企业家座谈会等多种形式，大力宣传《“润州最滋润”优化营商环境十条措施（2023年修订版）》《润州区鼓励支持旅游业发展的若干政策》《润州区高层次人才项目绩效管理办法》《金山英才·润州专项资金管理办法》及“研发费用加计扣除”“高企税收减免”等政策。二是不断完善惠企政策，聚焦创新引领、助企纾困、融资支持、人才招引、品牌建设等多个维度，借鉴先进地区的经验做法，结合润州区企业实际需求，不断出台完善润州区扶持企业发展的政策。

3.强化服务保障质效。一是提高服务的精准性，强化政企交流，通过“7+N”系列政企合作交流活动、企业家座谈会、企业大走访活动等形式，与企业家面对面交流，及时了解企业需求，真正做到想企业之所想。二是提高服务的时效性，深入推进审批服务标准化，推进“最多跑一次”机制改革，实现“让数据多跑路、让企业少跑腿”，不断提升政府服务效能；对于企业反映的问题，要及时交办，设定办结期限，不断提高服务的效率，真正做到急企业之所急。三是提高服务的实效性，加强服务过程管理，抓好服务的跟踪问效，保证政府服务质量；把服务的专业性和企业的满意度有机统一起来，通过企业回访等方式，对服务内容进行评估问效，提升服务实效，真正做到解企业之所困。

【关于探索老旧小区物业管理新模式的建议案】 根据镇政发〔2011〕30号《关于市区住宅小区物业管理全覆盖的实施意见》中的界定，凡是建成于2001年6月30日前的住宅小区皆可被认定为老旧小区。探索老旧小区物业管理新模式，既是突出问题导向、回应群众关切、提出城市管理方案、提升城市治理效能的精准选题，也是实施城市有机更新行动、落实城市长效管理机制、实现城市让生活更美好的后半篇文章，更是政协组织自加压力、主动作为、推进履职能力建设的积极尝试。

一、老旧小区物业管理的现状

全区现有老旧小区127个、面积353.8万平方米，大致分为：房产开发公司成片和零星开发的小区、原国有厂矿企业职工宿舍区、开放式街巷民居等几种类型。2018—2022年这五年间，润州区共改造老旧小区23个，房屋322栋，面积81.05万平方米，涉及8205户，惠及24945人。老旧小区改造，让众多小区告别了街老、院老、房老、设施老、生活环境差的“四老一差”困境，极大地改善了一批群众的生活居住环境。

2023年6月，《润州区加强住宅小区物业管理工作提升物业服务水平行动方案》正式实施，从制度层面明确了通过三年努力，实现物业管理体制机制基本健全、物业服务水平显著提高、群众满意度大幅提升，对已改造提升的老旧小区两年内分批次实现市场化物业服务100%全覆盖。全区尚没有市场化物业公司进驻老旧小区成功管理的案例，物业管理均由属地托底，提供“五个有”的基础性兜底物业服务，即：有治安防范、有清扫保洁、有绿化养护、有物业维修、有停车管理，日常运行主要靠老旧小区物业管理奖补资金维系。2023年民生专题协商议事月期间，润州区专题开展“加强物业管理，巩固老旧小区改造成果”协商议事活动，以黄山小区协商议事成果转化为典型样本，推进成立业主自治组织、引入专业物业企业、化解停车矛盾、强化政策倾斜，力求实现管理突破。

二、老旧小区物业管理的问题

润州老旧小区多建于20世纪90年代，房龄较长、数量较多、产权性质复杂，基础条件不一、居住环境差、服务功能不完善，人员流动大、弱势群体集中、城市长效管理和社会综合治理问题相对突出。老旧小区物业管理，存在小区先天不足条件差、后期管理成本相对偏高；小区居民付费意识弱、物业服务收费非常困难；可利用资源少、长效管理难以持续；物业服务标准低、供需矛盾较为突出；政策扶持力度小、物业公司进驻意愿普遍不强等问题和不足。

三、老旧小区物业管理的建议

（一）提高老旧小区物业管理新认识

一是通过改，打造老旧小区美好生活新样板。坚持问题导向，因地制宜。根据小区特点，分类型、分区域规划设计，将老旧小区使用功能提升、服务功能完善、文化元素展示、业态布局调整等进行系统梳理，使小区“各美其美、美美与共”。坚持需求导向，统筹兼顾。综合考虑亲民、便民、利民各方面因素，把居民普遍关心的保洁、停车、安全等作为重点，统筹推进小区适老、养老、托育、医疗等公共服务水平不断提升，真正使改造项目接地气。坚持目标导向，改管衔接。前置落实“三不改政策”，即三分之二业主不同意的不改，改造标准不明确的不改，长效管理不落实的不改。项目改造前优先布局物业用房、门岗设置、安保系统等基础设施，为物业公司入驻做好配套保障。

二是通过管，明确老旧小区物业管理新要求。前期，在物业企业进场时，加强查验管理，规范交接行为，做好矛盾调处。中期，在物业服务开展时，加强行业诚信管理，推进诚信体系建设，强化信用结果运用。后期，在提升服务质量时，探索建立区域性物业服务联盟，鼓励、支持物业服务企业加入行业协会，实行自律管理，促进优势互补，形成品牌效应。长期，采用“双随机联检”与“日常巡检”相结合，通过管理工作考核、服务质效评价、工作履职监督、满意度调查等，不断规范部门（街道）工作水平和物业企业经营行为，及时通报考核结果，促进行业健康发展。

三是通过治，提升老旧小区社会治理新效能。组织功能更完善。充分发挥居民自治组织和社会组织的主体作用，强化党建引领，实施“红色物业”，推行“小区管家”，协调解决各类矛盾和纠纷，建立小区共建共治共享方案。社会参与更广泛。建立以社工队伍为支撑、社会组织为载体、社区志愿者为辅助、社会慈善资源为补充的联动机制。常态化开展“大家的事大家管”协商议事活动，营造“社区是我家，管理靠大家”的良好氛围。邻里关系更和谐。以共同价值观为目标指引，破解“陌生人社区”困境，为社区居民提供教育、医疗、文化娱乐等各种公共服务，构建政府有力主导、市场有效运营、社会有机协同、公众有序参与格局，推动“熟人社区”建设和治理效能提升。

（二）推进老旧小区物业管理新实践

一是探索老旧小区物业管理模式新实践。相邻代管模式，共享物业，联动管理。推动就近住宅小区共享一套物业管理资源，打破市场化物管小区与无物管、非自治、零星小区之间的壁垒，改善老旧小区“失管”状况，实现资源利用率和服务效率最大化。区域统管模式，市场物业，整合管理。以街道社区范围内老旧小区为整体，将其公共空间、公共资源、公共项目整合成相应“大物业”，通过市场化项目运作，以招标发包方式，实施连片式物业管理。针对大西路历史文化街区范围内存在大量直管公房、文保建筑，传统民居与私房混杂情况，建议推出开放式历史文化街区物业统管方案。居民自管模式，自治物业，自主管理。对暂不具备引进物业企业但自治基础较好的老旧小区，指导成立业主委员会（或物业管理委员会）等群众自治组织，通过居民自治实现物业服务自我供给。属地托管模式，公益物业，兜底管理。对于既不具备引进物业企业同时又不具备居民自治条件的老旧小区，则按照属地管理原则，由街道社区兜底，提供基础性物业服务保障。

二是探索老旧小区物业管理机制新实践。联动机制，以解决业主急难愁盼问题为导向，建立老旧小区物业管理联席会议制度，构建“社区党组织＋业主委员会＋物业服务企业”三方联动机制。一体化机制，以做强国有物业服务企业为目标，推动区属国有平台物业公司“混改”，引进战略投资人，探索建立老旧小区改造、管理、运营一体化融合机制。监督机制，以评估物业管理服务质效为宗旨，完善监督网络，畅通监督渠道，加大监督力度，提升监督质效。

三是探索老旧小区物业管理保障新实践。资金保障。以可持续发展为前提，充分挖掘老旧小区项目收益点，推动多渠道资金筹措。通过政府购买服务、让渡小区公共收益、新增设施有偿使用、落实资产权益分配等方式，吸引培育各类专业社会力量，全链条参与项目运营管理，弥补经费不足，平衡前期投入，实现资金闭环可持续运行。政策保障。以规范化建设为目标，建立物业管理信用监管、物业管理备案文件合法性规范性审查、“执法进小区”责任清单、应急性物业服务等制度规范，落实《润州区街道物业管理提升工作考核实施细则》《润州区物业服务企业物业管理提升工作考核实施细则》等制度文件。法律保障。以刚性约束为底线，认真贯彻《中华人民共和国民法典》、国务院《物业管理条例》、《江苏省物业管理条例》、《镇江市住宅物业管理条例》、《润州区加强住宅小区物业管理工作提升物业服务水平行动方案》，引导业主、物业企业不断增强诚信意识、契约意识和法律意识，营造和谐、舒适、幸福的安居环境。

（三）构建老旧小区物业管理新生态

一是培育可持续发展新生态。居民花钱购买服务，物业公司提供等值服务，“先尝后买”，诚实守信。区分试运行、过渡期、常态化三个阶段，助力物业企业逐步实现收支平衡，直至小区物业管理完全市场化可持续发展运营。

二是打造标准化服务新生态。制定《小区物业管理服务规范标准》，明确住建、自规、城管、财政等职能部门及街道、社区的管理职责，规范物业服务企业的资格条件、设施设备、人员要求准入门槛并细化各项服务标准。

三是探索多元化经营新生态。瞄准“物业＋生活服务”的行业发展趋势，鼓励物业企业推出助老送餐、家政服务、社区团购、文化娱乐等日常生活服务，延伸服务边界，形成居民、物业、社会互惠共赢局面。

四是构建完整社区新生态。实现物业管理全覆盖，努力把社区建设成为管理有序、服务完善、环境优美、治安良好、空间充足、生活便利、人际关系和谐，居民归属感、认同感较强的社区生活共同体。 （区政协办）

中共润州区纪律检查委员会 润州区监察委员会

栏目编校：施雨婷

综　述

【概况】　2023年，全区各级纪检监察组织围绕中心、服务大局，持续深化党风廉政建设和反腐败斗争，加快建设“廉洁润州”，全区政治生态持续净化向好。

深入推进政治监督。协助区委保障十四届省委第三轮巡视工作，监督推动各责任部门落实巡视反馈问题整改。精准开展政治监督，制定《润州区新型政商关系“十为”“十不为”清单》，开展“润廉护航·清风助企”专项行动，上线“润廉护航·助企敢干”监督举报二维码，实行纪检监察干部挂钩推进项目机制，查处破坏营商环境问题，相关经验做法被《中国纪检监察报》报道；开展国有融资平台领域腐败问题专项治理，查处违规融资问题；开展安全生产突出问题专项整治，查处安全生产事故责任问题。激励干部敢闯敢干，坚持严管与厚爱相结合，精准运用“四种形态”处理138人次，实施容错纠错2起，为受到不实举报的4名干部和1个党组织澄清正名，“干部敢为”调研成果被《新华日报》头版报道。

一体推进正风反腐。持续纠治“四风”，开展违规吃喝、违规发放津补贴等问题监督检查，查处违反中央八项规定精神问题16起28人。深化反腐败斗争，全年立案98件，给予党纪政务处分58人，移送检察机关6人，挽回经济损失5400多万元。坚持一案一总结，做深做实案件查办“后半篇文章”，针对安全生产、违规发放津补贴等问题，制发纪检监察建议11份，推动相关单位完善制度15项。拍摄警示教育专题片《护航民生永远在路上》，分层分类精准开展警示教育，经验做法被《江苏纪检监察信息》刊发。深化“润廉清风”廉洁文化品牌建设，经验做法受到中央纪委国家监委网站刊文推介。深入开展廉洁文化宣传教育，在国家、省、市主流新闻媒体刊发报道150余篇，区纪委监委被中央纪委国家监委新闻传播中心评为“2023年度报网宣传工作先进单位”。

推动解决民生难题。小切口开展民生领域突出问题专项整治，查处群众身边腐败和作风问题7起10人，全区全面从严治党群众满意度达到96.24分，比2022年的92.39分有大幅跃升。开展中小学校食堂专项监督，进一步压实学校食品安全责任。深化村级“小微工程”领域专项监督，督促村级“小微工程”项目廉洁高效实施。开展失地农民保障专项监督，坚决纠治侵害农民利益腐败和作风问题。开展“12345”服务热线领域突出问题专项整治，推动相关职能部门提升服务效能。

【学习贯彻习近平新时代中国特色社会主义思想主题教育】　坚持不懈用习近平新时代中国特色社会主义思想凝心铸魂，牢牢把握总要求，推动主题教育扎实、深入、有序开展。开展“牢记嘱托、感恩奋进、走在前列”等主题党日活动20场次，集中学习研讨27场次，主要领导、党支部书记讲授专题党课6场次，组织党员赴镇江方志馆开展实景教学、赴社区开展“清洁家园”“扫雪除冰”服务行动。把习近平新时代中国特色社会主义思想转化为坚定理想、锤炼党性和指导实践、推动工作的强大力量，真正做到以学铸魂、以学增智、以学正风、以学促干。

【纪检监察干部队伍教育整顿】 坚持以彻底的自我革命精神教育扎实开展纪检监察干部队伍教育整顿，开展重走习近平总书记视察路线等现场教学活动，组织学习朱陈、郭克生先进事迹，开展“四重温四强化”“固忠诚之本，筑牢思想根基”等专题交流研讨4次、“铭嘱托铸忠诚强动力”主题党日活动12次，开展“润廉讲堂”等各类业务培训19场、覆盖近500人次，引导纪检监察干部增强忧患意识、底线思维，永葆自我革命精神，打造忠诚干净担当、敢于善于斗争的纪检监察铁军。 （何海宁）

巡察工作

【概况】 2023年，润州区委巡察机构根据中央和省、市委巡视巡察工作规划，结合全区实际，修订完善《中共镇江市润州区第九届委员会巡察工作规划》，进一步明确五年巡察工作的总体要求、目标任务和思路举措。开展区委第五轮巡察，对区卫生健康委党委及10个下属单位、区红十字会开展常规巡察，共发现问题98个。

【加强组织领导】 区委主要领导担任区委巡察工作领导小组组长，推动政治责任一贯到底。区委常委会学习传达中央、省委和市委有关巡视巡察工作精神、研究部署区委巡察工作5次。区委书记履行第一责任人责任，召开书记专题会议听取巡察情况汇报2次。

【推动上下联动】 配合省委巡视组对15所公办义务教育学校食堂问题和涉农社区“三资管理”问题开展联动巡察，发现问题164个。全力配合市委联动巡察、巡察工作专项检查，做好工作汇报、沟通联络、服务保障，不折不扣落实巡察反馈问题整改。

【落实巡察整改】 开展巡察反馈意见整改落实情况专项督查，对2个机关部门的整改情况开展研判评估，及时做好通报反馈，进一步促进标本兼治。深化巡察成果运用，推动被巡察党组织压实巡察整改主体责任，充分发挥警示教育作用，扎实做好巡察“后半篇文章”，通报4起巡察整改不力典型案例。 （王晓彤）

重要会议

【九届区纪委第三次全会】 2023年2月10日，中国共产党镇江市润州区第九届纪律检查委员会第三次全体会议召开。出席会议的区纪委委员11人，列席会议54人。全会认真学习贯彻习近平总书记在中央纪委二次全会上的重要讲话和二十届中央纪委二次全会、省纪委三次全会、市纪委三次全会精神。总结2022年纪检监察工作，部署2023年重点任务。全会审议通过区委常委、区纪委书记、区监委主任邵学军代表区纪委常委会所作的《以党的二十大精神引领全面从严治党新征程，为中国式现代化润州新实践提供坚强保障》的工作报告和《中国共产党镇江市润州区第九届纪律检查委员会第三次全体会议决议》。

【十四届省委第三轮巡视区委联动巡察动员部署会】 2023年4月12日，十四届省委第三轮巡视区委联动巡察动员部署会召开。本轮巡察主要对15所区属公办义务教育学校食堂问题开展监督检查，紧扣公办义务教育学校食堂公益性、非营利性要求，重点关注学生伙食费管理中存在的廉洁风险和食品安全有关情况。

【九届润州区委第五轮巡察动员部署会】 2023年9月22日，九届润州区委第五轮巡察动员部署会召开。会议学习贯彻中央和省委、市委关于巡视巡察工作最新精神，部署启动九届润州区委第四轮巡察工作本轮巡察主要对区卫健委党委及10个下属单位、区红十字会开展常规巡察。

【全区巡察工作暨省委巡视整改工作推进会】 2023年12月25日，全区巡察工作暨省委巡视整改工作推进会召开。会议深入学习贯彻习近平总书记关于巡视工作的重要论述，认真落实全省巡视巡察工作会议、全市巡察工作会议精神和区委巡察工作规划部署要求，守正创新、真抓实干，进一步推动全区巡察工作高质量发展。 （何海宁 王晓彤）

民革润州支部

【概况】　民革镇江市委会润州支部（以下简称民革润州支部）有党员38人。其中，市政协委员1人，区政协委员5人，新党员3人，去世老党员1人，党员绝大部分有中级以上职称，主要分布在机关、教育等行业部门，离退休干部、职工中的党员9人，年龄最大的79岁，最小的30岁。2023年，民革润州支部被民革镇江市委评为优秀支部。

【思想组织建设】　民革润州支部深入学习贯彻习近平新时代中国特色社会主义思想和中共二十大精神，扎实推进“凝心铸魂强根基、团结奋进新征程”主题教育，旗帜鲜明讲政治，不断强化学习，提高党员认识。深入总结思想政治建设经验，引导支部党员坚定中国共产党领导的信念，凝聚政治共识，做到政治认同、思想认同、理论认同、情感认同，巩固多党合作的思想政治基础。1月20日，民革润州支部举办《习近平谈治国理政》第四卷主题学习活动；5月19日，和文教支部联合赴泰兴市调研医药产业发展状况，泰兴市工商联书记、统战部副部长翁进接待调研组一行；6月20日，联合科技支部举办“凝心铸魂强根基、团结奋进新征程”主题教育，学习参观丹阳农业产业园；7月，将“凝心铸魂强根基　团结奋进新征程”主题教育和“观故居，走多党合作之路”活动有机结合，赴湖南省宁乡、韶山、长沙三地，进行调研学习；8月7日，举办“凝心铸魂强根基、团结奋进新征程”主题教育学习暨新党员迎新会；11月，民革润州支部部分党员与联成化学开展祖统沙龙，加强与台胞台商联谊沟通；12月5日，赴世业洲举办“凝心铸魂强根基、团结奋进新征程”主题教育学习暨科技兴农助农活动。

【参政议政】　2023年，民革润州支部通过集体调研在镇多家台企，完成《关于加强两岸经济文化交流合作提案与建议》的调研报告。同时，提交党员张建强的《关于“双招双引”加强本地企业承载能力建设的建议》《关于依托现有城市综合体与楼宇载体，发展特色商贸的建设》《防范涉国家安全的民营企业被外资入侵（入股、收购、控制等）方面面临的突出风险及对策建议》，赵婷的《大力发展文化产业、提升文化竞争力》，左强的《关于创新老旧小区物业运营机制、提高居民居住质量的建议》，王文君的《讲好润州故事，积极推进全域旅游发展的建议》，周婷的《关于加速推进〈劳动法典〉编纂的建设》，田苗苗的《建设农业农村减排固碳监测体系　实现农业碳排放核算》，李娟的《关于镇江市旅游景点对旅游从业人员免费开放的对策建议》，梁彬华的《关于长江中船舶航行面临的问题和解决方法》，杜道平的《关于交通事故双重赔偿的建议》，朱盈的《帮信罪案件涉少问题亟须重点关注》《四个原因导致小区消防安全隐患增加》等。其中，朱盈的《帮信罪案件涉少问题亟须重点关注》被民革省委采用。

（民革镇江市委会润州支部）

民盟润州支部

【概况】　民盟润州支部成立于2007年3月，截至2023年年末，支部有盟员44人，主要由润州区所辖地域内的机关、教育卫生系统、市企业等行业人员组成，其中，镇江市大代表1人、市政协委员1人，区政协委员4人。正高级职称1人，中高级职称33人，教育工作者35名，医务工作者2人，其他企事业单位7人。丹徒委员会转入1人，新入盟2人。2023年，支部被评为江苏民盟县（市、区）特色基层组织，被民盟镇江市委评为2023年度“四好”基层组织创建工作先进集体。

【思想组织建设】　强化政治理论学习，特别是中共二十大精神、民盟十三大精神、统战理论学习，进一步增强“四个意识”、坚定“四个自信”，深刻领悟“两个确立”的决定性意义，自觉做到“两个维护”，通过理论学习，武装头脑，坚定政治信念、提高政治站位、把准政治方向，筑牢共同思想政治基础。始终把支部的建设、盟员整体素质的提高放在工作首位，并以此增强支部凝聚力，将政治理论作为盟员提高自身素质的必学内容，通过各种学习拓宽知识面，提升自身素质，增强政治意识，提高参政议政能力。年内，开展“书香润盟 共同成长”读先贤著作交流分享活动。盟员王平原被评为江苏省中等职业学校文明风采竞赛组织委员会优秀指导教师，胡秀红荣获江苏省“五一创新能手”称号、在第三届江苏省中小学青年教师教学竞赛中荣获一等奖。

【民盟社会活动】　扎实推进“同心服务进社区行动”“扶残助残献爱心行动”两大行动。加强与共建单位的联系沟通，提供“菜单式”服务。启动与西藏教科院的教育结对工作；拓展扶残助残服务对象，帮助更多特殊群体；主动对接区和平路街道三茅二社区、区残联、区机关幼儿园共同组织辖区残疾人开展“共享健康，心灵护航”助残活动。为盟员搭建高效多样的社会实践平台，深入走访基层组织，充分利用民盟人才济济的优势，发挥盟员的积极性、创造性，组织一批富有热情、专业精湛的盟员志愿者队伍，精心策划一系列彰显特色的活动，提升民盟在全社会范围内的影响力和认同度。

（民盟润州支部）

2023年3月23日，民盟镇江市主委杨晓勤（右一），润州区委常委、宣传部部长、统战部部长赖忠民（右二）视察民盟润州支部

（民盟润州支部　供稿）

民建润州基层委员会

【概况】　2003年5月，建立民建润州支部；2010年11月，成立总支；2015年8月，成立民建润州基层委员会。有会员64人，下设5个支部，会员中有市人大代表1名，市政协委员4名，区政协常委2名，润州区政协委员10名，京口区政协委员1名，润州区人大代表2名。

2023年，民建润州基层委员会充分发挥民建界别优势，组织会员积极参与“同心共富工程”、“以帮代买助力乡村振兴”、“民建同心林”、慰问环卫工人等公益活动，取得了较好的社会效益。

【思想政治建设】　民建润州基层委员会和各支部积极开展形式多样的主题教育，以“凝心聚力强根基、团结奋进新征程”为主题，夯实统一战线共同思想政治基础，凝心聚力推动润州民建工作“走在前、进位次、提水平”在理论学习上下功夫。三支部副主委舒姣在2023年度民建江苏省“赓续优良传统、激发奋进力量”会史宣讲决赛中荣获二等奖；11 名会员获全市优秀会员称号；三支部、四支部获全市优秀基层组织称号。民建润州区基层委员会与民建南京市六合区基层委员会签订友好共建协议，搭建起双方沟通、互相学习的桥梁，更好地促进了民建工作的推进。

【参政议政】 民建润州区基层委员会的委员代表经过调研、走访等形式，广泛收集社情民意，对经济、社会、教育、卫生等方面都提出了建议，很好地反映了社会所需、民众所求。民建润州基层委员会副主委戴忠胜提出的“关于加强对小区电动车违规充电整治力度的提案”具有预见性。民建润州区基层委员会提出了“关于进一步关注润州区青少年心理健康问题”的集体提案。

（民建润州基层委员会）

民进润州综合支部

【概况】 中国民主促进会润州综合支部（以下简称民进润州支部）于 2008 年 9 月正式成立，有会员 20 人，其中，市政协委员 1 名，区政协常委 1 名，区政协委员 4 名，担任市纪委特约监察员、市看守所特邀监督员 1 人。支部会员主要由润州属地辖区的机关、企业、教育战线人员组成。

2023 年，民进润州支部始终以政治坚定、民主团结、工作高效、关系和谐为工作目标，巩固发展与中国共产党长期合作的思想政治基础，始终聚焦民进市委会决策部署和区委统战部工作要求，加强思想政治建设，深入开展民主监督，拼搏奋斗，与时俱进，为推动润州经济高质量发展作出了积极贡献。会员陈星获评年度考核优秀、镇江市政协 2023 年优秀政协委员，其提出的“关于创新营商环境彰显‘润州最滋润’服务品牌”的提案被润州区政协评为 2022—2023 年度优秀提案；张振翔提出的“关于对润州区特困家庭适老化改造全覆盖”的提案被润州区政协评为 2022—2023 年度优秀提案。

【思想建设】 思想建设是民主党派自身建设中的重要堡垒，是民主党派保持健康稳定发展的根本保证。面临新时代新形势，民进润州支部不断创新形式，加强政治理论学习，统一全体会员的思想认识，坚持以人为本，严格自我教育，不断夯实多党合作的思想基础。支部采取“线上＋线下”的形式，积极组织会员参加各类座谈会、报告会、培训班，组织开展“学党史”“红色教育”“坚守合作初心”各类系列活动，给每位会员发放《习近平著作选读》《习近平在福建》等书籍，并在支部活动中交流心得体会。会员陈星参加市政协九届第三期委员履职能力提升培训班和区政协委员培训班，并提交了学习体会；会员张青在市委会组织的读书活动中，结合自己的学习和生活，做了“爱子以道，从学习开始”的分享；会员张振翔提交了“谨记‘五一’口号，努力提升参政议政能力和水平”的思考。

【组织建设】 民进润州支部高度重视组织建设，认真贯彻民主集中制原则，充分发挥领导班子的核心作用，规范组织生活制度，重视后备干部的培养力度，通过强化组织建设来激发工作热情，产生不竭动力来全面推进各项工作。2023 年，支部在民进镇江市委员会和区委统战部的指导下，顺利完成支部换届，产生新一届支部委员会。支部坚持以知促行，以行求知，在西津渡“见山楼”打造“民进会员之家”，增强了会员自身建设和保障发展。发展新会员注重综合素质尤其是政治素质，有 3 位积极入会分子正在培养考察之中。

【参政议政】 民进润州支部紧紧围绕新时代发展主题，聚焦主责主业，瞄准特色亮点，深入开展调查研究，会员们立足岗位从不同领域不同角度提出建议意见，有针对性地解决一些热点难点问题。2023 年，支部政协委员紧紧围绕市、区党委政府的中心工作，共提交提案 19 件；积极参加市政协文旅融合等各类专题调研活动；深入贯彻区政协“三走进三服务——走进社区服务基层”活动，走进南山街道、金山街道开展 “安全使用罐装煤气”等协商议事活动，并积极建言献策。支部专门邀请提案专家给支部的参政议政调研小组专题授课，指导如何做好撰写提案和社情民意基本技能技巧，还组织支委班子全体成员参加民进镇江市委员会组织的宣传信息培训讲座。芦雷提交了“关于进一步挖掘‘三五八’特色文化资源，打造古镇江历史文化名片”的思考；胡程提交了“关于居民办理无犯罪记录证明的意见”等等。陈星在市政协九届关于“加强物业管理，巩固老旧小区改造成果”的协商议事会上作专题交流、在市政协九届十二次主席会议上作“从凝视到对话，在文旅融合中打造国际休闲旅游名城”发言、在区政协常委专题会上作交流发言。会员立足岗位积极发挥作用，本着“服务政府、服务企业”的宗旨，努力发挥贸易促进机构和国际商会的双重职能，帮助企业积极开展同世界各国、各地区的民间贸易往来，在开拓国际市场路径，贸易促进、投资促进、商事法律、出证认证等方面发挥着积极作用。

【支部活动】 2023年，支部会员同心同向，同频共振，始终团结一致，合力共进，积极探索有效途径，发挥优势，量力而行，推动支部活动向深层次开展。支部开展“走进非遗”——太平泥叫叫、“感恩母亲节、不负芳华咖啡传情”等系列文化交流活动。支部会员更加关注公益事业，全体会员主动参加每年的腾讯公益等各种社会公益活动。陈星被市政协推荐为“看守所特邀监督员”，积极参加系列实地考察学习活动。将张振翔提出的“淄博烧烤热”对于镇江经济发展的几点启示的社情民意上报市委书记马明龙。张新东的参赛作品入展3月第十届“灵秀镇江 逐梦未来”书法活动，并获得好评；书法和篆刻2件作品入展5月份“永远跟党走 匠心铸辉煌镇江市职工书画印”；书法作品入选10月“广东佛学院岭东学院九十周年校庆”和“镇江农商银行首届‘善宜杯’全省书法大赛”。

（民进润州支部）

民进润州小教支部

【概况】 民进润州小教支部成立于1993年，2023年有会员27人，主要由润州区辖区内教育、卫生、机关等行业人员组成。其中，教师21人，女会员20人，2023年新增会员1人。年龄最大的94岁，最小的32岁。支部有市政协委员1名，区政协委员4名。

【思想组织建设】 2023年是全面贯彻落实中共二十大精神的开局之年，民进润州小教支部围绕学习贯彻习近平新时代中国特色社会主义思想、中共二十大精神，继续传承民进会员前辈优良传统，把加强思想教育，统一思想作为支部本年度的重要主题。支部深入开展“凝心铸魂强根基、团结奋进新征程”主题教育，现场参观新四军黄桥战役纪念馆、朱履先中将府、泰州海军舰艇文化园等地，开展“学习二十大，奋进新征程”为主题的红色研学活动。通过集中研讨、现场教学和个人自学等多种形式，进一步筑牢“不忘合作初心、继续携手前进”的思想根基。

【参政议政】 2023年，各位会员认真履职尽责，积极建言献策，为城市发展集智聚力，发出民进好声音；其中，部分提案建议被民进中央选用。在市政协九届二次会议上，会员张晓春提交了《关于金山公园门口建设地下行人通道的提案》《关于加快完成新马路拓宽改造扫尾工程的提案》《关于贯彻落实中央一号精神，全面做好乡村振兴工作的建议》《关于南徐大道进行升级改造以解决交通拥堵的提案》《关于将造血干细胞捐献者纳入见义勇为表彰的提案》等提案。在区政协七届二次会议上，会员蒋彩英提交了《关于突出山水花园名城讲好润州故事方面的提案》，成为文教卫组集体提案。会员毛文辉提交了《关于规范城区文明养犬行为，提升城市精细化管理的建议》《关于下大力气整改废品收购点规范经营的建议》《关于打造一支社会监督员队伍，进一步促进全区机关作风效能建设的建议》等5篇提案；会员周潇提交《关于加大对居民楼内校外培训点查处力度的提案》。

【社会活动】 民进润州小教支部一直以来热心公益，持续关注特殊群体，帮扶困难家庭。会员张晓春所在的紫阳口腔，针对润州区范围内70岁以上的贫困老人，提供免费安装牙齿服务。会员毕红帮助句容后白紫一葡萄园主扩展销售渠道，为葡萄园主身患尿毒症的丈夫和得了白血病的儿子筹集治病款项。

（民进润州小教支部）

农工党润州支部

【概况】 2023年，农工党润州支部有党员17人，其中在职14人，退休3人，主要来自医疗卫生行业和教育行业，均为大专以上学历，中级以上职称14人。党员中市政协委员1人，市人大代表1人，区政协委员3人。

【思想建设】 2023年，农工党润州支部组织党员学习中共二十大精神，统一战线工作最新精神，农工党十七大精神，农工党江苏省委、农工党镇江市委会议精神及《中国农工民主党章程》。开展“凝心铸魂强根基、团结奋进新征程”主题教育，组织党员参加农工党江苏省委会“学党章”主题教育知识竞赛，组织党员赴溧阳新四军江南指挥部纪念馆参观学习，赴中共镇江地方史馆、镇江方志馆开展学习教育活动。

【组织建设】 组织班子成员和骨干党员参加农工党镇江市委、润州区委统战部组织的各类学习教育培训活动，提升班子成员综合素质。进一步加强阵地建设，在黎明社区卫生服务中心新建“农工之家”，以“农工之家”建设和使用来推动支部的高质量发展。加强对党员的关心关爱，开展“三八”国际妇女节参观学习、重阳节慰问老党员等活动，增强党员的凝聚力和对支部的认同感、归属感。

【参政议政】 2023年，农工党润州支部精选调研课题《加快完善镇江市老年健康服务体系的建议》，组成工作专班，深入开展调研，认真撰写调研报告。组织党员参加农工党镇江市委员会开展的参政议政工作培训班，进一步提升党员履职能力，党员们密切关注社会热点难点问题，积极上报社情民意信息。党员中的人大代表、政协委员认真履行职责，撰写提案、议案，积极建言献策，助推润州经济社会事业高质量发展。支部党员崔彦被评为优秀市人大代表。

【社会服务】 推进“一支部一品牌”特色活动，做好困难学生和失独老人两类特殊群体的关心关爱工作。开展困难学子帮扶活动，为镇江中学附属初中及镇江长山学校2名困难学生送去助学金，教师党员长期做好困难学生的精神关爱、心理疏导、生活关怀、学业辅导。开展“爱在金秋，情暖重阳”关爱失独老人送健康活动，为失独老人送上口腔健康讲座和口腔健康义诊，发放口腔护理包。支部被农工党镇江市委员会评为2023年度社会服务先进集体。 （农工党润州支部）

致公党润州基层委员会

【概况】 2020年3月，致公党润州基层委员会正式成立，下设四个支部，现有党员62人。其中市人大代表2人，市政协委员1人，区政协委员8人。2023年，致公党润州基层委员会在市委会基层组织考核中连续4年获得一等奖。

【主题教育】 致公党润州基层委员会深入学习贯彻习近平新时代中国特色社会主义思想，在全体党员中开展“凝心铸魂强根基、团结奋进新征程”主题教育，将主题教育和党务工作深度融合，制订学习计划，明确学习主题，引导党员把握精神实质，提高政治站位。基层委以领导班子带头学、领学促学、党员主动学，全面开展理论学习。各支部积极落实市委工作会议部署要求，动员支部党员全面学习扎实开展主题教育，发扬优良传统促进各项工作落实落地。组织线上学和线下学相结合，理论学和现场学相补充，引导党员立足本职、发挥专长建言献策，以履行职能、发挥作用的实际成效检验主题教育成果。年轻党员充分发挥主力军作用，积极撰写心得体会，叶鸣轩的《重温团结奋斗史、聚力共赴新征程》、耿诗雨的《让青春在劳动中闪光》参加市委统战部为纪念中国共产党“五一口号”发布75周年主题征文。

【建言献策】 致公党润州基层委员会以学习贯彻中共二十大为指引，围绕双尽职做合格党员，发挥党员优势和能力水平，重点就全区经济发展建设、民生保障建设等方面，开展调查研究、建言献策、参政议政。在人大和政协会议上，基层委共提交建议提案25件，涉及经济、民生、城管、法治等多方面。其中，邓燕撰写的致公党基层委集体提案《建立老旧小区物业管理体系，做好老旧小区改造“后半篇文章”》被列为重点提案，获评2023年度区优秀政协提案，由区政协领导亲自督办领办。积极做好调查研究，撰写调研报告。全年，提交调研报告4篇，社情民意50篇。史鑫参加由致公党镇江市委副主委张正娣带队赴南京、苏州等地的考察，就省立项课题“适度超前建设数字基础设施，跟进6G研发”进行调研，并执笔完成调研报告。全员发动，较好完成“致汇工程”信息上报工作，其中，润一、润四支部在信息篇数和完成人数上均达到100%。邓燕的《关于加强瓶装液化气行业监管的建议》、邹波的《建议进一步规范司法拍卖不动产的清场移交》被致公党江苏省委采用；吴娉的《关于进一步加强e阅读空间管理的建议》被区政协采用并转发。

【支部组织活动】 致公党润州基层委充分调动广大党员的主观能动性，开展内容丰富的组织活动，凝聚合力。润一支部开展“3·15”送法进社区活动，组织青年党员赴句容戴庄白沙村参观学习；润二支部组织党员参观镇江地方史馆、镇江方志馆，开展围炉煮茶学党章活动；润三支部举行全国两会精神与中国致公党新党章学习交流会，参观镇江农商银行总行营业部、江苏南昆仑律所，开展主题教育；润州四支部利用工作之余积极开展网上学习大讨论，增强党员政治领悟力。党员们积极开展双发行动，建功立业。党员沈世鉴被评为致公党江苏省委“合作共建”先进个人，孙红霞被评为江苏省“百千万”工程优秀文艺骨干，陆琦被江苏省爱卫委评为江苏省爱国卫生运动70周年表现突出个人，吴玉荣获市169人才技术新秀考核优秀，宋春被评为全市农业农村系统第二届“亚夫式”最美人物。

【社会服务】 致公党润州基层委员会积极投身社会服务活动，党员们积极参与，奉献爱心。3—6月，润一支部与相关社区共建，提供免费法律咨询，联合蒋乔街道九华山庄社区开展“诚信‘3·15’我们‘镇’行动”消费者权益保护日主题活动；6月，邀请中国人寿保险镇江分公司润州支公司发展部经理做“医保与商业保险”专题培训。康复支部组织党员参加“六一”住院儿童慰问活动；周慧杰、孙加松积极响应致公党江苏省委员会筹集“致福基金”的倡议，自愿捐赠1万元；多名党员积极参加慈善一日捐、同心共富工程捐款、“助力毕节七星关区消费帮扶”活动，用实际行动诠释致公党员的社会担当。

（致公党润州基层委员会）

九三学社润州委员会

【概况】 九三学社润州委员会成立于2014年11月，其前身为2011年成立的润州一支社、润州二支社。2023年9月，换届选举产生第三届委员会，管凯担任主委，下设3个支社，共有成员59人，平均年龄46岁，其中，女社员25人，中共党员3人，退休人员7人；具有高级职称38人，博士研究生1人，硕士研究生19人，本科学历33人；省政协委员1人，市政协委员5人，区政协委员5人。2023年，成员中1人获评全国劳动模范、1人获评镇江市有突出贡献中青年专家。

【社会服务】 九三学社润州委员会与区文体旅游局携手开展“花开沃土 艺献润州”送福进万家活动。联合区文体旅游局以及热心的志愿者团队，共同组织了一场别开生面的义务植树活动。组织会员为心智障碍者家庭送温暖活动，送上慰问品。

【建言献策】 九三学社润州委员会高度重视组织建设和人才培养，加强干部队伍建设和社员培训工作。同时，积极开展理论研究和实践探索相结合，提升社员参政议政履职能力。组织新社员培训活动并开展思想理论学习和参政议政能力提升培训；组织开展“凝心铸魂强根基、团结奋进新征程”主题教育；组织社员参加市、区两级政协委员议政沙龙活动；主动开展科技服务团校园行、“共饮一江水，共护长江美”主题实践等调研活动，开阔参政议政视野。

（九三学社润州委员会）

润州区工商业联合会

【概况】 2023年，润州区工商联坚持以习近平新时代中国特色社会主义思想为指导，全面贯彻落实党中央关于新时代民营经济统战工作的重要部署，紧紧围绕区第九次党代会精神，紧扣润州产业项目建设提升，推动经济社会高质量发展决策部署，着力提高“两个健康”水平，充分发挥联系政府与企业的桥梁纽带作用，服务民营经济高质量发展，各项工作取得了新突破。

【政治站位提高】 通过线上线下等多种形式，组织区工商联执委开展学习贯彻中共二十大精神、习近平总书记在民建工商联界联组会上的重要讲话精神，引导民营经济人士特别是年轻的企业家深刻领悟“两个确立”的决定性意义，进一步增强“四个意识”、坚定“四个自信”、做到“两个维护”。

【润州区第三届民营企业家精神“研学周”活动】 举办润州区第三届民营企业家精神“研学周”活动，市委统战部副部长、市工商联党组书记王红卫，区委副书记陈秋明为“润商学院”揭牌，并为学院首批8名特聘专家颁发聘书。研学周组织民营企业家赴扬中参学座谈，开展“学思想、建新功，高质量发展大讨论”，引导民营企业家深刻理解党中央关于“两个毫不动摇”“三个没有变”的方针政策，解放思想、轻装上阵、增强信心、大胆发展，积极融入产业强区、项目建设提升的发展大局。

【营商环境持续优化】 深耕润州“最滋润”营商品牌，常态化开展“五送五助”“民营企业大走访”活动，邀请区委、区政府分管领导到会员企业走访调研，实地了解企业现状，协助企业与相关职能部门、金融机构联系对接，帮助企业把握政策、用好政策，提振企业发展信心。撰写《2022年度润州区民营经济营商环境主观满意度评估分析报告》，根据平台数据形成政策环境、市场环境、政务环境、法治环境、人文环境等5个方面形成16条意见建议报送区委区政府。

【“以商引商”活动】 为深入贯彻落实市委项目攻坚暨产业强市大会和区委项目建设“三年行动计划”相关要求，进一步学习“四敢”精神，书写敢为答卷，助力项目攻坚。区工商联发挥“联”的优势，组织官塘创新社区、企业家代表赴“四千”精神起源地温州开展“企业敢闯交流会暨以商引商活动”，拜访温州市江苏商会，与浙江水晶光电科技股份有限公司、杰克控股集团有限公司、赛格电子等企业对接交流，为民营企业提供项目对接、融资及参与“走出去”“引进来”的平台和机会，推介润州亲商、爱商、护商的良好氛围。

【助力“润州明月夜”嗨GO生活节】　对接抖音本地服务商MCN机构（江苏畅享网络科技有限公司）合作，推广“乐享润州”抖音号，以直播带货方式，推荐润州本地餐饮、住宿、家居等消费场景，为商家引流，促消费升级，为润州宣传。组织百名网络达人打卡润州活动，借力网红达人，以视频爆款，催生旅游消费爆点，旅游带动效益明显。

【润州区商事纠纷人民调解委员会成立】　为有效预防和化解社会矛盾，积极探索完善矛盾纠纷第三方调处化解机制，聚焦多元解纷，防范金融风险，践行新时代“枫桥经验”，充分发挥商事调解化解民营经济领域纠纷优势，切实推进商事调解与司法诉讼有机衔接，为民营企业健康发展营造良好法治环境，根据中共中央办公厅、国务院办公厅《关于完善矛盾纠纷多元化解机制的意见》及《江苏省人民调解条例》、省司法厅《践行“枫桥经验”、深化“非诉服务”专项行动实施方案的通知》，经区工商联、区司法局、区法院共同研究，决定成立润州区商事纠纷人民调解委员会，下设润州区商事纠纷人民调解工作室入驻区法院非诉讼服务分中心。

【“润州区‘润商’法律服务律师团”成立】　为深入贯彻落实中共二十大精神，深化民营企业法律服务工作，营造“润州最滋润”法治化营商环境，促进民营经济健康发展，经研究，由江苏南昆仑律师事务所、江苏汇典律师事务所的15名知名律师组建“润商”法律服务律师团，为企业提供免费法律服务。　（区工商联）

润州区总工会

【概况】 2023年，润州区总工会坚持以习近平新时代中国特色社会主义思想为指导，加强政治引领，坚定政治站位，广泛开展群众性经济技术创新和竞赛活动，大力弘扬劳模精神，促进职工素质技能新提升；突出维权保障，加强精准帮扶，普惠服务职工构建新格局；注重依法治会，引导职工依法理性维权；夯实基层基础，加强自身建设，工会工作在全面推进中国式现代化润州新实践中作出更大贡献。

【润州区工会第七次代表大会】 7月26日，润州区工会第七次代表大会成功召开。区委书记徐心田，市总工会党组成员、副主席李学雄出席大会开幕式并讲话。区人大常委会副主任、区总工会主席江朝民主持会议并代表区总工会第六届委员会作报告。会议期间，召开了区总工会第七届委员会第一次全体会议，大会选举江朝民为润州区总工会第七届委员会主席，并选举产生了润州区总工会副主席、常务委员。同时，还召开了区总工会第七届经费审查委员会第一次全体会议，选举产生了润州区总工会第七届经费审查委员会主任、副主任。闭幕式上，表彰了一批润州区工会工作先进单位、优秀工会工作者、优秀工会积极分子和优秀工会之友。

【聚焦“润工服务”】 开展“多彩润工悦生活”文体普惠工程，1500多人次参加足球、声乐等普惠活动，在全市工会工作“四有”特色项目评比中获得第一名。开展“暖心安康”行动，新建、改造安康驿站50家，创成国家级1家，省级“最美工会户外劳动者服务站点”2家。拓展互助保障范围，向困难职工、新就业群体赠送职工互助保障500余份，全年新增参保单位21家。

【大力弘扬劳模精神】 举办“劳模看发展·建功新润州”庆五一

2023年7月26日，镇江市润州区工会第七次代表大会召开

（区总工会 供稿）

2023年4月25日，区总工会组织各级劳动模范开展“劳模看发展　建功新润州”观摩活动　（区总工会　供稿）

活动，召开座谈会，激励劳模发挥作用，示范引领再建新功。开展“劳模工匠进校园　思政教师进企业”活动10场，参与人数500人次，劳模工匠的典型带动作用进一步发挥。

【聚焦“润工赋能”】　持续推进产业工人队伍建设改革，制定《2023年润州产业工人队伍建设改革要点及责任分工方案》，因企制宜、分类推进全区市级、区级试点单位深入实施产改。开展全区职工计算机操作技能竞赛，物业管理综合技能比武，有效提升职工技能素质。组织“五小”发明活动，6名职工在全市“五小”活动中荣获优秀（项目）表彰。

（区总工会）

共青团润州区委员会

【概况】　2023年，润州团区委坚持以习近平新时代中国特色社会主义思想为指导，通过党建带团建，推动润州共青团和少先队各项工作取得新进展。先后迎接团中央、团省委、市委组织部调研，工作案例被团中央第三指导组重要信息动态、团省委团员和青年主题教育简报、《新华日报》刊登，全市唯一。

【青年引领工作】　一是开展主题宣讲。青年讲师团线上线下开展宣讲10余场，覆盖各类团员青年2000余人。二是举办主题活动。以纪念五四运动104周年为契机，结合庆祝建区40周年，举办主题活动3场。三是提供“家门口”服务。开展少先队与网格联动、青工委与物业组团、高校与社区共建，服务基层社区治理。四是创新法治教育。“警彩同行　法润人心”青少年直播普法工作被评为2023年度市“十佳法治惠民实事”，是全市唯一一家获评的区级机关单位。

【基层组织建设】　一是启动全域团建。牵头成立首批30家成员单位的润州青工委，涵盖市级垂管机关、金融机构、国企平台、“两新”组织和驻镇高校等各领域。二是深化校地合作。推动9所省内高校与基层团组织建立固定联系，有效填补辖区内缺少高校青年力量的空白。三是加强组织覆盖。抢抓县域共青团基层组织改革契机，在江苏冬云云计算等企业共新建社会领域团组织8家，新增团员18人。四是选树优秀典型。全年，共获得集体、个人国家级荣誉3项、省级荣誉16项、省级立项2个、市级荣誉34项。

【中心工作】　一是兴办青年实事。新建6间“梦想小屋”，作为市民生实事项目中的典型案例被报道；牵头开办10家“润苗苗”爱心暑托班，托管200余人，作为全省唯一县市区代表交流发言。二是丰富青年活动。启动润州青年文化节，开展联谊交友、体育赛事等活动6场。三是助力招才引智。开展“归雁”学子座谈会2场；提供暑期实习岗位超100个；助推省交通技师学院实习实训基地在网易联合创新中心揭牌落地。四是赋能城市发展。配合打造西津渡人才友好街区；组织暑期大学生入驻“青年驿站”开展相关调研；开展青年人才沙龙2场。五是提升城市吸引。打造“润”物有声品牌，被中央广电总台国际在线等媒体宣传报道；推出3期“润州citywalk城市漫游计划”；开展“润州明月夜　团团邀你嗨go拍”短视频大赛等。六是履行全团带队。“争做新时代好队员”队日活动被央视新闻报道；承办全国少年军校现场观摩会；校外少先队工作体系作为经验典型在省第十六次团代会专刊推介，全市唯一，并获省级立项。（团区委）

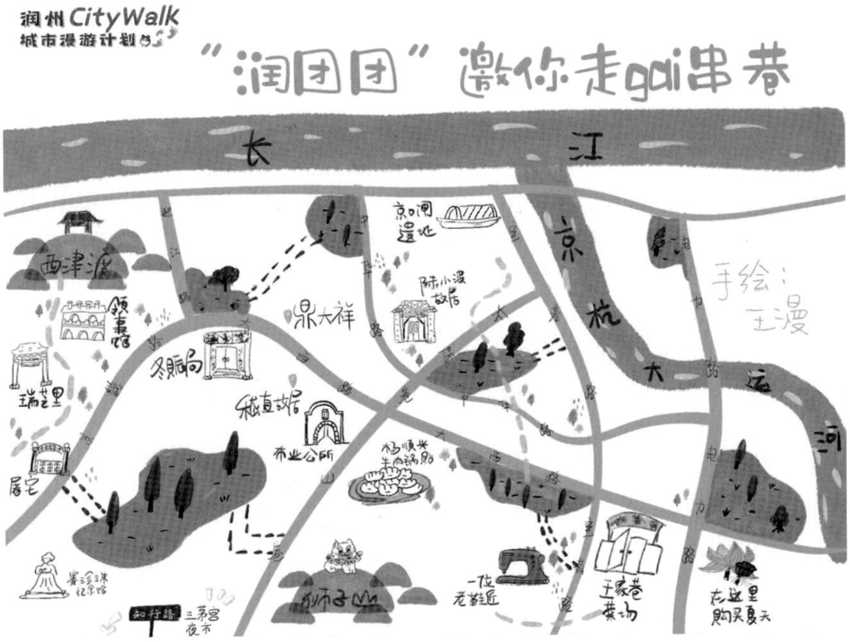

润州 CityWalk 手绘线路图　　（团区委　供稿）

润州区妇女联合会

【概况】　2023 年，润州区妇联聚焦主责主业，强化责任担当，狠抓思想政治引领、巾帼建业建功、家庭文明建设、妇儿权益保障不放松，不断推动全区妇联工作向好发展。

【思想政治引领】　组织全区妇女认真学习贯彻中共二十大精神、习近平总书记重要讲话精神，开展“巾帼心向党　奋进新征程”系列活动，组织引导广大妇女主动学、互动学、深入学。深化巾帼宣讲活动，进一步增强广大妇女群众对党的基本理论、基本路线、基本方略的政治认同、思想认同和情感认同。注重加强对广大妇女特别是新业态新就业群体女性、中老年妇女在政治取向、宗教信仰、思想情感等方面的正确引领和有效引导。推进学好用好《习近平走进百姓家》，召开基层妇联主席专题学习会，向妇联执委、全国五好家庭、新业态新就业等群体赠送书籍。加强网上意识形态引领工作，亮出妇联旗帜，发出妇联声音，运用“润州女性”传播正能量、弘扬主旋律。组织女性积极参与第五届江苏女性融媒体创意大赛。注重从基层一线、平凡岗位、妇女群众身边推选出典型代表，推选出镇江市三八红旗手、三八红旗集体各 1 名，推荐省级巾帼志愿阳光站、市级巾帼阳光站各 1 个。

【巾帼建功】　开展富有女性特色的建功立业活动，拓展新兴领域，整合城际商圈新阶层女性资源，建立全市首家城际商圈妇联，不断延伸妇联组织覆盖面。以寻找“美丽庭院”等活动为抓手，倡导文明健康的生活方式。成立巾帼志愿者服务队，开展清理村庄积存垃圾、清洁河塘等工作，积极参与美丽乡村建设，推动和平路街道金湖社区成功申报“美丽家园”省级示范点。发挥西津渡女性创业一条街作用，精准服务女性创业，静怡茶书院等妇女微家成为妇女教育培训基地。润州西津渡女性创业模式获得省妇联主席朱劲松的高度赞扬。链接社会资源，助力女性创业。对接镇江农商行，组织召开“‘心宜她力量　奋斗绽芳华’女性创业者‘银企对接’主题沙龙活动”，向西津渡商圈 20 余名新兴领域女性企业家和创业代表介绍金融产品和金融服务，助力新兴领域女性企业家和创业者干事创业。以“春风送岗　情暖姐妹”为主题，联动区人社局在宝塔路街道城际商圈举办 2023 年度春风行动系列活动万达广场站招聘会和家政行业专场招聘会。联动南京银行镇江分行营业部、镇江实验学校以及区税务局等单位开展岗村结对、岗企结对、巾帼文明岗服务日等活动，在活动中展现先进风采。

【家庭文明建设】　在全区开展最美家庭、巾帼典型等各类推荐、评选活动，做好典型和案例的挖掘、培树、宣传工作，发挥优秀典型的引领示范作用，成功创建省级美丽家园 1 个，市级最美家庭 4 个、书香家庭 3 个。进一步优化家庭教育指导服务示范社区建设，深化家风家教建设。巡回开展家庭教育公益讲座，进社区、进学校、进机关宣讲法律法规、亲子育儿等知识，将科学的家庭教育方法送入千家万户。开展家庭教育“三进”活动，邀请家庭教育专家进机关、进企业、进社区，围绕亲子关系、婚姻家庭等主题开展家庭教育公益讲座，共开展公益巡讲 10 场，惠及家庭近 600 户。和金山街道杨家门社区开展结对共建，捐赠儿童图书 1000 余册，建立“益童飞翔”图书角，便于困难家庭借阅儿童图书。将5户困难妇女儿童作为精准微关爱对象，联动镇江农商行结对帮扶，与第三方机构进行签约，根据家庭需求提供定制化服务。多形式关爱“三新”（新经济、新业态、新就业群体）领域女性，聚焦家庭建设，开展科学教子进“三新”活动。联合团区委，在宝塔路街道庄泉社区设置爱心暑托班，为新业态新就业群体家庭提供爱心托管服务，解决“两新”就业群体的难点和痛点。结合“7·17”骑士节，联合宝塔路街道庄泉社区、手牵手社工事务所共同走进万达美团站点开展送清凉关爱活动，为外卖骑手送上矿泉水、花露水等夏日清凉关爱物品。

【妇儿权益维护】 把着力点放在困难妇女儿童身上，充分发挥区妇女儿童权益保护联席会作用，强化部门联动，加强与区公安、法院、司法、教育等多部门的深度合作，壮大家事矛盾纠纷化解力量，多渠道开展好妇女儿童维权宣传，加大法律援助力度，提升维权工作实效，构建和完善家事矛盾纠纷多元化解机制，推动维权工作落地落实。多措并举惩治家庭暴力，实现信息共享，工作共推。积极开展“双护”课堂，联动街道、村（社区）妇联开展形式多样的普法宣传活动，以案释法、以案说法，普及妇女儿童权益保护相关法律知识，不断增强居民懂法、守法、用法的能力。联合区检察院在全市首发《关于建立共同推动保护妇女权益工作合作机制》，进一步充分发挥检察机关和妇联组织的职能优势，加大司法过程中对困难妇女的救助帮扶力度，更好维护妇女合法权益。继续实施“织爱行动 益童飞翔”、精准微关爱、社会妈妈帮困助学等项目，持续加大对困境儿童关心帮扶的力度。对有困难的“三新”家庭进行慰问帮扶，联合瑞祥科技集团，慰问罹患癌症的外卖骑手。发挥区妇联99公益项目“织爱行动 益童飞翔”，全年共慰问三新困难群体子女8人，每人给予800元助学金和200元学习大礼包。 （区妇联）

润州区科学技术协会

【概况】 2023年，润州科协坚持将“四服务一加强”作为主要职责，扎实做好为科技工作者服务、为创新驱动发展服务、为提高全民科学素质服务、为党和政府决策服务，切实加强自身建设，提升“科技赋能”“科普服务”效能，在持续推进科协系统深化改革中，强化政治引领、科普惠民。

【科普进基层行动】 “润州科普讲堂”活动丰富：一是联合七里甸“科技服务站”，关注居民健康相关内容，全年举办讲座及专题活动40余场；会同区应急管理局，继续开展“惠安行动”。二是联合润州区教育局，共同部署全区青少年课外科普活动，利用科普宣传周、全国科技工作者日及全国科普日等重大专题活动，将科技活动和科普活动引进校园。举办茶香科普进校园暨润州区35届科普宣传周活动，邀请镇江市茶林研究所农业推广研究员言燕华走进校园，为小朋友带来一场关于茶叶前世今生的精彩讲座。言燕华现场带来各种茶叶苗木及茶叶成品，通过讲解和互动的方式为小朋友解惑；利用市级科普大篷车资源，9—11月期间组织专题科普“大篷车进校园”活动11场，参加观摩体验达6000余人次。三是利用2023年全国科普日活动发布平台，发布活动120个。

2023年，荣获“基层科普行动计划”科普场馆省级奖补1个；2023年全国科普日优秀活动1个；江苏省第35届科普宣传周优秀活动项目1个；认定镇江市科普教育基地3个；“科创镇江”企业创新达人1名；2022—2023年度镇江市科技服务典型案例评比中，“优秀科技志愿者”3名，“优秀科技志愿服务团队”1个，“优秀科技志愿服务项目”1个；建成市级“海外工作站”1个。

【科普场馆建设】 润州场馆数量全市领先，全区场馆总数为3个，建筑总面积达1000平方米，分别为官塘桥街道宝平社区科普体验馆（镇江市首家社区科普馆）、和平路街道新金江社区渔文化科普馆及和平路街道金泉社区泠泉科普馆。3家场馆各有特色，自开馆以来，累计接待青少年及居民达16000余人次，相关新闻报道刊登于人民网、光明网、《镇江日报》等新闻媒体，深受居民和青少年的喜爱。通过社区科普馆建设，新增了一批科普志愿者。

【科普专项活动】 2023年全国科普日，全区范围内开展“银龄跨越数字鸿沟”科普专项活动，通过数字赋能推进智慧养老，真正让技术为老年人所用，提升老年人生活幸福感，共开展科普活动20余场，培训老年人近万人次，通过普及智能技术知识，提升老年人信息获取、识别和使用能力，有效预防和应对网络谣言、电信诈骗等，以实际行动帮助老年人跨越数字鸿沟。

【资源聚集平台建设】 一是自2018年镇江市首个“科技服务站”——润州区七里甸卫生服务

中心科技服务站建成以来，持续提升站点质量，结合中心实际，致力打造中心肾病血液透析专科亮点。同时，依托预防医学会智力资源，开展多种形式的学术交流活动，服务单养创新型人才，团结广大科技工作者，壮大学会组织实力。二是依托镇江市首个“海峡两岸青年创业就业基地”，促进海峡两地青年交流。三是依托镇江市数字技术融合创新中心开展网络信息安全实训。四是充分发挥“企业工作站”载体作用，服务官塘创新社区G312产业创新走廊，为润州发展积蓄智力支持。

【组织建设】 推动科协组织向“两新”组织和社区（村）延伸，采取单独组建、区域联建、行业统建、依托组建等多种方式，大力发展企业科协或企业科协联盟等，形成纵向到底、横向到边的基层科协组织网。推进“4+1”工作，发挥“三长一家”优势作用，务求实效，切实增强科协组织的服务力、引领力。（**区科协**）

润州区归国华侨联合会

【概况】 2023年，区侨联紧紧围绕党委、政府中心工作，凝侨心，聚侨力，发挥桥梁和纽带作用，坚持创新，融合发展的思路，构建党建+侨建联盟，更好地为推动高质量发展增添助力。

【“侨爱工程”】 打造共建共享新格局，推动融合联盟联系协作新局面，整合社区侨胞之家和“侨心书苑”资源，将新业态群体、公益组织负责人、海归青年创业者纳入侨联志愿服务队伍中，探索党建侨建融合、开展联络联谊、传承中华优秀传统文化、敬老、助学、送法送文艺等公益活动，推动工作转起来、活动丰富起来、活力体现出来、作用发挥出来。

【基层组织建设】 打造多功能特色“侨之家”和侨海文化交流基地，聚合力，构建“大侨务”工作新格局，整合资源，立足侨界群众所需，以万科社区侨胞之家为起点，选树典型，以传统的社区侨务工作模式，积极拓展多态势“侨之家”、侨界创新创业基地、华侨国际文化交流基地建设，侨联基层组织建设从“有形覆盖”到“有效服务”转变提升，发展镇江博物馆、民间艺术馆、赛珍珠旧居纪念馆为江苏省华侨国际文化交流基地，系统整合涉侨平台打造“润侨联盟”，已建立工作基地数量列全市第一位。其中，中国侨联优秀侨胞之家1家，江苏省华侨文化交流基地3家、新侨创新创业基地1家、市级微侨家9家。

【党建侨建融合】 建设集“文化传承”“非遗体验”“公益奉献”“敬老爱幼”于一体的功能完备、“侨味”“文化”浓厚的多元化为侨服务空间，服务阵地共享，以公益活动吸引部门、群团合办，党建联盟参与，传承中华民族守望相助、积极向善的美德，引导建立侨界志愿服务队，力争通过共建、共享、共赢，实现从侨联“单打独斗”到“部门联盟联动、街道社区协助、社会组织参与”，以“不求所有，但求所用”用好资源，将侨联工作阵地打造成为文化、急救、中医、助老、扶幼、生活、法律等服务共享，助力发展的阵地。

【联络联谊】 开展“中华传统节日里传承文化”活动，在元宵“书香润侨——读名著里的传统节日”、国际茶日举办读书分享会，邀请留学归国青年分享——海外文化“狂野非洲”；端午节，联合区文体旅局、文化馆组织共赴“粽夏”之约——制作香囊，“沉浸式”体味别样“端午味道”；中秋节，联合区委宣传部、新闻中心、区总工会、团区委组织联合举办中秋古韵茶会雅集——“月满中秋花灯传意 品茶赏月共享团圆”，手工做月饼、制花灯等中秋雅集、敬老联谊活动；邀请非遗传承人带领大家体验面塑、制作兔子灯。

【综合服务能力提升】 “文化为媒、服务为介”，在协同融合中构建服务综合体，助力高质量发展。联合携手区委宣传部、新闻中心区、区总工会、团区委、区文体旅局等单位，组织志愿者公益活动，弘扬传统优秀文化和中华民族敬老美德，送文艺演出进养老院慰问颐养的老归侨，志愿者为老人们送欢乐、送美好祝福，用联合联动“集中力量办好事”，弘扬孝亲敬老中华传统美德、互帮互助的传统。

【服务高质量发展】 参与协助区委统战部海外人才工作。协助区委办、区委统战部开展江苏发展大会海内外知名人士摸排，推荐海外重点人士李建平、吴智深参加江苏发展大会及镇江行活动；协助区委、区委统战部开展乡贤摸排，收集乡贤人才信息，推荐乡贤参加润州高质量发展大会、镇江乡贤大会，两位海内外极具影响力的“润州乡贤”被聘请担任润州区经济发展高级顾问。以江苏省新侨创新创业基地（易创空间）为平台，打造区侨海归创新创业联盟，发挥引才聚才的品牌作用，积极参与中国侨联“华侨华人创新创业发展大会”等活动，强化与海外人才沟通交流，积极宣传润州发展成就和人才政策。加强新侨海归资源涵养，推动新侨海归青年参加市委、区委统战部活动，推荐加入欧美同学会、华商会。向海外高层次人才推介润州区人才政策，推荐海归青年参加润州区人才创新创业大赛。

【公益服务】 深入杨家门社区、京畿路社区等，主动参与服务，积极回应社区需求。调动资源汇聚志愿服务力量，汇聚最大同心圆，现场推动京畿路社区“润苗苗”爱心暑托班志愿服务 2 场，组织海归创业青年和社会组织为新业态从业人员子女送公益课，到社区爱心暑托班，服务新就业群体子女暑期“看护难”问题；推动公益组织为居民解决室内环境问题、助力养老事业；用实际行动解决基层亟须问题，为基层办实事好事；构建侨智汇聚、共享共建新格局。部门联合联动，汇聚力量，画好最大“同心圆”。

【以学促知、以干兴业】 切实做到将主题教育与工作统筹衔接，全力推进区侨联在全市侨联系统争先进位，扎实细化服务中心、为侨服务、基层组织建设、联络联谊等重点工作。在全省侨联系统基层组织建设学习交流会上，作为镇江市侨联辖市区代表交流发言。万科社区侨之家是全市唯一的国家级侨胞之家，得到省、市委统战部、省市侨联领导肯定。以万科社区为基础，整合资源，逐步建设近悦远来、辐射全区的侨联工作阵地，打造集公益服务、文化宣传、文旅融合、创新创业等于一体的服务平台，从博物馆到西津渡街区，侨阵地串珠成链，成为海外侨团、华文媒体、海外华裔夏令营及外地侨联参访必到之地。 （区侨联）

润州区文学艺术界联合会

【概况】 2023 年，区文联紧扣宣传、贯彻中共二十大这条主线，以润州现代化一流主城区建设为主题，用文艺的形式助推全区经济、社会、民生发展，以推动文艺高质量发展为主线，紧紧依托“二山一渡”山水文化、韦岗红色文化、大运河文化、官塘智慧社区文化等资源，组织丰富多彩的文艺采风创作活动，举办“文化走基层·新春送祝福”系列主题文艺创作活动；讲好生动丰富的润州故事，打造特色鲜明的活动品牌。利用好社区新时代文明实践站平台，精心打造“文艺进社区 +”文艺活动品牌。发挥《润州区重点文艺创作项目扶持管理办法》引导作用，加强文艺精品创作规划，利用好市作家协会的创作力量和人才资源，精心选题，努力创作出具有新时代高度，体现润州精神风貌的精品佳作。推荐朱倩倩等 5 名文艺骨干参加第四届全国文联基层文艺骨干培训，创作完成大型纪实长篇报告文学《上岸记》，《上岸记》同时获 2023 年省作协重大题材立项。区摄影家协会创作的《西津渡映像》由中国摄影出版社出版发行。

【区文联开展“文化走基层 新春送祝福”文化惠民活动】 2023 年春节前夕，区文联会同区总工会、区文明办、区文体旅局、区文化馆、区诗词楹联协会、区书画家协会联合举办多场进村(居)、进新就业群体、进企业、进部队，进新业态群体的“文化走基层· 新春送祝福”活动。活动现场，书法家们热情高涨，先后为外卖小哥、快递小哥等新业态群体，广大群众、职工、战士书写春联、“福”字和书法作品 6000 余幅（副）。“文化走基层·新春送祝福”活动是区文联特色文化惠民活动，全区广大文艺工作者坚持以人民为中心的工作导向，以送春联祈福的方式抒写新时代，凝聚正能量，为广大人民群众送上新春祝福，为两节营造喜庆祥和的文化氛围和节日气氛。

（区文联）

【区文联 2023 年度工作会议】 4 月 13 日，区文联召开 2023 年度工作会议，传达学习镇江市文联五届十二次全委（扩大）会议精神，全面总结区文联 2022 年工作，对 2023 年工作进行动员部署，各协会负责人交流了工作。区文联全体人员、各协会负责人参加会议。区文联主席陈稳宇作题为《不忘初心使命 以“跑起来”的工作作风贡献文艺力量》的工作报告。工作报告中指出，做好 2023 年工作，要将全面贯彻中共二十大精神，坚持以人民为中心的工作理念和创作导向，学习新思想、落实新要求、扛起新使命、奋进新征程，推动润州区文艺事业、文联工作高质量发展。要充分发挥自身优势，厘清品牌发展思路，确立品牌发展方向，明确“一会一品”发展目标，逐步创建一批具有正确的思想导向、深刻的文化内涵、鲜明的时代特色、浓郁的地域风格的润州文艺品牌，努力形成“一会一品”“一会多品”的品牌集聚效应。 （区文联）

【“继承先烈遗志，传承红色精神”主题实践活动】 6 月 29 日上午，为认真学习贯彻中共二十大精神，用好红色资源，用最鲜活的教材、最直观的导向，引领广大青少年在红色历史情境下汲取力量，在红色文化熏陶中滋养灵魂；用最生动的形式激活红色基因，用最丰富的载体传承红色基因，给予青少年思想上的启迪、道德上的教育和价值上的引领。区文联牵头万科社关工委、离退休干部党支部联合镇江烈士陵园区、区书画家协会和银发生辉“网络妈妈”志愿服务分队组织镇江实验学校魅力之城分校七年级少先队员在镇江烈士陵园开展一场别开生面的“继承先烈遗志·传承红色精神”主题实践活动。来自区文联、区书画家协会的书画家和老干部书画爱好者带领镇江实验学校魅力之城分校部分爱好书法、绘画的少先队员在烈士纪念馆三楼活动室现场绘制了以“继承先烈遗志·赓续红色血脉·立志报国情怀”为主题的2幅书画长卷，并将2幅书画长卷现场赠送给镇江烈士陵园。

（区文联、区书画家协会）

【“李守农山水画纪念展”】 11月8日，由市文联、市文广旅局、区委宣传部联合主办，区文联、市美术馆、区书协联合承办的“李守农山水画纪念展”在市美术馆开幕。市文联党组书记、主席王德家，区委常委、宣传部部长、统战部部长赖忠民，区文联主席陈稳宇，市美术馆馆长丁超等出席活动。

李守农生前为江苏省美术家协会会员、区书画家协会副主席、镇江书画院特聘画家，是一位热爱家乡的画家，他的足迹踏遍镇江的大街小巷。2010年，其山水画作品《五峰茶图》入展江苏省美术家协会举办的“第三届新人新作展”并获新人奖，2013年《招隐山图》获由市委宣传部、市美术家协会主办的《新京江画派中国画作品展》金奖，多次参加省、市美术创作活动，并入选展出、入编作品集。此次展览为了纪念和回顾他的艺术成就和爱乡情怀，集中展出他多年来创作的80余件精品山水画作。走进李守农的山水画世界，使人犹如置身于江南秀美的山水中，又如徜徉在西律古渡、金山园林、古运河畔和南山国家森林公园的画境里，更是感受到镇江改革开放以来城市建设的日新月异，满载时代印记。

“画里循声忆犹新 敦厚蔼然艺者风”，江苏省国画院美术理论研究所所长刘筱博士为《李守农山水画作品集》深情撰写序言，原江苏省美术家协会主席、江苏省国画院院长宋玉麟先生特为此展题写展名。

（区文联、区书画家协会）

【“山水精灵”鸟类摄影书画展】 2023年年初，区摄影家协会与区水利局合作的第八届“水韵润州”摄影大赛开赛；同时，“山水精灵”鸟类摄影展面向全市摄影爱好者征稿。9月28日，“山水精灵”鸟类摄影书画展200幅作品在万达广场展出；“山水精灵”鸟类摄影书画作品集向公众发行。11月，“山水精灵”鸟类摄影书画展分别在南徐小学、长山学校校园展出。

（区文联、区摄影家协会）

【戏曲进校园活动】 由区委宣传部主办，区教育局、区文化体育和旅游局、区文学艺术界联合会协办，区文化馆承办的润州区戏曲进校园活动拉开帷幕，5月、11月，分别组织20多名剧社会员参加戏曲进校园（金山实践学校、华都名城润州小学、金山小学等），给学生们讲解戏曲知识，并演出军民鱼水情、贵妃醉酒、大雪飘等选段。8月，首次尝试亲子活动演出，小记者报社活动，传承国粹，示范表演，给孩子们化妆，教他们形体表演。

（区文联、区菊吟京剧协会）

【协助举办十万里山河壮阔大型活动】 11月15日，由省文联、市委宣传部主办，市文联、区委宣传部承办，区文联、市艺术剧院协办的“十万里山河壮阔”主题采风活动启动仪式暨惠民演出活动在镇江艺术剧院举行。省文联主席章剑华，市委宣传部部长陈可可，市文联党组书记、主席王德家，区委常委、宣传部部长、统战部部长赖忠民，区文联主席陈稳宇等出席活动。

上午，省采访采风团28人在区文联的陪同下赴西津渡历史文化街区、西津音乐厅、大光明影城、镇江博物馆等地采风交流；下午，在镇江艺术剧院举行启动仪式和惠民演出，演出中省、市演员约60人参与，其中不乏获得梅花奖的名角，舞蹈《绽放》、独唱《我家在镇江》、戏曲联唱《梅花绽放》、相声《国粹艺彩》、舞蹈《绣》、默剧《生日》、朗诵《十万里山河壮阔》、歌舞《为人民绽放》获得观众们的阵阵掌声。

区文联会同区委宣传部组织600余名群众观赏演出，并参与组织协调相关事宜，得到省、市领导的肯定。（区文联）

【区作协理事会议】 11月29日，区作协召开理事会，同意田冰、李忠辞去作协理事的请求。同日，作家代表和参与“山水精灵”主题鸟类摄影的摄影家，举行一次“面对面”分享交流会。4位摄影家从作品选题入手，从各自角度讲述他们作品的创作思路、拍摄过程以及背后的故事和思考等。10多位作家聆听了精彩讲述，并与在场摄影家互动交流，表示要用心去感受、用情感去表达、用文字去捕捉每一个珍贵的瞬间，并通过文艺家的共同努力，用不同的艺术形式记录下这个时代的美好与感动。

（区文联、区作家协会）

【建区四十周年诗联大赛】 2023年6月，为热烈庆祝建区四十周年，突出诗词楹联寄情抒怀、吟古颂今的作用，紧紧围绕润州现代化一流主城区建设目标，以反映建区40年来取得的新成就、发生的新变化为主要内容，组织举办“辉煌四十年，奋进新时代”专题诗词楹联大赛，大赛共收到省内外参赛作品300余件，评出诗词楹联双“十佳十优”作品40首（幅）、入围作品30首（幅），获得社会各界的广泛好评。

（区文联、区诗词楹联协会）

【楹联文化区创建工作】 为积极响应国家和省市号召，积极参与推进楹联文化区的创建工作，以区诗词楹联协会成员为主，组建楹联人才队伍，围绕“润州十三景”组织创作优秀楹联作品，根据辖区景点优势和街道广场特色，打造一批以西津渡古街、初心主题园、润州广场等为主的楹联文化景观，编印《润州诗联作品集》，依托区6所已经创成的“中华诗教先进单位”组建楹联教育基地。2023年度润州诗词楹联协会创作取得丰硕成果，2人作品获评年度省“十佳诗词作品”，14人作品上榜省楹联协会“拥军春联”主题征稿，15人共32幅作品入围市国资委、市诗协举办的“镇江百副春联走进央国企”征联活动，为创建工作验收通过打下坚实基础。

（区文联、区诗词楹联协会）

润州区残疾人联合会

【概况】 2023年，区残联坚决贯彻区委、区政府工作部署，聚焦残疾人急难愁盼问题，用心用情用力做好各项工作。广泛开展残疾人精准康复服务，提升残疾人精准康复服务水平；加强残疾人证核发管理工作，全年共办理残疾人证368人次；全方位助力残疾人就业，全区共有265名残疾人已就业；创新实施家庭无障碍改造工作措施，全年完成残疾人家庭无障碍改造20户。在2023年10月杭州第四届亚残运会上，区残疾人乒乓球运动员刘静获得两银一铜佳绩。全区托养服务残疾人100人，完成全年任务100%，托养服务覆盖率达100%；推动全区“残疾人之家”提档升级，全区14个“残疾人之家”，已运行13家，运行率92.86%，净增就业人数排全市前列。

【全国助残日活动圆满完成】 2023年5月20日是第33个“全国助残日”，区残联在万达广场成功举办以“携手同享一片蓝天 共创美好幸福生活”为主题的活动。活动现场，区残联表彰了70名优秀残疾人；联合镇江市特教中心给长期关心关爱残障学生的企事业单位颁发“爱心协作联盟单位”的铜牌；中狮联江苏大道之行服务队开展“狮爱公益微心愿”活动和“爱心助学圆梦”活动；残疾人代表表演精彩节目。主会场外，还开展健康义诊、法律援助咨询、残疾人惠残政策解读以及镇江市特教中心学生剪纸、结艺、多肉种植、手工皂、烘焙作品义卖等活动。

【民生实事】 2023年，区残联发放燃油补贴186人；为精神病人免费服药，全年新办理救助证41本，更换救助证28本；认真做好“两项补贴”审核，困难残疾人生活补贴审核852名，重度残疾人护理补贴审核960名；为全区残疾人在紫金保险投保，残疾人因病住院，可享受每天100元、最多180天的住院补贴。

【助残就业】 区残联瞄准新业态需求，先后组织3期手机摄影、短视频培训、手工香薰技能培训，参训学员人数77名。残疾人新增就业95人，其中，辅助性就业48人，就业率超70%。年中开展的“春风送温暖 就业送真情”促进残疾人高质量就业主题活动，省残联和《镇江日报》给予关注报道。增强广大残疾人和群众预防残疾的意识，营造了全社会帮残助残的良好氛围。

【外宣工作】 区残联利用“全国爱耳日”“残疾预防日”等节日，开展系列活动6场，做好残疾预防知识的宣传及普及；9月25日，举办全区首届残疾人掼蛋比赛，前八名代表润州参加市残联“掼军杯”比赛；11月，与中国狮子联会合作开展“有爱无碍”观影活动；12月，官塘桥街道、金泉社区残疾人之家被评为“江苏省文艺残疾人之家”。

【康复质量提升】 2023年，全区康复机构派出5名选手参加全市康复技能大赛，3名选手获奖，其中，房玲获得全市孤独症组第一名。扎实开展助学活动，为19名残疾人家庭学生发放补贴35500元；积极鼓励学历升级，全区残疾学生大专、本科在读6人，研究生在读1人；开设“家校共育、与星同星”孤独症康复培训班，42名康复老师、50多名家长参加培训，帮助“星星的孩子”更好地回归社会。大范围全覆盖宣讲“复明行动”“健行行动”等相关康复普惠政策，发放宣传册3500份。

【党建引领】 以“党建＋助残”联盟为载体，以党组织为纽带，以开展主题教育为抓手，建强区残联党支部，设置党员先锋岗，组建党员服务小分队，深入结对共建三茅二社区，上门送主题党课、扶老助残服务；打造“润小灿”党建品牌，与镇江三五九医院、区国有平台公司结对共建，共举办“润小灿”党建活动2场、走访慰问30人；依托残疾人之家积极开展志愿者服务活动，全年，开展相关活动52场，参与约2500人次。（区残联）

润州区红十字会

【概况】 2023年，润州区红十字会聚焦主责主业，坚持以习近平新时代中国特色社会主义思想为指导，在市红十字会的业务指导下，在区委、区政府的正确领导下，坚持围绕中心、服务大局，坚持依法履职、改革创新，坚持以人为本、服务群众，红十字事业不断取得新成就新业绩，多项工作取得新突破。

【基层组织工作】 一是加强党员志愿者全面发展，带领全区40名志愿服务队骨干队员与师资开展业务培训，提高志愿者们的服务意识和工作效能。开展“学思想、强党性、重实践、建新功”主题教育，增强志愿者的凝聚力，提升能力素养，多思考多感悟，激励志愿者要继承和发扬党的优良传统，特别是充分发挥党员志愿者先锋模范作用，发扬和坚持艰苦奋斗的工作作风，开拓进取，勇于创新，为博爱事业发展贡献自己的力量。二是优化博爱家园阵地建设，指导博爱家园有效开展红十字活动，继续做好养老照护志愿服务工作。对已建的社区博爱家园进行完善，8月23日上午，在七里甸街道光华朱方路社区博爱家园举行“自动体外除颤器（AED）”捐赠仪式，邀请AED设备工程师为大家进行使用培训。光华社区博爱家园积极探索，大胆创新，整合资源，发挥特长，利用现有宣传栏宣传红十字文化，设有特色红十字养老照护服务基地、红十字心灵驿站，积极为周边居民打造幸福博爱家园。全年开展各类服务活动13次，受益人数638人。三是深入做好青少年红十字工作，扎实推进红十字青少年工作高质量发展，夯实“人道、博爱、奉献”精神实践平台。2023年，区红十字会争创市级示范校1所，省级示范校1所。同时与教育部门密切配合，把红十字会工作与德育教育融为一体，积极开展红十字青少年活动。金山湖小学和朱方路小学通过校内组织的形式多样的红十字活动以及参加省红十字会举办的探索人道法项目绘画大赛，帮助青少年树立正确的价值观，让学生们更加懂得如何关爱他人，传递正能量。区朱方路小学张雨涵所画的《爱在红十字》在绘画类比赛中，荣获优秀奖。金山湖小学利用生命体验教室，将校红十字事业与学生成长紧密结合，打破传统说教式的安全性教育模式，帮助学生能够更好地迅速掌握安全技能、提高安全意识。

【应急救援救护工作】 一是救护工作有了新突破。持续开展“关爱生命·救在身边”行动，充分利用新时代文明实践基地，邀请经验丰富的师资为社区群众就自救互救的重要性与心肺复苏的方法做了全面生动的讲解。在金山湖小学生命体验教室多次开展生命教育活动，带领同学们学习并体验用人体模型演示心肺复苏术，增强师生的安全意识，提高自救互救和应急避险能力。2023年，润州区重点加强对校园救护的培训，获得初级救护员证书的教师178名，CPR+AED持证人员722名，累计完成普及性培训4500名，完成率100%。二是救援工作取得新成就。根据救援工作要求，区红十字救援队开展队内日常训练5次；为了应对汛期的到来，利用冲锋舟开展汛期抗洪救灾训练，提升个人操作技能与团队的应急协作能力。与结对博爱家园共同开展宣传教育活动4次，以通俗易懂的语言向居民讲解灾害发生时创伤救护的急救技能，普及消防安全知识。暑假期间，为社区青少年开展防溺水安全教育知识讲座，增强安全意识，提升自救能力。同时走进金山湖小学、南徐小学开展防灾避险、自救互救、健康教育等活动，普及人数达150人左右。10月3日，与市救援队共同参与大型越野挑战赛活动保障1次。区红十字救援队通过加强救灾物资管理、队伍管理、培训演练和应急响应，基本实现管理规范、组织有序、保障有力的建设目标。

【人道救助工作】 持续开展“博爱送万家”系列活动，坚持对困难群体进行帮扶和救助，全年实施助困、助医、助残、助学款物共计318.93万元，累计受益 51518 人。春节前夕，为辖区内的低保户、残疾人、特困家庭送去食用油、大米、棉被、温暖包等爱心物资与慰问金。端午来临之际，生命之光志愿服务队的志愿者们带着慰问金与慰问品，一起走访慰问了市第 154 例遗体捐献者黄国荣的家属。10 月 17 日上午，新金江社区红十字博爱家园开展“尊老敬老，情暖重阳”系列活动，走访辖区内独居、失能老人 5 户，同时在养老服务中心举行应急救护专场培训活动。创新“互联网 + 人道动员”模式，积极参加“5·8”人道公益日、“99 公益日”网络众筹，形成线上线下“双发展双促进”的格局。全年，共募集资金 12.5 万元，物资价值 292.2 万元。其中“红十字博爱周”期间，在腾讯公益平台上线“镇江市博爱家园”公益项目，共筹资 5.1 万元，用于各博爱家园的硬件设施与人道救护活动的开展。“99 公益日”当天，与市红十字会共同联合金山街道西津古渡社区等多家单位在西津古渡开展首届“镇小红·博爱夜市”世界急救日暨 99 公益筹资宣传活动，镇江市金山湖小学的孩子们通过爱心义卖，筹集善款近 3000 元，用于 AED 的购买推广。

【生命健康工作】 为践行“我为群众办实事”，扎实推进博爱家园建设，推动红十字会主责主业融入社区，打造群众身边的红十字会。全年，共开展“博爱送健康”系列活动 25 次，惠及群众 1452 人。社区博爱家园工作人员认真做好组织工作，提前了解群众需求，在社区网格群里发送活动预告并联系辖区社区医院在社区广场开展活动，包括开展专题健康知识讲座，向群众普及健康保健知识，为居民答疑解惑，现场进行义诊与健康咨询，引导居民树立健康观念、培养健康行为、建立科学、健康的生活方式，有效提升红十字人道服务能力水平。广泛开展“三献”宣传活动，努力营造良好氛围和环境，全年发放宣传资料 600 余份。在第九个“世界骨髓捐献者日”到来之际，联合区人武部在镇江市国防园开展造血干细胞志愿捐献集中采集活动。随着医疗用血需求不断增加，亟待群众主动参与无偿献血。为保障血液供应充足，区红十字会组织志愿者将献血车开进中船动力镇江有限公司，组织企业员工积极献血。动员全区机关干部、工作人员参与无偿献血，全区献血人数达 182 人，献血量达 55600 毫升。积极做好遗体器官捐献的宣传咨询，全年共有 3 名遗体捐献志愿者登记成功。

【红十字宣传工作】 利用“5·8”红十字纪念日，组织公益众筹，以实际行动表达爱心，形成全社会积极参与红十字事业的浓烈氛围；在第 15 个全国防灾减灾日，联合多家单位在万达广场举行“防范灾害风险 护航高质量发展”活动，吸引了商家和市民驻足体验、咨询与学习；9 月 9 日，在西津古渡开展世界急救日宣传活动，镇江实验学校的学生们宣讲西津渡历史和红十字文化，红十字救援队在救生会红船旁讲述先进的水域救援手段，还有更多群众手拿活动打卡地图，跟着主播盖章打卡，沿路了解西津渡中的红十字文化和精神。积极组织新闻宣传。以各类媒体为平台，大力营造红十字宣传氛围。2023 年，区红十字会在微信公众号发布信息 48 条、江苏省红十字会网站发布 51 条、镇江市级各类报刊发布 19 条、镇江市广播电视台发布 2 条、镇江市红十字会公众号及网站转载 32条。（区红十字会）

国家税务总局镇江市润州区税务局

2023年10月30日，“经济税情网格”工作启动仪式举行

2023年12月26日，润州区委宣传部巡学旁听区局党委理论学习中心组（扩大）学习会

2023年，润州区税务局坚持“扬优势、补短板，激活力、争一流”工作思路，聚焦“抓好党务、干好税务、带好队伍”三大关键领域，创新“经济税情网格”，实施“分级分类管理”，推动实干担当、激励比学赶超，各项工作取得显著成效。实施收入质量“一把手”工程，依法征税收费、应收尽收妥收，为地方经济社会高质量发展提供财力支撑，实现润州区一般公共预算税收收入12.32亿元。不折不扣落实税费优惠，惠企纾困更加有效，全年累计办理留抵退税1.6亿元，办理出口退（免）税4.33亿元。区局荣获2023年度润州区“建设现代化一流主城区”城市经济促进奖先进单位。区局纳税服务股入选全省税务系统首批新时代“枫桥式”税务所（分局、办税服务厅）。

2023年5月10日，开展税费服务宣传

2023年3月1日，组织税务干部到镇江市残疾人托养中心开展“雷锋精神我传承 菁税先锋在行动”志愿服务活动并捐赠爱心物资

润州区教育局

2023年6月，区委、区政府主要负责人检查中考保障工作

2023年3月，润州中等专业学校党员志愿服务进社区

2023年9月，朱方路小学少年警校队员寻访先锋模范

2023年，润州区教育系统继续以习近平新时代中国特色社会主义思想和习近平总书记关于教育的重要论述为指导，立足大智慧谋划发展方略，按需求实施教育投入，多举措推进教育改革，不断优化教育生态，进一步加快全区教育事业全面、协调、可持续发展。

2023年3月，宝塔路小学与市蔬菜研究所开展共建劳动种植活动

2023年5月，学前教育宣传月启动仪式举行

2023年4月，开展春天采茶忙活动

2023年4月，首届润州区“童趣足球”嘉年华活动在机关幼儿园举行

2023年3月，润州区中小学第三届“校园之声”合唱节举行

2023年3月，开展学习雷锋好榜样活动

2023年5月，润州区教育系统入党积极分子培训在韦岗战斗胜利纪念碑举行

润州区城市管理局

2023年1月，区政府主要负责人慰问一线环卫工人

2023年12月12日，党委书记上党课

2023年，润州区城市管理局坚持以党的二十大精神为指导，围绕区委、区政府中心工作，凝心聚力，攻坚克难，各项工作有序进行。推进垃圾分类治理。2023年，建设省级垃圾分类达标小区33个，“四分类”小区152个，设置小区垃圾房48座，推动垃圾分类“撤桶并点”工作落到实处。报实报足“再生资源回收网点监管平台”微信端小程序数据。定期开展垃圾分类模范家庭评选、“变废为宝”垃圾分类积分兑换等活动。组织垃圾分类进社区、进校园、进企业等活动26场，营造垃圾分类人人参与的氛围。提升环境保洁质量。牵头开展“洗街、净街、靓街”文明城市建设专项行动，以主干道、综合体周边为重点，进行“人机结合”清洗作业，整治背街小巷超380条，清运积存垃圾近42吨，清理小广告4.5万余处。全年检查整改问题4800余个；规范管养公厕106座，不断提升环境保洁水平。及时完善设施设备。对6座中转站例行出新维护，所有中转站配装喷雾除臭设备；升级改造公厕5座，主次干道新增果壳箱220余只；新增8吨密闭车1辆，拉臂车1辆。新建（改造）农村固定式垃圾房15座，改造农村公厕1座，不断改善农村基础设施。提升农村人居环境。积极开展城乡环境卫生大扫除行动，对农村人居环境进行专项检查，督促街道对房前屋后乱堆乱放、乱披乱挂、水塘漂浮物较多等现象进行全面清理，下发督办单117份，并逐一检查销号，切实改善农村人居环境。

2023年5月，在润州广场宣传新修订的《江苏省城市市容和环境卫生管理条例》

2023年9月，开展垃圾分类进机关主题活动

2023年5月，拆除户外高立柱广告牌

润州区住房和城乡建设局

2023 年 9 月 5 日，桃西路片区老旧小区改造前

2024 年 5 月 9 日，桃西路片区老旧小区改造后

2023年，区住建局在区委、区政府的正确领导下，以习近平新时代中国特色社会主义思想为指导，贯彻落实中共二十大精神，凝心聚力、攻坚克难，全心全意办好事办实事，用心用情解难题解民忧，基本完成9个片区老旧小区改造17万平方米、11处危房解危5866平方米，推进11个项目房屋征收安置、污水处理达标建设等重点项目，增进民生福祉；聚焦物业小区、房地产、建筑业等行业管理，凝聚发展动力；聚焦建筑施工、房屋安全、燃气整治、城区防汛等安全职责，筑牢生命防线，切实发挥好城建条口主力军作用。获评2023年度区级机关部门考核一等次和综合考核“十佳单位”。

2023 年 7 月 6 日，开展房屋安全隐患排查

2023 年 9 月 27 日，在供气点进行现场安全检查

2023 年 12 月 6 日，对建筑工地进行扬尘治理

2023 年 12 月 20 日，开展燃气安全生产培训

2023 年 12 月 20 日，对居住小区排水管网进行整治

2023 年 11 月 17 日，对居住小区排水管网进行整治

润州区交通运输局

2023年10月，讲授主题教育专题党课

2023 年 12 月，落实党员发展工作

2023年，润州区交通运输局围绕年度重点工作，凝心聚力，主动作为，真抓实干，确保各项目标任务落实到位。

截至2023年底，润州区境内公路总里程49.332千米，其中一级公路23.9千米，二级公路2.96千米，四级公路22.472千米，有公路客运站场2个。铁路34.5千米，车站2个。

2023年8月，协调多方推进铁路沿线环境整治重难点工作

2023年8月，机关党员开展社区志愿服务

2023年7月，开展公路沿线环境整治工作

2023年12月，雨雪天气落实道路、桥梁除雪除冰工作

2023年12月，完成姚大圩江堤防护栏安装工程

润州区卫生健康委员会

2023年4月10日，召开全区卫生健康工作会议

2023年12月，举办党员轮训培训班

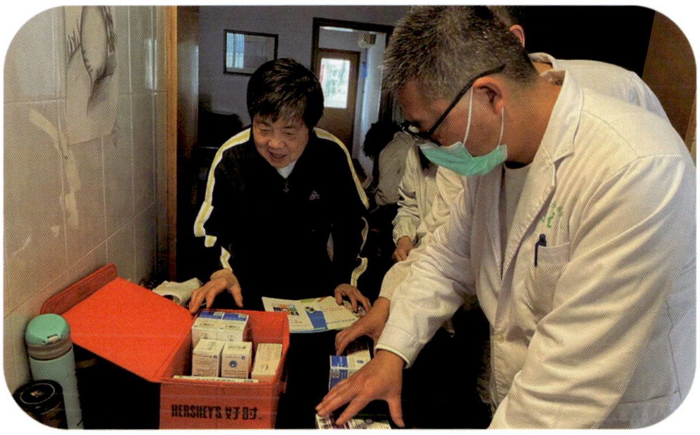

2023年4月20日，宝塔路社区卫生服务中心开展“家庭药师进万家　用药安全你我他”宣传义诊活动

2023年6月5日，工业园社区卫生服务中心组织医务人员走进校园，传播中医药文化知识

润州区卫健系统下设公共卫生单位3家，社区卫生服务中心7个。2023年，有在职员工637人，其中，高级职称56人，中级职称179人。

2023年10月10日，联合镇江市精神卫生中心、润州区宝塔路街道办事处在万达广场共同开展世界精神卫生日主题宣传活动

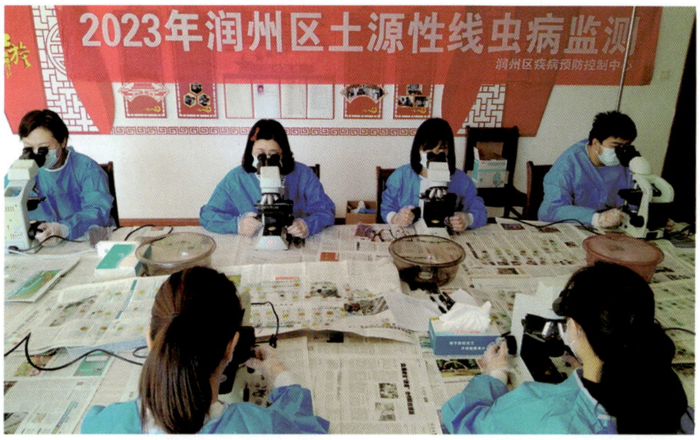

2023年11月，疾控部门开展土源性线虫病监测

润州区退役军人事务局

2023年2月9日，省退役军人事务厅韩骅（右1）到迎江路中心社区检查退役军人事务工作

2023年7月31日，润州区退役军人事务局组织困难退役军人进行座谈并送上慰问品

2023年3月30日，润州区退役军人事务局组织开展"镇爱优抚·结对认亲"活动

2023年，在润州区委、区政府的正确领导和社会各界的大力支持下，区退役军人事务局坚决贯彻落实习近平总书记关于退役军人事务工作重要论述，践行初心使命，勇于担当作为，推动退役军人事务工作高质量发展。

政治引领充满活力。加强退役军人思想政治和矛盾问题攻坚化解，"涉退役军人信访突出问题攻坚化解巩固提升年行动"取得显著成效，矛盾攻坚化解率达100%。获得省级"戎耀之家"称号的单位1家，荣获江苏省最美退役军人提名奖的退役军人1名，戎耀练兵积分排名位列全市第一。

就业创业创先争优。面向退役军人开展专岗招聘，纳入就业创业高质量考评的自主就业退役军人就业率100%，3名军创企业家被评为镇江市退役军人创业之星。

双拥褒扬特色彰显。高质量完成军地互办实事项目，开展送文艺进军营、送喜报上门、协调军人子女入学等拥军活动，对双拥示范基地进行提档升级，为全市争创全国双拥模范城贡献了力量。

服务保障体系建设走在前列。全面落实"四尊崇"（是指在新兵入伍时进行的四种尊崇仪式：欢送仪式：为新兵举行欢送仪式，表达对军人的敬意和祝福。悬挂光荣牌：在新兵家中悬挂"光荣之家"牌子，象征着荣誉和骄傲。集体座谈：组织新兵及其家人进行集体座谈，加深彼此的了解和沟通。拍集体照：为新兵拍摄集体照，记录这一重要时刻。）"五关爱"（是指对退役军人返乡后的五种关爱措施：迎接仪式：为退役军人举行迎接仪式，表达对他们的欢迎和关怀。谈心谈话：与退役军人进行谈心谈话，了解他们的需求和困难。宣讲政策：向退役军人宣讲相关政策，帮助他们更好地适应社会。推介岗位：为退役军人推介合适的就业岗位，促进他们顺利就业。高效办事：提供高效的服务，确保退役军人能够及时办理相关手续。）"六必访"（是指对退役军人及其家庭进行的六种必访关怀：退役返乡必访：退役军人返乡后必须进行访问，表达关心和支持。立功受奖必访：当退役军人立功受奖时，必须进行访问以示祝贺。英模典型必访：对英模典型的退役军人进行访问，表彰他们的贡献。重要节日必访：在重要节日如春节、国庆等，进行访问以示关怀。遇到困难必访：当退役军人遇到困难时，必须进行访问以提供帮助。重大变故必访：当退役军人家庭发生重大变故时，必须进行访问以表达慰问。）服务内容，把服务保障系统APP运行落到实处，2023年度工作信息录入居全市首位。

优抚水平显著提升。开展结对认亲活动，27家机关、企事业单位与42户烈军属、困难退役军人结对认亲，积极拓展优待证优待项目，提升优待证含金量，利用有限资金为全部重点优抚对象和部分困难退役军人购买"爱军保"。

2023年7月27日，润州区退役军人事务局组织参战老兵开展“忆峥嵘岁月　担强军使命”主题活动

2023年7月31日，润州区退役军人事务局组织军创企业家就业创业促进会开展座谈会

2023年2月21日，润州区退役军人事务局上门为抗美援朝老兵送纪念照片

2023年3月7日，润州区退役军人事务局与驻镇部队官兵、参战老兵代表、少年军校学生共植双拥林

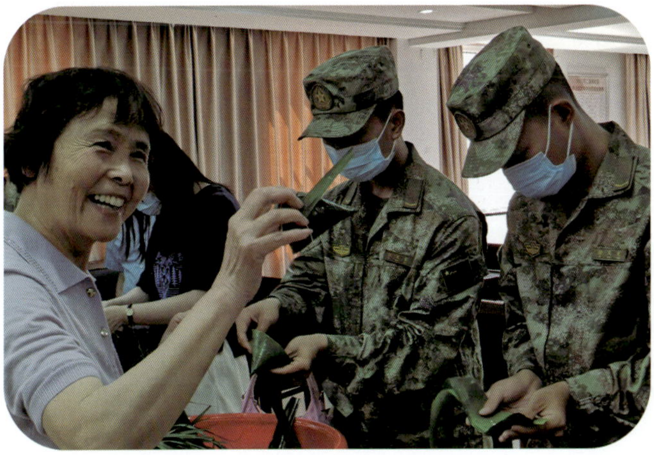

2023年6月9日，润州区退役军人事务局与驻镇部队开展军民共建迎端午活动

2023年4月3日，润州区退役军人事务局组织南徐小学学生到烈士陵园开展“热血少年　致敬英烈”清明祭英烈活动

镇江市公安局润州分局

2023年2月16日，召开全区公安工作会议

2023年3月31日，召开全区公安机关党风廉政建设暨队伍建设工作会议

2023年，在润州区委、区政府和镇江市公安局的坚强领导下，镇江市公安局润州分局以习近平新时代中国特色社会主义思想为指导，紧紧围绕贯彻落实中共二十大精神、奋力推进公安工作现代化主题主线，学思想、强党性、重实践、建新功，谱写了润州公安高质量发展的新篇章。

忠诚履职，守望平安。圆满完成了全国两会、亚运会安保维稳、夏季行动等艰巨任务，守住了“五个严防，三个确保”工作底线。赓续奋进，打牢基础。锚定“双稳双争、双变双降”奋进目标，主战主防职能体系初步形成，“大要案牵引、情报引领”机制初见成效，攻坚专业手段提档升级，能谋善战基础稳固奠定。擎旗奋进，凝心聚力。以严管厚爱凝聚警心，纵深推进队伍发展，创新实施了党建工作“铸魂”、典型选树“聚英”、青年民警“振翼”、带辅强辅“提优”、警营文化“润心”五大工程，锻造出政治过硬、本领高强、作风优良的高素质公安铁军。能打敢拼，跨越突破。实现了“一稳四降”，确保了社会大局总体平稳，刑事发案、八类恶性案件、电信网络诈骗、行政案件四项指标同比下降。守正创新、亮点纷呈。研发应用“扳机”敏感警情预警系统，躬耕深化“十户联防”、矛盾纠纷化解，巩固了登云路治安难点治理成果，化解了世茂云图、远洋三期、领城国际等问题楼盘产生的风险，获得区、市主要领导的高度认可。

2023年1月10日，润州广场警务工作站正式揭牌

2023年7月，强化夏季治安打击整治统一行动

2023年11月，分局战龙突击队强化练兵

2023年6月28日，开展七一主题亲子诗词朗诵比赛

2023年8月18日，开展夏季治安打击整治“巡查宣防”统一行动

2023年4月3日，开展“传承红色基因，弘扬英烈精神”清明主题活动

2023年6月7日，润州公安护航高考

2023年8月16日，开展“润护童心·守望成长”小警察夏令营活动

2023年4月28日，全区公安机关“振翼”工程师徒结对拜师仪式举行

润州区人民检察院

2023年8月31日，江苏省人民检察院党组主要负责人一行调研润州区人民检察院

2023年4月25日，镇江市委主要负责人调研“南山蓝”城市山林法治教育基地

2023年，润州区人民检察院深入践行习近平法治思想，在传承红色基因中筑牢理想信念，在忠诚履职中坚守法治信仰，各项检察工作持续向好，获得“全国政法智能化建设创新奖”“全省检察改革创新项目优秀奖”“江苏智慧法治创新案例”等集体荣誉和个人表彰29项。

2023年6月13日，江苏省委政法委相关负责人一行调研“南山蓝”城市山林法治教育基地

2023年5月29日，江苏省人民检察院党组相关负责人调研“南山蓝”城市山林法治教育基地

2023年11月30日，召开镇江市润州区人民检察院全体干警大会

2023年7月21日，润州区人民检察院被评为第一批全省检察官教育培训基地，“南山蓝”民营企业法治教育点入选特色现场教学项目

2023年5月30日，由镇江市政协、镇江市人民检察院相关负责人共同揭牌，润州区人民检察院正式成为“中国预防青少年犯罪研究会”会员单位

2023年10月24日，润州区人民检察院在全省优秀社会治理检察建议及回复现场评审会中获得双十佳

2023年10月20日，陈君宇（左六）荣获“全省检察机关书记员能手”称号

2023年7月25日，开展法治小课“未”爱护航行动

润州区人民法院

2023年2月10日，省委常委、省委政法委负责人到镇江调研政法工作期间视察润州区人民法院诉讼服务中心

2023年7月25日，部分全国、省人大代表和政协委员、特约监督员到镇江市润州区人民法院金山湖人民法庭现场视察，调研矛盾纠纷多元化解工作

2023年3月21日，在京口区行政复议听证室巡回审判物业争议案件

2023年9月23日，镇江深国投商用置业有限公司破产清单实物分配暨现场选房会议在润州区人民法院召开

2023年，镇江市润州区人民法院坚持以习近平新时代中国特色社会主义思想为指导，在区委坚强领导、区人大有力监督和上级法院监督指导下，在区政府、区政协和社会各界支持下，全面贯彻中共二十大精神和习近平总书记有关江苏、镇江工作的重要指示精神，紧紧围绕区委“建设现代化一流主城区”目标定位，坚持公正司法、能动司法、为民司法，各项工作取得新成效。全年，共受理各类案件13553件，结案12457件，员额法官人均结案377件。先后有4个集体和9名干警获市级以上表彰。

2023年7月18—19日，院领导带队深入官塘创新社区8家科创型企业开展调研，提出13项规范意见降低企业涉诉风险

2023年12月8日，开启司法拍卖一件事一次办服务新模式，来自上海的王先生成为镇江首位在法院成功办理不动产过户登记、领取不动产权证书的法拍房买受人

2023年10月23日，离退休老法官、青年法官和法官助理共同开展“送法暖重阳　普法志愿行”主题活动

2023年7月，立案庭法官融入网格，联合社区、司法所、银行等多个部门、单位共同发力，为脑梗住院、行动不便的失独老人解决监护之困

2023年12月29日，为30名工人集中发放执行案款

润州区市场监督管理局

2023年2月17日，召开新春第一会

2023年9月12日，总局领导现场调研基层分局标准化规范化建设工作

2023年，润州区市场监督管理局在区委、区政府的坚强领导下，在区人大、区政协和社会各界的监督支持下，秉持“人民至上、服务为先、实干为要”发展理念，坚定扛起“争当表率、争做示范、走在前列”重任，敢为善为促发展，用心用情保安全，守住食品、药品、特种设备和产品质量“安全线”，谱写市场监管服务高质量发展的“新篇章”，在推进中国式现代化润州新实践中贡献市场监管力量。

2023年5月26日，召开大型商超行政指导会

2023年4月26日，在万达广场开展知识产权宣传活动

2023年12月2日，在润州山路社区开展“徽·周六”志愿服务活动

2023年10月26日，局老干部党支部开展“铭嘱托铸忠诚强动力”主题党日活动

政法委与综治

【概况】 2023年，全区政法系统把深入学习宣传贯彻党的二十大精神、习近平总书记对江苏工作重要讲话重要指示精神和开展学习贯彻习近平新时代中国特色社会主义思想主题教育，作为贯穿全年工作的主题主线，忠诚履职，担当作为，党的绝对领导不断加强、服务保障大局更加坚定有力、政治社会环境持续安全稳定、执法司法质效明显提升、政法干警整体素质进一步增强。全区群众安全感达99.5%，再创历史新高。

【政法系统党的政治建设】 坚定不移加强政法系统党的政治建设，深入开展主题教育，全区政法干警自觉用习近平新时代中国特色社会主义思想凝心铸魂，始终把捍卫“两个确立”、做到“两个维护”作为最高政治原则。制定政治轮训计划并组织实施，区委主要领导为全区政法干警讲授专题党课，区政法各单位举办“一把手”专题党课10场，组织政法干部赴中国浦东干部学院参加专题研讨班，分层分类开展政治轮训23场次、718人次。主动配合市委政法委对区委政法委开展督察巡查，对区检察院督察巡查问题整改落实情况开展“回头看”；完成对区法院的督察巡查，两年内实现全区政法单位全覆盖。组织35名政法领导干部开展政治忠诚剖析，剖析自身问题315条，制定整改措施86条。依托区检察院“南山蓝”城市山林法治教育基地，在全市率先建成政治忠诚教育馆，并被命名为市级政治忠诚教育馆。

【平安润州建设】 坚持把维护国家安全作为重大政治责任，扎实做好风险排查、风险研判、宣传教育等工作。把维护政治安全放在首位，深挖打击涉政有害活动，查处网上涉政案件14件14人；严防严打邪教活动，破获邪教组织案件3件，组织开展全省首次“全能神”邪教犯罪案件庭审观摩，最高人民检察院、省委政法委推广经验做法。依法严厉打击各类违法犯罪，社会治安持续向好，省、市挂牌整治重点地区登云路完成整治，刑事发案、八类恶性案件、电信网络诈骗案件比2022年分别下降15.7%、16.7%、25.4%，侦破系列盗窃“三电”设施案，获省领导批示肯定。常态化开展扫黑除恶，涉黑涉恶线索全部清零。深化运用维护稳定“五项机制”，牢牢守住安全稳定底线，圆满完成全国两会等重大活动和重要节点安保维稳任务。压茬组织“百日会战”“双月攻坚”及重点领域信访突出问题专项攻坚，化解信访积案9件，高质量完成“双下降”目标任务。加强特殊人员服务管理，严重精神障碍患者服务管理率提高16.9个百分点，综合绩效位居全市第二，特殊人员有效管控率保持100%，区智慧矫正中心项目正式启动，特殊未成年人保护“6+X”检社一体化模型项目获评2023年全国政法智能化建设智慧检务创新奖，创新监狱行刑智能互联检行一体化系统，获评全市政法创新课题一等奖。

【基层社会治理】 区委将党建引领城市基层治理作为书记项目，区委书记徐心田3次带队深入基层专题调研网格工作，有效破解网格运行质效难题。深入实施“精网微格”工程，优化微网格，明确微网格员“五大员”工作职责，选优配强微网格员，张贴微网格公示牌2000余张，市、区联动开展“三官一律”进网格、“网格合伙人”“网格沙龙”等系列活动，网格化服务质效显著提高。区、街道两级社会治理现代化指挥中心挂牌运行，区指挥中心搭建“1+4+1”基础平台框架，接入长江禁捕监控和污染防治系统等特色应用场景，依托市公共数据平台，上传发布各类数据245万多条，“网格吹哨、部门报到”机制不断完善；街道指挥中心积极探索“天网工程”、网格服务“云监管”等数字化治理新模式，有效赋能基层社会治理。一体推进三级矛盾纠纷多元化解“一站式”平台建设，区矛盾调处中心完成招投标前期基础工作，6个街道矛盾调处中心初步建成使用，村（社区）矛盾调处工作站建设有序推进。“12345”热线运行机制不断优化，受理工单28224件，按时办结率100%，有效答复率95.43%，省平台工单满意率96.86%，位列辖市区第二。金山街道、南山街道被命名为“镇江市社会治理现代化先进街道”，全区先进街道数量达到5家，银山门社区“化解老城区矛盾纠纷‘三微四巷’工作法”被选树为市新时代“枫桥式工作法”，七里甸街道陶乐荣获市“最美网格员”称号，评选区“最美网格员”10名、“最美微网格员”20名，典型示范引领作用进一步增强。

【从严管党治警】 坚决扛起全面从严管党治警政治责任，组织召开全区政法系统党的建设暨党风廉政建设会议，邀请区委常委、区纪委书记、区监委主任为全区政法干警作专题廉政报告，持续巩固深化政法队伍教育整顿成果，健全完善重大事项请示报告、工作述职、执法监督等党管政法制度机制，严格落实新时代政法干警“十个严禁”、防止干预司法“三个规定”，持续整治执法司法顽瘴痼疾，推动全区政法系统政治生态持续向善向好。唱响政法主旋律、传播政法正能量，全区政法单位宣传报道被省级以上媒体采用852篇，获得市级以上集体荣誉和个人表彰114项。

【全区政法暨信访工作会议】 2023年2月21日上午，润州区召开全区政法暨信访工作会议。会议坚持以习近平新时代中国特色社会主义思想为指导，全面贯彻落实党的二十大和中共二十届二中全会精神，认真贯彻落实中央、省委、市委政法工作会议和全国信访局长会议、全省信访工作会议精神，回顾总结2022年全区政法和信访工作，安排部署2023年政法和信访重点工作。区委书记徐心田作出批示，区委常委、政法委书记张庆松出席会议并讲话，副区长、公安润州分局局长俞斌作信访工作报告，区人大常委会副主任江朝民，区政协副主席易丽娟，区法院院长张传军出席会议。区检察院检察长鲍建武主持会议。

【润州区区域社会治理现代化指挥中心成立】 2023年8月10日上午，润州区区域社会治理现代化指挥中心正式挂牌。润州区区域社会治理现代化指挥中心（以下简称指挥中心）整合“润州区社会治安综合治理中心”“润州区网格化服务管理中心”“润州区大数据管理中心”“润州区政府公共热线服务中心”四个中心的原有职能，通过构建区域一体、扁平高效、全域联动的现代化指挥网络，助力区域治理体系和治理能力现代化。

（区委政法委）

公　安

【概况】 2023年，全区公安机关在区委、区政府和市公安局的坚强领导下，按照“市县主战、派出所主防”总体部署，锚定

2023年2月21日上午，润州区召开全区政法暨信访工作会议

（区委政法委　供稿）

2023 年 8 月 10 日上午，润州区区域社会治理现代化指挥中心正式挂牌
（区委政法委 供稿）

“奋力赶超、奋勇争先”奋进目标，围绕人民满意要求，保稳定、护平安、破大案、强基础，取得振奋人心的成绩。2023 年立案 1302 件，破案 48 件。

【防风险保安全】 年内，成功侦办镇江茂星置业有限公司骗取贷款案，推动“保交楼”顺利实现。公共安全牢。扎实开展危化品企业、群租房、三级消防单位等安全领域风险隐患排查整治工作，做到兜底翻、动态管、常态查、及时改，公安监管领域安全事故全年“零发生”。

【扛主业护平安】 强化严打整治攻势。先后侦破部督“10·12”非法生产销售窃听窃照专用器材案、“4·7”新型毒品案等一批挂牌案件，深化技术应用，侦破 17 年前杨某某被杀案，系全市年内唯一侦破的命案积案。系列盗窃“三电”设施案获副省长、公安厅厅长李耀光批示肯定，“10·18”非法控制计算机信息系统案被公安部十一局评为 2023 年度重大典型案件，警种主战牵引作用越发凸显。提升城市平安品质。重塑巡防勤务体系，优化整合 4 个综合巡区、6 个专属巡区，组建了一支 80 人的专职巡防队伍，接警速度、见警率“双提高”，街面侵财案件同比下降 8.21%，社会面巡防质态提升明显。深化基层基础建设。鹤林派出所、宝塔路派出所新址建设项目落地，分局执法办案中心、润州广场警务站建成使用，市第三届派出所所长“蓝山论剑”比武竞赛分获团体、个人前三名。

【优服务创品牌，提升管理效能】 服务营商环境不断优化。创新警企互通载体，在远洋产业园建成“警新警力”便民惠企合成服务中心，作为全省公安政务服务现代化 35 个试点培育项目重点打造，受到省、市多家媒体高频报道。深化数据赋能取得实效。在市公安局“必达战队”支持下，搭建“扫黑除恶”“死亡人员”“民族宗教”等一批数据模型并在全市推广，其中依托重复警情数据建模，精准指导重点部位警力巡防、矛盾纠纷排查化解，相关经验做法被《江苏法治报》刊登转载。十佳品牌创建亮点纷呈。3 个项目获评“十佳”，其中：“扳机”扣响一线预警全流程督办敏感警情被评为“十佳改革创新项目”，“20230220”系列跨省盗窃煤炭案被评为“十佳精品案件”，藏蓝芳华被评为“十佳服务效能品牌”。

【重规范优作风，展现良好形象】 思想教育促落地。以主题教育为龙头，先后举办“公安大讲堂”、政治轮训、红色教育、先进典型事迹和主题征文活动 48 场，开展“润战”练兵考核 28 次，队伍精神面貌焕然一新。问题查纠促落实。把队伍建设攻坚贯穿工作始终，通过抓早抓小抓苗头，狠抓纪律作风整治纠治，年内追责问责 35 人，较 2022 年虽略有上升，但投诉件数下降幅度明显，进一步发挥出“问责一个、警醒一片”的效果。激发效能促活力。坚持严治警厚爱警、树典型激活力，充分发挥现代化建设考评、高质量发展考核、“双考对接”指挥棒作用，营造比学赶超的“赛马”精神，年内 72 个集体及个人被表彰奖励，全警素质能力、执法水平进一步提升。

（公安润州分局）

检　察

【概况】 2023 年，区检察院深入践行习近平法治思想，在传承红色基因中筑牢理想信念，在忠诚履职中坚守法治信仰，各项检察工作持续向好，共获得“全国政法智能化建设创新奖”“全省检察改革创新项目优秀奖”“江苏智慧法治创新案例”等各类荣誉 29 项。

【服务中心工作】 牢记维护国家安全和社会安定的政治责任。依托全市邪教案件在区检察院集中管辖的优势，办理邪教案件 15 件 63 人。对武某某等 11 人利用邪教组织破坏法律实施案依法提起公诉，组织全省首次邪教犯罪庭审观摩，最高人民检察院、省委政法委推广经验做法。严厉打击暴力犯罪，2023年共起诉强奸、抢劫罪14件14人。聚焦“两卡行动”，打击电信网络诈骗犯罪，共办理相关案件64件90人。办理非法兑换外汇等新类型金融犯罪5件6人，妥善办理一件利用炒股软件诈骗江苏、山东等9个省股民的网络诈骗案，挽回群众损失50余万元。依法办理利用未成年人为明星打榜而实施诈骗的案件11件，引导学生自觉抵制不良“饭圈”亚文化。

扛起优化法治营商环境的法治责任。围绕市委“产业强市”一号战略和市检察院“镇合意·检先行”品牌建设，院领导带头办理利用对敲手段向境外非法兑换港币2300万元的外汇“黄牛”案1件，同步启动行刑反向衔接机制，向人民银行通报案件并建议对涉案人员予以行政处罚，被《检察日报》等予以宣传。办理破坏市场经济秩序犯罪43件124人，对职务侵占、挪用资金等危害企业健康发展的77名被告人提起公诉。全面推动企业合规，全年，共办理合规案件4件，不起诉2件。

落实守护青山绿水蓝天的监督责任。主动参与蓝天、碧水、净土保卫战，用“检察蓝”守护“生态绿”。运用无人机巡航等手段排查长江岸线环境污染线索，检察官牵头实地勘查10余次，督促、协同行政机关依法履职，受理案件线索15件，立案11件，提起刑事附带民事公益诉讼8件，追回涉案生态环境损害赔偿410余万元，督促职能部门拆除违法占用江滩建筑8095平方米。结合镇江大运河文化带建设，推动辖区内大运河文化遗产维护、保存、修缮的经验做法2次获新华社客户端宣传。

担当反腐倡廉标本兼治的使命责任。加强与纪委监委的密切协作，办理职务犯罪案件10件10人。依法对上级交办的江苏省农垦集团有限公司总经理助理季某某（正处级）挪用公款1400万元、受贿700余万元一案，省广电集团幸福蓝海股份有限公司副董事长曹某（正处级）渎职造成国有资产损失3.6亿元一案提起公诉。坚持受贿行贿一起查，对向多名公职人员行贿的宋自力行贿案提起公诉。开展“一案双查”行动，联合中国人民银行对案件赃款流向进行审查，从严打击下游洗钱犯罪。

2023年5月5日，区检察院对武某某等11人利用邪教组织破坏法律实施案依法提起公诉，组织全省首次邪教犯罪庭审观摩

（区检察院　供稿）

【司法为民工作】 持续深化平安润州建设。坚持“小案不小办”。依法打击发生在群众身边的盗窃、抢夺等多发性侵财犯罪，批捕56人，起诉106人。全力打好新时代禁毒人民战争，办理毒品案件6件10人，到学校、社区开展禁毒宣传6次。深度推进“扫黄打非”专项行动，办理“涉黄涉非”案件14件35人。坚持治罪治理并重，办理涉案近千万元的医保诈骗案1件，对利用工伤保险骗保等问题跨省制发检察建议，敦促案发地相关部门完善工伤和医疗保险稽核工作机制，加强社保资金管理，该检察建议被评为全省优秀检察建议。

有效解决群众急难愁盼问题。紧盯“民有呼、检有为”目标，创新发展新时代“枫桥经验”，运用公开听证、刑事和解、司法救助等制度，确保“群众信访件件有回复”，受理刑事和解程序案件13件，促成和解11件。共接收来电来信来访175件。院领导包案化解了信访长达十余年的濮某某与某市级机关行政争议检察监督案，实现了行政争议实质性化解。针对涉案困难群体，坚持“应救尽救”，共发放救助金46人56.65万元。在全市率先以会签文件的形式与妇联建立妇女权益保护合作工作机制，从线索移送、救助范围、救助方式等方面明确工作要求，加大妇女保护力度。

护航未成年人成长之路。树

立“全程关爱”理念，持续深化“未成年人零犯罪社区”等特色工作，实施“南山蓝”困境未成年人“6+X”护苗工程，已对240余名未成年人开展帮扶。与团区委合作实施“梦想小屋”“爱心暑托班”关爱计划，帮助4名困境儿童改善居住环境，帮助20余个新业态、新就业家庭解决暑期儿童托管问题。“零容忍”打击侵害未成年人犯罪，批捕8人，起诉21人。全面推行强制报告和入职查询制度，督促相关单位强制报告3件，开展从业查询200余人次。全面落实《中华人民共和国家庭教育促进法》，制发督促监护令11份。

【主责主业】 刑事检察向“优”升级。把“依法少捕慎诉慎押”作为办理轻微刑事案件的具体工作要求，对无社会危险性的依法决定不批准逮捕15人，对犯罪情节轻微的依法决定不起诉117人。加强刑事立案和侦查活动监督，监督立案5件，监督撤案12件，纠正侦查活动违法48件；纠正漏捕、漏诉31人。加强刑事审判监督，对刑事审判程序违法提出纠正意见25件次，提请抗诉2件，检察长列席审委会6次。加强刑事执行监督，以财产刑执行、社区矫正对象交付等领域为重点，监督和纠正各类刑事执行违法违规案件22件。

民事检察向“强”推进。坚持能动司法，完善民事监督多元化格局，民事再审检察建议法院采纳率、民事审判违法监督检察建议采纳率、民事执行监督检察建议采纳率均为100%，位居全市前列。办理的2件涉职业放贷人的虚假诉讼案，向法院制发再审检察建议均获采纳，其中1件已改判。充分发挥检察监督职能，保障农民工、未成年人等特殊群体合法权益，办理民事支持起诉案件11件，发出的支持仲裁书、支持起诉书均被采纳。

行政检察向“实”突破。坚持对行政诉讼和行政执法“双重监督”。行政审判违法监督检察建议采纳率、行政执行监督检察建议采纳率、行政再审检察建议采纳率均为100%。办理外地残疾人免费乘坐公交车权益保护案1件，向有关职能部门制发检察建议，推动行政规范性文件的修订更新，平等保护残疾人合法权益，打通法律法规落地的“最后一公里”。该份检察建议及行政回复均被省依法治省办、省检察院评为全省十佳社会治理检察建议及回复。

公益诉讼向“好”发展。扎实推进“六长出题”工作。围绕辖区消防安全、噪声污染等6个问题开展实地走访30余次，发现线索50余条，制发检察建议36份，均获采纳，督促相关部门排查消除安全隐患50余处。践行以“我管”促“都管”理念，制发行政诉前检察建议62件，被建议单位整改率达100%。积极稳妥开展文物保护公益诉讼检察监督，督促主管部门加强对五卅演讲厅、嵇直故居的保护。积极调动社会力量参与保护社会公共利益，聘任“益心为公”检察云平台志愿者106名，参与公益诉讼案件办理工作。

【文化品牌建设】 以党建引领促进业务融合。做精首批全省十佳检察文化品牌“红润金山”，坚持“党建引领、特色发展”理念，以党建促队建，提拔4名优秀年轻干警充实到中层干部岗位，进一步激发干事创业热情。融党建理论成果被中共中央党校出版社的专著收录，经验做法3次获“学习强国”江苏学习平台、2次获市委组织部“镇江先锋”宣传推介。“南山蓝”法治教育基地被评为全省首批检察官教育培训现场教学实践基地，“南山蓝”民营企业法治教育点入选特色现场教学项目。代表委员、专家学者、企业家、社区工作者及广东、江西等地检察同仁400余

2023年4月25日，市委书记马明龙（左三）调研全市检察工作，视察区检察院“南山蓝”城市山林法治教育基地 （区检察院 供稿）

人次先后到润州视察调研。

以护航民企推动经济高质量发展。将西津渡“救生会”的救生精神与检察文化相融合，因地制宜打造“津渡护航”护航民企文化品牌。院领导走访瑞祥集团、冬云数据、东南大学校友产业园等40余家企业，举办座谈会8场，及时梳理企业需求、建议50余条。“线上”依托“润州检察在线”微信公众号开通“检企心连心”绿色通道，定期推送涉企犯罪典型案例。走进镇江文广集团“法治时空直播间”，倾听企业诉求。“线下”在“12309”检察服务中心开设护航民企直通车窗口，专人对接跟进企业需求，提高检察服务效能。

以数字赋能助力市域治理现代化。为贯彻落实中发〔2021〕28号文决策部署，区检察院聚焦“冰心玉壶”市域治理文化品牌建设，以数字赋能深化特殊群体系统治理，完善RNR（“风险（Risk）—需求（Need）—响应（React）”的简称）智能互联监督模型，推动社区矫正工作从“精准管”迈向“精准矫”，该工作获市委政法委和市检察院主要领导批示肯定，区委政法委出台制度性文件并在全区进行推广。探索研发特殊未成年人保护“6+X”检社一体化模型，通过大数据实现对未成年人保护全过程的可视、可控、可查、可纠，理论成果获2023年全国政法智能化建设创新论文、创新方案两项荣誉，区检察院成为“中国预防青少年犯罪研究会”会员单位，系全国基层检察院中首家。

【队伍建设】 旗帜鲜明讲政治、铸忠诚。始终把“讲政治”摆在队伍建设首位，促进政治建设与检察业务建设深度融合。扎实开展学习贯彻习近平新时代中国特色社会主义思想主题教育，深入学习贯彻中共二十大精神，坚定拥护“两个确立”、坚决做到“两个维护”。严格执行重大事项请示报告制度，向区委、区委政法委和市检察院请示报告重大事项41次。全面落实意识形态工作责任制，加强“两微一端”新媒体和各类传统媒体的阵地建设，意识形态阵地更加巩固，安全态势持续向好。

行稳致远夯基础、提素能。突出实战实用导向，完善“教学练战”一体化培训体系。以“头雁效应”激发“群雁活力”，落实入额院领导带头办案制度，共办理各类案件133件。鼓励干警参加省、市检察院业务竞赛，在实战中拓宽视野、增长才干，2名书记员在首届全省书记员技能竞赛中分获标兵、能手称号，2名干警在全市业务竞赛中取得佳绩，3项研究成果获2023全国政法智能化建设创新奖。

驰而不息正检风、肃检纪。深化巩固主题教育和政法队伍教育整顿成果，认真迎接镇江市委政法委政治督察“回头看”和市检察院政治督察，补短板、强弱项，突出“立行立改”与“长期坚持”并重。狠抓“三个规定”等纪律规定严格执行。采用集中学习、交流研讨、主题党日等形式系统学习中央八项规定精神、江苏省检察机关“十条禁令”和“四项铁规”等文件，要求全院干警把政治纪律和政治规矩放在首位，自觉遵守廉洁从检各项规定，筑牢检察队伍的政治忠诚。

持之以恒促公开、赢公信。始终铭记“监督者更要自觉接受监督”，主动接受人大法律监督，专题报告未成年人检察、企业刑事合规工作。邀请人大代表、政协委员、人民监督员视察检察工作、参与检察办案472人次。深化检务公开，主动向社会公布重大案情、案件程序性信息748件，利用门户网站、新媒体及时发布检察动态，充分保障人民群众知情权、参与权、表达权、监督权。深入开展“护航现代化、建功新征程”法治宣传活动，开展检察开放日活动30次、“讲百案”20场、“进千企”18次、“访万家”15次。（区检察院）

法　院

【概况】 2023年，区法院坚持以习近平新时代中国特色社会主义思想为指导，在区委坚强领导、区人大有力监督和上级法院监督指导下，在区政府、区政协和社会各界支持下，全面贯彻中共二十大精神和习近平总书记对江苏、镇江工作重要讲话重要指示精神，紧紧围绕区委“建设现代化一流主城区”目标定位，坚持公正司法、能动司法、为民司法，各项工作取得新成效。全年共受理各类案件13713件，结案12881件，员额法官人均结案358件。先后有4个集体和9名干警获市级以上表彰。

【创新驱动发展服务】 聚焦城市经济转型升级，妥善审结涉重大产业、重大建设工程等案件92件。护航数字经济新赛道，审结涉互联网经济纠纷案件176件，深入官塘创新社区8家科技初创型企业开展调研，帮助解决经营法律风险13个。支持城市面貌焕新蝶变，妥善化解涉征地拆迁纠纷79起。服务和保障“保交楼、稳民生”工作大局，利用市场化、法治化方式助力“景天花园”“倚山雅筑”等问题楼盘实现复工续建，300余户

2023 年 9 月 23 日，镇江深国投商用置业有限公司破产清算案实物分配暨现场选房会议在镇江市润州区人民法院召开

（区法院 供稿）

业主实现“家园梦”。在全市率先推行不动产司法和破产处置“一件事一次办”改革，将执行“一件事”平台纳入政务“一张网”建设，让群众“多次跑腿”变为“一次办结”，运用该机制，以实物分配方式完成“深国投”破产清算，480 名债权人的 3.68 亿元债权得到清偿，挽回税收债权 1600 余万元。

【法治化营商环境优化】 打造“法合（以法兴业，和合共赢）”商事调解工作品牌，诉前调处涉企纠纷 2922 件，成功率居全市法院前列，得到全国工商联充分肯定。维护市场交易秩序，审结合同纠纷案件 3986 件。推进产权保护法治化，审结涉股东出资、股权转让等案件 100 余件，切实维护中小股东合法权益。积极推进“诚信镇江”建设，为 33 家市场主体修复信用。深化依职权启动“执转破”工作机制，受理破产案件 52 件，化解债务 7 亿多元，有效促进“僵尸企业”出清。

【法治政府建设】 受理各类行政案件 683 件，审结 584 件。发布行政审判年报，获区委主要领导批示肯定。邀请检察机关参与化解行政争议，多方联动实质化解行政争议协作机制获评全市“优秀法治惠民实事”。妥善审结全国重点文物保护单位“新河街一条街”、市级文物保护单位“新丰车站”公益诉讼案，用公正司法治愈文物“伤疤”。健全司法和行政良性互动机制，开展联席会议 12 次、专项培训 1000 余人次，邀请行政机关执法人员观摩庭审 400 余人次。向有关职能部门发送司法建议 12 份，促进行政机关依法行政。“市民政局不予撤销卞某挂名登记案”入选全省行政审判十大典型案例。

2023 年 12 月 7 日下午，全国工商联法律服务部部长涂文（前排中），省工商联党组成员、副主席李晓林（前排左一），省工商联法律维权处处长杨栋（后排左二）到润州法院诉讼服务中心，对商事调解和审判工作进行调研

（区法院 供稿）

【维稳工作】 受理各类刑事案件 470 件，审结 425 件，62 人被判处五年有期徒刑以上刑罚。审结危险驾驶罪、交通肇事罪案件 173 件 174 人，维护群众安全出行。审结“黄赌毒”犯罪案件 39 件 39 人，有力净化社会风气。审结“帮信罪”等案件 46 件，坚决斩断网络诈骗产业链。严惩“保健品坑老”等养老诈骗犯罪案件 22 件，判处涉案金额 1.46 亿元的特大保健品诈骗案主犯熊某某、王某 10 年以上有期徒刑。依法惩腐肃贪，审结职务

犯罪案件4件。坚持宽严相济，对308名轻刑犯依法适用缓刑等非监禁刑。

【诉讼服务水平提升】 倾力打造“优+”诉讼服务标准，提供“一站式”全过程陪伴引导服务1325人次。推行“全域诉服”，办理跨域诉讼服务事项260件。以行动诠释司法温度，为“老弱病残孕”等特殊群体提供“手把手”上门诉讼服务43次，打通服务群众“最后一公里”。

【民生权益保障】 始终坚持民生无小事，妥善审结涉民生民事案件4000余件。审结物业纠纷案件647件，“前物业公司侵吞业委会收益案”被《人民法院报》报道。护航未成年人健康成长，为2人封存犯罪记录，开展回访帮教17次。妥善审理涉老权益案件79件，用“法院红”守护“夕阳红”。弘扬社会主义核心价值观，对一起均不愿承担抚养子女义务的离婚案件判决不准予离婚，登上微博热搜并被中央政法委、“人民网”公众号转发。对学术不端行为坚决说“不”，审理的一起“代写论文案”被“学习强国”学习平台刊载。

【群众胜诉权益维护】 执结各类执行案件4871件，执行到位6.21亿元。开展“小标的大民生”“雷霆2023”等专项执行行动，执结追索劳动报酬、抚养费等涉民生积案337件，执结刑事涉财案件220件，执行到位3700余万元。强化执行威慑力度，向公安机关移送拒执罪线索3件，已立案1件。对违反“限高令”的6名被执行人予以罚款，决不让“限高令”成为“纸老虎”。坚持“逢拍必清”，刚柔并济执行强制腾房案件20件，一件长达10年的“骨头案”被圆满化解。

【诉源治理成效更加显著】 强化诉源治理，诉前调解案件5676件，调解成功率达86.05%，新收民事案件数近年来首次下降。探索消费者权益纠纷多元化解新机制，相关经验做法被中消协简报推广。深度参与网格治理，100余人次干警就地化解矛盾纠纷200余件，帮助失独老人解决监护困境的事迹被《人民法院报》报道。开展“法援惠民行”等活动40余场，制发企业用工风险提示函等主题宣传资料2000余份，切实增强人民群众法治意识。

【司法责任制落实】 全面推行“阅核制”，出台《院庭长阅核工作意见》，切实让监督管理“沉”下去。充分发挥院庭长带头办案示范引领作用，院庭长办理案件4821件。大力开展积案清理攻坚行动，超12个月以上未结案件基本清零。对被发回改判、重大信访等案件逐案评查，以评查倒逼质效提升。

【诉讼制度改革】 深入推进以审判为中心的刑事诉讼制度改革，为69名被告人指派辩护律师，刑事案件律师出庭辩护率达100%。推行刑事“简案快审”机制，适用速裁程序审结近九成的轻微刑事案件，案件平均审理周期不到10天。启动诉前鉴定改革，道路交通事故、建设工程等案件诉前鉴定率达100%，跑出能动司法“加速度”。深化书记员驻庭改革，变“跟人”为“跟案”，12名驻庭书记员每月记录庭审超400场，提高了工作效率。

【主题教育扎实开展】 认真学习贯彻习近平新时代中国特色社会主义思想，采用“及时传达”“重点引领”“集中学习”“专题研讨”等方式不断深化主题教育，开展院长、支部书记讲党课、专家辅导30余场，举办

2023年7月25日，《人民法院报》报道区法院法官依托法官进网格工作机制，与街道社区共解失独老人监护困境的事迹

（区法院 供稿）

"牢记嘱托、感恩奋进、走在前列"大讨论、专题读书会等活动400余人次，促进全院干警进一步坚定理想信念、提高政治站位。深入推进"一支部一品牌"创建，丰富党建品牌内涵，打造坚强战斗堡垒。金山湖人民法庭继获评"全省法院党建工作先进集体"后再获"全省优秀人民法庭"称号，1名干警获评全国法院党建工作先进个人。

【素能提升】 加大人才培养力度，5名干警通过竞争走上中层领导岗位，4名青年干警通过遴选成为员额法官，1名法官被评为全市审判业务专家。强化专业培训，常态化开展员额法官轮训、书记员技能竞赛等300余人次，切实提升干警履职本领。大兴调查研究之风，1篇论文在全国法院学术讨论会中获奖，2篇信息被省法院简报采用，1篇信息被《江苏信息》刊发，实现"零的突破"。此外，1场庭审被评为全省法院"百场优秀庭审"，1份判决荣获全省法院行政优秀裁判文书二等奖。

【正风肃纪】 主动配合市中级人民法院司法巡查，查摆问题29条，制定出台48项措施进一步巩固队伍教育整顿成果。自觉接受区委政法委督查巡查，全面完成政治建设、纪律作风等3个方面9项问题的整改，完善日常监管机制27项，确保常治长效。从严落实防止干预司法"三个规定"，填报"三个规定"记录171条，让"有问必录、应报尽报"成为行动自觉。严格执行中央八项规定精神、新时代政法干警"十个严禁"等铁规禁令，运用执纪监督"四种形态"第一种形态问责干警21人次。

（区法院）

司法行政

【概况】 2023年，润州区司法局坚持以习近平新时代中国特色社会主义思想为指导，深入贯彻中共二十大精神，全面践行习近平法治思想，用高质量法治建设水平和专业务实的法律支撑，为法治润州提供坚实保障和优质服务。

【依法行政，提升法治建设满意度】 一是推进依法治区走深走实。制定《镇江市润州区贯彻落实〈法治政府建设实施纲要（2021—2025年）〉实施方案》重要举措分工方案和《镇江市润州区2023年法治政府建设工作计划》。二是做好法治审查工作。以区司法局名义出具法律审查意见25件，以区法律顾问委员会办公室名义出具法律审查意见28件，办理上级和区内文件征求意见事项10余件，办理或者协助办理政府信息公开事项10余件。三是做好行政复议工作。着力提高行政复议质效，实质化解率达到52%，全年行政复议直接纠错率13%，经复议被诉率3%，未发生复议败诉案件和被上级复议监督纠错案件。四是做好法治政府建设工作。召开润州区委全面依法治区委员会工作会议、润州区委全面依法治区办公室（扩大）会议。开展"双提双评"专项行动、法治街道建设二年行动、法治专项督查，对全区8家单位进行督查，36家单位开展座谈。同时征集12件法治惠民实事项目，被市级入选3件。

【调解组织规范化建设】 一是做好日常性调解工作。润州区各级调解组织调解成功并录入司法行政人民调解平台案例3269件。以四大专业性行业性调解组织为主，十家行政调解单位为辅，共通过非诉平台分派案件1525件，其中法院引调案件75件，微解纷申请29件，苏解纷申请248件，机构登记11236件。二是加强调解员队伍建设。根据《江苏省司法厅关于印发〈江苏省人民调解员等级评定管理办法（试行）〉的通知》，结合实际，制定《镇江市润州区人民调解员等级评定管理实施意见》，规范区级调解员等级评定申报机制，加快

2023年4月28日，润州区委全面依法治区委员会办公室全体（扩大）会议召开
（区法院 供稿）

充实专业队伍。三是完善基层法律机构建设。2023年，建成七里甸司法所、宝塔路司法所、金山司法所、和平路司法所4家中型司法所，同时成立南山司法所。区内5家基层法律服务所，每所至少有2名具有三年以上执业经历、能够专职执业的基层法律服务工作者。

【智慧矫正信息化建设】 一是做好特殊人群管控工作。全区共有社区矫正对象165名，安置帮教对象856名，后续照管对象73名，暂予监外执行3人。发起远程会见150件，审前调查143件，“必接必送”重点帮教对象5人，衔接率和列管率均达100%。二是做好软性帮扶教育工作。对矫正对象子女进行关怀，开展特殊人群子女“六一关爱”系列活动，解决家庭困难，安排心理辅导。三是加强智慧矫正机构建设。建立“百瑞吉”公益服务矫正基地，携手润州交警大队、润州区消防救援队、南山花鸟市场、镇江市急救中心等单位，签订共建协议，组织开展公益卫生、消防、救援培训10场，参与社会公益活动6场，联合演练2场，参与公益活动人员750人，在省市媒体报道35次。同时智慧矫正中心地址已敲定，电子设备已采购到位，正在装修建设阶段，2024年初开始正式运行。四是做好矫正特色“品牌”落地。按照《中华人民共和国社区矫正法》新规定精神，探索社区矫正“菜单式”公益服务新路径，根据社区矫正对象的个人特长，组织其选择参加公益服务“菜单项目”，制定八项“菜单式”公益服务内容，包括应急救援、反诈宣传、反邪教宣传、交通秩序维护等。全区已有50%的矫正对象主动“点单”，以此促进社会关系进一步修复。

【法治宣传】 一是开展特色法治宣传工作。开展“农民工学法活动周”“法护长江”“第三届民法典宣传月”等宣传活动，梳理群众的意见建议，回应群众的法律需求。全年，共开展以民法典宣传为重点的活动40余场次，受众9000余人次，发放各类宣传资料3万余份；开展法治宣传活动90余场次，发放宣传资料4万余份，受益群众万余人次。二是做好基层服务治理工作。完善“一村（社区）一法律顾问”制度，出台法律服务考评办法和评估机制，52名村社区法律顾问开展好村（社区）法律顾问工作。深入推动城乡“援法议事”活动。村、社区“援法议事”平台进一步完善，出版《润州区援法议事汇编》，推动援法议事全覆盖。落实“法律明白人”考核机制，强化动态管理，撤销“法律明白人”15名，新增27名，共有“法律明白人”611名。三是完成“八五”普法中期工作。以贯彻落实“八五”普法规划和决议为主线，加大全民普法力度，制定印发《2023年润州区普法依法治理工作要点》，客观评价全区“八五”普法成效，迎接省市的评估考核，针对迎检任务细则分解目标、责任到人。

【公共法律服务体系建设】 一是做好法律援助工作。全年，公共法律服务窗口共接待来访者900余人次，提供法律咨询并录入省厅平台系统394件，三台融合系统反映公法服务实体平台累计提供法律服务444件，群众满意率达100%。全年，新增4个村（社区）法律援助联络点，均已建成运行。在检察院共办理认罪认罚案件380余件。二是做好律师队伍管理工作。已对全区10家律师事务所，94名执业律师，4家公职律师机构，7名公职律师，逐一进行年检考核，全区新设立3家公职律师机构，新增公职律师5名。对所有律所进行网上巡查2次，实地检查1次，共检查案件卷宗136件，全年未发生投诉案件办理违反程序规定情况，无负面舆情。三是落实社区法律服务工作。52名村社区法律顾问律师基本上每月都到村社区提供现场服务，大部分服务时长达8小时以上，应部门、社区需求安排律师参加有关宣传服务活动及纠纷调解10余次，在市律协组织的首届法律服务品牌创新大赛中，辖区律所中江苏漫修（镇江）律师事务所获二等奖、上海山田律师事务所获得三等奖及优秀奖。四是侧重新业态人员合法权益。全年，组织律师通过普法驿站、法治广场、西津渡社区“网约车司机之家”、七里甸小商品批发市场等场所开展组织各类活动9场次，覆盖新业态群体200余人，对新业态新就业群体开设维权“绿色通道”，畅通线上线下案件受理渠道。

（武昀晖）

军　事

【概况】 2023年，润州区人民武装部（以下简称区人武部）党委以习近平新时代中国特色社会主义思想为指导，全面学习宣传贯彻中共二十大精神，坚决贯彻习近平强军思想，认真落实省军区、军分区党委扩大会议精神，高举旗帜铸军魂，聚力备战担使命，鼓足干劲抓落实，有效履行国防动员主责主业，圆满完成年度各项任务。

【党管武装】 2023年，润州区落实党管武装责任，合心合力推动党管武装工作与经济社会发展同步发展。强化党管武装责任意识，将国防教育课纳入区委中心组理论学习，结合区人武部党委（扩大）会，组织街道党工委书记开展党管武装工作述职，进一步增强各级党管武装的职责意识；以区“周末课堂”为平台，组织区国动委成员单位主要领导进行国防教育，组织区四套班子领导过“军事日”，集体参观海军“聊城舰”，进一步增强国防观念。注重形成党管武装合力，区委统揽、领导牵头，推动各部门合力支持武装工作；区委常委议军会专题研究解决民兵整组、基层规范化建设、征兵等相关工作，将党管武装工作考评纳入区高质量考核体系。营造“双拥”良好社会氛围，春节、“八一”两节前，区四套班子主要领导、区委常委分别带队走访慰问驻军部队，主动协调解决困难，支持联勤保障部队某团司训教学中心设备升级改造，组织区文化馆、参战退役军人艺术团等单位为驻镇部队文艺演出。创新拓展“尊戎”“镇荣”服务、点亮老兵“微心愿”等品牌内涵，营造拥军崇军的良好社会氛围。重视解决军人“三后”问题，为官兵解决后顾之忧。

【练兵备战】 2023年，区人武部坚持战斗力唯一根本标准，着眼本级任务，抓实战备训练。强化战备观念，正规战备秩序，全年保持战备值班“零差错”“零通报”。注重应急演练，专题组织抗洪抢险和反恐维稳演练，组织应急连开展迎接省军区民兵工作督导检查集训，提升应急处置和快速反应能力。立起为战靶向抓训练，完成轮训备勤年度训练任务；出动民兵完成部队过境保障任务，援战保障能力有效提升。锚定一流目标抓迎考，军事职业教育微课制作被军分区评为“精品微课”；遴选“四会”教练员参加军分区集训比武，获团体第二名；参加省军区民兵支援分队任务行动训练质量考核，区医疗救护分队取得全省第一的好成绩。

【风气建设】 2023年，区人武部认真学习省军区和军分区两级纪检监察工作会议精神，以迎接国动部党委巡视巡察为牵引，持续深化作风建设。严格落实民主集中制，用党内原则维护班子团结，用纪律规矩约束班子行为，始终坚持分工不分家、补合不拆合，班子凝聚力、战斗力不断增强。以军委后勤保障部“五治八查树形象”、国动部军地交叉地带“五查五纠”清查治理和行业领域整肃治理等系列活动为重点，“规定动作”严格落实不走过场，组织作风纪律“大反思、大讨论、大排查”教育整顿和主题党日活动，人人谈思想、谈认识、谈问题，确保思想受到警醒、灵魂受到触动。注重把廉洁征兵教育作为重点突出来，常态开展警示教育，及时传达上级违规违纪问题通报，组织观看《铁纪强军》《向深水区挺进》教育片，引导官兵在警示警醒中震撼心灵，在洗礼思想中强化遵规守纪意识。 （区人武部）

经济发展与规划管理

【概况】　2023年，面对复杂严峻的国际环境和艰巨繁重的国内改革发展稳定任务，全区上下坚决贯彻区委、区政府的各项决策部署，立足“双轮驱动”，瞄准“产业项目建设提升年”目标，坚持稳中求进工作总基调，围绕全区国民经济和社会发展的主要任务，进一步改进作风、强化举措、狠抓落实、压实责任，各项政策效果持续显现，经济发展稳中显韧，社会大局保持稳定。

2023年，完成地区生产总值300.05亿元，同比增长6.8%；一般公共预算收入16.3亿元，同比增长11.1%；固定资产投资58.08亿元，完成市下达目标；服务业应税营业收入174亿元，同比增长10.5%；实际利用外资510万美元，完成市下达目标；社会消费品零售总额151.2亿元，同比增长10.5%；城镇新增就业人数6365人（含高新区）；城镇常住居民人均可支配收入63354.4元，同比增长4.9%。

【“产业强区”】　聚焦“双轮驱动”和主导产业，坚定推动产业体系升级，打造新时代的实力润州。数字化转型步伐加快。把数字经济作为关键增量，推动数字经济与实体经济深度融合。研究制定数字经济专项政策，强化重点企业培育。镇研种业、正茂集团获省专精特新中小企业认定；江苏冬云、江苏鼎峰分别入选省规划布局内重点软件企业和专精特新软件企业；认定省三星级上云4家、市级创新型中小企业10家、市级中小企业公共服务示范平台3家、市现代服务业高质量发展创新企业5家。瑞祥集团“全球购”+“福鲤圈”数字智慧交融平台入选2023数字江苏建设优秀实践成果，旗下“瑞祥全球购”上榜“中国品牌500强”榜单。绿色发展积极推动。积极推动工业绿色低碳转型，船山矿完成熔剂线技改，区政府0.74兆瓦光伏发电项目作为政府试点工程顺利完工，全年单位地区生产总值能耗下降率2.08%，南山茶林研究所获评五星级省生态茶园。消费市场恢复态势明显。多措并举创新消费场景、激发消费热情。制定出台《润州区关于恢复和扩大消费的十六条措施》，延续开展“润州请您”系列消费活动，拉动全区消费近3000万元。举办“润州明月夜”嗨GO生活节，开通“乐享润州”抖音平台，累计真人直播30场、录播150场、探店达人100位，化“流量”为“销量”，交易额300余万元。

【“双招双引”】　强化“双招双引”和项目提升，多元积蓄创新发展动能，打造新时代的活力润州。招商工作多点开花。制定《润州区招商引资全域改革实施方案》，建立“一中心十组”招商队伍，全面提升招商水平。举办数智润州·启“杭”未来招商推介会、阿里云创峰会、数字经济研讨会，参加镇江（深圳）合作交流恳谈会，签约了中节能、网易等一批优质项目落户润州。项目建设稳步推进。编制国土空间总体规划润州分区规划、预支空间规模指标落地上图方案。编制《润州区重点项目管理办法》《润州区五会工作手册》，强化重点产业项目挂钩区领导周调度推进机制，9个市级重点产业项目开工率100%。招才引智卓有成效。聚焦新一代信息技术、智能制造等领域，强化人才引进和培育，全年省双创计划入选2个，市金山英才计划入选9个，顺利完成各项申报工作。支持重点片区发展。联东U谷·官塘科技港一期项目作为全市首个上市的新型工业用地项目，已于9月奠基，网易（镇江）联合创新中心10月开园，首批26家企业入驻；抢抓机遇，官塘创新社区综合智慧能源项目积极争取中央预算内项目资金。

【营商环境优化】 优化政策支持和涉企服务，塑造“近悦远来”经营环境，打造新时代的魅力润州。强化政策资金保障。构建“1+N”产业政策体系，修订《润州区关于加快推进产业发展的政策意见（2023年修订版）》《“润州最滋润”优化营商环境十条措施》《2023年润州区优化营商环境评价指标提升方案》，及时兑付2022年度区级产业政策资金近2900万元，惠及辖区企业113家。畅通政企沟通交流。创新性研究制定全年“7+N”系列政企合作交流方案，开展“家在润州”“筑梦润州”“自在润州”等多领域政企交流会，举办企业家人大代表营商环境座谈会、“我为优化营商环境献一策”等涉企对接活动。集中开展“润州最滋润”企业大走访活动，对92家“两级挂包”服务重点企业进行全覆盖深入走访，交办问题22项，办结率100%。探索创新审批模式。实施跨区域“一照多址”改革试点，创新开设“惠民驿站”，税务部门全面进驻政务服务中心、便民服务中心，实现多部门业务集成办理，办好惠民事。区政府和市税务局联合开展信用领域突出问题专项治理，营造更加宽松便捷的市场环境。

【生态保护治理】 推进生态建设和污染防治，牢牢守住生态保护底线，打造新时代的绿色润州。持续加强生态文明建设。全年PM2.5年均浓度35.4微克/立方米，优良天数比率77.1%，在全市5个国控站点中处于前列。国考断面水质平均浓度达Ⅱ类水标准。完成退化湿地修复3.33公顷、造林面积8.79公顷，湿地保有量5000公顷，自然湿地保护率77.82%，位居全市前列。扎实推进长江保护。在全市率先完成2022年度长江岸线清理整治任务，顺利完成2023年度镇江市长江经济带突出生态环境警示片披露问题，87个排查长江排口已全部完成整治。精心打造水韵润州。高标准完成国家级节水型社会达标县创建工作，编制水情教育地图。对周家河开展跨界河湖联防联治，光明河、四明河中段、周家河、东家庄塘坝达到区级幸福河湖标准。高质量完成长江堤防防洪能力提升工程建设，打造主城区唯一亲水平台。长效整治区容区貌。推动垃圾分类“撤桶并点”，在22个小区设置垃圾房24座。全年清运居民生活垃圾96251吨，规范管养公厕105座。完成黄山小区等9个片区、17万平方米老旧小区改造，惠及居民2001户。

【民生福祉】 兼顾生活保障和精神文明，擦亮群众美好生活底色，打造新时代的幸福润州。精心组织“创响江苏”春风行动、“金秋招聘月”等系列招聘活动5场次，提供岗位14000余个。充分发挥“零工市场”就业端口作用，为700位求职零工精准送岗1000余个。建成2家社区二级医院，全面完成血防围栏综合治理项目。常态化做好65岁以上老年人管理服务和健康监测工作，改造提升10个城市社区助餐点，完成83户老年人家庭适老化改造，验收、达标率均为100%。更新10套、新建14套一代全民健身路径，惠及16个社区。润州区被评为第二批省级文化和旅游产业融合发展示范区建设单位，“双减”校外治理工作经验在全国推广。全年，完成粮食种植面积137.33公顷，粮食总产量1059吨，同比分别增长5.1%、3.4%，实现了粮食种植面积、产量“两个不低于”目标。

（区经发局）

自然资源和规划管理

【概况】 2023年，镇江市自然资源和规划局润州分局（以下简称自规润州分局）全面贯彻中共二十大和中共二十届二中全会精神，持续深入学习贯彻习近平总书记对江苏工作重要讲话重要指示精神和关于自然资源工作重要论述，将自然资源保护放在人与自然和谐共生的高度统筹谋划，聚焦稳住总量、优化布局、压实责任三件大事，严守生态底线、优化空间格局、促进低碳发展、开展主题教育，以尺寸之功，积千秋之利，各项事业发展取得了一系列新成效、新进展，为实现中国式现代化一流主城区提供支撑保障。

【生态底图更加鲜艳】 自规润州分局致力于稳定耕地数量、提升耕地质量、增强耕地效能、优化耕地布局，加强耕地用途管制，严格耕地占补平衡管理，稳妥有序实施耕地年度“进出平衡”，积极推进耕地流出整改工作，健全耕地监测监管机制，超额完成了耕地保护任务，截至2023年年底，耕地面积达656.61公顷。积极推进矿山环境修复，全年完成3个历史遗留矿山图斑（自然恢复型）的省级复核工作，完成5.56公顷的历史遗留矿山图斑销号工作。科学推进国土绿化，深入推行林长制，建成黄鹤山林长制主题公园，抓好长江沿岸成片造林、绿色家园、城市路网建设、河道整治、村庄绿化示范达标等工程，2023年完成造林8.67公顷。年初制定的韦岗东家庄绿美村庄改造计划，被列入韦岗街道民生实事项目和全区2023年乡村建设任务，并顺利完成。2023年，全区林木覆盖率达32.82%，位居全市第一。积极开展了野生动物疫源疫病监测、生态系统外来入侵调查，完成东家庄野猪危害防控试点工作，全年救助各类野生动物共计60余次。围绕美国白蛾、松材线虫、竹蝗等，采取疫情监测上报、生物与物理化学防治并举的方式，扎实推进林业病虫害防治工作，美国白蛾监测较往年同期同比下降76%，2023年顺利拔除韦岗街道、官塘桥街道2个松材线虫病疫点。

【规划管理】 努力构建优势互补、高质量发展的区域经济布局和国土空间体系，坚持一张蓝图绘到底，厚植发展沃土，全力保障润州主城区建设向更高层次更高质量迈进。围绕构筑山清水秀的生态空间、构建多元复合的乡村空间、打造集约高效的城镇空间，高质量编制了国土空间总体规划润州分区规划，拓展城市发展空间，统筹好生产、生活和生态空间布局，协调好产业与城市布局、地上与地下布局。加强部门联动、精简材料，压缩时间，实现项目跟踪化管理。针对市、区重点项目需求，靠前服务，主动帮办，实现不动产权证、建设用地规划许可证、建设工程规划许可证“三证齐发”常态化，2023年，润州区营商环境不动产指标在全市排名提升到第二名。完善土地全生命周期管理，大力实施存量换增量、地下换地上、资金技术和数据换空间，促进空间布局持续优化，存量资源空间有效释放，节约集约用地水平进一步提升，供地率较2022年明显提高。2023年，共完成低效土地再开发19.93公顷，完成批后监管处置工作28.39公顷，远超市自规局布置的9.33公顷的工作任务。

【民生福祉】 紧扣群众切身感受和实际需求，实实在在做好当期可承受、长远可持续的民生实事。进一步规范被征地农民社会保障对象审核确认流程，扎实推进被征地农民社会保障工作，全年共实施征地报批项目6个，面积35.258公顷，安置被征地农民20人，征地补偿安置费用和社会保障费用及时足额到位。全力推进省委巡视问题931套房“办证难”化解工作，积极督促金山街道、和平路街道、七里甸街道办理。推进完善自然资源领域依法分类处理信访诉求工作机制，2023年受理各类信访事项137件，所有信访事项均在规定时间内办结，办结率100%。坚持“人民至上”“生命至上”原则，加强“人防”与“技防”结合，强化组织保障，压实安全生产责任。执行24小时全天候值班制度，加强地质灾害巡查，制定应急预案，完善群测群防体系网络，完成宝盖山滑坡治理工程，有效消除该区域7处重要滑坡隐患点。加强森林防火宣传，畅通森林防火通道，组织基层护林员培训、森林灭火演练，开展林下可燃物清理，建设森林防火视频监控系统，构建绿色生态屏障，全年未发生一起森林火灾。

【自然资源监管成果出新】 2023年年中，成立了市监察支队润州大队，全方面推动自然资源监管执法的转变和提升。压茬推进违法用地“清零”行动，11宗违法用地已整改到位并销号10宗，面积1.268公顷，整改进度排在全市前列。全年，开展动态巡查高达291次，涉及土地918宗，面积1638.53公顷。建成实时智能监管平台，推动“互联网+”执法体系，加大巡查广度，提升巡查效率，配合南京督察局开展2023年耕地保护督察工作，全年未发现新增违法用地。自规润州分局还积极推进非法占用农用地涉嫌犯罪问题线索排查核实工作、私搭乱建问题摸排工作、固废危废非法倾倒专项打击行动，持续化推进自建房、门面房既有建筑安全隐患排查整治以及扫黑除恶专项斗争等各项工作。

【党风廉政建设从严从实】 自规润州分局深入学习贯彻习近平总书记关于党的建设的重要思想，坚持以政治建设统领党的建设各项工作，提升党建质量引领事业发展。严格落实意识形态工作责任制，成立意识形态工作领导小组，印发实施意见，制定责任清单，明确学习任务，定期分析研判，及时纠偏矫正，加强宣传引导，牢牢把握意识形态工作

2023年4月12日，承办镇江市森林防灭火跨区演练

（自规润州分局 供稿）

的主动权和领导权。自规润州分局深入开展学习贯彻习近平新时代中国特色社会主义思想主题教育，成立领导小组，充分组织学习，开展谈心谈话，严格落实“一岗双责”，以“五责联抓”为抓手，把书记项目、书记上党课落到实处，深刻把握“学思想、强党性、重实践、建新功”总要求，进一步增强“四个意识”、坚定“四个自信”、做到“两个维护”。严明政治纪律和政治规矩，全年组织集中学习教育6次，观看警示教育片1部。锲而不舍落实中央八项规定，持续开展“清风自然·吾要廉”党风廉政教育月活动，开展廉政风险防控点反腐败专项斗争，严格执行“三重一大”民主决策制度，构建完善起“权责清晰、风险明确、制度配套、预警及时、措施有力”的综合化、体系化防控网络，逐渐建立起横向到边、纵向到底的作风建设制度体系。

（自规润州分局）

交通管理

【概况】 2023年，区交通运输局围绕年度重点工作，凝心聚力，主动作为，真抓实干，确保各项目标任务落实到位。

截至2023年年底，润州区境内公路里程49.332千米，其中一级公路23.9千米，二级公路2.96千米，四级公路2.472千米，公路客运站场2个。铁路34.5千米，车站2个。

【道路养护】 区交通运输局严格落实辖区内农村公路管理养护责任。一是日常管养不松懈。在全区继续推行农路路长责任制，落实好区、街道、村（社区）的管养责任，在街道同步推行乡村道路专管员制度，建立健全区、街道、村（社区）三级农村公路路长责任制管理体系。做好日常巡查管养维护工作，每月不定期巡查县道和跨铁路桥，每季度联合涉农路街道巡查乡、村道路况，发现隐患立即整改，落实好辖区内农路管理养护责任，确保公路安全畅通。清理县道石韦路两侧杂草树木约6000平方米，及时更换润州路破损护栏、警示桩，更新润州路路面标线。二是重点推进公路安全设施和交通秩序管理精细化提升工程。为全面做好区农村公路安全设施和交通秩序管理精细化提升工作，提升公路安全水平，按照省交通运输厅、市交通运输局部署，区交通运输局将该工程列入2023年农路重点工作，对全区14条农路17.246千米进行提升（南山街道4条5.714千米，韦岗街道10条11.532千米），主要措施为完善道路标线、标识标牌，完善临水、临崖、高路堤和桥梁等危险路段安全防护设施；及时清除影响视距的障碍物；针对构筑物、建筑物等难以清除的障碍物，应完善警告或限速等设施。韦岗街道安装村道临水护栏3处404米，警示桩120根，各类标志牌40块。区交通运输局将实施姚大圩江堤安全防护项目作为为民办实事的落脚点，投入15万元在和平路街道新金江社区下属自然村丹徒姚大圩北侧江堤沿堤坝安装约700米长的防护栏，消除交通安全隐患，为群众欣赏江堤风光打造坚实的安全屏障。

【行业监管】 2023年年初，对辖区内重点货运企业进行排查并在区政府网站上向社会公示。针对排查出的重点企业，区交通运输局每月安排工作人员开展两次以上的超限超载源头巡查，主要巡查运输安全制度执行情况，货物装载是否存在超载超限问题，车辆进出称重是否严格，做到“有影、有声、有痕”。对巡查中发现的问题，区交通运输局联合区交警大队、区应急管理局约谈了相关企业，对企业进行通报并提出整改要求，督促企业切实履行安全生产主体责任。加大运输安全、治超治限的宣传活动力度，通过张贴安全宣传海报、发放宣传资料等形式宣传交通安全生产法律法规和安全常识，累计张贴海报30余张，发放安全宣传资料120余份。区交通运输局立足职能职责，通过问卷调研、实地走访、座谈交流等方式开展货车司机、网约车司机调研活动，了解司机群体发展现状及近期面临的困难及诉求，做细做实关心关爱。陆续牵头开展“插花品香 永绽芬芳”庆祝“三八”国际妇女节、“夏日送清凉”等活动，配合区委组织部联合市交通运输局综合行政执法支队、市公安局公交分局举办“红色领航 融‘新’共治”关爱出租（网约）车司机公益活动，营造关爱、理解驾驶员的良好社会风尚。

【铁路沿线安全治理】 区交通运输局高度重视铁路沿线安全环境综合治理工作，根据省、市铁路环境整治办要求及本地铁路沿线环境实际情况，迅速制定方案、强化措施、夯实责任，积极探索推行两个横向（铁路“双段长”）共融互通，三个纵向（区、街道、社区）汇聚融合的“2+3”铁路沿线安全环境综合治理模式，绘就铁路沿线安畅绿美新画卷。一是以铁路“双段长”为枢纽，将铁路和地方有机融合，紧密协作。铁路沿线安全环境治理，关键在“防”，重点在“联”。我们依托路地共建党建联盟，将铁路沿线安全环境治理工作向最末端延伸拓展，根据安全问题层级，协调铁路方面的车间、工区、班组分别与地方区局、街道、社区进行对接，探索建立了一套重在从根本上消除影响铁路安全环境隐患的责任链条和“路地”双方协调联动的铁路沿线环境“双段长”制工作机制，确保隐患问题及早发现，快速处置。路地双方通过多次现场综合协调，顺利处理了金星社区堆土地块、中南上悦诗苑轻飘物、四明河河道疏浚及环境提升、江苏农垦集团金桥贸易公司构筑物部分加固等涉铁安全问题。全区 43 项问题均整改到位，顺利通过市考核组督查考核。7 月 7 日，中铁上海局集团有限公司上海工务段给镇江市政府办《关于铁路沿线安全环境治理的感谢信》中，对润州铁路沿线安全环境治理工作给予高度评价和赞扬；12 月 29 日，上海铁路监督管理局《关于华东地区 2023 年四季度暨年度铁路沿线安全环境治理工作的通报》中，点名表扬了镇江润州沙地公园等节点和京沪、连镇高铁的沿线安全环境示范线建设工作。二是以三级纵向体系为纽带，将属地和部门力量整合，抓好治理。区委、区政府主要领导坚持问题导向，多次率队深入辖区内京沪、沪宁和连镇等铁路沿线，对铁路沿线安全环境整治工作进行督导推进，与属地街道、职能部门负责人共同查找问题堵点、难点，明确整改措施及进度要求。街道和社区坚持日常排查与专项治理相结合，整合力量对违法建筑、违规种植、倾倒垃圾等铁路安全环境问题全面排查，销号整改。全区共出动人员 2833 人次，投入机械 257 台，清理堆积物 2268 车，清理小窝棚 101 处，拆除大棚 3100 平方米，清理轻飘物、构筑物 22531 平方米，清理违规种植 214530 平方米，平整土地 68369 平方米，补植绿化约 66612 平方米，拆除彩钢棚 8456 平方米。同时，为把整治出来的“绿色资源”留给周边群众，我们从城市治理的角度，结合美观性、实用性、节约性因地施策，不仅考虑铁路沿线绿化隔离、降尘降噪的基本功能，还结合附近的区域地块功能，考虑群众日常生产生活的实际需求，抓实抓好地形整理、管网改造、绿化种植等工作，增加广场、游园、步道等相应设施，把整治出来的“绿色资源”留给周边群众，因地制宜打造沙地公园、官塘农民生态公园、宝平路公园、黄山夜市公园等 6 个铁路沿线节点景观提升项目，融高品质铁路沿线生态景观和绿色便捷的群众休闲健身于一体，成为附近居民亲近自然、休憩健身、休闲娱乐的新去处，把长期以来铁路沿线整治管理的“堵点”变成了为城市添彩的“景点”，切实提高人民群众的获得感、幸福感。同时，结合沿线地貌实际，按照“宜林则林、宜绿则绿”的原则，通过新建绿地、见缝插绿等方式，对铁路沿线宜林地块进行造林补绿，提升绿化品位，完成造林 14 处、7.74 公顷，种植灌木 0.13 公顷、补植乔木 598 株、种植花草 2.52 公顷，筑就了“绿不断线、景不断链”润州铁路沿线生态长廊，让“第一眼”变成一道道亮丽的风景线。 （区交通运输局）

人力资源管理

【概况】 2023 年，区人社局坚持以习近平新时代中国特色社会主义思想为指导，以学习宣传贯彻中共二十大精神为干事创业的强大动力，积极践行以人民为中心的发展思想，坚持稳中求进工作总基调，扎实推进稳就业、保民生、惠企业各项重点任务，在新征程中书写人社事业发展新篇章，用实际行动为润州高质量发展赋能添彩。2023 年，区人社局先后被评为江苏省金牌劳动人事争议调解组织、全省人社系统 2023 年重点工作成效明显的集体、全市人社系统练兵比武先进单位二等奖、2022 年度区级机关部门综合考核“十佳单位”。王丽娟被评为“江苏省人社通”、镇江市“行业技能状元”；孙开庆被评为“镇江市五一技术标兵”“镇江市人社知识通”；韩昊被评为“镇江市岗位练兵明星”。

2023 年，（城镇）居民人均可支配收入 63354.4 元，增幅达 4.9%，与经济发展保持同步增长；城镇新增就业 6365 人，占年计划的 109.74%。城乡居民基础养老金标准每人每月 253 元，城乡社会保险覆盖率稳定在 98%以上。

【就业创业工作】 区人社局紧扣全年目标任务，深入实施就业优先战略，聚力稳岗扩岗，全力以赴做好最大民生“必答题”。一是破解用工难题。成立社保暖心、援企稳岗、人才服务、劳动维权四支“帮办”先锋队，积极开展“四个一”活动，通过送政策、送岗位、送用工、送服务进商圈、企业、社区，推动“帮办”服务到“家门口”。全年，精心组织“春风行动”“金秋招聘月”等系列招聘活动 12 场次，创新把招聘活动搬到热门商圈、开进居民小区，通过“商圈经济”“夜市经济”与人才招聘实现有机结合，提供岗位 14000 余个，搭建“供需桥梁”，畅通就业渠道，帮助 5637 名失业人员实现再就业。二是促进精准就业。在打造运营全省首批规范化零工市场基础上，与被征地农民和新城市居民集中居住区——新金江社区打造了全市首批规范化的“家门口”就业服务站，推出政策解读、创业指导、就业帮扶等一揽子帮扶政策，让群众在家门口享受便捷、精准、多样的公共就业服务。通过零工市场为 700 余名求职者精准推送匹配岗位 1000 余个，实现就业困难人员再就业 1522 人，公益性岗位安置 315 人，就业服务站兜底帮扶困难群体就业 171 人。三是落实纾困政策。共为 2576 人发放社保补贴 1865.63 万元，发放企业招用困难人员补贴 75.52 万元，小微企业招用高校毕业生补贴 75.76 万元。

【劳动权益维护】 密切关注劳动关系领域新变化，靠前谋划，积极化解风险隐患，全力打造和谐劳动关系“生态圈”。

一是狠抓前端预防。依托“和谐共建”帮办行动，积极开展监察公开课、送“法”进企业、进工地活动，并通过日常巡查、专项检查、举报专查和综合执法监督检查等多种形式，指导规范企业用工，增强企业依法经营、劳动者依法维权的能力和意识。全年，日常巡查用人单位 192 家，“双随机”抽查单位 55 家，书面审查 338 家用人单位，共涉及劳动者 11846 人。二是提升办案质效。创新云端式、一站式、集成式、定制式调解新模式，进一步优化服务流程。全年，共受理劳动争议案件 342 件，挽回经济损失 590.89 万元。共立案 234 件，协调处理案件 461 件，多途径追发劳动者工资等待遇 558.58 万元，涉及劳动者 519 人，有效实现了劳动保障监察举报投诉案件结案率、拖欠农民工工资举报投诉案件结案率两个 100%。三是品牌提档升级。区劳动人事争议仲裁委始终将维权维稳作为“第一道防线”，通过夯实组织基础、加强政策宣传、实施动态掌控等措施，把矛盾纠纷遏制在萌芽状态，全力提升群众满意度。2023 年，区劳动人事争议仲裁委被评为“江苏省金牌劳动人事争议调解组织”。

【人事管理工作】 严格按照相关政策要求，实施公开招聘“阳光、聚才、和谐”三大工程，科学规范事业人员管理聘用。一是扎实推进公开招聘。组织开展 2023 年其他事业单位公开招聘、教师招聘等工作，共招录其他事业人员 34 人、教师 14 人、卫生健康系统 2 批 16 人；配合区委组织部开展定岗特选工作，成功招录优秀应届大学生 12 人；参加省级面向西藏籍高校毕业生招聘，新录用事业人员 1 人。二是规范事业人员管理。做好事业单位管理岗位职员等级晋升人员统计，最终由区委组织部确定晋升人员。重设岗位合理聘用，因部分事业单位编制变化及聘用需要，按要求对相关单位的岗位结构重新设置，分 9 批办理岗位晋升 295 人。按照最新文件精神分学段统筹设置教育系统岗位，完善岗位结构比例，逐步解决高级岗位聘用问题。根据“三定向”文件精神，按最新的岗位比例重新设置卫生系统岗位。

（区人社局）

新金江社区“家门口”就业服务站

（区人社局　供稿）

市场监督管理

【概况】 2023年，区市场监管局秉持“人民至上、服务为先、实干为要”发展理念，坚定扛起“争当表率、争做示范、走在前列”重任，扎实推进高效能监管，服务高质量发展，守住了食品、药品、特种设备和产品质量“安全线”，谱写了市场监管服务高质量发展的“新篇章”，先后获得江苏省市场监管系统先进集体、江苏省文明单位、市级文明行业、全市普法工作先进集体、法治镇江先进单位、区级机关效能建设优秀单位等荣誉。

【“四大安全”平稳向好】 一是食品安全态势稳中有进。责任机制优化完善，全区380名包保干部（区、街道、村及社区）认领并对辖区3636家食品生产经营单位督导，食品安全属地责任、主体责任落实达到“全覆盖”。在全市率先推动餐饮外卖行业“互联网+明厨亮灶”，展示后厨操作实景，全面落实外卖食品“食安封签”，已建成先期示范单位5家，新业态监管初显成效。食品安全监管“严”字当头，查办涉及过期食品、农药残留超标等食品类案件84件。食用农产品快检8000余批次，食品安全监督抽检1825批次，区本级食品抽检率达千人7.3批次，国家和省市区四级抽检合格率达97.4%，食品安全形势稳定向好。二是药品安全监管推进有序。推进药品监管能力标准化建设，充分发挥区药安委和打击整治危害药品安全违法犯罪领导小组的“两个机制”作用，开展“雳剑2023”专项行动，抽样药品70批次，检查药店、医疗器械经营企业、化妆品经营者和医疗机构319家次，立案查处9家，药品安全监管保持高压态势。三是产品质量安全创新有为。有效回应民生关切，突出“一老一小”等消费品质量安全，组织电动自行车、木质家具等民生领域重点产品专项整治12次。常态化开展燃气灶具及配件专项检查，对好美家装饰城、长申超市及中华路重点经营场所排查摸底，立案2件。投入专项经费12万元，对配装眼镜、建材、服装等工业品质量抽检40批次，推动产品市场竞争力提升。四是特种设备安全扎实有力。继续开展电梯安全筑底三年行动，对摸排出的15年以上老旧小区的75台使用电梯进行安全评估，并督促使用单位对问题整改到位。着力提高群众安全意识，开展电梯安全常识宣传，发放《乘坐电梯安全常识》《镇江市电梯安全管理条例》等宣传材料1000余份，在居民小区、商超等场所组织电梯应急救援演练15场次。全年，累计检查各类特种设备生产使用单位332家次，重大隐患督促整改率100%，监管领域未发生重大安全事故。

【市场规范有序向前】 一是创新联合监管方式。分别与京口区、高新区签署跨区域联合监管工作战略协议，开展食品生产企业、特种设备使用单位、学校食堂跨区域联合监管5次，打破传统属地监管模式，构建起“信息共享、资源公用、协调配合、综合监管”的协同监管机制。相关工作在《扬子晚报》、《京江晚报》、镇江电视台民生频道等媒体每季度专题报道，获得群众好评。二是深化电商平台监管。实施“优化服务法治护航，助推数字经济强区建设”法治惠民项目重点，对两家电商重点平台实行“保姆式服务”，指导电商平台“瑞祥全球购”“我的社区365”完成江苏省《电子商务平台管理规范》贯标工程。建立“一对一”服务指导联络制度，指导平台内经营者报送身份信息200余条，规范网络市场秩序，有效促进了电子商务平台企业稳定健康发展。三是抓好民生领域执法。开展“民生铁拳”“涉老产品”“茶叶过度包装”“加油机作弊器”等20余项专项整治，对违法行为坚持“零容忍、出重拳”，“金山翠芽”地理标志案件作为全省十大典型案件之一被推荐至国家知识产权局，全年，查办案件152件，有力维护了市场经济秩序。推行包容审慎执法，对违法行为轻微且及时改正没有造成危害后果的违法行为，实施说服教育、劝导告诫等非强制性执法稽查，督促引导行政相对人明晰法律界限、不踩红线。全年，办理轻微违法行为不予处罚案件6件，不罚金额达40余万元，减轻处罚案件共计22件，轻罚金额达110余万元。四是营造放心消费环境。深入开展“提振消费信心”消费维权年“3·15”主题活动，突出全覆盖和吸引力，开展广场宣传咨询、老年消费维权、普法专题讲座等“五进”主题活动10次，制作发放宣传资料5000余份，打造“共建共治共享”消费维权新格局。深入推进放心消费创建，新发展消费维权服务站成员单位5家、线下无理由退货承诺单位29家，着力提振消费信心。全年，累计受理投诉举报(含咨询)5508件，按时办结率100%，为消费者挽回经济损失210万元左右，切实提升消费者满意度。

【营商环境提升向优】 一是实施信用培育工程筑发展之基。开展“信用赋能 助力营商促发展”系列主题信用提升行动，组织城际商圈市场主体座谈会、润州大型商超行政指导会，50多家企业代表签署诚信经营承诺书，活动开展得到区政府主要领导肯定。服务失信主体重塑信用，线上、线下完成信用修复49例，帮助企业减少损失百余万元，企业经营便利度、获得感持续增强，“润州最滋润”营商环境体验更佳。二是开展质量提升行动强发展之基。帮助52家小微企业实现质量管理体系认证提升，全区新增认证证书56张，新增A级质量信用企业3家，标准示范作用不断增强。聚焦生态优先绿色发展，深入开展绿色产品认证服务“双碳”行动，镇江市南山茶林研究所入选江苏省茶叶产品碳足迹标识认证试点企业，积极推进经济绿色转型发展。三是强化知识产权保护固发展之基。在各个街道配置知识产权助理和联络员，打通知识产权服务的“最后一公里”，全年，新增授权发明专利39件、有效发明数量182件，同比分别增长116.67%、18.95%，知识产权服务质量有效提升。出台“一企一策”方案，在企业办理质押过程中实时跟进，及时协调解决企业和银行在出质、评估、放贷过程中存在的不通不畅等问题，联合银行开展3场“一站通”银企对接活动，建立银企对接长效机制，多措并举以“知”换“资”，质押融资金额和笔数均创新高。

【机关建设全面向上】 一是主题教育走深走实。深入开展学习贯彻习近平新时代中国特色社会主义思想主题教育，推动实现以学铸魂、以学增智、以学正风、以学促干。紧扣理论学习这根主线，分类施策抓好下属党组织学习，做到全面覆盖、应学尽学、学深学实。各机关支部依托“三会一课”、主题党日活动等，开展集体研讨学习20余次；组织党员认真开展自学，及时跟进学习习近平总书记重要讲话精神。突出机关退休支部老党员学习，邀请参与局党委主题教育专题学习，开展“青银结对”帮扶学习。针对“三新”党员，依托“小个专”党建指导站，向非公有制企业党支部“送学上门”5次；在暖“新”加油吧摆放主题教育相关书籍，方便新就业群体随时随地学习。坚持以学促干，积极开展党旗飘在一线、堡垒筑在一线、党员冲在一线“三个一线”行动和“立足岗位作贡献”活动，结合“双随机”检查、投诉举报和“四个安全”等工作开展立足岗位比作为，创先争优当先锋活动，大力整治金融、医美、保健品、教育培训等热点领域违法行为，打造人民满意市场监管形象。二是书记项目服务中心大局。开展“党建引领，助力优化营商环境”书记项目，充分发挥“小个专”党建工作指导站党建引领作用，以企业“信用提升行动”为主线，以“家门口的优质服务”为手段，着力优化营商环境，强化“润州最滋润”品牌效应。深化“三结三定”工作机制，认领“市场先锋在行动”“微·周六”志愿服务项目，组织党员干部走进党建微家7次，按需对接、精准服务，实现发挥党员模范作用与履行工作责任的双赢目标。三是分局建设齐头并进。坚持“党建引领、试点先行、逐步推进、整体规范”的工作思路，形成“333党建工作法”。突出“建”有标准，“三管齐下”聚力打造示范阵地，“管”有机制，“三向发力”规范运行完善体系，“用”有成效，“三点聚焦”常态推进效能提升的做法，得到国家市场监管总局副局长现场调研时肯定。引导各分局立足辖区特点打造特色文化，第一、第四分局建立健全“小个专”党建数据库，赋能“小个专”党建工作；第二分局强化农贸市场日常监管，发挥“市场卫士”指导帮扶作用；第三分局依托万达商圈诚信示范活动，全力打造健康有序的市场环境；第五分局联合属地社区在西津渡景区开展系列活动，助力全域旅游高质量发展。

（区市场监督管理局）

审　计

【概况】 2023年，区审计局以习近平新时代中国特色社会主义思想为指导，深入贯彻落实习近平总书记关于审计工作的重要论述，围绕中心，服务大局，聚焦主责主业，依法履行审计监督职责，着力提升审计质量和成效，发挥审计监督“治已病、防未病”作用，实现审计事业高质量发展。

2023年，区审计局共完成计划项目13个，审计发现问题106个，提出审计建议39条，促进完善规范制度5件；在39个建设项目的工程结算审计中，项目总计送审工程造价4085.53万元，审计核减工程造价675.77万元,有效控制了建设工程造价，提高了财政资金的使用效率。

【党建成效提高】 2023年，区审计局持续加强党对审计工作的全面领导，紧紧把握审计机关首先是政治机关定位要求，切实加强机关党建工作，提高党建成效。一是制度化、标准化管理党建工作。进一步规范党内组织生活，按规定开展“三会一课”，落实双重“组织生活会”制度，抓好党员的教育管理。二是抓好理论学习，筑牢信仰之基。坚持把加强理论学习作为党员干部的“必修课”。2023年，共组织开展党组理论学习中心组学习10次，支部集中学习10次，组织相关人员参加镇江市审计系统学习贯彻党的二十大精神暨党务干部专题培训1次，参加区级机关工委组织的学习贯彻党的二十大精神集中培训1次。三是深化结对共建，扎实开展“三进三到”工作。2023年，区审计局与结对社区共同组织开展“喜迎建区40周年，齐心筑梦畅未来”常青藤艺术团成立10周年汇报演出；认真落实“双报到”制度，党员干部主动下沉社区，开展“微·周六”志愿服务活动7次，参加南山街道檀山白龙湖社区“三进三到”巡回服务，现场向社区居民宣传《中华人民共和国审计法》。

【审计质效提升】 2023年，区审计局立足经济监督定位，聚焦财政财务收支主责主业，将研究型审计作为审计工作的新的发力点，深化审前政策研究、审中实施研究、审后成果研究，创新审计方式方法，注重传统审计方法与大数据技术相结合，融合重大政策措施审计、绩效审计，提升审计高度和深度。牢固树立创先争优意识，将优秀项目创建作为提升审计业务质量的重要抓手和成果体现，对标优秀项目质量要求，做精做优每个审计项目。2023年，区审计局实施的村级财务专项审计调查项目获镇江市审计局优秀项目评比一等奖。

【服务中心工作】 2023年，区审计局紧扣区委、区政府决策重点和工作中心，认真完成交办事项，配合参加省委巡视工作，发挥审计作用，彰显审计担当。根据区委、区政府交办的任务，对2020—2022年部分集体所有制企业进行专项审计调查，核减相关费用2677.07万元，真实完整地反映了被审计单位的运营状况，为区委、区政府提供决策依据。

（区审计局）

统计管理

【概况】 2023年，区统计局认真贯彻落实中共二十大精神，深入贯彻落实习近平总书记关于统计工作重要讲话、重要指示批示精神，紧紧围绕区委、区政府中心工作，聚焦主责主业，守初心办实事，不断优化参谋服务，提高数据质量，加强队伍建设，为推动润州经济社会发展贡献统计力量。

【高质量发展服务】 围绕区委、区政府加快构建生产性服务业、数字经济“双轮驱动”新格局，聚焦“项目建设突破”，区统计局始终坚持锚定经济中心工作，服务高质量发展大局，扎实推进各项工作：首先提升生产性服务业统计精度，依托全区在库服务业企业，通过调研走访、数据核查、执法检查等形式，深入了解企业主营业务、运营情况，集中开展街道、企业两级统计人员的培训，做好服务业企业入库列统，切实提升统计指导服务水平。其次“两式两化”推进数字经济统计，通过采取“联动式”调查摸排、“销号式”精准作战、“标准化”动态监测、“精准化”贴心服务的工作举措，做好数字经济监测，加强相关制度建设。最后多措并举推进项目列统入库，反复对固定资产投资申报纳统知识进行培训，规范项目入库资料收集及申报流程；强化投资项目开展实地核查，提升列统投资额数据质量；加强区级部门联动，提高重大产业项目开工率，加快入库进度，应统尽统。

【基层基础建设】 贯彻落实市委、市政府《关于进一步加强统计基层基础建设打造现代化高素质统计队伍的实施意见》要求，区统计局严格按照“八有八化”标准，推进全区街道加强统计基层基础建设，通过对村（社区）统计协管员选聘和续聘，保障基层统计工作连续性和稳定性；完善村（社区）统计协管员培训和考核，提升基层统计人员能力和动力。通过区、街、村三级统计力量联动，进一步做好基础单位名录库维护工作，抓牢“准四上”监测库动态管理，严格落实应入尽入、颗粒归仓，为各项统计调查工作夯实基础数据库。

【调查监测】 根据《国家统计局江苏调查队系统“三情”观察员管理办法（试行）》要求，区统计局探索建立农情、民情、企情观察员队伍，做好人员选聘、管理，健全拓展调查网络体系，有效发挥统计监督职能作用。稳步推进住户调查、月度劳动力调查、采购经理和景气调查、投入产出调查等常规统计调查工作；高质量推进年度千分之一人口抽样调查工作，确保在非普查年份准确反映人口变化趋势；通过“全省新就业形态从业者发展情况调查”“商贸个体户经营恢复情况调查”“居民出游情况调查”等专项调查，重点关注居民就业、收入、消费等民生指标变化，强化对全区经济社会发展动态监测。

【执法检查】 结合省统计督察整改和统计造假不收手不收敛问题专项纠治工作，进一步发挥统计监督职能作用，切实营造“不敢、不能、不想”统计造假、弄虚作假风清气正的统计生态；全面开展自查自纠和数据核查工作，各专业对企业的上报数据及时进行全面梳理核查，指导服务企业做好联网直报工作；独立开展统计“双随机”执法检查共2批次，共对50家企业开展检查；针对联网直报平台数据监测情况，对79家企业开展数据核查，有力提升源头数据质量；加大普法力度，把统计法常态化作为党委政府学法内容、常态化进党校主体班次，利用“9·20”统计开放日搭建社会面统计普法阵地，推进构建统计守信激励和统计失信惩戒机制，实施统计从业人员信用承诺制，实现统计信用信息覆盖所有统计调查对象。

（区统计局）

行政审批

【概况】 2023年，区行政审批局始终坚持以习近平新时代中国特色社会主义思想为指导，深入贯彻“放管服”改革要求，积极推进审批制度改革，不断提升政务服务效能，着力打造“润州最滋润”服务品牌，助力区域经济高质量发展，先后被评为润州区“建设现代化一流主城区”城市经济促进奖先进单位、润州区“机关效能建设”优秀单位，局综合业务科入选镇江市优化营商环境“镇合意”十佳示范岗，企业登记跨区“一照多址”登记改革入选2023年第二批镇江市优化营商环境创新案例。

【企业审批改革】 开展“简证便民”行动，优化企业审批流程，压缩企业开办耗时，降低企业开办成本，全年，“全链通”平台办理法人企业登记2937户，全流程8小时内办结，实现“3个首次”。一是“个转企”登记。在全市率先实施“个转企”登记办理工作，联合税务、银行等部门提供全环节服务支持，打通部门之间数据壁垒，实现“一次申请、一窗通办、一码通用、一档并存”，为企业发展壮大解决后顾之忧。6月，发放全市首张“个转企”营业执照。二是“一照多址”改革。联合其他辖区开展企业跨区“一照多址”登记改革，放宽企业住所（经营场所）以外经营场所登记，打破原先只能在同一区县办理“一照多址”的限制，实现“一张营业执照、多个经营地址、多点开展经营”。9月，发放首张跨区“一照多址”营业执照。三是“一业一证”试点。以娱乐业为试点行业，整合食品经营、公共场所卫生、娱乐经营、消防验收备案等行业信息，通过重塑管理架构、精简审批条件、优化审批流程，实现“一次告知、一表申请、一网通办、一窗受理、一同核查、一证准营”。10月，发放全市首张娱乐行业“综合许可证”。

【政务服务体系建设】 推进政务服务标准化、规范化和便利化建设，积极构建定位准确、职能清晰、权责统一、服务高效的区、街道、村（社区）三级政务服务体系，打通服务企业群众“最后一公里”。一是标准化建设。滚动修订《润州区行政许可事项清单》《润州区公共服务事项清单》，统一编制材料格式、办理流程和操作指南，并在政务服务网发布，实现政务服务“六类”权力事项和公共服务事项政策依据、事项清单、办事指南、办理流程、服务规范全区统　，无差别办理。二是规范化建设。对全区7个街道52个村（社区）便民服务中心（站）场所设置、窗口设置、服务模式等进行规范，采取“专职＋兼职”的形式，配齐街道、村（社区）便民服务中心（站）服务人员，全面推开“前台综合受理、后台分类审批、统一窗口出件”综合服务模式。三是便利化建设。开展“适老化”改造，打造线上、线下政务服务无障碍办事环境，发挥网格化社会治理机制在基层政务服务中的作用，实现村（社区）社会治理网格员和政务服务代办员有机融合，推进24小时自助服务区建设，全区所有城市社区政务通用自助服务实现100%全覆盖。

【政务服务模式创新】 持续深化市场主体集成服务，通过做好营商环境的“加法”与企业负担的“减法”、市场活力的“加法”与政府权力的“减法”，为企业群众提供精准、便捷、高效政务服务。一是高频事项“就近办”。按照“应进必进”“应办尽办”的要求，推动群众经常办理且基层能有效承接的政务服务事项以委托受理、授权办理、帮办代办等方式下沉至街道、村（社区）便民服务中心（站）办理，先后组织2轮业务培训，确保下放事项“放得下，接得住，管得好”。二是关联事项“集成办”。推进“一件事一次办”改革，完善“一件事”主题叫号、前台一窗受理、后台分发流转、窗口统一出件运行机制，建立“月调度、月通报、月分析”工作机制，跟进 26 类省定“一件事”办件情况，提升套餐办结率，全年 26 类省定“一件事”套餐办结 19844 件。三是难办事项“帮代办”。发布《润州区产业项目帮办代办联动服务机制实施方案》，协同区相关部门统筹开展帮办代办联动服务，牵头成立共计 30 余人投资项目帮办代办队伍，定期组织帮办代办人员业务培训，全年累计为重大项目登记和审批提供“预约 + 延时”服务 40 余次。

【政务服务水平提升】 坚持党建引领，聚焦主责主业，积极推动主题教育成果转化，树立“人人都是营商环境”理念，多措并举打造一流政务服务队伍，增强企业群众办事获得感、体验感、幸福感。一是夯实理论武装。扎实开展学习贯彻习近平新时代中国特色社会主义思想主题教育，积极引导党员干部在基层治理、推动发展和服务群众中发挥作用、建立新功，常态开展“亮身份、优服务、解难题”“立足岗位做贡献”等志愿服务活动，为企业群众提供“一对一”贴心服务。二是建强服务队伍。围绕新出台《促进个体工商户发展条例》《江苏省网上中介服务超市管理办法》等政策法规，适时组织窗口业务培训，实现由“单一窗口”向“全科窗口”转变，由“一专多能”向“全科全能”转变。全年，受理业务 21852 项，办结率 100%，好评率 100%。三是开展考核考评。常态落实“首问负责制”“一次性告知制”和“限时办结制”，制定《润州区政务服务中心人员考核实施细则》，结合政务服务“好差评”，每季对人员考勤情况、办件情况、规范行为、廉政建设等情况进行考核，全年，7 人次被市政务服务中心评为季度优秀个人、服务之星。

（区行政审批局）

旅　游

【概况】 润州区在推动旅游业发展方面取得了显著成效，通过完善政策支持体系、激发夜间经济消费活力、有力推进文旅创建工作、多元宣传推介讲好润州故事以及扎实有力的行业监管，全面促进了全区旅游产业的转型升级和繁荣发展，让润州成为了一个充满魅力和活力的旅游目的地。

【政策支持体系】 修订出台《润州区鼓励支持旅游业发展的若干政策（修订版）》，配套奖励资金 200 万元，涵盖支持文旅品牌创建、支持文旅市场繁荣、支持文旅企业人才培育 3 大方面 11 条 25 项具体的政策，在全面配套落实市级奖励政策的同时，创新聚焦灯光秀、短视频等新业态、新场景，激励旅游市场主体更好地发挥作用，促进全区旅游产业转型升级。

【夜间经济消费】 一是围绕西津渡历史文化街区尚清戏台、西津音乐厅、实验剧场、无界剧场等演出场所，打造夜游西津音乐动线，开展“HIFI 西津渡”、亲子音乐剧演出、戏曲专场、音乐会等活动。西津渡历史文化街区以“邂逅理想生活”为主题，通过串联音乐厅、鸿禧广场、西津大市，沿路设置文创产品、特色美食、非遗展示等特色摊位，将夜演、夜市和夜游合三为一，打造一条夜游西津文旅动线。二是举办“润州明月夜”嗨 GO 生活节，线下举办乒乓球、足球、掼蛋、摄影、短视频等文体赛事，开展荧光夜跑、西津大市、读书会等娱乐活动；线上开设“乐享润州”抖音号，围绕润州餐饮美食、酒店住宿、体育比赛等内容直播 181 场次，带动消费总额达 500 余万元。组织百名网络达人打卡润州，发布推荐润州本地餐饮、住宿、景区景点、娱乐生活短视频 180 余条，总点击量超 2000 万次。

【文旅创建工作】 6 月，组织开展了第二批省级文旅产业融合发展示范区建设单位申报工作，12 月 12 日，省文旅厅公布第二批江苏省文化和旅游产业融合发展示范区建设单位名单，润州区成为镇江市唯一入选区市。7 月，组织开展第三批“长三角高铁旅游小城”申报工作，按照要求，形成申报材料。11 月 30 日，经过长三角一市三省文旅部门推荐和文旅行业专家评审组综合评分，润州区成功入选，成为镇江市唯一上榜区市。

【多元宣传推介】 推动政府、行业、媒体、公众“四位一体”的全民营销模式，5 月 19 日，在金山公园泽心坊商业区开展“山水古渡·自在润州”中国旅游日主题推介活动，邀请学生、热心市民、网络大 V 共同“打卡”金山公园、江天禅寺，宣传润州。3 月 28 日，旅游推介小分队在连云港市海州区召开“山水古渡·自在润州”2023 旅游推介会，介绍镇江三山、南山、金山湖等景区资源，推介 5 条精品旅游线路，并向连云港文旅企业推出镇江旅游奖励政策。润州、海州两地文体旅游局签订战略合作协议。两地重点旅行社代表签订合作协议。连云港赴润州旅游专列，首批350名专列游客游览金山景区、西津渡历史文化街区，对润州旅游服务环境给予高度评价。举办“山水古渡·自在润州”文旅企业交流恳谈活动，发布产业政策、聘任润州文旅推荐官、开展主题讨论，与会企业家、专家学者、网络名人以“山、水、文、景”为媒，共话旅游，共商合作。拍摄“向春天出发”“南山杜鹃花节”等旅游宣传视频，全景展示润州的文旅资源。“南山杜鹃花节”的两条短视频被“学习强国”江苏学习平台录用。

2023年6月21日，举办“润州文化旅游推荐官”聘任仪式

（区文体旅游局　供稿）

【行业监管】　制定《文化体育旅游行业生产风险专项整治巩固提升年行动工作方案》等文件，不断强化安全生产隐患排查治理和重点行业领域专项整治。联合市文化市场执法支队、区消防等相关职能部门，在周末、节假日等重点时间段对辖区内文体旅行业企业开展联合执法检查，对发现的安全隐患提出整改意见并督促企业整改，切实规范文体旅行业安全生产秩序。6月27日，在西津渡音乐厅实验剧场开展“人人讲安全　个个会应急”安全生产月系列活动，进行普法宣教、专项演练等，指导辖区文体旅企业进一步落实安全责任。

（乔　治、谢奕骏）

2023年6月27日，在西津渡音乐厅实验剧场举办“人人讲安全　个个会应急”第22个全国安全生产月专题培训

（区文体旅游局　供稿）

农　业

【概况】　润州区现有6个涉农街道、4个行政村、13个涉农社区。全区农业经营面积233.33公顷；拥有省级以上农产品著名商标5个，其中国家驰名商标2个；有7家市级以上农业龙头企业，其中省级以上2家；13家家庭农场、6家农民专业合作社、17家农村股份经济合作社。

【乡村振兴】　充分发挥区委农办牵头抓总、统筹协调作用，全面落实乡村振兴战略工作要求，牵头组织召开2023年全区农村工作会议，牵头起草印发相关重点部署工作文件。确定10件区乡村振兴具体领办实事项目，由相关具体单位挂钩领办。贯彻落实乡村振兴“书记领航”项目制度，调度推进24个书记项目。积极将乡村振兴中的重点、亮点工作向市乡村振兴专报、市“金色田野”公众号以及《镇江日报》、“学习强国”学习平台等媒介平台报送。其中，录用并刊登在相关平台的工作报告数量达到90余篇。在区“润州发布”公众号上设立“乡村振兴正当时”专栏，用来生动全面地展现润州乡村振兴工作。

【种植业】　全年，完成粮食种植面积137.4公顷，粮食总产量1059吨。完成蔬菜播种面积453.33公顷，产量达1.26万吨，同比增长10.52%。茶叶种植面积100公顷，年产量11.3吨，同比增长6.6%。收获干毛茶11.3吨，同比增长0.7吨。积极开展外来物种普查、第三次全国土壤普查、撂荒耕地图斑核查工作。保质高效地完成“菜篮子”负责制的自评和省市的复查工作。同时成功引进40余种蔬菜新品种，提供优质种苗1万余株。为10余个蔬菜基地提供83人次技术指导，推广新品种蔬菜种植面积1.4公顷。

【农机装备】　2023年年末，全区农业机械总动力16865千瓦，各类拖拉机18台，其中小型拖拉机9台、大中型拖拉机9台、上道路行驶拖拉机3台。大型粮食烘干机1套3台。2023年，主要粮食作物耕种收机械化水平99%，全区农业机械化水平超过88%，特色农业机械化率达71.6%。开展农业机械安全生产专项整治，涉农（农机）街道配齐农机安全生产监管网格员5人，所有涉农（农机）村（社区）配齐农机安全生产协管员10人，全年消除农机安全生产隐患3起全面实现闭环，无道路外农机安全生产责任事故。

【乡村产业发展】　组织助推农业电商发展党建共建活动，为村党组织提供一个矩阵账号，加强“红色村播”人才培训服务。镇江市南山茶林研究所“南山滴翠”获评全国十大名茶并获评2023年镇江市“苏韵乡情 乡‘望’未来 百优乡产”。南郊茶场林隐茶叶品牌入选2023年市级农业品牌目录。“金山翠芽”获得“品牌强农 营销富民”2023镇江农副产品品牌营销模式大赛第一名，并获“市场拓展品牌示范奖”单项奖。同时新建的镇江金山翠芽非遗陈列馆，并获评镇江市十大非遗守望空间。镇江市镇研种业有限公司作为全市唯一一家农业企业通过省级专精特新中小企业认定。官塘桥街道吴家斌家庭农场“玉波2号”葡萄获2023年镇江优质水果品鉴活动金奖。一键未来（镇江）信息科技有限公司于2023年4月通过省级高素质农民培育实训基地（农民田间学校）考评、认定。镇江市镇研种业有限公司卢国强、镇江三六五电子商务公司戴笠被选为镇江市首批优秀“新农人”培养对象。

【农村集体“三资”管理】 强化农村“三资”管理，积极推进《润州区农村集体经济组织财务管理实施细则》的修订，并纳入区政府重大行政决策程序。深化农村综合改革，2023年，全区共完成农村集体产权交易项目数553个，同比增长8.6%，交易金额达6168.96万元，同比增长81%。

【绿色生态农业发展】 2023年，全区积极实施农药化肥减量增效行动，全区化肥使用量同比下降0.88%，农药使用量同比下降1.57%，废旧农膜回收率达92%。镇江市南山茶林研究所荣获江苏省五星级生态茶园称号。

【长江禁捕退捕】 连续3年将长江禁捕退捕长效监管列为乡村振兴区委“书记领航”项目，创新实施“三级防线”精准监管。拓展提升“护江红”党建联建创新品牌，打造“红色滨江带”，以渔政执法船为载体，建设党建引领长江十年禁渔精品理论课堂。与多部门联勤联动、联防联控，先后开展中国渔政亮剑2023、“四清四无”、打击长江刀鲚非法捕捞、夏秋季“雷霆行动”、商货船“清网打非”、市场虚假销售江鲜以及违规销售禁用渔具网具等系列专项执法行动。全年，共查处涉渔违法违规案件56起，劝离沿江涉嫌垂钓人员300余人，监督规范民间增殖放流鱼类20万尾。共收缴禁用网具60余张，垂钓器具30余副。清除焦北滩豚保区江滩地残网片1000余件、桩头2000余根。陆上常态化沿江巡护（包括夜巡）里程累计16000千米，出航巡查90余航次，巡航里程约2200海里。发放《长江禁渔法律法规宣传册》300余份，签订商货船主不捕不捞承诺书500余份。全员参训“长江十年禁渔大讲堂”轮训。开展渔政执法人员、护渔员混编巡护值守工作。组织渔政执法人员、护渔员参加取证技能培训以强化执法能力建设。这些润州区长江禁捕退捕工作获得省委第五巡视组、省委巡回督导组相关领导现场巡视的高度评价。并且润州“护渔队”在“2022年度长江流域渔政协助巡护优秀队伍评选”中，荣获全国一等奖，全省唯一，并且润州也是全国唯一连续两年获评长江流域渔政协助巡护优秀队伍的县市（区）。

2023年4月14日，开展长江禁渔春季联合执法行动

（区农业农村局 供稿）

【农村人居环境持续改善】 提升农村人居环境整治水平，深入开展农村人居环境整治村庄垃圾清理专项行动，专项行动期间累计清理农村积存垃圾2806吨、河塘79口、沟渠50余千米。建立健全长效管护机制，制定《镇江市润州区农村人居环境“三联四治五美”长效管护工作考核办法》。铁路沿线环境综合整治打造了6大景观节点。推进农村人居环境整治提升率，全区户厕改造工作完成率达100%，农村生活污水治理率达100%，农村生活垃圾集中收运率已达100%。

（区农业农村局）

水 利

【概况】 2023年，区水利局坚持以习近平新时代中国特色社会主义思想为指导，全面贯彻中共二十大和习近平总书记视察江苏重要讲话指示精神，深入落实习近平总书记“十六字”治水方针，以时不我待的紧迫感，只争朝夕的使命感加快推进水利各项工作。

【水利建设工程】 一是高质量完成2023年水利民生实事韦岗小流域（东家庄片区）治理工程。通过塘坝清淤、土地平整、新建过路涵，水土保持成效显著，农村人居环境大幅改善。二是倾力打造主城区唯一亲水平台。在高质量完成长江堤防防洪能力提升工程建设的同时，精心打造了市区唯一一个能观赏大江东去的观江平台，已被《镇江日报》《京江晚报》《镇江壹周》以及镇江网友之家网站广泛报道，好评不断。三是完成凤凰河活水引流工程。提高河道景观及生态用水保障程度，改善河道水生态环境。持续深入学习安全生产重要论述精神，强化安全生产责任，结合水利行业安全大检查工作方案的要求，对水利行业进行了大检查，发现隐患4条，整改隐患4条。

【防汛抗旱】 一是立足“严”，牢牢压实责任。严格落实防汛抗旱地方行政首长负责制，及时调整润州区防汛防旱指挥部成员，印发防汛抗旱工作任务清单，组织全区各级防汛责任人进行培训。二是立足“细”，壮大队伍储备。联合区各有关部门组建9支（共计200余人）防汛救援队。盘点防汛物资，准备铁锹、防汛沙袋、抽水泵、救生衣等共计7000余件。三是立足“实”，落实防汛各项制度。严格执行区—街道—村（社区）三级防汛体系和24小时值班值守制度；水库管理单位严格把牢预测预警、调度运用、安全管理“三个重点环节”。四是立足“快”，及时发布防汛预警。全年，共启动防汛Ⅳ级响应3次，启动防台Ⅳ响应1次。密切关注全区雨情、水情，及时通过互联网平台向全区居民发送防汛预警信息，指导街道完成重点塘坝应急预案，洲滩险段应急处理和人员撤离预案。编制特大暴雨应急避险预案，指导街道完成重点塘坝应急预案，洲滩险段应急处理和人员撤离预案，有效应对“7·8”特大暴雨袭击。

【水资源管理】 一是高标准完成国家级节水型社会达标县创建工作，圆满完成来自水利部、太湖局的专家组对润州区节水型社会达标建设情况现场复查，已由水利部公告通过。二是强化水文化宣传。充分发动世界水日和中国水周纪念活动，结合润州区实际制定宣传标语，发放节约用水、水法规等宣传资料；组织社区居民、学生代表走进伯先公园，开展节水公开课，使节水更加渗透到群众身边；组织编制《镇江市润州区水情教育地图》，该创新经验被《中国水利报》《镇江日报》先后报道；在万达广场组织《镇江市节约用水条例》一周年纪念活动，市民踊跃参与。三是有序推动国家级、省级水土保持图斑扰动复核工作，委托第三方机构区内生产建设项目水土保持工作进行事中事后监管，确保每一个生产建设项目的水土保持工作都能落到实处。严格落实《中华人民共和国水土保持法》，受理生产建设项目水土保持方案3个，经过专家评审后准予行政许可3个；涉及防治责任范围9.66公顷；投资478万元，对往年项目开展监督检查验收11余次，并下达整改意见，完成水土保持遥感扰动图斑复核工作，依法查处违规项目2个。

【行政执法】 一是加快推进长江岸线整治，全市范围内首家完成2022年长江岸线清理整治任务6个项目并销号，累计拆除违法面积6000余平方米；完成水利部河湖保护专项行动图斑现场复核，并根据实际情况加以甄别；全面完成河湖遥感年度图斑现场复核并及时跟进动态图斑遥感复核；二是河湖岸线保护工作成效显著，全面完成河湖资源管理信息系统填报工作；全年，累计巡查240余次，开展河岸违规种植专项整治及河道清障专项整治5次，集中铲除周家河违法种植约1800平方米，完成补绿约2600平方米。三是配合做好长江流域禁捕工作，与市文旅集团、区农业农村局、和平路街道密切配合，开展打击非法捕捞专项行动，共同做好长江流域禁捕工作。

【河湖管护】 印发《润州区河长制湖长制工作2023年度区级考核细则》等文件，每季度开展河湖管护考核评分工作，定期公布润州河湖“红黑榜”。完成和平片区润湖河、百花河、金山湖路河等6条河道的移交；联合新区河长办对周家河开展跨界河湖联防联治行动。开展河湖保护专项行动，印发《润州区2023年河湖管护专项行动实施方案》，详细制定五项河道管护行动，明确责任单位及跟踪考核情况；积极开展集中清理违章种植，对河湖管理范围内的围垦种植情况进行排查清理。区级河长巡河60余次，街道级河长巡河311次，村（社区）级河长巡河1786次。共签发区级交办单9份、工作联系单4份。编制完成幸福河湖建设规划，建设回龙水库河长驿站，完成光明河、四明河中段、周家河、东家庄塘坝幸福河湖建设任务。成立“润州区水韵初心志愿者联盟”，聘任36名民间河长，组建12支爱河护河志愿服务队伍。

（彭　焘）

工　业

【概况】 2023 年，全区规模以上工业总产值 32.6 亿元；工业投资 6 亿元，同比增长 35.7%；工业技改投资 0.5 亿元，制造业投资 0.5 亿元；固定资产投资 58.1 亿元。

【重点企业培育】 正茂集团、镇研种业被评为省级专精特新中小企业，实现“零的突破”；累计培育市级以上专精特新企业 4 家。全年，新增规模以上工业企业 3 家。冬云云计算、鼎峰信息技术入选省规划布局内重点软件企业和专精特新软件企业。华东安科院、鼎峰信息技术获评省级中小企业公共服务示范平台，截至 2023 年年底，有效期内市级以上中小企业公共服务平台 15 家。新增市级企业技术中心 1 家，累计创成 4 家。为企业争取工信条口各类资金 372.59 万元。

【智改数转网联】 免费实施“智改数转”诊断服务，已实现规模以上工业企业诊断全覆盖，并将免费诊断面向规模以下企业延伸；移动、电信、联通连续 2 年创成市级智改数转优秀服务商；新增省星级上云企业 6 家，累计创成三星级及以上云企业 24 家。

【营商环境优化】 修订《“润州最滋润”优化营商环境十条措施》，发布《2023 年“润州最滋润”系列政企合作交流活动方案》。3 月 3 日，成功举办首场“春风十里 不如有你·家在润州”企业家恳谈会，会前参观陆小波故居，学习老一代润州企业家产业报国的家国情怀，会上互动交流、观看润州产业发展图片展，提振了企业家实干奋进的精气神。修订发布 24 条产业发展政策意见，2023 年兑付产业政策奖补资金 3670.96 万元。

（区经发局）

服务业

【概况】 2023 年，全区 57 家规模以上服务业营业收入 89.58 亿元，同比增长 11.16%。全年，新增规模以上服务业企业 17 家。

【重点企业培育】 瑞祥科技集团获得镇江市 2023 年度产业发展“金山奖”表彰。润州区商务金融服务集聚区、瑞祥科技集团通过省高质量发展集聚示范区和省高质量发展领军企业综合评价确认。通卡数科、瑞祥科技集团、冬云云计算获得市现代服务业高质量发展领军企业认定。通卡数科、瑞祥科技集团、冬云云计算、虹湾威鹏、绿建工程咨询获评市现代服务业高质量发展创新企业，争取到市级服务业专项资金 55 万元。

【数字经济发展】 2023 年，先后举办“数智润州·启‘杭’未来”数字经济招商推介会、阿里云创峰会暨长三角（镇江）数字经济高峰论坛、“数字赋能增长·驱动商业新能”数字经济沙龙研讨会、数引镇江 赋能创新”网易（镇江）联合创新中心开园仪式暨数字经济生态创新论坛等一系列活动，“数字润州”影响力持续扩大。瑞祥科技集团通过线上“福鲤圈”“全球购”+线下“瑞祥全球购”智慧新零售门店，服务超16万家企业用户，年销售总额突破100亿元，入选中国产业数字化百强榜63名。西津渡中央休闲区成为全省首批五家数字人民币文旅应用集聚区之一。推动数字经济与实体经济深度融合，数字经济企业数增加到2024家，核心产业营业收入76亿元。　（区经发局）

工贸总公司

【概况】　2023年，区工贸总公司始终坚持以习近平新时代中国特色社会主义思想为指导，深入学习贯彻落实中共二十大及中共二十届一中、二中全会精神，全面贯彻新发展理念，紧扣推动高质量发展的首要任务，强化党建引领，围绕主责主业，立足实际，主动谋划，扎实推动各项工作任务落实。

【主题教育扎实开展】　自第二批主题教育开展以来，区工贸总公司党委深入贯彻落实区委部署要求，牢牢把握“学思想、强党性、重实践、建新功”的总要求，坚持学思用贯通、知信行统一，在谋划部署上抓早抓紧、在理论学习上有力有序、在干事创业上见行见效，扎实推进主题教育持续走深走实、落地生根。

【“书记项目”有效落实】　2022年8月，为优化基层党组织设置，便于党员教育管理，区工贸总公司党委将三产党支部与东片党支部合并为企业联合党支部。针对新成立党支部存在的难点、堵点、痛点问题，积极采用“123”工作法，联合开展“补短板、固底板”专项整治工作，不断提升支部工作科学化、规范化、制度化水平，实现了联合党支部从“建起来”向“活起来”的转变。

【清租工作】　2022年8月9日，镇江市人民政府发布对赛博电子周边地块实施城市更新项目征收决定公告，区工贸总公司及所属企业的部分土地和房屋也在征收范围内，并于2022年11月签订征收补偿协议。因承租户到期后拒不履行迁出义务，区工贸总公司分别向区人民法院和市中级人民法院提起法律诉讼，申请强制执行，维护资产安全，做到守土有责。派出专人与承租户商谈，对承租户自建及个人投入的装饰装修部分进行区分和补偿，分别于2023年2月和4月与承租户签订征收补偿协议且完成交房交地工作，土地及房屋征收工作顺利完成。

【存量资产盘活】　为进一步有效盘活存量和高效使用资产，最大限度挖潜增效，推动资产管理提质增效。一方面，因地制宜，从实际出发，用征收所得补偿款置换镇江市城建产业集团位于京江路100号的商业用房，培植新的经济增长点。另一方面，通过改善出租资产环境、拓宽信息发布渠道，让更多承租者知晓出租资产信息，不断挖掘资产盘活路径。

【资产安全保护】　2023年，进一步对工贸总公司及所属企业的资产现状进行检查，对出租房屋存在的不安全因素情况进行专题研究，积极筹措资金，聘请有安全资质的施工单位进行维修，改善出租房屋现状，消除安全隐患，确保资产的安全与完整。

【信访工作】　严格落实首问首办责任，按照实事求是的原则，耐心解读相关政策，依法依规办结社保、工龄认定、个人档案管理、组织关系转接等历史遗留问题，切实维护职工合法权益。全年，共接待来访职工和群众50余人次，办结“12345”政府热线2起，在国家信访平台和镇江市信访平台受理信访件各2起，回复各类信访事项10余件。

（区工贸总公司）

供销合作总社

【概况】　2023年，区供销合作总社坚持以习近平新时代中国特色社会主义思想为指导，认真贯彻落实中共二十大精神，立足服务“三农”主责主业，凝心聚力谋发展，奋力推进项目建设、为农服务、从严治社、安全生产等各项工作。

【项目建设】　区供销总社持续把项目建设作为拉动供销社发展、增强服务功能的重要手段。一是瞄准一、二、三产业融合发展趋势，依托镇江金莲食品有限公司产业融合项目，大力推进生产线优化及智能化改造，项目获100万元财政奖补资金，正在实施招标中，2024年3月完成进行项目验收。二是加强非遗项目的保护工作，弘扬优秀非物质文化遗产。10月，小磨油制作技艺入选第五批江苏省非物质文化遗产代表性项目名录。

【为农服务】　一是交流学习先进经验。先后赴兴化市供销合作总社、句容市供销合作总社、徐州市铜山区供销合作总社考察学习。认真总结学习初步成果，整合当地的众多优势资源，积极建设资源共享、内外贯通的新型流通体系。二是深入开展“三进”（进机关、进社区、进工厂）活动，通过零距离展销、面对面推介等方式，推动优质农产品从田间到“菜篮子”的无缝对接，让居民买到、实惠、放心的农产品。全年，开展农产品“进社区”活动12场，共销售农副产品6.9万元。三是成立韦岗供销社。依托“村社”联办渠道和品牌，发展精加工、深加工，培育地方特色农产品品牌，促进村民实现就业和增收致富。金莲食品已与韦岗村委会签订油菜籽等采购协议。

【党建引领】 一是通过集中学习、专题研讨、在线学习等方式，深入习近平新时代中国特色社会主义思想和学习中共二十大精神，不断提升党员干部的政治素养和理论水平。组织党委理论学习中心组学习10次，支部专题学习18次，党员干部撰写感悟、心得体会20余篇。二是通过举办专题讲座、知识竞赛等形式，广泛宣传党的路线方针政策，营造浓厚的学习氛围，推动形成个人自学、专题研讨、党课学习、以测促学的学习新模式。三是开展“走出去、学进来”主题党日活动，通过实地参观、亲身感悟，教育广大党员在“听、学、看、悟”中接受精神洗礼。2023年，全系统开展主题党日活动20余场覆盖300余人次。

【从严治社】 2023年10月31日，润州区供销合作社第四次代表大会顺利召开，选举产生新一届理事会、监事会领导机构，为加快落实区委、区政府深化供销合作社综合改革、推进供销合作事业高质量发展的决策部署提供了组织保障。同时，切实提高社有企业规范化管理水平，一方面严肃纪律规矩、强化制度执行，完善企业监督管理“闭环”，力促社有企业平稳健康发展。区供销总社主要领导先后5次带队到社有企业开展调研，及时了解企业发展情况，指导基层单位开展工作。另一方面坚持以问题为导向，针对社有企业生产管理中存在的薄弱环节和廉洁风险点，下发《社有企业廉洁风险点排查及食品安全生产管理的意见》，指导评估风险、制定防范措施，对可能发生腐败行为的苗头性、倾向性问题进行风险预警，对防控措施落实情况进行常态化监督，及时发现问题，督促问题整改。

【信访工作】 一是排查矛盾，落实信访隐患排查机制。针对供销社改革改制历史遗留问题多，信访工作量大的实际，及时开展矛盾纠纷大排查，做到早发现、稳控好、化解了。全年，全系统接待来访职工50人次，把矛盾解决在萌芽状态。二是围绕重点，落实化解突出信访问题。建立定期下访制度，由分管领导带队，对排查出的问题逐件梳理、分门别类、仔细研究，针对存在的热点、难点、突出问题，想方设法解决矛盾和问题，尽力把不稳定因素消化在萌芽状态。

【安全生产】 牢固树立“底线思维”，扎实做好关键节点、特殊时期的安全整治工作。先后制定实施“食品安全企业主体责任”、安全生产专项检查整治工作方案和2023年安全生产月活动方案。并在每月召开基层安全生产工作例会，年初与基层供销社签订安全生产责任书3份，全年开展实地督导检查20次，组织应急演练3次、专题安全学习10次。 （区供销合作总社）

2023年10月31日，润州区供销合作社第四次代表大会召开

（区供销合作总社 供稿）

商 务 经 济

栏目编校：施雨婷

区商务局

【概况】 2023 年，润州区完成社会消费品零售总额 151.2 亿元，增幅 10.5%。全区新注册外商投资企业项目 2 个，完成协议注册外资 2007.04 万美元，完成实际到位资金 510 万美元。全区完成外贸进出口总额 23.2 亿元，同比下降 9.8%。全区服务外包执行额完成 15457 万美元，其中离岸外包执行额 3304 万美元。

【利用外资】 2023 年，润州区新注册外商投资企业项目 2 个，完成协议注册外资 2007.04 万美元，完成实际到位资金 510 万美元。

【商贸流通】 2023 年，润州区完成社会消费品零售总额 151.2 亿元，增幅 10.5%；加快“四上”企业入库纳统，全年，完成限额以上批零住餐企业净增入库共计 79 家，其中限额以上批零企业 70 家。

制定出台《润州区关于恢复和扩大消费的十六条措施》，通过开展形式多样的恢复和扩大消费活动，创新消费场景、营造消费热潮、提振消费信心、增强消费能力，持续为润州消费加速增长注入新动能。

开展“润州请您”欢度春节消费季活动，充分利用有限的财政资金，发挥“四两拨千斤作用”，投入资金 100 万元，联动餐饮、商贸、景区、加油、房地产、汽车等领域企业参与，吸引消费者，提升人气，扩大销售额。联合区文体旅等多个部门，共同举办“润州明月夜”嗨 GO 生活节活动，通过“乐享润州”抖音账号，大力宣传各种让利促销活动，充分点燃市场消费热情。

指导各类商贸企业、街区，积极申报省级、市级扶持资金，最大限度地发挥政策引导和带动效应，为商贸行业平稳健康快速发展保驾护航，总投入 100 万元助力全区规模以上类零售、餐饮、石油等企业发展。

【对外贸易】 全区完成外贸进出口总额 23.2 亿元，同比下降 9.8%。全区服务外包执行额完成 15457 万美元，其中离岸外包执

2023 年 8 月 19 日，“润州明月夜”嗨 GO 生活节启动仪式举行

（区商务局　供稿）

行额 3304 万美元。

加大政策宣传和落实，突出对新形势、新知识、新产业、新模式、新业态、新赛道的学习思考，提升市场分析、调查研究、为企服务能力。针对重点外贸企业和中小微企业，分批次、分阶段、分重点开展走访调研，充分发挥职能作用，优化惠企服务措施，深入企业一线助企发展，夯实外贸发展基础。全年累计拨付各级专项发展资金共计 195 万元。

动员组织 20 多家企业报名参加第 133 届、第 134 届广交会、苏新服务智慧全球、亚欧博览会、RCEP 线上国际展会、进博会等多项线上线下展会，坚持深耕传统市场、拓展新兴市场，推进市场多元化战略，拓展进出口渠道，借助会展平台为外贸企业吸睛、吸金、吸订单，为企业发展寻找机遇、注入动力。

举办“数字赋能 外贸品牌出海”宣讲活动，加快润州产业贸易全链条数字化赋能，加大对市采通的宣传力度，扩大市场采购规模，为“多品种、多批次、小批量”的中小微企业构建更加专业高效的出口通道，提升外贸企业市场竞争力和出海水平。依托网易(镇江)联合创新中心，培育壮大跨境电商主体，加强跨境电商人才引进，加大对企业海外合规经营的指导和培训，加紧培育电商示范企业和服务企业。

【对外经济技术合作】 现有外经企业 5 家，镇江国际经济技术合作有限公司和镇江苏华轻工进出口有限公司分别在新西兰、德国设立了办事机构；对外承包工程企业镇江国际经济技术合作有限公司在英国、埃及、哥伦比亚等国家有在建项目，镇江建工建设集团有限公司在沙特阿拉伯有在建项目；对外劳务派遣企业镇江国际经济技术合作有限公司、五洲对外劳务合作有限公司稳定向日本输出劳工。

【区商务局举行数字赋能外贸品牌扬帆“出海”宣讲会】 12 月 14 日下午，“数字赋能外贸品牌出海”宣讲会在网易（镇江）联合创新中心举行。本次宣讲会是在镇江市商务局指导下，由润州区商务局和网易（镇江）联合创新中心主办，镇江跨境电子商务协会、镇江市欣贸跨境电商公司、环球资源、搜酷互旦科技公司等共同承办。市商务局副局长李蔚出席会议并致辞，各辖市区商务部门分管负责人参加本次活动。本次活动吸引了来自镇江及周边城市 50 多家企业代表、镇江高专电子商务专业学生等 100 多人参加。

本次宣讲会邀请了众多行业领头人、实战头部讲师和外贸企业家分享发展思路，镇江欣贸跨境电商公司推广了获得国家七部委批准的新型外贸方式——市场采购贸易（海关监管代码 1039）；来自环球资源品牌出海项目负责人，新加坡、菲律宾 TikTok 操盘手，义乌小商品城外贸专家等外贸领域的领头人，用理论加实战案例的方式，围绕突破企业出海困境、解决海外品牌培树难题、降低海外获客成本等专题进行宣讲，助力外贸企业抢抓出海新机遇，拓展外贸新市场。

（区商务局）

2023 年润州区新注册境外企业投资明细一览表

表 9　　　　单位：万美元

序号	企业名称	项目内容	国别	企业类型	总投资	注册资本	协议外资	所属街道
1	江苏康兰国际贸易有限公司	食品进出口；货物进出口；保健食品（预包装）销售；日用品销售；日用品批发；日用百货销售；母婴用品销售等	加拿大	外资企业	2000	2000	2000	和平路街道
2	镇江蓝穹顶科技有限公司	工程和技术研究和试验发展(除人体干细胞、基因诊断与治疗技术开发和应用，中国稀有和特有的珍贵优良品种)；科技推广和应用服务；碳减排、碳转化、碳捕捉、碳封存技术研发等	阿尔及利亚	外资企业	7.04045	7.04045	7.04045	金山街道

（区商务局）

区招商中心

【概况】 根据区委、区政府部署要求，确定2023年为“项目建设提升年”，以核心项目、龙头企业为支点，完善产业链、创新链上的关键环节布局，以产业项目的有效联动，加快提升产业发展集群效应，逐步释放建成项目产出效益，显著增强对区域经济的拉动作用。

明确生产性服务业、高端商贸业、文化旅游产业、新一代信息技术、智能制造等五大产业为招引主要方向；明确主攻赛道，科学划分官塘创新社区、现代金融商务、南山北水文旅、绿色低碳先行四大板块，明确各板块发展方向，做到精准招商，有的放矢。数字经济重大项目招引建设成效突出。阿里云创新中心、东南大学校友经济产业园先导区（镇江）、网易（镇江）联合创新中心等开园运营，国网镇江能源互联网科创中心、联东U谷·官塘科技港等一批优质项目开工建设、序时推进。赴杭州举办“数智润州·启‘杭’未来”数字经济招商推介会，成功签约中节能、网易等16个数字经济重点产业项目。

出台招商引资全域改革实施方案，全域招商改革初见成效。2023年7月，区招商中心独立运行，“一中心十组”架构初步形成。开展招商引资“百日奋战”行动，创新开展委托招商、小分队招商、中介招商等多元招商方式，深入开展委托招商，与江苏省人民政府驻深圳办事处、广东省江苏省商会、浙江省江苏商会、东方嘉富基金公司、浙江省区块链应用技术协会、杭州市跨境电商协会等单位签订委托招商框架协议。

全年，新签约亿元以上项目14个，总投资71.1亿元。其中，10亿—30亿元项目1个，30亿元以上项目1个；新签约区级重大项目33个；存量楼宇去化面积达10.22万平方米；全区共计外出招商229次，其中，区领导带队外出招商共计40次，本地接待客商595批次。

【润州区举行“数智润州·启‘杭’未来”数字经济(杭州)招商推介会】 2023年5月6日，镇江市润州区赴中国互联网产业集聚地杭州举办“数智润州·启‘杭’未来”数字经济招商推介会。

润州区委书记徐心田在讲话中表示，期待数字动能的充分释放，让数字经济与实体经济在城市中深度融合；期待数字治理的高效运行，让数字技术与精细管理在城市中全面延伸；期待数字服务的精准投送，让数字产品与人民期盼在城市中无缝对接。“我们将不负市场认可和企业选择，持续挖掘数字经济强大动能，推动传统支柱产业智变升级，上演更多实体经济与数字经济的双向奔赴。”润州区委副书记、区长徐燕从城市美学“很生态”、美好未来“很可期”、创新创业“很幸福”三个方面，介绍了润州的人文风情、经济发展、投资环境，同时以“数”为媒，对杭州的企业发出“立夏之约”，共同邂逅更多精彩，实现更多合作。

现场准备了读地、读楼两本手册，全面展示润州优质资源。中节能实业发展有限公司总经理陆理达、浙江省江苏商会会长祝斌、浙江省区块链应用技术协会执行副会长朱纪伟等两地数字经济领域行业协会、龙头企业代表齐聚一堂，共同分享一系列新理念、新成果、新思路，期望开创更加智慧美好的未来。

总投资超78亿元的中节能、网易等16个数字经济重点产业项目现场签约，本次签约的项目将入驻位于官塘创新社区的阿里云（镇江）创新中心、东南大学校友产业园，涵盖互联网、信息技术、数字教育、人工智能、低碳产业研究等新兴产业领域。润州区政府还与浙江省江苏商会、东方嘉富基金公司、浙江省区块链应用技术协会、杭州市跨境电商协会等签订委托招商协议，以商会、协会、基金为媒，发挥中介作用，吸引浙江、杭州优质数字产业走进润州、落地润州，“牵手”谋“双赢”。

（区招商中心）

财 政

【概况】 2023年，在区委、区政府的正确领导下，在区人大的监督指导下，面对艰巨繁重的改革发展稳定任务，全区财政部门坚持稳中求进的工作总基调，牢固树立“过紧日子”的思想，坚决兜牢“三保”底线，保持了财政运行的整体平稳。

【收支管理】 一是提升收入质量，进一步完善涉税信息交互、综合研判等机制，强化财税部门及属地的联动协作、运行调度，稳存量、强增量、挖潜量，全面加强收入征管，全区一般公共预算收入实现同口径增长11.1%。二是加强支出管控，从严从紧把牢支出关口，不折不扣落实“过紧日子”要求，坚决控制一般性支出，严格实行“三公”经费总额控制，确保只减不增，区本级“三公”经费较疫情前减少203万元，下降34.5%。三是保障“三保”支出，进一步厉行节约保重点支出，统筹考虑财力状况与支出需求，兜紧兜牢“三保”底线。全年“三保”支出10.2亿元。四是推进预算改革，进一步健全全口径预算编制体系，加强全过程项目绩效管理，加快系统化会计核算整合，综合构建起“横向一体化、纵向集中化”的预算管理体系。

【重点支出】 持续发挥财政工具作用，争取涉企专项资金930万元，兑付区级各类涉企产业政策资金2894万元，支持构建城市经济产业体系。建立健全权责配置更加合理、收入划分更加规范、基层保障更加有力的财政体制，支持主导产业发展，提高基本服务供给能力。兜牢民生底线，严格确保教育经费“两个只增不减”，全年拨付各阶段生均公用经费2144万元，拨付学生资助经费380万元。支持做好稳就业各项工作，全年发放高校毕业生生活补贴、租房补贴、就业见习补贴等413万元，发放灵活就业人员社保补贴和公益性岗位补贴2010万元。全力做好特殊群体、困难人员救急解困、兜底保障工作，全年拨付残疾人“两项补贴”758万元，发放城乡低保2607万元，低保标准每人每月提高至840元。

【金融发展】 加快金融集聚建设，坚持规划先行，深入开展调研，广泛听取意见，围绕“一主三特”金融服务业集聚区定位，出台《润州区金融服务业集聚区发展规划》，顺利举办金融服务业集聚区规划发布及项目签约会。加大金融服务供给，扩大金融综合服务平台推广，促进金融保障水平提升，累计完成金融平台注册企业4484家，满足融资需求1937笔共86.6亿元，助力解决企业融资难题。加快金融产业发展，积极承办镇江市科技金融暨“创融江苏”专场路演活动，投资意向金额2.1亿元。推动区金融高质量发展服务中心实体化运作，完成股交中心挂牌企业3家，建科集团作为新三板挂牌企业，完成股票定向增发1035万元，实现全区企业股权融资“零的突破”。

【债务管控】 紧紧围绕管控“降成本、调结构、控总量、防风险”的总体原则，多措并举，尽责履职，努力将债务管控工作做深、做实、做到位，确保债务财政部监测平台、省监管系统及政府债券管理系统每月及时准确上报，完成2023年新增政府债券需求申报、全年存量债务利息核对、偿还等。全区债务率保持在“绿色”地区，提前“破冰”。按序时完成连云港交叉审计整改工作，并全力做好省委巡视材料准备对接及后期整改工作，提前完成市级“融资成本削峰计划”。

【国有资产管理】 2023年，区国资办严格按照上级部署要求，依法履行国有资产监督管理职责，切实做好国资监管工作。一是推进平台压降工作。按照上级部署，结合区平台公司实际，进一步细化平台公司数量压降方案，区国资办、区债务办强化政策指导和动态跟踪，确保平台公司数量压降工作有序推进。2023年，压降平台公司1家。二是优化平台绩效考核。围绕落实区委、区政府重点工作，突出分类考核重点，细化考核细则，调整考核指标权重。2023年，落实区委、区政府重点任务考核指标权重由原来的6%调整到16%。三是深化对标一流行动。指导镇江佰润粤海国际酒店有限公司对标镇江康华汇利喜来登酒店，深入查找短板弱项，制定对标实施方案和对标提升工作清单。2023年，镇江佰润粤海国际酒店有限公司客房入住率为48.82%，较上年提高12.35个百分点，经营利润率20.7%，较上一年提高16.6个百分点。 （区财政局）

税　务

【概况】 2023年，润州区税务局以习近平新时代中国特色社会主义思想为指导，坚持“扬优势、补短板，激活力、争一流”工作思路，聚焦“抓好党务、干好税务、带好队伍”三大关键领域，创新“经济税情网格”，实施“分级分类管理”，推动实干担当、激励比学赶超，各项工作取得显著成效。

【政治机关建设】 区税务局把主题教育走深走实，把“实”的要求贯穿主题教育全过程，用好“三个抓手”，践行“四下基层”，坚持学思用贯通，知信行统一，构建“党委带头学＋支部引导学＋青年跟进学”联动学习模式，组织党委书记、党支部书记讲党课15场，举办“理论青年说”活动4期。政治机关建设见行见效，对照全面深化政治机关建设要求，持续抓好“第一议题”“第一主题”学习，全年组织中心组学习12次，专题研讨9次；加强基层党支部标准化规范化建设，通过改选新设立13个党支部。推进“党建＋业务”互融互促，与街道、社区、企业广泛结成党建联盟，开展联学共建活动6次。全面从严治党有力有为，开展“四个领域”专项治理和四个专项整治工作。打造“润心书屋”廉政教育基地，加强干部职工“八小时之外”专项治理，组织开展守好“八小时之外”底线专题教育党课、“清风蓝悦·廉润万家”家庭助廉座谈会、“学安欣、守初心”主题分享会等廉政活动，推动区税务局政治生态更加清朗。

【征税收费】 实施收入质量“一把手”工程，依法征税收费、应收尽收妥收，为地方经济社会高质量发展提供财力支撑，实现润州区一般公共预算税收收入12.32亿元。不折不扣落实税费优惠，惠企纾困更加有效，全年累计办理留抵退税1.6亿元，办理出口退（免）税4.33亿元。积极主动开展以税资政，聚焦润州产业优势、区位特点和发展形势，有效利用税收大数据，积极开展经济税收调研，全年累计报送重大产业项目、物流行业、绿色税收等经济分析报告14篇。区税务局被评为2023年度润州

2023年10月，区税务局举行“经济税情网格”工作启动仪式

（区税务局　供稿）

区“建设现代化一流主城区”城市经济促进奖先进单位。

【税收征管改革】 创新“经济税情网格”，根据润州城市布局，按行政街道、主干道次干道（马路），社区、小区，楼宇顺序排列，以“精网微格”标准绘好“经济税情地图”，组成47人网格员阵容，覆盖辖区所有街道。实施分级分类管理，根据企业年入库税款规模，划分六档分级分类管理。开展房土两税专项核查，比上一年增加成效超千万元，2023年土地增值税清算审核优秀案例评选获全市第二名。实施风险常态化监控，全年完成风险应对总成效超2亿元，入库总成效1.2亿元，位居全市前列；中介领域集中式监管模式得到税务总局、省税务局高度肯定。全面落实改革任务，开展“数电票”上线扩围，加快推进“以数治税”；有力做好优化调整社会保险费申报缴纳流程工作。

【税收营商环境】 坚持以纳税人缴费人所盼为税务人所向，以“小切口”融入政务服务“大格局”，推动税费服务“零跑动”改革。开展2023年度“便民办税春风行动”系列活动，组建“暖商服务智囊团”，成立“润心蓝悦”税费志愿服务团，走访社区、企业、个体，开展堵点问诊，高效解决纳税人缴费人急难愁盼问题。组织税收优惠政策宣传线上直播培训4期，线下培训19场，共计辅导26191人次，精准推送政策短信40769条，咨询答复1041人次。扎实推动润州区税费服务运营中心建设，在此基础上将“枫桥式”税务所建设从美好蓝图变成动人实景，区税务局纳税服务股入选全省税务系统首批新时代“枫桥式”税务所（分局、办税服务厅）。

【干部队伍建设】 制定区税务局人才激励方案，有的放矢重点培养业务能手和复合型人才。为新进公务员和青年经济税情网格员配备政治、业务“双导师”，组织开展房土两税及个人股权转让等专题培训，组织全员业务能力竞赛四期，通过“实训+实战”“月学+季考”让青年干部加速奔跑、弯道超速，2人入选省税务局人才库，区税务局被评为2023年市级“比武竞赛优胜单位”。深耕“润心蓝悦”组织文化建设，营造“六心”工作法，充分发挥文化育人作用，干部队伍凝聚力、向心力不断增强，实干担当、奋勇争先的氛围不断浓厚。

（区税务局）

城市建设

【概况】 2023 年，宝盖山滑坡治理项目、城市环境功能设施提升改造、危房解危工程、韦岗东家庄小流域治理工程、城镇污水处理提质增效精准攻坚“333”行动项目、2023 年润州区老旧小区改造工程、健身路径建设及宝盖山体育公园建设项目、教育基础保障工程已基本完成并投入使用。长林路、三茅宫片区城市更新项目、官塘创新社区智慧城市项目（原官塘创新社区基础设施特许经营项目）、沟西路以东地块一期项目、官塘创新社区基础设施建设和环境整治、官塘 S3 地块等 6 个项目已作为续建项目列入 2024 年城建计划。

老旧小区改造。完成黄山小区、跑马山路 4 号、桃西路 5—11 号、长江路 303 号、鱼巷片区、登云新村、运河路 61 号、东岳巷 18 号 9 幢等 9 个片区、17 万平方米老旧小区改造工程，惠及 2145 户居民。江南新村片区改造项目获得省级宜居示范居住区称号。

危房解危。通过“动态销号”模式完成 11 处、5866 平方米年度解危任务，并在现场设置警戒线和加强日常巡查，防止人员返流，确保安全。

房屋征收拆迁与安置。纵深推进 11 个征收拆迁项目，完成签约 21 户、1.67 万平方米，安置 158 户、210 套。其中，西理智造园、赛博电子剩余地块、庄泉路道路扩宽等 4 个项目全部完成。

【城镇污水处理提质增效精准攻坚“333”行动】 经过全面排查形成源头小区排水底数和问题清单，重点整治 18 个小区、65 家企事业单位、213 家小散乱经营户排水情况。同时，全力做好黑臭水体及劣 V 类水体整治，溯源排查四圩铁路河溢流污染现象，对问题小区制定整改方案进场实施，并对河道及时进行补换水，做好河面保洁等工作。对西圩片区劣 V 类水体分两个标段进行整治，已完成河道清淤和末端截流改造。

2023 年 4 月 7 日，古西门街 21 号危房解危前

2023 年 4 月 7 日，古西门街 21 号危房解危后

（区住建局 供稿）

【燃气安全生产专项整治】 制定《润州区燃气安全专项整治实施方案》，部署推进全区城镇燃气“十大专项行动”，高频次检查辖区华达燃气、东森燃气、诚信燃气3家供气点。联合街道整治地下车库使用钢瓶乱象，累计清理126处违规使用瓶装气车库。配合商务部门排查餐饮场所燃气使用安全，累计检查餐饮场所900余家，发现隐患问题128处，均现场督促并指导商户整改。润州区燃气安全专项整治工作系统中录入企业1350家，共排查1350家，排查率100%，发现隐患问题195个，完成整改195个。协助市住建局为5500余户居民用户免费更换金属包覆管和带切断功能的减压阀。

【城区防汛防涝】 全力以赴应对汛情，及时启动应急预案，做好朱方路涵洞、珍珠桥涵洞、黄山涵洞应急疏散引导工作，联系市排水管理处进行排涝处置。同时，全面摸排辖区内26处易积水区域，上报市住建局纳入整治工程，已完成慈寿路、远洋一期积水改造等8个工程。 （区住建局）

住房管理

【概况】 严格落实市物业管理三年提升行动方案要求，出台《润州区加强住宅小区物业管理工作 提升物业服务水平行动方案》，充分发挥考核的“指挥棒”作用。加快推进既有建筑加装电梯，不断提升城市居住品质。持续加强住房保障工作，实施廉租住房“动态管理”，做到应保尽保，应退则退。深入推进房屋安全隐患排查整治行动，筑牢坚实的安全防线。

2023年，区住建局严格执行住房保障政策，实施动态管理模式，全区在保享受廉租住房租赁补贴家庭1783户，共发放租赁补贴919.24万元，享受实物配租1440户。

【住宅小区物业管理】 研究出台《润州区加强住宅小区物业管理工作提升物业服务水平行动方案》文件，选聘第三方机构围绕行动方案对全区住宅小区的物业服务履行情况、禁止行为处置等方面进行专业化考核，进一步规范物业管理。成功培育出党建引领物业管理服务2个省级示范点、3个市级示范点。针对海通物业对红星桃花源小区内禁止行为未予以劝阻、制止，未及时报告有关主管部门的问题，下达行政处罚决定书。全区既有住宅加装电梯已达20余部，加梯数量位列主城区首位。

【房屋安全隐患排查整治】 开展房屋安全排查整治专项行动，成立润州区房屋安全排查整治专项行动领导小组，由局领导带队，每组配备3名工作人员及1名房屋质量检测专家，对接各街道推进排查工作。共排查房屋13267栋，其中，隐患房屋166栋、面积9.02万平方米（D级危房45栋、其他隐患房屋121栋）。45栋D级危房人员已全部撤离，其中，1处已实施翻建，1处正在实施翻建工作，2处已消险通过专家验收，11处已联合市云台房管处通过维修加固的形式进行修缮消险，剩余房屋已全部落实封存措施；121栋其他隐患房屋已完成维修加固6栋，通过专家勘查确认无重大安全隐患5栋，已明确整治措施15栋，无人居住使用27栋，待进一步制定具体整治方案68栋隐患房屋。做好自建房、门面房隐患排查工作，共排查自建房10413栋，其中，经营性自建房671栋、其他自建房9742栋，发现存在安全隐患自建房68栋，已全部整治销号。做好既有建筑安全隐患整治工作，根据市、区三年行动方案，2023年已完成59栋、237万平方米隐患房屋整治任务。

【问题楼盘处置】 全区8个问题楼盘项目，先后完成铂珺花园、世茂云图、上悦诗苑一期、远洋香奈城三期等2247套住宅交付任务，全力保障群众利益，世茂云图、协信太古城已被移出问题楼盘清单，切实维护好社会稳定大局。 （区住建局）

建筑业管理

【概况】 2023年，全区建筑业企业完成施工面积208万平方米，建筑业总产值112.18亿元，建筑税1848万元。

【建筑工地安全生产】 全面推进“安全生产月”活动，组织区属施工企业安全员、施工员、质检员、塔吊司索工、特种作业人员50余人参加市住建局举办的各类专题培训班。

【工地扬尘管理】 严格执行施工工地“五达标、一公示”标准，做到“六个100%”。高频率检查11个房屋建筑工程及市政装修工程建筑工地扬尘防治，并对疾控中心国控点3千米范围内的工地进行重点盯守，累计检查工地270次，发现并整改扬尘污染问题62处。 （区住建局）

润州区国有平台公司

【概况】 润州区国有平台公司(以下简称区平台公司)位于镇江市金润大道1018号，由区新农村发展实业有限公司、区土地房屋开发有限公司、区城市建设投资有限公司、区新城镇发展有限公司4个主体公司组成，全资、控股和参股公司25个，主要涉及土地一级开发整理、征地拆迁、房地产开发建设、工程建设和配套施工、物业管理、建材贸易、酒店经营、金融资产管理、小额贷款经营等业务。

截至2023年年底，区平台公司共有199人。2023年，实现营收5.6亿元，上缴税收1700万元。制定“一资产、一盘活”方案，在手房产合计盘活6.5万平方米，年度出租率达到71.74%，实现年租金约1445万元。

【工程建设】 龚家湾7.33公顷项目。总建筑面积13.48万平方米，共计9幢高层住宅(含商业)，总户数980套，3月18日开工建设，截至2023年年底，9幢楼主体工程全面封顶。

官塘S3地块开发项目。完善前期各类许可证办理，具备建安单位招投标实施条件，并完成设计单位及轻资产全过程代建单位招标公告的准备工作。

代建项目。润州区残疾人综合服务中心、润州区应急指挥中心、七里甸社区卫生服务中心电房竣工交付。

道路建设。蚕桑路、蚕宝路完成道路工程、交通工程、路灯工程专业移交。

【民生工程】 老旧小区改造工程，完成9个老旧片区61幢16.62万平方米改造工程。

润州“333”污水项目一期工程，共7个达标区，于2023年9月竣工验收。

润州“333”污水项目二期工程，共3个达标区，2023年10月开工建设，并于年前完成全部工作量。

【片区开发】 三茅宫片区为润州片区开发首发项目，以“金山福照地·烟火三茅宫”为目标，“留改拆”并举，包含4大组团、6个老旧厂房改造和10大更新工程，总投资55亿元，包括土地整理及公建配套项目投资和经营性项目投资。2023年，委托苏交科和上海济邦作为咨询机构，镇江市规划勘测设计集团和北京大岳咨询作为编制单位，邀请东南大学段进院士对14.53平方千米的老城区进行战略规划研究。

2023年11月29日，龚家湾一期工程首幢封顶

(区国有平台公司 供稿)

【党建引领】 2023年，区平台公司筑牢思想政治保障，理论学习12次、交流研讨6次；举办2期全体员工学习贯彻中共二十大精神研讨班；开展“铭嘱托 铸忠诚 强动力”主题党日活动等落实主题教育工作。

(区国有平台公司)

城乡卫生管理

【概况】 2023年，在区委、区政府的正确领导下，区城管局坚持以中共二十大精神为指导，紧紧围绕区委、区政府中心工作，凝心聚力，攻坚克难，各项工作有序进行。

【服务能力提升】 一是改进工作作风。全面推行“721”工作法，依照《中华人民共和国行政许可法》的规定，规范审批行为，提高审批效率。全年，受理城市建筑垃圾处置核准事项26起，发放城市建筑垃圾处置证4350张；受理户外广告设施设置的审批(店招)50起，不断提升服务质量。二是打造环卫工人“爱心之家”。对中华支路转运站、车队、环卫公寓等8处办公用房改造出新，配齐空调、饮水机、微波炉等设施，为环卫工人提供就餐休息、遮风避雨的场所。联合各界爱心组织在此开展系列慰问活动，让“爱心之家”成为环卫工人的温馨港湾。三是推进停车便利化工程。为缓解停车难题，打造更为便利舒适的出行环境。2023年，深挖机动车停车资源，新增公共停车泊位610个，满足群众需求，改善城市面貌。

【市容秩序】 一是开展集中执法整治。按照《镇江市区城管执法统一集中行动实施方案》的要求，配合并指导各街道开展执法行动313次，出动人员600余人次，规范店面外溢行为2100余起，取缔流动摊点1800余起，规范乱停乱放行为140余起，实施行政处罚27起。联合市政部门开展老城区接坡整治，清理新马路、宝盖路道路接坡130余处，约200米。开展占道经营专项检查，印发通报16期，督促街道整改问题249个。二是加强渣土行业管控。严查渣土运输车辆带泥出场以及农用车不覆盖、乱弃乱倒等违法现象。联合市渣管处以及京口区、高新区等相关单位开展专项整治4次，检查渣土运输车400余辆次，以及施工工地、渣土弃置场所 50余处，发放接受调查询问通知书6份，查处案件4起。三是推进“小散乱”经营户排水整治。成立工作专班，健全小散乱经营户排水治理网络。联合街道、社区人员对3个达标区、3个街道内的小餐饮、农贸市场、洗车场等8类小散乱经营户进行排查，共排查230户，已全部领证，从源头上规范污水排放行为。四是做好“违规种菜”专项整治考核。按照市、区“违规种菜”专项整治要求，督促各街道对河道坡岸、收储地块、道路绿化等区域开展集中整治，全年整改违规种菜行为117处56300平方米。2023年，市级平台派发违规种菜案件238条，均已整改结束，并做好跟踪回访工作。

【城市空间全力净化】 一是开展户外广告整治。重点围绕户外广告专项整治要求，制定全年计划，拆除楼顶广告10处1668平方米；墙体广告1处180平方米；拆除大型高立柱户外广告2处720平方米；拆除落地广告牌9处6098平方米，全年拆除总量位于全市前列。开展户外广告和招牌设施消防安全专项整治，培训614人次，联合各街道发放“关于开展户外广告和招牌设施消防隐患安全整改的一封信”2250份。在集中整治的基础上持续发力，共出动巡查人员600余人次，累计发现并整改存在安全隐患的招牌设施175处，消除了安全隐患。二是开展违法建设整治。根据全区“四大行动”工作部署，排查出违法建设459处63323.14平方米，2023年，完成销号222处4885.64平方米。开展在营铁路沿线违法建设专项整治，共计拆除违法构筑物66处13429.23平方米。按照市城管局要求并结合全国文明城市暨国家卫生城市创建工作，拆除金泉花园三期违法硬化路面122处1350平方米。三是规范疏导点经营。2023年,全区有5个疏导点、3个缓冲区共135个摊位（含食品摊位101个）。联合街道对疏导点消防安全隐患开展拉网式大检查，共检查摊点750余户，交办安全隐患81处，有效预防经营安全事故的发生。

【城乡环境着力优化】 一是推进垃圾分类治理。2023年，建设省级垃圾分类达标小区33个，“四分类”小区152个，设置小区垃圾房48座，推动垃圾分类“撤桶并点”工作落到实处。报实报足“再生资源回收网点监管平台”微信端小程序数据。定期开展垃圾分类模范家庭评选、“变废为宝”垃圾分类积分兑换等活动。组织垃圾分类进社区、进校园、进企业等活动26场，营造垃圾分类人人参与的氛围。二是提升环境保洁质量。牵头开展“洗街、净街、靓街”文明城市建设专项行动，以主干道、综合体周边为重点，进行“人机结合”清洗作业，整治背街小巷超380条，清运积存垃圾近42吨，清理小广告4.5万余处。全年，检查整改问题4800余个；规范管养公厕106座，不断提升环境保洁水平。三是及时完善设施设备。对6座中转站例行出新维护，所有中转站配装喷雾除臭设备；升级改造公厕5座，主次干道新增果壳箱220余只；新增8吨密闭车1辆，拉臂车1辆。新建（改造）农村固定式垃圾房15座，改造农村公厕1座，不断改善农村基础设施。四是提升农村人居环境。积极开展城乡环境卫生大扫除行动，对农村人居环境进行专项检查，督促街道对房前屋后乱堆乱放、乱披乱挂、水塘漂浮物较多等现象进行全面清理，下发督办单117份，并逐一检查销号，切实改善农村人居环境。 （区城管局）

【润州区环卫所】 2023年，润州区环卫所全体职工认真履职，集中精力抓好自身发展，以务实高效的工作作风、全面周密的部署安排，咬准目标、开拓创新、狠抓落实，较好地完成了各项工作任务。

扎实开展各项日常作业，不断提高环卫管理水平。秉持日产日清的原则，定时、定人、定点为辖区居民清运生活垃圾，全年，共清运居民生活垃圾96250.91吨。强化道路保洁考核，定期召开例会，通报问题，协商对策，全面促进保洁质量进一步提升。2023年，管养公厕106座，采用巡回保洁模式，保障公厕卫生整洁，其中，两个“五争五建”培育点之一的文化广场公厕被评为“美丽公厕”。为现有各公厕安装纱窗、门帘，引燃线香，减少异味，驱散蚊蝇。及时维修更换损坏的公厕指示牌，方便有需要的群众快速寻厕，不走冤枉路。

牢固树立为民服务意识，持续兴办民生实事项目。一是改造公厕5座，以“实用、简洁”为原则，对跑马山公园南侧、景天花园、张家门、清真寺街、桃园12幢共5座公厕硬件设施进行升级。同时重视如厕过程的人性化体验——将部分公厕老式的水冲式厕所改造为单独的隔断式蹲位，提高隐私性；在各个公厕内配备防滑扶手、置物架等，方便老人、孕妇等特殊群体使用；部分有改造空间的公厕新增了第三卫生间及母婴室，为特殊群体如厕提供了便利。二是升级改造环卫工人“爱心之家”8处，为环卫工人提供休息歇脚、饮水热饭等暖心服务，打造“15分钟休息圈”；其中，新升级的中华路转运站“爱心之家”内增添了党建教育、休闲娱乐等功能室，为环卫工人提供心理咨询、运动健身等多样化服务。

及时高效清运生活垃圾，着力提升环卫服务质量。严格按照日产日清的标准开展工作，并保证垃圾转运途中无抛洒滴漏。各垃圾转运站每日作业前检查压缩设备，确保正常运作无异常；作业时喷淋除臭剂、作业后及时冲洗场地和车辆，做到地面无散落垃圾、站内无明显异味，最大限度减少转运站对周边环境的影响。在垃圾量增大的季节及节假日，延长部分转运站开放时间，增加下午班次，提高转运效率，避免垃圾堆存。另外，为进一步规范垃圾转运工作，2023年年初，在各转运站内都安装了实时监控，可随时在监控平台查看现场作业情况。若发现偷倒、违规倾倒等情况，可以实现回溯取证，倒查责任人。

圆满完成除雪防冻任务，保障群众生产生活秩序。全年，共遇两次突然降雪，区环卫所通过下好“先手棋”、打好“主动仗”，高效完成了除雪工作。一是提前谋划，根据气象预报联合各保洁公司制定完善了防寒防冻除雪应急预案，并储备足量融雪剂、除雪铲等各类应急物品。同时提前开展车辆、设施的保养检查工作，避免低温上冻损坏设施。二是及时响应，降雪后第一时间组织播撒融雪剂，保证辖区主干道、桥梁基本无结冰。大量降雪后督促保洁公司组织保洁人员加班加点，以人机结合方式及时清除道路积雪，做到了“一夜雪无”，保障了市民安全出行。

高效开展雾炮洒水降尘，全力配合污染防治攻坚。积极配合区攻坚办要求，做好道路扬尘管控工作，多措并举，全面加大道路冲洗、洒水降尘、湿扫保洁、喷雾抑尘等作业力度。在延续夏季加冰雾炮作业方式的同时创新尝试在污染天气增加抑尘剂作业，更好地捕捉、吸附、团聚粉尘微粒，有效降低大气细尘及其他废气颗粒的含量。冬季督促保洁公司密切关注气温变化，气温低于2℃时停止一切带水作业，防止道路结冰造成安全隐患。不能冲洗作业时灵活安排保洁人员擦洗道路护栏，清洁果壳箱和垃圾桶，针对国控点周边重点道路，增加人工清扫频次，在中午气温较高时及时开展冲洗作业，最大限度减少道路扬尘。

（区环卫所）

城管执法

【概况】 2023年，润州区城管行政执法大队（以下简称区城管行政执法大队）以习近平新时代中国特色社会主义思想为指导，深入贯彻落实中共二十大精神，按照省、市、区相关会议精神，以深入推进综合执法改革为落脚点，开拓进取、求实创新，队伍建设水平、依法行政能力得到进一步提升。

【职能设置】 区城管行政执法大队于2019年4月10日成立，为隶属于区城管局的事业单位，参照公务员法管理，正科级建制。

区城管行政执法大队核定编制94人，2023年在编68人，其中，大队机关在编14人；下沉各街道综合行政执法局54人。

区城管行政执法办公场所面积306平方米；案卷档案室1间，面积15.5平方米；执法用车7辆、电动巡查车13辆（由市局转赠，已分派各街道综合执法局），有执法记录仪48台、照相机7台、录音笔7个、扫描仪1台、计算机12台、打印机3台。

【党建工作】 一是深入开展主题教育。2023年，区城管行政执法大队将开展主题教育作为首要政治任务，深入学习习近平新时代中国特色社会主义思想。围绕“学思想、强党性、重实践、建新功”总要求，组织开展集中学习12次，梳理存在问题5

项，并逐一整改，实现交流学习、党性分析、大讨论活动全覆盖，进一步筑牢了在城管行政执法领域为党工作的思想根基。二是按期开展换届选举。按照党要管党、全面从严治党的要求，区城管行政执法大队党支部根据《中国共产党章程》和《中国共产党基层组织选举工作条例》规定，经党委批准，2023年3月，以党员大会形式进行了支部委员会换届选举，选举程序规范、资料齐全，选举过程体现了党内民主，发挥了党员群众监督作用。三是扎实推进党建共建。与市执法支队第一党支部、上党镇农业公司党支部结对签约，开展党建联盟活动，通过组织党建业务交流，共同开展主题党日活动，形成政治共强、思想共振、业务共赢、发展共谋、作风共抓的局面。四是开展“双报到、双服务”活动。区城管行政执法大队党员中居住在润州区的7名党员到社区报到，做到随时待命，参加社区相关活动，做好服务群众工作。

【行政执法】 执法整治。一是开展市容环境专项整治。按照《镇江市区城管执法统一集中行动实施方案》的要求，2023年，指导参与各街道综合行政执法局组织开展各类市容环境专项整治集中执法行动313次，出动人员600余人次，规范店面外溢行为2100余起，取缔流动摊点1800余起，规范乱停乱放行为140余起，整改乱披乱挂50余起，实施行政处罚27起，不断提升城市环境。二是大力开展渣土行业整治。区城管行政执法大队派驻2名执法人员配合区渣土所加强渣土行业执法管控，配合检查渣土运输车辆400余驾次，施工工地、渣土弃置场所50余处，发放接受调查询问通知书6份。三是开展占道经营专项检查。综合执法改革后，基层执法队伍行使的职能更加多元化，不再局限于城管领域，为了帮助基层查漏补缺，大队加强日常巡查，及时向各街道反馈占道经营问题。2023年，印发占道经营检查通报16期，交办各街道整改问题249个，进一步规范城市秩序。四是联合联动、综合施治。联合相关单位、属地街道开展联合行动16次。其中，联合市政部门开展老城区接坡整治，共清理新马路、宝盖路道路接坡130余处，200米；联合市停车处、和平路街道综合行政执法局针对太平路开展停车位乱停乱放整治，劝导沿线商家规范经营，清理占用停车位杂物10余处，并撤销设置不合理的停车位。

2023年4月28日，在润州广场开展《江苏省城市市容和环境卫生管理条例》宣传 （区城管行政执法大队 供稿）

案件查处。2023年，区城管行政执法大队全力推行柔性化执法，营造优质营商环境，对照市城管执法局编制的“两张清单”制定了《规范执法柔性执法优化法治营商环境实施方案》，通过积极探索包容审慎监管模式，进一步缓解矛盾，彰显执法的服务性和亲和力。针对某单位涉嫌擅自倾倒、抛撒或者堆放工程施工过程中产生的建筑垃圾案件举行公开听证会，听取相对人的陈述申辩，在确定理由充分后，依法减轻对其作出的行政处罚，切实为企业生存经营营造良好的营商环境。全年，办理案件4件，其中，简易案件2件，一般案件2件，罚没款7万余元。未发生行政复议和行政诉讼案件及暴力抗法事件，依法行政水平得到进一步提升。

执法宣传。一是分级分类开展教育培训。将新修订的《江苏省城市市容和环境卫生管理条例》（以下简称《条例》）纳入年度学习培训计划，党委中心组带头对新《条例》展开专题学习讨论。大队作为实施培训部门，组织内部学习吃透《条例》精神，再组织各街道综合行政执法局、局机关各科室及下属事业单位相关人员开展培训。通过自上而下的培训学习，共同探讨《条例》修订对执法工作带来的变化和新要求，深入解读《条例》的修订背景、意义、亮点及前后的区别，确保新修订的《条例》正式实施后，基层执法队伍能够迅速贯彻落实。二是积极开展普法宣传。针对新颁布的《条例》及《镇江市生活垃圾管理办法》，在润州广场、西津渡广场开展集中宣传活动，向群众解读法律法规变化，对市民提出的问题进行面对面的沟通和解答，共发放宣传资料、纪念品600余份，进一步提升群众的知晓度和参与度。同时，围绕普法月活动要求，对《中华人民共和国行政处罚法》部分章节进行解读，相关内容已在市局网站上刊登。三是开展“法治六进”活动。以进校园、进商铺的形式开展宣传活动，组织执法人员向辖区店主发放市容条例宣传资料、与南徐小学师生一起开展“厨余垃圾夏日行动”垃圾分类主题宣传，通过走进学校、走进群众、走进商家等方式，营造了全民学法、懂法、守法的浓厚氛围。

(区城管行政执法大队)

环境保护

【概况】 2023年，润州生态环境局坚持以习近平生态文明思想为指引，深入学习贯彻中共二十大精神，紧紧抓住全区生态环境质量改善重点，持续发力深入打好污染防治攻坚战，着力解决突出生态环境问题，全力推进各项生态环境保护工作，区域环境质量保持稳定。

2023年，建成20套大气两参数微站和运粮河、古运河2个水质自动站，4个点位的千里眼监控探头，均投入使用。

【区域环境质量稳步改善】 2023年，疾控中心大气国控站点PM2.5年均浓度为35微克/立方米，优良天数比率为77.1%。新河桥国考断面、京口闸省考断面水质年平均浓度均达到Ⅱ类，全区优Ⅲ水体比例保持100%。集中式饮用水水源地水质达标率保持100%。

【突出环境问题整改】 2023年，中央第二轮环保督察交办12件信访件已全部完成市级现场验收。2022年的6件省突出生态环境问题，按照专项督查反馈意见要求已全部完成整改。2023年，市长江经济带突出生态环境问题警示片披露的两个问题已完成整改。

【污染防治攻坚】 积极做好国省考断面周边河道和集中式饮用水源地环境风险隐患排查，有序推进排污口排查整治，87个长江排口，20个太湖排口，已全部完成整治。强化移动源污染防治，国三及以下排放标准柴油货车全年淘汰367辆，超额完成市政府下达的任务。强化基础设施建设，6家重点加油站已完成三级油气回收装置更换，3家单位的低氮锅炉改造工作已完成并投入运行。

【生态文明建设】 积极推动省级生态文明示范区创建，《润州区生态文明建设规划（2023—2030年）》已通过人大审议并颁布实施。完成2022年度城市区域水污染物平衡核算，开展运粮河（润州段）底栖生物完整性指数评价和城镇污水处理厂纳管工业废水分质处理综合评估，全力摸清区域生态环境家底。在全市率先制定印发《润州区“无废城市”建设实施方案（2022—2025年）》和《润州区“无废细胞”建设方案》，提早谋划润州区的无废城市建设工作。成功申报镇江市南山—官塘片区生态环境修复及低碳数字产业融合发展EOD项目。

【生态环境监管】 组织实施“守碧水、固成果”国省考断面水污染防治攻坚、集中式饮用水水源地环境问题排查整治、“两治一提升”、深化安全生产三年专项整治等各类专项执法行动，严厉打击噪声污染、废水废气违法排放等环境违法行为。全年，共出动执法人员1248人次，检查点位660个，发现问题219个。持续做好环境信访问题调处，全年，共接受“12345”、部省平台在内的各类电子信访工单346件，同比下降31.29%。

【舆论宣传氛围营造】 开展义务植树活动，进一步增强“植绿、护绿、爱绿”意识和建设生态文明的行动自觉；开设濒危动物保护知识讲座，提高社会关心野生动物、关注动物保护的意识；组织党员代表参观征润洲污水处理厂，了解污水处理的运行工序和设备的具体用途；开展“做好垃圾分类，拥抱绿色生活”社区宣传活动，用通俗易懂的生动事例让居民了解有害垃圾的危害及可回收垃圾的利用价值；开展企业负责人普法宣讲，切实强化企业主体责任意识和守法意识；开展习近平生态文明思想宣讲进企业活动，系统阐述和深入解读习近平总书记在全国生态环境保护大会上的重要讲话精神，引导企业牢固树立生态环境保护意识。全年省、市、区各级平台共发表信息60余篇。

(润州生态环境局)

教 育

栏目编校：蒋厚军 施雨婷

综 述

【概况】 2023年，区教育系统继续以习近平新时代中国特色社会主义思想和习近平总书记关于教育的重要论述为指导，立足大智慧谋划发展方略，按需求实施教育投入，实举措推进教育改革，不断优化教育生态，进一步加快全区教育事业全面、协调、可持续发展。

【基层党建】 坚持全面从严治党，重视意识形态工作，全年开展师德师风专项整治。落实“五责联抓”，党委班子成员全覆盖联系基层党组织，区教育局党委理论学习中心组全年学习13次，主持召开局党委会37次。19个党支部进行换届，10所中小学按要求配备专职副书记，17所中小学按党组织领导的校长负责制要求修改学校章程和议事规则。11名预备党员转正，新发展2名预备党员，举办1期入党积极分子培训班。先后开展“铭嘱托，铸忠诚，强动力”主题党日等活动50余场，评选出身边的榜样23名。解决群众急难愁盼问题47个，整改整治突出问题33个。区教育局党委查摆出问题5个，教育系统党支部党性分析列出问题79条，制定整改措施74条。23个基层党组织围绕局党委书记项目“突出‘四促’党建引领学校治理效能提升”确定子项目，择优推荐5个项目参加市级评选，润州中专党支部和穆源民族学校党支部获评市级“一校一品”党建文化品牌。

【教育资源】 完成滴翠园幼儿园移交手续；积极推进万科蓝山小区配套幼儿园验收和移交工作。高质量完成2023年区“基础教育保障提升项目”，对镇江实验学校和润州中专体育馆顶棚进行更换；对孔家巷小学、宝塔路小学、镇江实验学校中学部等厕所进行维修改造；对南徐小学、宝塔路小学、中华路小学、长山校区等食堂进行维修出新；对孔家巷小学、中山西路幼儿园、镇江实验学校图书馆、穆源民族学校综合楼、润商小学体育馆等楼面防水进行全面治理；对镇江实验学校、润州区实验小学、朱方路小学校舍局部外墙进行安全性修缮；对润州中专车棚、男生宿舍、男女生浴室、图书阅览室和舞蹈房，镇江实验学校报告厅、南围墙，长山校区部分扩班教室等进行微改造；对市级文物保护单位——穆源民族学校火星庙古戏台进行加固修缮。配合城镇污水处理提质增效精准攻坚“333”行动，对金山实验学校进行雨污水管道修复和分流治理，为镇江实验学校部分教学楼安装铝合金窗；为镇江实验学校、长山校区、润州中专、南徐小学、宝塔路小学铺设软质运动场地。

【学前教育】 苏外附属幼儿园通过省优质幼儿园现场验收；润扬、南徐新城、金山水城、南山景园、朴园伟才、吉的堡6所幼儿园通过江苏省优质幼儿园复审；中海润泽园、润州花园、红星桃花源3所幼儿园创成镇江市优质幼儿园；南山景园、实验幼儿园被评为镇江市评估指南实践园。机关幼儿园迎接江苏省教师发展示范基地校终期考核。暑期关停轴承厂、耕读、蒋乔社区、老江南4所幼儿园，就读幼儿已分流至省（市）优质园。现在润州区公办和普惠性民办幼儿园就读幼儿占比91.22%，在省（市）优质幼儿园就读幼儿占比为

修缮后的火星庙古戏台（市级文物保护单位）

（区文体旅游局　供稿）

90.10%。举办“倾听儿童，相伴成长”学前教育宣传月活动和幼小衔接现场推进会，逐步形成幼有优育。

【义务教育】　全面落实全员成长导师制，金山实验学校德育案例获评第六届长三角地区中小学德育创新论坛优秀案例；区教师发展中心教育诊疗专著获评优秀成果；朱方路小学案例获评镇江市全员导师制工作优秀案例学校类别一等奖；穆源民族学校、孔家巷小学、金山实验学校获学校类别二等奖。镇江实验学校初中部、朱方路小学在江苏省教育学会班主任专业委员会召开的“人的回归：班级管理体制改革的理论与实践探索”全国学术研讨会中作全员成长导师工作交流。73项课题参加各级各类课题申报，1项省级精品课题进行课题成果推广。在建省级内涵建设项目4个、市级内涵建设项目11个。1个校本案例成功入选江苏省教育厅智慧教育平台试点创新案例推广。5所学校参与镇江市中小学体育大课间评比，3所学校获一等奖。举办“润州区第三届校园之声合唱节”和“2023年阳光下成长润州区小学生文艺会演”。在镇江市中学生文艺会演中，镇江实验学校、润州中专、宝塔路小学和中华路小学节目均获市一等奖，教育局获优秀组织奖。南徐小学和孔家巷小学高水平接受“全国楹联文化示范市”创建活动现场验收。宝塔路小学获评第二批“江苏省书香校园建设示范点”。2023年秋学期，全区中小学共开设文艺、体育、科技等各类社团419个。学生课后服务参与率为95.8%，比2023年春学期增加1.7个百分点，教师课后服务参与率达93.3%。发现并查处31起学科类隐形变异违规培训行为，其中劝阻、取缔“无证无照”违规培训点13个，严肃整顿机构违规培训行为18起。

【职业教育】　坚持“产学结合、协同育人”，与区域内10家企业建立紧密型合作关系，开展校企合作订单冠名培养。承接社会性考试和培训近2500人次。成功申报江苏师范大学助学自考大专办学点1个、现代职教体系中高职直通“3+3”分段培养项目1个。1名教师获2023年江苏省技能大赛影视后期制作项目一等奖。成功承办全市职业学校全员成长导师制工作推进会，相关工作经验在全市推广。

【社会教育】　推进区老年大学和社区老年学习点建设，顺利完成区域社区教育培训任务，积极推进省教育厅关于社会教育数据常态化填报工作。顺利通过“江苏省示范性老年大学”复审，成功申报省级“社区教育、老年教育特色品牌培育”项目1个，新创省级“名师工作室”1个，新评江苏省“最美社区教师”1人、“社区教育先进工作者”1人，荣获第三届“镇江市社会教育（教学）成果奖”一等奖1个、三等奖1个。成功承办镇江市“全民终身学习活动周”开幕式活动。

【教师队伍】　深入落实《润州区教育系统推进师德师风专题教育实施方案》，全年度开展师德师风专项整治。举行“学于漪精神、守教育初心”师德师风主题学习教育活动。新评江苏省名师工作室1个、教学名师1人；1名教师通过正高级教师评审，新增镇江市省特级教师后备人才5人。全区现有镇江市学科带头人25名、中青年骨干教师110名、教坛新秀22人，“169工程”学术技术带头人3名、学术技术骨干20名、学术技术新秀36名。全年共有15位教师在基本功和评优课中获市一等奖以上奖次，其中省级奖项4个，市级奖项11个。区域各学科团队制作的20节微课被评为市级优课，4节微课获评省级基础教育精品课例，其中2节微课入选教育部精品课例，占大市获奖比率30%。

（王云苏）

幼儿教育

【概况】 2023年度，全区学前教育坚持以强化保教活动质量为核心，以省内涵建设项目为抓手，全区学前教育质效有效提升。

【强化规范管理，过程性考核初具成效】 建立“四个片区、责任督学区、教研协作区”一体化联动管理模式，完善公办、民办园考核细则，以自评、数据监测、问卷调查和实地核查方式，实现发展性评价的落地；以日常督导、专项督查、飞行检查等形式，保障幼儿园安全、卫生和保健管理的有效落实。结合实际，关停4所老小幼儿园，将就读幼儿平稳分流至省市优质园。开展第二轮普惠民办幼儿园认定，全区普惠性幼儿园覆盖率90.83%。

【强化质量提升，区域性联动取得实效】 以内涵项目为抓手，围绕建立联动机制、建设适宜课程、提升保教质量三大目标，以“行政推动、教研引领、幼儿园协同共进”为工作机制，通过“全类覆盖、全员参与、全面推进”的区域性实践，聚焦“环境创设、活动组织、家园共育和师幼互动”4个核心问题，进行8次轮值活动，6场区域教研和园本教研，观摩20所幼儿园，分享52个经验案例，幼儿园保育实现区域共研、共享、共进。

【强化内涵建设，特色化品牌发挥质效】 创成省优质幼儿园1所，市优质幼儿园3所；完成省优质幼儿园复审6所，省（市）优质幼儿园覆盖率提升至96.02%。创成“镇江市首批评估指南实践园”2所；1所幼儿园课改项目获批省前瞻性教学改革实验一类项目。（张 倩 杨立群）

2023年润州区幼儿园基本情况统计表

表10

项目	数量
一、幼儿园所数（个）	34
其中：教育部门办	13
乡镇办	1
企业办	1
民办	19
二、幼儿园班数（个）	261
其中：教育部门办	110
乡镇办	3
企业办	3
民办	145
三、在园幼儿数（人）	6446
其中：教育部门办	2986
乡镇办	73
企业办	73
民办	3314
四、教师数（人）	558
其中：教育部门办	279
乡镇办	6
企业办	7
民办	266

（张 倩 杨立群）

中小学教育

【概况】 2023年，全区共有义务教育阶段中小学16所，其中，小学11所，九年一贯制学校5所（含1所民办学校）。小学在校学生数为15049人，初中在校学生数为4279人。

【义务教育优质均衡】 全面优化资源配置，高质量完成2023年润州区“基础教育保障提升工程”民生实事项目，对全区11所学校校舍、设施设备等进行维修改善，营造优质育人环境。全面深化集团化办学，不断完善集团共研共建共享机制，从学校管理、教育教学、师资队伍等方面融合并进、多元共生，扩大优质资源覆盖面，激发办学活力，提升办学水平。3所学校获评“全国中小学国防教育示范学校”；3所学校获评“江苏省青少年科技教育先进学校 ”；1所学校获评“江苏省书香校园建设示范点”；1所学校获评“江苏省中小学劳动教育特色学校”；1所学校获评“江苏省融合教育示范校”；3所学校获评“镇江市暑期研学实践教育优秀学校”等。

【“双减”工作落地见效】 充分发挥学校育人主阵地作用，紧紧围绕“减负增效”目标，强化作业管理，推进课堂改革，优化课后服务，以“提质”促“减负”。加大内涵项目建设，共有省级在建项目5个，市级在建项目11个，以项目研究推动教育高质量发展。科学教育、心理健康教育案例获评江苏省“双减”工作成效典型案例；1个校本案例入选江苏省智慧教育平台试点创新案例；区域“双减”经验入选省推进义务教育“双减”研讨会经验汇编。区义务教育阶段学业质量保持全市第一方阵。

【教育改革成效明显】 深入推进全员成长导师制工作，全年共征集291篇中小学导师工作案例，形成优秀案例集，供全体导师学习借鉴。区域及试点学校在省厅全员导师制工作专题视导中作经验汇报，多校导师工作经验在国家、省、市范围内交流、推广。深化校家社协同育人，围绕关爱青少年生命健康主题，创新开展“家长学校”工作，提供优质家庭教育指导，引导家长树立科学育人观。1所学校获评“江苏省2023年家校共育数字化示范校”，3所学校获评“镇江市首批家校共育数字化示范校。”

（严海燕）

2023年润州区学校（职业学校）基本情况一览表

表11

序号	学校名称	占地面积（平方米）	建筑面积（平方米）	班级数（个）	在校学生人数（人）	在职教师人数（人）	校长（负责人）	特色
1	省润州中等专业学校	108055	314335	44	1607	80	田　静	产教融合
2	镇江实验学校	82912	39621	141	6436	363	臧　翔	全人教育
3	镇江实验学校魅力之城分校	53033	18009	73	3020	182	夏全喜	绿色教育
4	镇江市金山实验学校	26451	11609	27	1043	88	朱开娟	精实教育
5	镇江实验学校官塘分校	27049	7369	36	1505	87	周冬林	自觉教育
6	镇江市宝塔路小学	20430	11038	24	955	61	卢海程	民乐、阅读
7	镇江市中华路小学	11363	8192	14	526	38	笪　伟	诗意教育
8	镇江市孔家巷小学	19400	5894	12	389	29	张　伟	国学经典 节气课程 雅正教育
9	镇江市润商小学	12420	4929	9	285	27	卢海程	润泽·自然教育
10	镇江市润州区实验小学	35600	24931	35	1264	81	靳钟琦	志愿者服务
11	镇江市穆源民族学校	16951	11869	8	212	38	章　瑾	民族教育

续表 11

序号	学校名称	占地面积（平方米）	建筑面积（平方米）	班级数（个）	在校学生人数（人）	在职教师人数（人）	校长（负责人）	特色
12	镇江市金山湖小学	26667	13809	25	1001	55	王　勤	品质教育
13	镇江市金山小学	15778	7957	6	192	21	王　勤	智趣教育
14	镇江市南徐小学	32000	16022	33	1339	77	蒋　勇	物候探秘 国防教育
15	镇江市朱方路小学	18830	11476	21	793	46	田家飞	行走课程 体验教育
16	镇江市蒋乔小学	11698	3548	5	132	19	贺旭东	科技教育
17	镇江苏州外国语学校	10456	8944	10	236	46	董宏伟	中国特色国际化教育

（严海燕）

职业教育

【概况】 2023 年，职业教育稳步发展。学校荣获省级先进班集体 1 个、市级先进班集体 3 个、省级“三创”优秀学生 1 人、市级“三创”优秀学生 7 人、省级优秀学生干部 1 人、市级优秀学生干部 3 人、省级最美职校生 1 人、市级优秀共青团员 2 人，荣获江苏省“三下乡”社会实践优秀团队 1 个、江苏省“三下乡”社会实践先进个人 2 人、镇江市微团课大赛中职教师组特等奖 1 人。学校党支部被评定为“四星级支部”，“金牛润泽初心 红烛照映未来”党建综合项目荣获镇江市“一校一品”党建文化品牌，学校团委荣获镇江市五四红旗团委。1 名教师入选“江苏省教学名师”，1 名教师荣获江苏省职业院校技能大赛教师组一等奖，2 名教师入选市“169 学术技术新秀”、镇江市“金山英才”。学校与江苏师范大学成功合作全日制自考大专办学点，开设有学前教育、机电一体化两个专业，新建润州区融合教育资源中心 1 个。 （李　婧）

【江苏省润州中等专业学校】 江苏省润州中等专业学校（又名镇江市信息中等专业学校），是一所融综合高中、职业中专、成人学历教育、中高职衔接培养、职业技能培训等多种培养模式于一体的综合性公办职业学校。先后被评为国家级重点中等职业学校、江苏省四星级中等职业学校、江苏省高水平示范性中等职业学校。现有电子技术应用、市场营销、运动训练、计算机应用、会计事务、机电技术应用、现代通信技术应用、计算机动漫与游戏制作、电气设备运行与控制、数控技术应用、汽车电子技术应用、艺术设计与制作、数字媒体技术应用、幼儿保育、航空服务等专业。学校现有江苏省教学名师1人，江苏省“333”高层次人才 1 人；镇江市学科带头人 3 人，镇江市中青年骨干教师 7 人。

社会教育

【概况】 2023 年，润州区社会教育以习近平新时代中国特色社会主义思想为指导，认真学习贯彻中共二十大精神，全面落实“推进教育数字化，建设全民终身学习的学习型社会、学习型大国”要求，积极推进社区教育改革创新。

先后成功举办“润州区老年大学教学成果展示”活动、镇江市“全民终身学习活动周”开幕式活动等，社会影响广泛。在江苏省 “社区居民旧物改造风采展示活动”中，张桂保荣获“最佳动手达人”称号； 3 人分获江苏省成协评选的“百姓学习之星”“社区教育先进工作者”和“社区教育优秀志愿者”称号，1 人被评为省“最美社区教师”。

【社教途径创新】 2023 年，润州区老年人口为 6.08 万人，在江苏在线学习平台中老年人社区教育活动年参与共计 15175 人，参与率达 24.9%，同时在江苏省终生教育学分银行系统中，各街道社区上传 60 岁及以上老人注册开户数达2334 个，存入率达 15.4%。投入资金拍摄社区学习视频，《古琴畅谈》社区教育学习视频入选教育部“能者为师”社区教育学习资源库；拍摄“指尖上的艺术”视频课程，获得镇江市社区教育“能者为师”教学技能展示活动三等奖。在第三届“镇江市社会教育（教学）成果奖”评选活动中，润州区社区教育项目获一等奖1项和三等奖2项。

【重点项目推进】 品牌项目“鑫希望青少年护航行动”被江苏省社会教育服务指导中心确立为省“社区教育、老年教育特色品牌培育”项目；蒋乔街道老年教育培训项目“九华清曲社”被江苏省成人教育协会评为2023年省级“社区教育品牌项目”；“太平泥叫叫西津渡传承点”被评为省级社区教育“名师工作室”。该项目“体验非遗，收藏童年”，旨在培养传承人、传承古老技艺、开展非遗文化公益活动。

【老年教育】 加强区老年大学建设，推广“1+N”办学模式。近年来区教育局投入近30万元，对润州老年大学进行基础建设改造和设备更新，2023年在校人数超过2000人。学校教学质量不断提高，多次承办镇江市老年大学教学示范展示，2023年增设“生活茶艺”“科学育婴”“投资理财”等近十项公益课程。顺利通过“江苏省示范性老年大学”复审。老年大学办学点达3个，做到社区办学，老年大学送教上门，老年居民进入“15分钟学习圈”。选送节目在江苏省成人教育协会“新时代社区教育文艺成果展示活动”中获一等奖2项和二等奖1项。 （边 颖）

师资队伍

【概况】 2023年，全区在岗特级教师4名，省“333”培养对象5名，市“169学术技术带头人”3名、市“169学术技术骨干”21名；有正高级教师9名，市名校长2名，市第八批学科带头人25名，市第八批骨干教师110名，市教坛新秀22名。

加强对各类高层次人才岗位目标绩效管理，确保优秀人才“评得出，用得好”。完善校长任期目标考核评价制度，加大学校高质量办学激励力度，建立健全关心关爱、容错纠错、能上能下“三项机制”，激励干部担当作为，提升办学治校水平。

【学历提升工程】 公办幼儿教师专科率达100%，小学教师本科、专科学历分别达91.4%和100%，初中教师研究生和本科学历分别达19.4%和100%。中等职业学校“双师型”教师达75.86%，研究生学历达23.2%。

【名师工程】 深入实施强师行动。落实《润州区中小学、幼儿园教师拔尖人才培养框架意见》，《镇江市润州区教育系统中青年干部“新雁工程”培养计划（2021—2023）》等人才培养系列文件与计划。组织中小学教育集团行走“苏教名校”访学活动，遴选中小学集团校级行政干部、骨干教师80余人，前往南京、南通进行针对性交叉访学培训，提升骨干教师综合素养。组织50人的中青年干部“新雁工程”研修班赴安徽芜湖结业培训，考察三类学校（九年一贯制学校、小学、幼儿园）六所校园，促使中青年干部进一步提高科学管理学校能力和水平，为润州教育高质量发展提供人才保障。

【全员培训工程】 继续教育有效落实，每位中小学教师在继续教育周期内积极参加区级及以上教师培训基地的集中培训和人事部门组织的暑期全员网络培训和公需科目培训，达到每年90个学时目标。组织2023年教师参加省师德师风网络研修、《习近平总书记教育重要论述讲义》在线学习，参训率100%。按照组织程序，进行省卓越校长创新培育计划培养对象、长三角中小学名校长培训人选推荐。省级教师发展示范基地校2所、市级教师发展示范基地校2所、区级教师发展示范基地校6所。青蓝工程扎实推进，组织新教师“岗前一月”及“在岗实训一年”培训，培训以“师德为先、学生为本、能力为重、终身学习”为培训目标，狠抓教育法规和教育教学基本功培训,助力青年教师扣好职业生涯“第一粒扣子”。

（黄 竞 李红萍 周镇梅）

重点学校、幼儿园介绍

【镇江实验学校官塘分校】 镇江实验学校官塘分校始建于2021年5月,由镇江市官塘中学和镇江市官塘桥中心小学合并而成，现位于风景秀丽的南山森林公园东麓。学校占地面积6.67公顷，校舍建筑面积约0.6万平方米，拥有400米标准跑道田径场。2023年小学部有25个班级，学生1070人；初中部有11个班级，学生490人。学校现有专任教师78人，区（市）级骨干教师17人，汪素英被评为全国优秀教师、江苏“最美教师”。

学校以“自觉”为校训，“赓续南山根，培育自觉魂”为办学理念，走“自觉教育”特色发展之路。劳模精神薪火相传，学校走出了润州区教育系统省市区级5位劳模。学校“自觉课堂”坚持“学研展达悟”教学结构，课堂焕发勃勃生机，初中部教学质量多年来稳居大市前列。学校学生体质合格率和优良率一直稳居区市前列，小学部两度获镇江市“市长杯”校园足球联赛冠军，舞蹈节目分获江苏省“莲花杯”金奖、“五星工程”银奖，合唱团获得江苏省第七届中小学艺术展演“二等奖”。

2023 年，官塘教育人围绕培育“向阳生，植深根，萌新芽，逐云天”的“自觉少年”目标,着力构建“自觉少年”培育体系，打造润州区劳动实践课程基地“莱山耕读园”，打造“四善”教育内容体系的慈善教育基地。学校获得“江苏省劳动教育特色学校”、镇江市中小学校园慈善文化建设“最佳项目奖”、“镇江市关工委优质化建设达标学校”、“镇江市江豚保护示范学校”等荣誉。教师发展收获满满，2 位教师获得省级优质课一等奖，1 人次获得市基本功一等奖。

学校还先后荣获江苏省绿色学校、江苏省近视防控示范学校、江苏省优秀职工之家、江苏省科技先进学校、镇江市特色学校、镇江市慈善文化进校园基地学校、镇江市科技教育先进学校、镇江市安全文明先进学校、镇江市德育先进学校、镇江市中小学学生行为规范示范学校、镇江市校园足球后备人才示范学校等多项荣誉。

（镇江实验学校官塘分校）

【金山水城幼儿园】 金山水城幼儿园坐落于镇江市润州区金山水城 B 区 32 号，创建于 2008 年。2023 年有 9 个班级，294 名幼儿，43 名教职工。其中，“江苏省名园长工作室”成员 1 人，镇江市骨干教师 2 人，镇江市教坛新秀 1 人，润州区骨干教师 1 人，润州区教坛新秀 1 人。该园秉承“尚自然性情，育本真儿童”的办园理念，打造出自然和谐、充满生活气息的育人氛围，先后被评为“镇江市平安校园”、镇江市第三批指南实验园、“镇江市足球特色学校”、“江苏省优质幼儿园”、“江苏省篮球特色学校”、“江苏省体育特色联盟园”、“全国足球特色幼儿园”等。

幼儿园遵循“追求教育本真，为孩子健康人生奠基”办园宗旨，致力于体育特色课程研究，通过多项省市级体育课题积累丰富的研究成果。近年来又重新规划室内外空间，室外增设游戏场，利用“半小时场地交换”平衡运动和游戏的时间；室内班班配有先进的教育教学设施设备，最大限度拓宽游戏空间，充分利用走廊、午睡室打造游戏区，孩子们在多样化游戏中不断获得有益经验。

幼儿园在体育特色研究的基础上，结合周边自然、社会资源，建构“山水”园本课程，先后成功申报省市“十三五”规划课题，将可利用的资源融入五大领域活动中，在规范保教的基础上不断探寻个性化发展道路。2022 年市级课题成功结题，2023 年省级课题成功结题。2023 年 8 月，课程项目“五育融合”理念下幼儿园山水课程实践探索 立项为江苏省基础教育前瞻性教学改革实验项目，2024 年 1 月举行开项论证活动。园所将积极践行“五育融合”教育方针，继续依托山水资源，创生课程活动，积淀课程文化，厚植家国情怀，努力培养“如山健，似水灵，犹花灿”的孩童，努力办好让人民满意的教育。 （金山水城幼儿园）

科技·人才·卫生健康·文体

栏目编校：田 崇

科学技术

【概况】 2023年以来，区科技局深入学习贯彻落实中共二十大精神、贯彻落实习近平总书记对江苏工作重要讲话重要指示精神，坚持围绕“双轮驱动”战略，不断加强创新主体培育、提升企业研发投入、强化载体孵化效能、推动产学研金深入融合，以优服务、强支撑加速创新驱动赋能，为润州高质量发展提供有力科技支撑。

【创新主体培育工作】 2023年年初，对全区科技企业“过筛”梳理，全年持续发动挖掘扩大申报基数，共23家企业申报高企，申报数同比增长9.5%。全年，召开3次高企申报辅导会，邀请各领域专家“压茬式”开展申报材料预审，“一企一清单”列出存在问题，“一企一专员”跟踪问题整改，15家高企通过认定，通过率达65%；润州区高企保有量达27家，增幅达42.1%。此外，注重加强源头储备，构建层次鲜明的科技企业创新梯队，6家企业进入高企培育库，64家科技型中小企业备案入库。

【企业研发工作】 坚持科技创新引领，全面开展规模以上企业研发“破冰”活动，在巩固所有规模以上工业企业研发“零的突破”的基础上实现稳增长。重点抓住港发绿资、冬云云计算等新增长点，理顺关系，加强对上协调与对下调度，打通财务归集路径，实现研发投入较大跃升。

【载体提档升级有成效】 坚持外学与内培相结合，组织、派员分别到苏州、徐州等地认真开展先进地区载体建设调研与学习；协同区政协开展“增强孵化载体服务能力，提升在孵企业运营成效”重要协商活动，集思广益研究润州区载体发展对策。同时，根据区域产业方向及载体运营情况，对载体加强沟通指导，优化载体功能布局，推动提质增效、提档升级，2023年，新增省级众创空间1家（翼视科创中心）、市级众创空间1家（东创社众创空间）、市级众创空间培育点2家（翼视科创中心和阿里云创新中心·镇江）。

【对企服务】 重新梳理、修订《科技创新政策汇编》，结合业务工作进行发放。2023年，针对企业发展个性化问题，组织邀请专家开展5次面对面辅导，为企业发展、项目研发等提供专业建议，促进科技企业加速升级、科技工作高质量提升。结合区人才计划，做好年度科技人才项目的审核、推荐及对接。动员、组织企业申报科技副总项目，2023年，镇江建工建设集团有限公司联合江苏大学，江苏云霄环保科技有限公司联合江南大学，共申报科技副总项目2个，申报成功1个。

【产学研金融合作】 依托校地合作机制，积极推动江苏省海洋资源开发研究院——数智低碳院项目落地；用好用活东大和南航两个技术转移中心资源，根据区内产业特点和企业技术需求，围绕信息软件、智能制造等方向，举办、参与产学研活动10场次，

学活动、非遗体验课5场，戏曲进校园活动10场。成功举办第四届区少儿故事创作演讲大赛、2023年文艺播种计划竞演、2023年润州区广场舞比赛、区第九届美术书法摄影大赛、“润州之星”润州区优秀群众文艺节目选拔赛等区级文艺赛事13场。

做好非遗传承和文物保护工作。组织完成第五批省级非遗项目、第七批市级非遗项目、第六批区级非遗项目的推荐和申报工作。古琴斫制技艺等6项入选第五批省级非物质文化遗产代表性项目名录和省级非物质文化遗产代表性项目名录扩展项目名录。新增区级非遗项目18项。镇江金山翠芽茶制作技艺陈列馆等4家单位入选市级非遗守望空间。组织参加镇江市2023年“文化和自然遗产日”活动，开展非遗进校园活动，累计培训学生1200余人次。组织老邮局旧址等3家市级文保单位申报省第九批文物保护单位。联合金山街道及银山门社区完成市级文保单位稽直故居临时加固工程。完成市级文保单位“火星庙戏台”的修缮。完成重要节点文物保护单位安全巡查工作，做好业余文保员管理工作，联合第三方机构加强对辖区内文保单位消防安全管理，确保辖区内文物安全无事故。

（朱晶晶 韦文胜）

【体育】 民生实事项目如期完成。市、区级民生实事项目宝盖山体育公园已打造成集登山步道、健身路径、球类竞技等多项合一的综合性体育公园，缩短周边群众的健身“半径圈”，弥补老城区体育锻炼场所不足的短板，有效提升周边群众生活品质。区级民生实事项目健身路径更新10套、新建14套，已超额完成，共涉及6个街道，惠及16个社区居民。为了进一步满足群众多样化的健身需求，新建室外乒乓球桌34张，室外篮球架11个，二代全民健身路径2套，给居民提供了安全、便利的家门口健身环境。

基层体育赛事活动火爆出圈。依托镇江市社区运动会、“润州明月夜”嗨GO生活节等主题活动，积极发挥区级体育协会在人员组织、活动开展等方面优势，举办中老年乒乓球赛、气排球友谊赛、“润州明月夜”社区足球比赛、乒乓球比赛、“遇见南山”荧光夜跑等体育赛事28场。利用春节、元宵节、五一劳动节、端午节、全民健身日等时间，陆续开展“红红火火过大年”全民健身展演、三级社会体育指导员培训、社会体育指导员志愿服务、体育健康大讲堂、“全民悦动 活力润州”全民健身展示暨广场舞展示活动等特色体育活动12场。

（胡玉衡）

2023年8月26日，“润州明月夜”嗨GO生活节社区足球比赛开赛

（区文体旅局 供稿）

【区文化馆】 2023年，区文化馆在区文体旅游局指导下，积极开展公共文化服务，开展了包括“润心”系列在内的多项文化活动。开展包括群众文艺节目选拔赛及巡演、送戏下乡文化惠民展演、多彩戏曲周在内的广场演出30余场。“润心书场”常态化演出88场，邀请扬州市曲艺研究所带来专场演出“说长江韵唱丝路情”“大河向北”2场。开展“润心课堂”“文艺播种计划”等全民艺术普及系列活动，开设二胡、篆刻、面塑、书法等多个艺术培训课程，巡回展出“青春润州”“童画润州”“笔墨润州”等18个主题的文化展览。2023年，区文化馆被评为镇江市创建国家公共文化服务体系示范区先进集体，镇江市第三十五届少儿故事创作演讲大赛优秀组织奖，镇江、宣城两市“艺路童心”少儿书画大赛优秀组织奖。润心剧场被评为镇江市示范小剧场，选送作品荣获镇江市第三届“群星奖”。

（朱晶晶）

【区图书馆】 2023年，区图书馆进一步优化服务环境，提升服务效能，坚持免费开放，文化惠民。举办“润心”读书节，全年，共举办各类阅读推广活动120余场，服务68万人次。特色活动"阅读点亮童年""亲子绘本共读""阅读微讲座""阳光父母"学堂等让广大市民和未成年人充分享受阅读带来的多元乐趣，共同感受公共文化惠民服务带来的幸福感。区图书馆被评为镇江市"创建国家公共文化服务体系示范区先进集体"、镇江市"学雷锋志愿服务示范站点"，润心读书会被评为镇江市"优秀阅读组织"。（陈 洁）

2023年润州区个人获市级以上各类艺术比赛奖情况一览表

表13

时间	活动主题	主办单位	奖次	作品名称	作者(表演者)	所在单位
6月	2022年全民艺术普及"乡村(社区)文艺播种计划"优秀成果展演展览	镇江市文化广电和旅游局	静态类	《感遇》	冯天奇	润州中等专业学校
			优秀志愿辅导奖	—	时正安	多景诗书画院
				—	华双凤	—
9月	2023年镇江、宣城两市"艺路童心"少儿书画大赛	镇江市文化广电和旅游局、宣城市文化和旅游局	一等奖	《我为润州旅游作代言》	范铭轩	镇江实验学校
			二等奖	《童眼看镇江》	李佳静	镇江实验学校
				《动漫朋友》	王依琳	镇江实验学校魅力之城分校
				《韵味》	孙楷亮	镇江市宝塔路小学
			三等奖	《润州风光》	周语蔓	镇江市宝塔路小学
				《伟大的党》	郑文萱	镇江市宝塔路小学
			优秀指导教师	—	印云舒	镇江实验学校
				—	姜　珺	镇江市宝塔路小学
			优秀奖	《静物》	刘馨妍	镇江实验学校
				《画中的音乐》	吴子嫣	镇江实验学校
				《中国红》	孙楷雅	镇江市宝塔路小学
				《童年》	陈　果	镇江实验学校
12月	镇江市第三十五届少儿故事创作演讲大赛	中共镇江市委宣传部、镇江市文化广电和旅游局、镇江市教育局	创作一等奖	《板壁巷的故事》	陶静源	润州区文化馆
			表演三等奖	《醋厂奇遇记》	朱禹童	镇江市孔家巷小学
				《板壁巷的故事》	孙梓淇	镇江实验学校
				《小马探险记》	邱梓睿	镇江市宝塔路小学
				《面道》	周奂之	镇江实验学校魅力之城分校

（区文体旅游局）

2023 年润州区获市级以上各类艺术比赛奖情况一览表

表 14

活动主题	主办单位	奖次	内容	获奖单位
镇江市第三十五届少儿故事创作演讲大赛	中共镇江市委宣传部、镇江市文化广电和旅游局、镇江市教育局	优秀组织奖	组织参赛	润州区文化馆
2023 年镇江、宣城两市“艺路童心”少儿书画大赛	镇江市文化广电和旅游局、宣城市文化和旅游局	优秀组织奖	组织参赛	润州区文化馆
第三届镇江市“群星奖”舞台艺术类暨小戏小品大赛	镇江市文化广电和旅游局	获奖	女声合唱《莫尼山随想曲》	润州区文化馆、镇江女声合唱团
2022 年全民艺术普及“乡村(社区)文艺播种计划”优秀成果展演展览(2023 年举办)	镇江市文化广电和旅游局	优秀表演奖	舞蹈《阳光下的格桑花》	万科近邻艺术团红飘带舞蹈队
		表演奖	锡剧《沙家浜》	迎江路中心社区锡剧队

(区文体旅游局)

2023 年润州区获市级以上各类体育竞赛奖情况一览表

表 15

时间	活动主题	主办单位	获奖项目(组别)	名次	获奖单位
5 月	镇江市少儿乒乓球赛	镇江市教育局 镇江市体育局	团体	第 1 名	镇江实验学校
7 月	2023 年镇江市校园篮球联赛		初中女子	第 5 名	镇江实验学校魅力之城分校
10 月	2023 年镇江市“市长杯”校园足球联赛		高中男子	第 8 名	润州中专
			初中男子	第 7 名	镇江实验学校
			小学男子	第 8 名	润州区实验小学
			小学女子	第 5 名	镇江实验学校
	2023 年镇江市中学生田径比赛		高职男子	第 3 名	润州中专
			高职女子	第 3 名	润州中专
			初中男子	第 6 名	镇江实验学校
			初中女子	第 7 名	镇江市金山实验学校
11 月	2023 年镇江市中学生啦啦操比赛		初中自编套路组	第 5 名	镇江市金山实验学校
			初中规定套路组	第 1 名	镇江实验学校
				第 8 名	镇江实验学校魅力之城分校

(区文体旅游局)

民 政

【概况】 2023年，区民政局围绕民政主责主业，切实履行基本民生保障、基层社会治理、基本社会服务等职责，全力推进民政事业高质量发展。

【特困群体救助】 截至2023年年底，全区共有特困供养人员63人。其中，城市特困人员58人，发放生活补助经费107.841万元；农村特困人员5人，发放生活补助经费7.262万元。

【养老服务】 一是提高居家养老服务保障水平。为10292名高龄、经济困难失能老年人提供居家养老上门服务；为86名特殊困难老年人提供探访关爱服务；为2499名困难老年人和机构住养老人开展身体能力评估；为83户困难老年人家庭进行适老化改造；为10426名高龄老人发放尊老金709万元。二是优化社区养老服务有效供给。新建2个标准化及以上居家养老服务中心。改造提升6个城市社区助餐点。为辖区内老年人提供健康咨询、精神慰藉、文化娱乐、助餐助浴等一站式服务，满足辖区老年人多样化服务需求。三是推动养老机构提质增能。全区7家养老机构，6家机构通过养老机构等级评定，通过率为85.7%。发放养老机构运行补贴128.76万元，纾困补贴54.12万元。养老服务机构实现“气改电”全覆盖。积极开展整治养老服务诈骗和养老机构非法集资风险防范化解工作，加强养老机构预收费管理。

【社会事务】 儿童福利。实施市区散居孤儿、事实无人抚养儿童“2+2”结对帮扶工作，关注儿童的监护、生活、学习、心理、行为等需求，整合资源力量，引入专业社会组织和高校志愿者团队。2023年，对全区困境儿童258人，均建立四色管理档案进行四色管理。加强基层

2023年6月30日，组织全区儿童主任参加专题培训

（区民政局 供稿）

关爱服务体系建设，举办儿童督导员和儿童主任培训，提升业务能力和关爱水平，保障农村留守儿童、困境儿童的基本生活。2023年实现全区7个街道未成年人保护工作站（关爱之家）全覆盖，积极开展关爱活动，为困境儿童发放微心愿儿童大礼包。婚姻登记。规范婚姻服务行为，提高婚姻管理质量，2023年，办理结婚1448对、离婚594对、补领结婚证198对、补办离婚证74对，登记合格率100%。殡葬改革。持续加大对辖区内违规墓葬的整治工作。2023年，共整治乱葬散坟45座，未发生纠纷及信访事件。

【城乡社区干部队伍建设】 举办一期城乡社区工作者增能培训班，特邀党建、社区治理和社会组织方面的专家，经验丰富的老书记等围绕基层党的建设、社工队伍建设以及社会组织参与社区治理实践等内容，对近几年新招录的社区（村）工作者、交流到社区（村）工作岗位的、需要能力提升的社区（村）工作人员近100人进行授课，安排学员至南京参观社区，交流经验、学习先进做法，实现社区工作者从“专科能人”向“全科人才”转变。

【社区建设深入推进】 扎实开展“三社”联动。以党组织为民服务项目为抓手，展开为民服务，同时加大监管力度，采用第三方评估的模式对项目进行综合评估，全区34个城市社区，共申报项目81个。推进参与式社区治理工作。指导宝塔路街道运河社区，和平路街道新金江社区、金湖社区、征润州社区，七里甸街道二道巷社区、七里甸社区、天和星城社区7个社区，按照“每个试点社区不少于10万元购买专业社会组织服务”的要求，引导居民有序参与社区治理，充分发挥社区、社会组织和社会工作人才队伍在社会治理中的重要作用。完善基础服务设施。改造提升2个社区综合服务中心（宝塔路街道广东山庄社区和官塘桥街道官塘桥村），满足居民需求。

2023年9月，举办润州区社区（村）工作者培训班

（区民政局 供稿）

【区划工作有序开展】 为深入贯彻落实习近平总书记关于规范地名管理、保护地名文化的重要指示批示和国务院新修订的《地名管理条例》，传承弘扬优秀传统文化，积极开展“2023年地名文化遗产”申报工作，全区有18个路街巷古地名、古桥梁地名被列入市级地名文化遗产名录。深入开展平安边界建设，配合高新区完成“润州丹徒线”界线联合检查报告。根据镇江市城区地名规划总体工作要求，进一步高效高质地推进地名规划工作，完成辖区内107条实体道路、规划道路命名工作。

【社会组织】 2023年，润州区新成立社会组织2家，累计清理188家僵尸型社会组织，共有登记社会组织235家（社会服务机构161家、社会团体74家）。城市社区社会组织230家（登记28家、备案202家），全区城市社区平均拥有6.8个社区社会组织；农村社区社会组织67家（登记29家、备案38家），全区农村社区平均拥有3.7个社区社会组织。根据《社会组织抽查暂行办法》以及《关于认真贯彻落实省纪委监督意见进一步强化社会组织管理的通知》的规定，不定时联合各业务主管单位开展“双随机、一公开”的抽查审计工作。

（区民政局）

民族·宗教

【概况】 2023年，区民宗局在市民宗局的精心指导和区委、区政府的坚强领导下，认真学习领会中共二十大精神，全面贯彻习近平总书记关于加强和改进民族工作的重要思想、关于宗教工作的重要论述，以铸牢中华民族共同体意识为主线，以坚持宗教中国化方向为重点，踔厉奋发，笃行不怠，勇毅前行，扎实推动全区民族宗教工作高质量发展。

【民族工作】 区民宗局持续推动新时代民族团结进步工作提档升级。一是民族工作重视程度不断加强。省民宗委副主任邓飞率队到润州调研评估全省民族团结进步示范区示范单位创建工作，充分肯定社区在民族团结进步创建方面所取得的成绩，杨家门社区成功创成第二批“全省民族团结进步示范单位”。区委常委会专题传达学习习近平总书记在中共中央政治局第九次集体学习上的重要讲话精神，区委书记徐心田就民族宗教工作提出要求。区委理论学习中心组成员集体赴金山街道杨家门社区“红石榴家园”、红石榴广场实地调研，现场指导工作。二是保障各族居民生活不断强化。扎实做好城市民族工作，摸清全区少数民族居民及拉面店、烧烤店、清真羊肉销售点底数，定期宣传党的民族政策。对辖区内所有清真食品生产和经营场所进行深入排查，新申报清真饮食网点2个，促进润州清真网点清真餐饮特色发展，更好地满足和服务全区少数民族清真餐饮需求。三是民族团结进步活动不断丰富。充分发挥穆源民族学校、杨家门社区、同德里社区和三茅一社区4个“红石榴家园”的辐射引领作用。各街道、社区（村）以铸牢中华民族共同体意识为主线，广泛开展各类活动。9月21日，“向‘文化金山 幸福金山’出发——画好民族团结‘同心圆’ 绘就幸福民生‘新图景’”杨家门社区喜迎国庆主题活动在山巷红石榴广场举办，活动将“党旗红”+“石榴红”的红色效应持续升华。

【宗教工作】 深入推进宗教中国化润州实践走深走实。一是宗教工作体制机制不断健全。每月在统战部办公会上汇报民宗工作开展情况，常委部长部署强调下一阶段工作要求，明确职责。召开2023年度民宗工作会议，与各场所、区级宗教团体签订安全管理目标责任书，向各街道下达2023年民宗工作任务书。开展“规范化管理提升年”活动，帮助场所完善队伍管理、财务管理、资产管理、制度管理、环境管理等一系列制度。召开原市管宗教活动场所负责人会议，逐步理顺与原市管场所的关系，落实属地监管责任，处理“12345”工单34件。统战事务综合服务中心招聘事业编人员1名，为民宗工作提供人员保障。二是宗教界思想政治引领不断强化。组织各宗教活动场所负责人、区级宗教团体主要成员参加润州区统战（民宗）系统学习宣传贯彻中共二十大精神宣讲会，“周末课堂”邀请市民宗局副局长周志强就“如何高质量做好新时代宗教工作”进行专题授课。参加全区基层干部大讲堂，向各街道宣讲民族宗教政策法规，强调宗教领域安全稳定工作重要性。区民宗局和区佛教协会分别组织民宗干部和宗教教职人员学习宣传贯彻《宗教活动场所管理办法》，开展“4·15”国家安全教育宣传日活动等，教育引导宗教界人士、广大信教群众坚定不移听党话、感党恩、跟党走。三是专项整治工作力度不断加大。开展宗教领域专项排查整治“回头看”，经营性服务性场所滥用宗教元素现象等专项排查，联合区“扫黄打非”办公室开展专项检查，并现场察看宗教活动场所宣传阵地。针对省委巡视反馈意见制定整改方案，立知立改，举一反三，确保整改工作落到实处、取得实效。四是安全生产监管力度不断强化。区委书记徐心田3次赴宗教活动场所检查工作，做好观音山圆通寺重大观音香期、清真寺开斋节和古尔邦节前安全生产检查工作，接受安全生产督导组指导检查。同时做好燃气、电动自行车等专项安全检查，开展宗教领域安全生产“三包干一统筹”督导检查，法定假期期间每日调度宗教领域安全防范情况。全年，开展各类安全检查101场次，排查出安全隐患30处，已全部整改到位。高崇寺危房整改闭环，3处危房拆除，4处危房整修后被评定为A级。（余文谦）

润州区关心下一代工作委员会

【概况】 2023年，润州区关工委在区委、区政府的领导和市关工委的指导下，坚持以习近平新时代中国特色社会主义思想和对关心下一代工作的重要指示为统领，认真学习贯彻中共二十大精神、中办国办《关于加强新时代关心下一代工作委员会的意见》和省《关于加强新时代关心下一代工作委员会的实施意见》，按照市关工委和区委、区政府工作部署，围绕中心、服务大局，以青少年思想道德建设为主线，以传承红色基因和“五老”关爱下一代工程为抓手，以区校外教育辅导总站和街道、社区分站建设为重点，不断提升各级关工委建设水平，推动新时代润州关心下一代工作高质量发展。

【思想政治建设】 一是在全年工作中突出贯彻中共二十大精神这条工作主线。区关工委积极采取措施，以会代训组织基层关工委认真学习习近平新时代中国特色社会主义思想，让中共二十大精神落实落细、入脑入心。各级关工委和广大“五老”深刻领悟“两个确立”的决定性意义，切实增强“四个意识”、坚定“四个自信”、做到“两个维护”，奋力书写润州关心下一代工作高质量发展新篇章。二是狠抓中办、国办《关于加强新时代关心下一代工作委员会的意见》和省《关于加强新时代关心下一代工作委员会的实施意见》贯彻落实。区关工委对两个意见内容进行再学习再梳理，明确新任务新要求，带着问题到基层调查研究，解决基层组织不健全和活动资金保障问题，多措并举确保《关于加强新时代关心下一代工作委员会的意见》和《关于加强新时代关心下一代工作委员会的实施意见》精神传达、宣传、落实“三到位”。

【主题教育】 根据省、市关工委工作要求开展“老少心向党，奋进新征程”主题教育，采取主题宣讲、文艺展演、读书征文、志愿服务等方式，聚焦新时代的伟大变革和中国特色社会主义建设的伟大成就，讴歌赞颂伟大复兴光明前景。

区关工委校外教育辅导总站以多次被评为省（市）关心下一代工作先进个人、省“最美五老”、润州建区四十周年表彰的“最美润州人”、退休老教师关瑛义务辅教20年的感人事迹为题材，区实验小学师生、家长参演的情景剧《最深情的告白》获得镇江市“老少心向党　奋进新征程” 主题演讲比赛特等奖。暑假润州特色夏令营活动重新启动。区关工委牵头、和平路街道关工委联合金山湖小学举办“湖畔少年科普行 筑梦彩色向未来”少儿夏令营活动，百余名学生参观了镇江科技馆、扬州大运河博物馆、扬州双博馆等校外教育基地，领略科技魅力，拓宽视野，增强对祖国优秀传统文化的热爱之情。七里甸街道万科社区关工委举办了“七彩的夏日——网聚正能量，阳光网络伴我成长”科技夏令营。和平路街道关工委联合三茅二社区党委、镇江实验学校开展“老少心向党　奋进新征程”中共二十大主题宣讲比赛。比赛采用老少同台演讲的形式，把对党、国家和人民的深厚感情同个人奋斗经历结合起来，从不同角度诠释对中共二十大精神的理解，引导孩子们坚定理想信念，勇担复兴使命，传承优良家风，将红色基因的种子播种在孩子们的心中。官塘桥街道远洋社区、官塘桥村联合组织“快板相声说变化，党的二十大精神入人心”主题宣传活动，让孩子们懂得中华民族取得的伟大成就来之不易，中国共产党人的初心使命历久弥坚。“五老”志愿者胡红娣、邢光海以小朋友喜闻乐见的快板形式，采用通俗的语言、明快的节奏同孩子们一起说党史、说家乡的变化，向小朋友们宣传中共二十大精神，引导小朋友们从小立志听党话、感党恩、跟党走，在实现中华民族伟大复兴的征程上勇毅前行。韦岗街道韦岗村组织20多名孩童，赴韦岗抗日战斗纪念碑，进行牢记历史、缅怀先烈的革命传统教育。教育局关工委组织的“传承红色经典 筑梦美好未来”主题教育演讲比赛，全区17所学校21名优秀选手参加。同学们用慷慨激昂、精神饱满的讲述，倾诉了对祖国经典文化的赞美和热爱，展现了润州区学子良好的精神面貌和文化修养。教育关工委组织党史报告进校园88次，受教育青少年2万人次。

【辅导站建设】 区辅导总站、和平街道辅导中心站成功组建。区关工委深入街道、社区调研，走访区各级精神文明实践站，通过资源共享原则，在区精神文明实践中心挂牌润州区关工委校外辅导总站，聘请全国“书香之家”户主、江苏省十佳阅读推广人张晓波为区辅导总站辅导老师、副站长。和平街道辅导中心站也率先挂牌。和平街道金泉社区校外辅导站、金山街道迎江路中心社区辅导站被评为2023年镇江市优秀辅导站。和平街道金泉社区校外辅导站“点亮科创教育 筑梦星辰大海”视频获镇江市关工委视频展播一等奖，省关工委视频展播二等奖；金山街道银山门社区辅导站“传承经典 少年筑梦——一眼看千年”暑期研学实践活动视频获镇江市视频展播二等奖。

各级辅导站开展形式多样的青少年教育实践活动。七里甸街道光华朱方路社区开展“探索科学世界 乐享七彩假期”活动；万科社区开展“乐享皮影·传承非遗”活动；二道巷社区关工委开展“绿色家园，生态共融”活动。宝塔路街道同德里社区开展“变废为宝”手工活动，“非遗面塑进社区 献礼八一建军节”活动；广泉社区开展“科技小达人——自制照相机”“小小美食家”青少年职业体验活动，“争做小小理财师”实践教育活动。和平路街道三茅二社区与共建单位开展“笔墨书廉洁，字画传清风”廉洁主题绘画活动，老党员吕泉东讲述党史小故事，以廉洁文化浸润童心，指导孩子们书画。金山街道红光太古山社区联合新时代文明实践站开展“食以礼为先”餐桌礼仪主题活动。社区志愿者通过讲座与情景演练相结合的形式向小朋友们介绍七步洗手法、正确拿筷子的方法等，增强孩子们文明用餐意识。官塘桥街道平山村辅导站、宝平社区辅导站联合开展"'节'我所能'电'亮未来"创意节能灯制作活动。南山街道回龙社区组织开展生态瓶手工制作活动，体验微景观的种植、养护，增强青少年的环保意识和生态意识。韦岗街道韦岗村辅导站组织开展"劳动庆丰收实践助成长"社会实践活动。

【特殊群体关爱】 区各级关工委始终关注特殊儿童的健康成长，多元整合辖区资源，开展形式多样的关爱活动，为特殊儿童家庭提供更加系统化、专业化、常态化的服务，帮助解决实际难题，为孩子们营造健康、平等、和谐的成长环境。一是摸清实情，建立台账。以街道为单位，建立特殊困难青少年的动态台账，全部登记在册，实时更新。二是认真分析，精准关爱。各级关工委多元整合资源，对经济困难、智力残疾、弱势家庭青少年的入学、心理、就业等问题，精准把脉，办实事、做好事、解难事。征润洲社区携手结对单位举办"铸就梦想，点亮童年"公益活动及"慈善助学·公益阅读"活动。捐资助学坚持20多年，累计发放奖学金30多万元。

【"双零"工程建设】 公检法司、教育等部门做好做实做新青少年法治宣传教育工作，推动家庭、学校、社会、网络、政府对未成年人的"五大保护"，提升创"双零"工程的效果。区政法关工委"法润"妈妈宣讲团通过"行走课程"，开展法治宣传和体验式教育活动，打造"参与式法治教育"。通过分享发生在学生身边的真实案例，用通俗易懂的语言、实用的法律知识，教育学生对待校园欺凌、网络暴力及欺骗行为，让他们学会用法律武器保护自己。各基层派出所配齐配强关爱工作站，打通了未成年人教育、关爱、保护"最后一公里"。加强网吧监督，杜绝网络、营业性娱乐场所违法接待未成年人。

【自身建设】 一是坚持工作标准。按照"领导班子建设好、'五老'作用发挥好、制度健全执行好、积极探索创新好、活动经常效果好"的五好标准，加强关工委组织建设，完善"党委统一领导、党政齐抓共管、关工委主动作为、有关部门积极配合、社会各界广泛参与"工作体制和机制。二是精准专业培训。组队参加省市关工委培训活动，组织基层关工委学习习近平总书记对关心下一代工作的指示和两办意见精神，激发"五老"奉献热情，提升"心系下一代、关爱育新人"的能力和水平。三是完善关工委组织。配齐缺额的各级关工委班子，落实各级关工委活动经费，"五老"队伍适时新旧交替，充实提高，努力建成创新型学习型实干型关工委。

（区关工委）

润州区慈善总会

【概况】 2023年，区慈善总会进一步突出主题、紧扣主线、担好主责，守正创新、积极转型，系统谋划、精准施策，在擦亮"家门口慈善"服务品牌上下功夫，在推动"幸福家园"村社互助工程全覆盖上做文章，切实做好资金募集、精准救助、慈善文化传播等一系列工作，实现慈善工作的高质量发展。

【慈善募捐】 2023年，全区共募集资金405万元，超额完成既定目标。广泛宣传，积极筹备，精心组织"江苏专场"网络募捐、腾讯"99公益日"募捐等网络募捐活动，全区上线项目13个，共募集资金97.1万元，获得腾讯配捐10.3万元，近2万人次参与，上线项目、募集资金、获得配捐、参与人数同比均实现较大提升。深入推进"慈善一日捐"活动，累计募集资金171万元，形成了党委、政府高度重视、领导干部示范带动、全区上下一起联动、广大居民积极参与的生动局面。稳步拓宽资金募集渠道，金港磁性、美迪雅、庆余粮油等爱心企业以及泰州商会等爱心组织、张晓春等爱心个人积极捐款捐物，有效增强慈善救助的综合实力。

【慈善创新】 高标准定位、高质量推进，按照"三合五共"要求，切实做好全区各街道慈善社工站一体化实质性运行工作，更好实现主动服务、及时救助、干群互动，让慈善救助就在困难群众身边。在各街道慈善社工站一体化实质性运行全面推开的同时，注重亮点打造、典型选树、示范先行。金山街道慈善社工站因地制宜，积极探索，高标准建设京畿路社区"善院"，创新推出"12345"工作法，建立完善1个困难户由1名党员+1名志愿者+1名网格员结对帮扶的"3+1"服务机制，全年，累计解决适老化改造、大病救助、辅具配置等各类问题268件，形成了"一社一特、一社一品"的精准救助格局。8月，江苏省慈善总会副会长刘成林到街道调研，对街道"家门口慈善"工作给予充分认可，认为这项工作政治站位高、需求服务准，一定能产生品牌效应。

【慈善亮点】 助力基层治理，“幸福家园”村社互助工程展现新作为。“幸福家园”村社互助工程，是中华慈善总会助力乡村振兴的创新之举，也是中华慈善总会推动基层治理的重要举措。区慈善总会在营造氛围、落实责任、分类指导的基础上，采取先行试点、示范引领的方法，扎实推进“幸福家园”村社互助工程，达到了“网上运作、点对点扶助、精准救急救难”的目标。已累计招募注册志愿者15236人，全区52个社区的“幸福家园”村社互助工程项目均已上线，其中，34个项目已结项、18个项目正在推进，共募集资金63.62万元，惠及居民群众6000多人次；创办慈善超市、爱心餐厅、关爱之家、微型消防站等活动平台60多个，进一步提升了广大群众的幸福指数和满意度。分类指导各基层慈善分会立足实情、因地制宜、做出特色，从解急、扶难、帮愁、应盼上深耕项目，力求实效，努力使项目更精准、有温度、惠百姓。全区已初步形成了“一社区一特色、一项目一成果”的喜人局面。10月，中华慈善总会副监事长徐福田、中华慈善总会“幸福家园”村社互助工程项目总监林炉生一行专题调研金山街道这项工作实施情况，对街道就该工程推进快、亮点多、成效显，给予充分肯定。由中华慈善总会主办的慈善公益报和慈善公益网以《“幸福家园”解急难 暖流奔涌润心田》为题，专题报道了润州的经验做法和取得成效。

【慈善帮扶】 2023年，区慈善总会积极实施慈善助困“温暖行动”、专项救助、基层临救、企业临救和市区临救等项目，累计实施救助项目20余项，各项救助支出达436万元，累计受益人数达9000余人次。

围绕巩固脱贫成果、促进共同富裕，本着民有所呼、我有所应、尽力而为、有力有序的工作导向，积极实施慈善救助。积极落实市慈善总会“慈善助力·健康镇江——‘四种疾病’精准筛查项目”，全区49人报名并完成“四项疾病”筛查，支出费用2.4万元。

在充分征求全区各街道、区有关部门意见的基础上，经过集体研究，形成年度救助项目，以阳光行动、圆梦行动、温暖行动等系列活动为抓手，积极实施助老、助学、助医、助孤、助困、助残等多个慈善项目，实现救助项目更加精准，救助行动更加迅捷。

2023年，全区临时应急救助52人、发放救助金10.66万元，温暖行动救助109人、发放资金67.02万元，慈善助学29人、发放助学金10.4万元，困境大病儿童救助3人、发放救助金13.84万元，参与机关一日捐（本人、直系亲属、配偶因大病致穷），救助7人、发放救助金5.9万元。

【慈善文化】 充分发挥文化潜移默化、春风化雨的育人功能，以“人人可慈善，慈善为人人”为主题，围绕“中华慈善日”等时间节点，全面启动慈善宣传进社区、进企业、进校园、进机关、进社会组织“五进”活动，通过制作展板、张贴海报、悬挂横幅以及现场宣讲等多种形式，全方位宣传《中华人民共和国慈善法》，不断提升慈善工作的知晓率和覆盖面。

依托各级媒体，深入宣传慈善，区慈善总会的工作特色和亮点，先后在慈善公益报、全国“幸福家园”村社互助工程新闻客户端、“学习强国”学习平台等权威媒体刊发，全年，刊发各类新闻稿件160多篇次，仅“学习强国”学习平台就刊发稿件12篇。制作《爱在润州·慈善为民》宣传视频，积极营造向善向

2023年8月25日，2023年慈善助学“圆梦”行动——大学生助学金发放仪式

（区慈善总会 供稿）

上的社会氛围。组织“润州明月夜·和合共美时”慈善专场——锡剧《太平洲上》演出，通过戏剧的形式宣传慈善工作、诠释慈善的内涵和本质。举办“众善益启爱、其乐融润州”——“99公益日”主题宣传、“重阳助老、浓情满意”暨迎江路中心社区第三届“慈孝家庭”表彰等一系列活动，传播慈善理念，普及慈善法规，进一步推动慈善工作深入人心、赢得民心。

【制度管理】 坚持以正确的政治方向引领全区慈善事业高质量发展。学习贯彻习近平新时代中国特色社会主义思想，深入开展“贯彻党的二十大精神、不忘初心跟党走”主题学习教育活动，通过读原文、悟心得、谈体会等形式，引导全体工作人员深刻领悟“两个确立”，增强“四个意识”、坚定“四个自信”、做到“两个维护”，深刻领会中共二十大精神实质，并将其转化为实际行动。与润州区社会组织联合党支部组织开展“重温革命记忆·牢记红色使命”红色教育活动，赴泰州海军基地开展革命传统教育，重温入党誓词，回顾光辉历史，牢记初心使命。组织全区慈善志愿者参加“家门口慈善”专场培训，同时围绕公益慈善与社区治理、公益项目设计、公益项目资金预算如何编制、公益项目策划方案等专题，对全区社会公益组织负责人进行专题培训。积极参加中华慈善总会以及省慈善总会、市慈善总会组织的各类培训，通过培训实现本领增强、能力提升。认真落实“三重一大”集体决策制度，坚持把建章立制贯穿始终，办文办会办事靠制度，形成先定规矩再办事，努力打造法治慈善、阳光慈善、信任慈善、清廉慈善，基本形成制度管人、管事、管权的局面，确保所有资金流向合法合规、合情合理。

（区慈善总会）

2023年8月29日，举办“用爱点亮生命，共筑慈善力量”——中华慈善日99公益专场活动 （区慈善总会 供稿）

润州区见义勇为基金会

【概况】 2023年，区见义勇为基金会紧紧围绕平安润州建设，认真做好见义勇为工作，用中共二十大精神推动见义勇为工作，进一步增强人民群众见义勇为意识，为建设平安润州、法治润州创造了良好的社会环境。

【宣传教育】 区见义勇为基金会认真组织《江苏省奖励和保护见义勇为人员条例》的学习教育活动。一是开展形式多样的宣传活动。金山街道、和平路街道、蒋乔街道、官塘桥街道等5家工作站，利用3月5日学习雷锋活动日、“6·26”禁毒宣传日等时间节点，将《江苏省奖励和保护见义勇为人员条例》宣传进学校、进小区、进企业，收到了很好的学习教育和社会效果，同时也保证了见义勇为宣传常态化，全年不断线。2023年，各基层工作站共开展宣传35场次，省（市）级报纸、电台报道以及省（市）信息60多篇。二是印制见义勇为宣传品，区见义勇为基金会投入近8万元，共印制志愿者背心400件、宣传扇子5000件、围裙5000件、宣传袋5000只发放到街道工作站，让他们将这些宣传品发到人民群众的手中。三是组织见义勇为人员进学校、进小区、进企业宣讲，用先进事迹影响身边人。邀请张维萍、张明东、鲍书军等见义勇为人员现身说法，扩大了见义勇为在人民群众中的影响。四是认真学习中共二十大会议精神。党支部认真开展学习习近平新时代中国特色社会主义思想，用中共二十大精神指导见义勇为工作，并抓好中共二十大精神学习。进一步做好全年的见义勇为工作。五是建设宣传长廊，2023年，建成了“美的城”见义勇为宣传主题长廊，并借助长廊进街道、进小区，宣传中共二十大精神，宣传见义勇为人员事迹，宣传《江苏省奖励和保护见义勇为人员条例》，进一步落实了市见义勇为基金会的工作要求，使人民群众更加了解中共二十大和见义勇为精神，把见义勇为工作落到实处。

【权益保护】 表彰奖励和权益保护是见义勇为工作的重要内容。一是领导上门慰问。全年，奖励13名见义勇为人员，发放慰问金3万多元。同时加强对见义勇为人员的权益保护。一方面持之以恒抓好已出台的各项权益保护措施的落实细化，另一方面充分发挥见义勇为权益保护委员会各成员单位的作用，用足用好政策，使全社会都大力支持见义勇为工作，都积极关心见义勇为英雄，发挥见义勇为的正能量。2023年，区见义勇为基金会组织见义勇为人员到河南红色疗养，帮助他们购买健康人身保险和生日蛋糕。特别是省见义勇为先进人员杨勇生病住院，基金会主动上门了解情况，第一时间与保险公司取得联系。保险公司立即支付了杨勇每天住院100元的赔偿，共计2000多元。同时，在对涌现出的见义勇为人员进行奖励时，还有针对性地邀请见义勇为人员单位领导和家属，共同参会。特别在慰问“反诈”先进个人贺伟时，快递公司的领导特意赶到现场，并表示在以后的工作中，推进见义勇为工作和大力宣传见义勇为工作，让见义勇为正能量在员工中发扬光大。让员工感受表彰的氛围，增强他们的荣誉感，扩大社会知晓度。

【基层建设】 一是坚持基层建设。上半年，区见义勇为基金会针对基层工作站人员变动大的情况，坚持以会代培，使工作人员熟悉见义勇为工作，热爱见义勇为工作，更好地开展见义勇为工作。结合基层中心小区的建设，选择人员较密集的小区建设见义勇为人员之家，使见义勇为阵地建设在基层扩展。二是加强自身建设。围绕中共二十大精神和见义勇为中心工作，自身加强学习，加强工作规范。充分发挥理事成员和基层工作站的作用，使得见义勇为工作开展得更好。三是加强制度建设，完善各项财务制度，确保基金增值、安全。每年年检及时上报、通过。

【换届工作顺利完成】 一是领导重视换届工作。市见义勇为基金会理事长李茂川多次了解润州区换届进展情况并指导换届工作。区委书记徐心田三次听取换届工作汇报。政法委书记张庆松，副区长、公安润州分局局长俞斌亲临基金会调研换届工作，并指导换届工作，确保换届工作的顺利进行。二是做好各项材料的准备。针对基金会人老人少的特点，基金会争取时间，认真协调区委组织部、省民政厅、省公安厅、省见义勇为基金会把材料及时上报审核，确保了换届工作按时、按质、按程序换届，在各级领导的关心下，在各位理事和监事的共同努力下，完成了区第四届的换届工作，刘永飞当选润州区第四届见义勇为基金会理事长。

（区见义勇为基金会）

社会保障

【概况】 2023年，润州区以兜牢民生底线为关键，坚持尽力而为、量力而行，确保全区社会保障工作平稳运行。

【教育经费保障】 始终将教育作为重点领域予以优先保障，切实落实好义务教育“双减”政策，完善教育经费保障及扶困助学机制等，支持推进义务教育资源均衡配置。全年，拨付各阶段生均公用经费2144万元，拨付学生资助经费380万元。

（区财政局）

【就业保障】 落实好国家就业稳岗政策，统筹用好就业补助、人才专项等资金，推动就业岗位扩容提质，促进新就业形态发展。全年，发放高校毕业生生活补贴、租房补贴、就业见习补贴等413万元，发放灵活就业人员社保补贴和公益性岗位补贴2010万元。（区财政局）

【困难群体托底保障】 支持完善城乡低保、社会救助、优抚安置等制度，确保重残救助、伤残抚恤、优抚补助等资金落实，全力做好特殊群体、困难人员救急解困、兜底保障工作。全年，拨付残疾人“两项补贴”758万元，发放城乡低保2607万元，低保标准每人每月提高至840元。

（区财政局）

【居民生活与社会保障】 围绕构建多层次社会保障体系的目标任务，聚焦群众急难愁盼问题，持续优化经办流程、创新办事方式，全面提升为民服务的力度和温度。一是打造品牌惠民心。精心打造“晓艳说社保”特色服务品牌，举办新业态从业人员代表社保专题座谈会、企业集中宣讲会、网办事项现场答疑会以及进集市、进商圈、进社区、进乡村巡回宣讲会，面对面讲解社保政策，让社保服务从“窗口”延向“街口”“村口”。累计发放宣传折页2200余份、网办宣传手册300本、礼袋礼品500份，接受群众咨询1600余人次。二是提标扩面润民生。构建“纵到底、横到边、全覆盖”工作体系，成功打造官塘桥街道全市首批城乡居民基本养老保险集体补助工作示范点及2023年度“暖心居保”服务品牌试点单位，凝聚城乡居民社会养老保险政策宣传、参保缴费工作合力，进一步促进城乡居保扩面和提档缴费。全区企业职工养老保险征缴收入约5.5247亿元，社保扩面参保人数约3333人，城乡居民基本养老保险参保缴费率达99%以上。三是筑牢基金安全线。全方位提升社保基金管理水平和监督能力，在周周学的基础上开展为期1个月的“安全教育警示”活动，全年，组织学习研讨80人次，开展谈心提醒19人次，专题培训25人次，有效推动了基金安全警示教育制度化、常态化、实时化发展。针对上级下发的121条疑点数据，通过信息比对、调阅资料等手段细致排查，逐人逐条核实，核查率达100%。（区人社局）

【城乡低保】 一是落实低保动态管理。2023年，润州区新增城乡低保54户、63人，停发城乡低保205户、325人。截至2023年12月，全区共有城市低保2052户、2739人，农村低保122户、175人。全年，共发放城乡低保金2606.8997万元。二是开展城乡低保节日慰问。在2023年春节来临前，对2325户、3249名城乡低保对象按照一人户400元、二人户600元、三人及以上户800元，分别发放了春节普惠制慰问金和市区特殊困难群众春节专项补助金，共计221.48万元。（区民政局）

退役军人事务

【概况】 2023年，在润州区委、区政府的正确领导和社会各界的大力支持下，润州区退役军人事务局（以下简称区退役军人事务局）坚决贯彻落实习近平总书记关于退役军人事务工作重要论述，践行初心使命，勇于担当作为，推动退役军人事务工作高质量发展。

【政治引领】 2023年，区退役军人事务局加强退役军人思想政治建设和矛盾问题攻坚化解，矛盾攻坚化解率达100%。获得省级“戎耀之家”称号的单位1家，荣获江苏省最美退役军人提名奖的退役军人1名，戎耀练兵积分排名位列全市第一名。

【双拥褒扬】 2023年，区退役军人事务局高质量组织协调完成军地互办实事项目，开展送文艺进军营、送喜报上门、协调军人子女入学等拥军活动，对双拥示范基地开展提档升级，为全市争创全国双拥模范城贡献了力量。

【就业创业】 2023年，区退役军人事务局面向退役军人开展专岗招聘，纳入就业创业高质量考评的自主就业退役军人就业率100%，3名军创企业家被评为镇江市退役军人创业之星。

【服务保障体系建设】 2023年，区退役军人事务局全面落实“四尊崇”“五关爱”“六必访”服务内容，服务保障APP运行落到实处，年度工作信息录入量居全市首位。

【优抚优待】 2023年，区退役军人事务局开展结对认亲活动，27家机关、企事业单位与42户烈军属、困难退役军人结对认亲；积极拓展优待证优待项目，提升优待证含金量，利用有限资金为全部重点优抚对象和部分困难退役军人购买“爱军保”。

（区退役军人事务局）

七里甸街道

【概况】 七里甸街道是镇江市、润州区两级行政中心所在地，地处主城核心板块，坐拥南徐“首善”资源，辖区面积7.8平方千米，下辖10个社区，总人口约8.4万人。南徐大道、檀山路等主要干道贯通东西、南北，城际铁路、连淮扬镇铁路穿城而过，区位独特，交通便利。此外，街道还聚集了商务A区、国控双子楼、旭辉时代大厦等10座楼宇，是润州区发展生产性服务业的重点板块。

2023年，七里甸街道深入学习贯彻习近平新时代中国特色社会主义思想和党的二十大精神，认真学习贯彻省、市、区委全会精神，落实“首善七里、标杆七里”2023行动方案，坚持走好高质量发展之路，为描绘中国式现代化一流主城区美好画卷作出七里甸贡献。

【城市经济】 七里甸街道紧紧围绕全区高质量发展的关键任务，聚焦“项目建设提升年”各项部署要求，立足数字经济产业和现代生产性服务业两大主导产业，做好双招双引、高企培育、暖企惠企三篇文章，不断释放城市经济发展势能。主要经济指标领跑全区。全年，完成一般公共预算税收收入34788万元，协助企业办理增值税留抵退税及其他税收政策减免共计1831万元，有效激发市场活力；去化楼宇面积2.4万平方米，有效提升区域闲置资源利用率；净增四上企业26家，总量位居全区第一；有效期内国家高新技术企业14家，其中，年内新认定6家，国家高新技术企业总数、新认定数均位居全区第一。扎实开展双招双引。完成2个市级亿元项目（分别是新能润达智慧绿色能源项目和移动5G智能宽带项目），以及6个区级项目。2个市级项目落地运行，4个区级项目年内投入运营。加强高层次人才招引，入选省“双创”计划1人，入选“金山英才”计划1人，入选“金山英才·润州专项”计划2人。五里产业楼成功招引入驻江苏海洋资源开发研究院·数智低碳院项目。完成桃园市场综合楼不动产证办理，已开展招商工作。持续助力企业发展。积极开展企业大走访活动，对辖区内123家重点企业开展集中走访4轮，为企业提供红色帮代办、知识产权保护等惠企服务项目100余次。实行“挂包服务”，将服务、政策送进企业。加强对科技创新企业的服务，鼎峰信息技术入选省规划布局内重点软件企业和专精特新软件企业，镇研种业获评省级专精特新中小企业。高质量推进“五经普”工作。采集单位3990家，采集率达85.44%；采集个体6873家，采集率达90.53%。文化企业采集536家，数字经济企业采集545家，均位居全区前列。

【民生服务】 七里甸街道坚持以人民为中心，切实兜牢民生底线。开展就业创业服务。加强失业人员就业助力工作，完成街道城镇失业人员再就业人数682人，困难人员实现再就业241人，带动就业605人。依托市、区、街道人社服务平台发布招聘信息，参加或举办线上线下招聘会8场，提供就业岗位450个。落实惠民便民政策。发放城市低保、农村低保百余户，累计192万余元。启动尊老金免申即享政策，2023年，发放尊老金1330人，为辖区内1300余名60周岁以上困难老年人、80周岁以上高龄老年人提供居家养老上门服务，年内辖区内特殊困难老年人探访率达90%。建成一家AA级居家养老服务中心七里甸社区居家养老服务中心，街道下辖所有社区完成居家养老服务中心全覆盖。推进社会医保公共服务站基本建设，村（社区）“15分钟医保服务圈”覆盖率达100%。举办“一片新天地”建区40周年迎国庆文艺演出，组织开展书画摄影大赛。优化退役军人服务。定期为重点优抚对象、“两参人员”发放各类补贴，结对认亲，制作发放优待证，发放义务兵家属优待金和大学生奖励金。街道退役军人服务站广泛开展军地共建活动，通过“军民齐携手，共植拥军林”活动打造了润州区首片拥军林。五里社区退役军人服务站站长沈杰被评为全省优秀服务站站长。

【基层社会治理】 七里甸街道突出治理体制优势，精准施策，推进基层治理现代化转型。创新基层治理现代化。实施推进“精网微格”工程，推进“一月一主题”系列网格志愿活动，提高网格服务的知晓率和满意率。排查严重精神障碍患者服务管理情况，与重点防控精神障碍患者监护人签订“以奖代补”协议。抓实信访矛盾攻坚化解。化解积案老案1件。打造街道一站式矛盾调处平台，真正实现矛盾问题“一站式”服务，将矛盾纠纷统一汇总、形成闭环管理，并安排专人负责平台运行。推进平安七里建设。持续深入开展打击邪教、禁毒宣传、铁路护路、见义勇为等工作。建立联片包线制度，构筑点线面结合的“护路安全网”。压实安全生产主体责任，加强对辖区企业、“三合一”场所、“九小场所”的安全监督，完善消防安全基础设施建设，设置29座“街巷微型消防站”，覆盖22个老旧小区和7个城中村。建成街道应急救援中心站，整合应急救援队伍，聘请第三方专业队伍补充应急救援力量。持续深化法治建设。搭建“援法议事”平台，消除化解百姓纠纷，全年调解案件598件；开展“宪法宣传周”“春风行动”等普法宣传活动150多场次，《人民日报》等省级以上媒体宣传报道50多次，接待外省市考察调研6次，荣获“法治镇江先进集体”“江苏省普法先进单位”，司法所所长蒋佃能获评“江苏省依法为民好榜样”、镇江市第五届“十大法治人物”、2023年第二季度“镇江好人”。

【城市建设管理】 七里甸街道切实扛起主城担当，聚焦城市治理科学化、精细化、智能化，不断创新模式和手段。突出城市长效治理。深化“7312”错时执法，加大对群众反映强烈的流动摊贩占道经营等公共区域存在的问题进行巡察整改。重点监管物业管理，坚持依法依规、合理有序推进旭辉时代业主大会改选、康德嘉苑新物业进场。优化基层设施建设，推进危房解危，对既有房屋开展拉网式大排查，形成隐患清单，完成朱方路209号房屋加固修缮工程，黄山小区3栋、古洞煤矿28栋C级危房销号。实施黄山小区老旧小区改造，完成万科松子头路改造，推动该地段变为严管地段。改善生态环境。严格管控中南上悦诗苑、倚山雅筑工地的扬尘和裸土的覆盖，在全市5个国控站点中排名第一。加强污水管网和海绵城市建设，万科、曙光片区“小散乱”排水整治率100%，并主动申领排水许可证。督促辖区企事业单位进行雨污分流，办理排水许可证。有序推进垃圾分类工作。

【全面从严治党】 七里甸街道深入开展学习贯彻习近平新时代中国特色社会主义思想主题教育，持续优化政治生态，推进党风廉政建设，切实加强基层党建，走好新时代的赶考之路。扎实开展主题教育。坚持分层分类，创设“云端党课”“项目一线党课”“青银结对党课”等各类载体，实现街道69个党支部、1954名各领域党员学习全覆盖。坚持问题导向，街道党工委班子查摆解决问题5个；发挥先锋示范作用，6名党员入选区级“身边榜样”。聚焦群众急难愁盼，党组织列清单、强攻坚，累计推动解决74件群众有感的“关键小事”。深化全域党建引领基层治理。全市首创“网格合伙人”制度，与镇江市“水电气路”党建联盟结盟，开展家门口“水电气路”服务。深入实施“两聚两化”行动，完成光华朱方路、万科社区党群服务中心提档升级，新建“吾家”党建微家，光华朱方路社区得到全域党建研讨会与会专家好评。街道书记项目“‘零距离’党建引领城市基层治理精细化”获评全市优质书记项目。强化执纪监督。注重日常监督执纪工作，通过集中教育、QQ群、信息提醒等传统媒体和新媒体结合的方式严明纪律，防止“节日腐败”。2023年，对重大时间节点期间信访、“三大攻坚战”、安全生产、铁路沿线周边整治等街道重点工作开展督查20余次，围绕街道重点工作、节日期间“四风”问题等工作共开展专项督查35次。各社区广泛开展廉洁活动，通过多形式多途径，把廉洁文化送到党员干部群众身边，营造风清气正的良好氛围。

2023年6月1日，与镇江市“水电气路”党建联盟共建，打造“网格合伙人”项目 （七里甸街道 供稿）

【民主政治建设】 七里甸街道坚持发展基层民主，构建大统战工作格局，不断凝聚人大、政协、各民主党派以及工青妇等人民团体的智慧力量。做好人大监督履职。坚持党建引领，充分发挥人大桥梁纽带作用，建立健全“党委领导、人大主导、社会参与”的工作格局。推行“立法联系点+代表联络站”融合模式，提升立法联系点工作实效。组织代表开展“民呼我应”主题实践活动，接待选民人数66人，收集建议50条。围绕全区“产业项目提升年”，开展代表走访企业活动，发挥企业代表的优势，寻找项目信息，为街道招商引资提供信息和项目参考，助力街道经济发展。现场调研沙地公园项目，推动民生实事项目高质量完成。推动议事成果转化。组织召开民生专题协商议事会2场。其中，以黄山小区为例的老旧小区改造后长效治理协商议事，市委副书记、市长徐曙海出席。在黄山小区长效治理协商议事成果转化中，街道先后组织干部走访群众600余人次，召开协商议事会12场，就物业引进、物业费收取标准、停车场建设等问题充分征求居民意见建议，形成成果转化方案。开展“三走进、三服务”活动，各级政协委员经常性走访企业、群众，收集社情民意，切实为群众办实事、做好事、解难事。统一战线促进团结。成立七里甸街道商会，为全区首家，江苏南昆仑律师事务所主任王佩担任会长，并捐资3万元用于商会运行。组织檀山路片区9家金融机构组建“共同体”，共同开展“统战+金融+民企”实践活动，举办非遗里的中秋等活动4场，有效服务金融企业员工客户、侨妈妈等各类群体，最大限度延伸统战触角。发挥新的社会阶层人士统战阵地作用，依托“e和同心汇”开展新的社会阶层人士培训11场，接待中央统战部领导调研1次。

2023年9月27日，联合区委统战部、招商银行镇江分行开展非遗里的中秋文化雅集主题活动 （七里甸街道 供稿）

【办好民生实事】 各社区党组织通过办好民生实事，为人民群众幸福生活保驾护航。五里社区打造“吾家”党建微家，让居民就近就便享受“家门口”党群服务。四圩社区在戴家圩村庄进出口铺设柏油路面，对江南华庭门口坑洼不平道路进行路面硬化，解决居民雨天出行、道路积水等问题。七里甸社区对光明新村破损窨井盖进行检修，解决雨天污水和居民出行问题。万科社区修缮万科沁园路灯，解决居民夜间出行不便问题。金星社区在虎头山法治广场建设法治宣传栏、法治景观小品，将法治文化、廉政文化与社区文化有机结合，营造“人人学法、办事依法、遇事找法、解决问题用法、化解矛盾靠法”的良好法治氛围。新城社区打造睦邻议事广场，在小区增加10张便民座椅，让小区居民有处可去。

【开展农村人居环境提升及铁路沿线综合整治】 七里甸街道成立以街道书记、主任任组长的专项行动领导小组，围绕“两部”“四沿”“五旁”“六地块”，对照“八无”标准，开展整治。坚持党建引领，充分发挥党组织战斗堡垒作用、党员先锋模范作用，结合村庄特点和工作难点，采用包片联户、设岗定责等形式，形成党员带头、群众参与、全民共建的工作局面。坚持问题导向，党政主要领导现场督办12次，围绕“四沿”“五旁”重点区域，街道共出动人员近1500人次、机械60余台，清理堆积物超过1000车，拆除构筑物1300多平方米，清理、种植4万平方米，补植绿化3万平方米，村庄环境面貌得到明显改善。坚持理念转变，充分发动群众、主动依靠群众，变“让我干”为“我来干”。印发专项行动倡议书、致村民的一封信500份，充分利用微信群、流动宣传车等宣传载体，组织由老党员、志愿者宣传队入户宣传，消除村民抵触观望情绪。坚持长效治理，为村民修建储物空间，聘请专职网格员每日巡逻清洁。制定村规民约，开展村民“红灰榜”“积分制”公示亮化比拼。开展铁路沿线整治和节点提升打造工作，高标准推进七里甸派出所西地块项目。以基础设施和公共服务短板双提升为目标，与区属国有平台公司合力建成集休闲绿地、健身步道、广场景观于一体的综合生态景观公园——沙地公园，并于当年投入使用。该项目荣获铁路沿线优秀节点特等奖，为全市唯一。

（七里甸街道）

2023年七里甸街道各社区基本情况一览表

表16

社区名称	面积（平方千米）	总户数（户）	总人口（人）	党总支（党委、党支部）书记	社区居民委员会主任	办公电话
光华朱方路社区	2.2	3564	6672	唐家义	戴德荣	80982660
金星社区	1.2	3400	7900	杨永全	夏光明	80316616
四圩社区	2.1	1651	4127	张国平	张国平	85597377
五里社区	1.0	620	2200	沈　杰	沈　杰	80861079
南徐曙光社区	2.1	4088	7745	季秀平	张晓斌	85625019
二道巷社区	0.4	1921	3917	王　婧	王　婧	85607517
七里甸社区	0.4	1894	5292	潘小群	潘小群	80985293
天和星城社区	1.6	2665	5966	殷　骥	殷　骥	85231902
万科社区	1.5	5120	11960	杨　光	杨　光	85625608
新城社区	0.7	6901	11323	陈　靖	陈　靖	80983696

（七里甸街道）

官塘桥街道

【概况】　官塘桥街道位于镇江市南郊，于2011年7月20日由原蒋乔镇拆镇设街，是官塘新城开发建设的主阵地，街道办事处驻官驸路6号。2020年，街道行政区域面积12.26平方千米，总户数4304户，总户籍人口1万余人，下辖官塘桥、平山、秀山三个村和宝平、远洋两个社区。街道东邻镇江丁卯经济开发区，南接丹徒新区，西北紧邻南山风景区，辖区有省道338线、京沪高速铁路和沪宁城际铁路等交通干线。辖区内有九年制义务教育学校2所，幼儿园2所，社区卫生服务中心1所。

【党的建设】　全面发挥党建引领作用。始终把党的政治建设作为根本性工作，一以贯之常抓不懈。扎实推进主题教育。深刻理解并牢牢把握"学思想、强党性、重实践、建新功"总要求，用实干推动高质量发展。强化"村社联动"，共享村社资源、形成优势互补，依托"家门口"学习阵地"驿家人"系列党群服务站，结合党员实际情况，开展线上线下学习。强化精网微格，划分综合网格党小组和村社联动网格党小组等共计47个微网格，解决垃圾房改造、毁绿种菜专项整治等大小问题30余个。深入做好书记项目。坚持以"党建引领、便民为民"为导向，不断深化基层治理体系和治理能力现代化建设，因地制宜构建"街道大工委—村党委—党支部—党小组—党员中心户"五级纵向组织链条，切实将基层党组织的政治优势、组织优势、制度优势、工作优势转化为社会治理的实际成效，着力提升为民服务的水平和能力。强化党建阵地建设。建立完善"驿家人"党群服务品牌，依托"平平联动""驿路先锋"两个便民服务点和官塘绿苑工作站，打造3个"驿家人"党群服务站，在原有提供免费茶水、医疗应急、法律援助、心理解压等服务基础上听取民意增设童顽汇、老行当、健康行等4类18项服务。同时，优化出新、常态化运转"红帆领航"党建共享阵地和远洋创新创业产业园党群服务中心，全面提升党建服务创新创业效能。

不断压紧压实"两个责任"。持续落实"强责工程"，坚决把落实主体责任作为必须履行的政治责任和必须完成的政治任务，及时制定并下发年度街道党工委主体责任、纪工委监督责任清单，进一步明确目标、重点和要求，明确"第一责任人责任"和"一岗双责"。街道党工委书记认真履行第一责任人责任，定期听取机关管党治党工作情况汇报推动重点任务落实，与班子成员开展履职谈话肯定成绩指出不足，到机关部门、各村（社区）联系点、结对走访户调研听取意见、帮助解决问题。党工委班子成员积极主动履行"一岗双责"，形成一级抓一级，层层抓落实的工作格局，从而不断完善街道、村（社区）责任体系。完善党工委议事规则、"三重一大"决策制度，并严格实施，保证了科学决策、民主决策、依法决策。

切实聚焦问题改进作风。紧紧围绕省委巡视润州、市委提级巡察街道反馈的重点问题，深入推进整改工作。聚焦问题导向，加大对安全生产、工程项目招投标、征地、民政资金发放领域等问题的查处力度，并对问题整改做好全程跟踪、全程督查，防止整改流于形式。全年共开展专项督查10次，组织相关人员参加工程项目招标会议26次。精准有效运用"四种形态"，加强对干部职工的经常性监督，不断筑牢思想防线，增强监督严肃性、协同性、有效性。同时，深入贯彻落实中央八项规定及实施细则精神，注重日常，紧抓节点，做好干部职工队伍预防、警示、教育工作。持之以恒正风肃纪，锲而不舍纠治"四风"，杜绝"车轮上的腐败"，为街道高质量发展提供了坚强的纪律保障。

【经济发展】　交出高质量发展"成绩单"。坚持把经济工作、项目建设作为街道发展的核心要务，扎实推进各项工作有序开展。经济指标回暖加速。在经济下行压力下，街道努力开拓思路、创新办法、沟通企业，全年各项经济指标基本完成任务。其中，完成固定资产投资17.52亿元，同比增长16.80%；新签约亿元以上项目5个，数量位居全区第一；建安工程投资完成15.27亿元，同比增长27.31%；建筑业总产值29.72亿元，同比增长67.91%，创历史新高。项目建设全力推进。产业项目建设实现新突破，国网科创中心、冬云算力服务、华润智慧能源等市、区重点项目入库列统投资额共计1.2亿元；网易联合创新中心实现当年签约、当年入库、当年开园；乐友数智建筑、银信金融产业园土地挂牌上市，发展后劲不断夯实。双招双引迎难奋进。全年开展外出招商、线上招商、小分队招商近150次，成功签约市级亿元以上项目5个，引进区级项目7个。新增汇量科技、智能汽车道路测试、新能源汽车销售集聚区等一批在手、在谈项目，官塘EOD项目成功入选省项目库，全市唯一。坚持招才与招商并举，2023年申报海外人才3名，新获批省双创人才1名、金山英才2名、“金山英才·润州专项”3名。

【生态环境】 打好环境建设“组合拳”。牢记“国之大者”，切实把生态环境和城市管理工作牢牢抓在手上，提升群众获得感。全面改善群众人居环境。坚持生态优先、绿色发展的理念，持续对四明河显洋段、远洋段及东风河F段进行河流生态环境治理和人文环境建设。持续开展文明城市创建工作，对主次干道、背街小巷、居民小区等开展明查暗访，开展垃圾清理专项行动，有效提高小区环境卫生水平。完成远洋二期垃圾临时存放点迁址工作，由露天存放改为室内存放，较好地解决了异味扰民的问题。深入推进生态环境治理。按照蓝天碧水净土三大攻坚战的总体要求，全面开展生态环境治理工作，较好完成农批市场雨污分流整治工程，并通过验收。协调解决原官塘变电站绝缘油入河事件，油污污染问题得到全面控制并消除了后期影响。全方位压实秸秆禁烧巡查监管，实施网格化管理，运用“人防＋机防”、视频监控等手段，垃圾焚烧得到有效控制。高质量完成铁路沿线整治。全面落实省委关于农村人居环境整治和铁路沿线安全环境整治总体要求，紧盯时间节点，全面开展铁路沿线环境问题排查工作，对私搭乱建、乱倒垃圾等问题，因地制宜、分类施策，做到具体位置、现场情况、责任单位、整改要求“四个明确”，推动问题逐一解决。全年共排查突出问题20个、清理垃圾杂物80余吨、绿化造林70余亩，打造官塘生态体育公园、三区交界秀山节点、康馨路两侧地块等重要节点3个，受到市、区主要领导、上海铁路局以及周边群众高度认可。同时，建立24小时巡查管护制度，彻底杜绝问题回潮，实现高铁沿线环境面貌显著提升。

【基层治理】 大力推进基层组织网络和社会治理网络“两网融合”。创新基层社会治理。以为群众提供精准化、精细化服务为着力点，深化“村社联动”模式，探索实施网格同建、干部同用、发展同步等“六个协同”，走出“引领＋协同＋融合”基层治理之路。筑牢安全生产底线。深刻吸取“7·29”拆除水泥罐倒塌致使人员伤亡事件的教训，举一反三，严密排查，坚决杜绝安全隐患，全年共计排查安全隐患392处，全部整改到位。紧扣安全生产专项整治三年行动，深入分析行业领域安全生产风险隐患，持续完善常态化管控体系，优化应急管理体系，提高风险防控和应急处置能力。全力维护和谐稳定。以开展“信访突出问题攻坚化解年”为抓手，加强人民调解、行政调解、司法调解“三调联动”，引入“三官一律”等社会资源，提升化解质效。2023年，共计受理信访事项171件，满意率达100%，化解信访积案4件，一般信访案件6件。成功解决了问题楼盘产生的群访问题，保证多个楼盘如期顺利交付。

【政治建设】 压实主体责任。坚持一把手带头抓、分管领导直接抓、班子成员重点抓，发文制定《2023年街道党工委意识形态工作“责任清单”“任务清单”》，进一步细化工作举措，明确工作责任。明确网络安全第一责任人、直接责任人和责任科室，压实网络安全责任。将意识形态工作及网络安全工作纳入重要议事日程，全年党工委会研究意识形态工作3次，专题研究谋划2023年意识形态工作1次。

筑牢思想阵地。扎实做好年度基层党员冬训工作，探索实施“专题宣讲学＋指尖课堂练＋集中研讨说”的理论学习新模式，为党员干部补钙增肌。规范开展党工委理论学习中心组学习，制定2023年中心组学习计划，将中共二十大精神、习近平总书记重要论述及《习近平著作选读》等新思想和数字经济建设等契合官塘创新发展方略知识全面纳入中心组学习，全年开展学习13次，其中专题研讨8次。

加强舆论引导。围绕街道基层治理、民生建设、经济发展等工作成效，积极传播官塘声音，累计在新华网、“学习强国”学习平台、《镇江日报》等媒体平台刊登稿件约400篇。优化新时代文明实践所站、农家书屋等宣传文化阵地管理和使用，常态化开展护苗绿书签主题阅读活动、环境卫生整治志愿服务、网络安全讲座等活动。与电信签订舆情监测服务协议，利用“舆情云”平台加强网络敏感舆情监测。

【民生保障】 始终坚持“以人民为中心”发展理念，把推动实现更加充分高质量发展放在首位。不断完善保障体系。以日间照料和辅助性就业为切入点，完善残疾人之家服务中心建设。发挥低保兜底作用，提升救助水平，真正实现“应保尽保、应退则退”，全年共清退低保32户49人。严格按照各项救助政策要求，发放城保、低保等各类补助补贴共计83万余元。建立数字化、网格化返贫预警机制，多措并举巩固脱贫成果。高效完成街道2023年民生实事项目，获得群众一致好评。不断优化就业服务。完善就业服务体系，大力开展就业指导，积极搭建创业新平台新载体，让创业活力提升城市活力。成功创建两个市级创业示范基地，即东南大学校友经济产业园和阿里云创新中心，全市唯一。不断激发文化活力。坚持以失地农民、困难群体、退役军人为重点做好民生保障工作，以地方特色文化为重点提供文化服务，提高群众幸福指数。成功开展“驿路相伴 平平同行”首届邻里节活动，打造共建共治共享的基层治理新格局。成功举办“红韵润新城 文脉绽芳华”——官塘桥街道庆祝润州区建区40周年系列文化活动启动仪式暨官塘桥街道第六届农民运动会。

2023年4月26日，举办“平平联动党建联盟”第三批单位集中签约仪式

（官塘桥街道 供稿）

【法治建设】 强化政治站位，压实法治责任。始终把法治建设工作摆在重要的位置上，定期研究、周密部署、常态推进，确保法治街道建设抓在平时、落到实处。常抓理论学习，重点围绕党内法规和法律法规，建立街道党政领导干部学法年度计划和清单，采取党工委理论学习中心组学习、法治讲座、自学等形式，经常性开展领导干部专题学法，做到了年内集中学法4次以上、个人学法超过40个学时，不断增强领导干部运用法治思维法治方式解决问题和依法行政决策的能力。

强化依法行政，推进法治建设。坚持法治引领功效，始终把依法行政作为全面依法治街、推进法治街道建设的必然要求抓紧抓实。进一步规范行政决策和责任追究，确保行政决策合法、规范、有效，凡是规范重大决策和重要事项出台前必听取街道法律顾问意见，相关部门必须进行合法性审查的程序要求，对与群众利益密切相关的重大事项必须充分听取社会各界和专家的意见，确保依法、科学、民主决策。重视执法队伍业务能力的提高，经常性组织执法人员参加各级法治培训。统筹职能部门集中办公，实施一次性告知、帮办代办、一窗受理等便民服务举措。

强化宣传教育，提升法治意识。创新开展普法活动，采取线上线下普法形式，充分利用22个网格微信群、5个法润民生微信群触角作用，有效发挥资源优势，网格员长期发布法律常识、“三官一律”定期以案释法，无缝对接、形成互补，保持微信群内普法热度和关注度。创新宣传模式，开设“鹏言鹏语”“法乐乐”等线上法治小课堂，将群众生产、生活密切相关的法律知识拍成微视频，提升法律宣传的实效性。结合“司法日”“宪法日”等节点，积极开展送法进小区、进工地、进企业、进学校等活动，受到群众广泛欢迎。

【官塘桥街道坚持“项目为王”跑出项目建设加速度】 一是锻造硬核队伍。开辟“头雁竞飞”“群雁齐飞”课堂，将辖区内党建阵地、创新创业基地、党员先锋工作室、人才工作站等23处教学资源串点成线，打造4条培训精品线路。选派15名机关部门、村（社区）年轻干部参与项目攻坚、矛盾化解等重点工作。二是紧抓项目建设。对项目实行“全链条挂图作战”和“全周期跟踪管理”，与街道“大工委”成员单位建立“双周联动+月度调度+难题攻坚+现场督导”工作机制，开展联动征拆整理、项目评估预审等专项行动，有序推进国网科创、阿里云创新中心等重点产业项目。三是优化营商环境。持续扩大“优服务促发展”“官新”党建联盟，定期邀请企业召开“吐槽大会”，通过理论联学、资源联享、活动联办、工作联动，帮助解决融资贷款、产业规划编制等企业发展遇到的难题。针对项目谋划、签约、开工、入库等各个环节，健全完善“红色帮办代办”服务机制，大力推行“金牌项目管家”服务，确保项目真落地、投资真到位、招商成果真正变成发展成果。

【官塘桥街道“三链融合”实现人才近悦远来】 一是育才有“方”，壮大聚才“蓄水池”。主动链接江苏大学、西安理工大学等高校资源，创新实行“不求所有、但为所用”的柔性引才机制，全覆盖为辖区企业和项目配备技术顾问。2023年以来，吸纳博士、海外人才近20名。“量身定制”人才培养“套餐”，积极鼓励支持各类人才申报更高层级的专项培养项目，通过逐级培养、梯次培养，实现数质双增，壮大人才“蓄水池”。二是留才有“招”，构筑创业“新生态”。打造“创新官塘”产城融合行动支部，以党员暖人才、服务助人才的方式，化身“红色引航员”上门讲政策、“红色民情员”上门听需求。2023年以来，全力保障官塘创新社区重点产业项目建设3个，全流程服务21家重点企业落户。三是用才有“道”，打造汇智“强磁场”。按照“一般的事不过周、复杂的事不过旬、疑难的事不过月”原则，全方位关怀、全过程解决。2023年，通过“一事一议”方式协调解决高层次人才引进、人才服务等问题12个。将人才引进指标纳入东南大学校友经济产业园、网易、阿里云等平台的年度绩效考核评价中，充分发挥绩效考核“指挥棒”作用，实现效率、效益“双提升”，助力数字经济、智能制造产业集聚。

（官塘桥街道）

2023年官塘桥街道各村(社区)基本情况一览表

表17

村（社区）名称	面积（平方千米）	总户数（户）	总人口（人）	农民年人均纯收入（元）	党总支（党委、党支部）书记	村（社区）主任	办公电话
平山村	3.65	852	3024	30000	雷志高	雷志高	80969903
秀山村	5.50	929	2650	28000	朱明辉	朱明辉	80966307
官塘桥村	3.00	621	1423	32000	朱荣平	朱荣平	80988281
宝平社区	0.22	1527	3782	—	李赟峰	—	84523580
远洋社区	0.64	2125	6146	—	朱　军	—	80316058

（官塘桥街道）

宝塔路街道

【概况】 宝塔路街道地处镇江市润州主城区，东至古运河及丁卯桥路，南至天桥路、南山路、北府路，西至檀山路、黄山北路，北至中山西路及京口闸，辖区面积5.08平方千米。街道下辖12个社区居委会。2023年年末总人口59133人，总户数27274户，是镇江城际门户和综合交通的枢纽所在。

2023年，宝塔路街道党工委坚持以习近平新时代中国特色社会主义思想为指导，深入学习贯彻中共二十大精神，严格执行中央以及省、市、区委决策部署，牢牢把握稳中求进工作总基调，围绕发展目标，坚定不移抓好落实，主动担当，集中精力推动各项工作有序开展。

发展质效提质增量。坚定服务业发展导向，保稳促调、扶优助强，发展格局不断优化，发展动能不断强劲，发展态势不断向好。经济指标稳步增长。一般公共预算收入3.34亿元；固定资产投资全年任务8.8亿元，实际完成9.44亿元，超计划完成任务；限额以上餐饮营业额完成1.91亿元，同比增幅51.29%；建筑业总产值全年完成46.03亿元，占全区完成总量的41%；新增规模以上企业单位数，全年任务20家，实际完成上报29家，完成总量全区第一。重点项目不断推进。完成亿元以上项目招引1个：中国电信5G无线千兆数字城市建设项目，总投资1亿元。完成区重点项目招引5个，分别是润州区瑞源农村小额贷款有限公司、清枫酒店项目、镇江电网改造项目、京艺源酒店项目、瑞香苑商务酒店项目。列入区重点产业项目6个，均按序时推进。

街区品质大幅提升。坚持高起点谋划、一盘棋推进、全方位提升，全力建设现代化高品质城市街区。加快城市更新步伐。建成垃圾分类省级达标小区 11 个和“四分类”小区 44 个，垃圾分类水平进一步提升。2023 年全区累计加装电梯 4 部，其中街道加装电梯 3 部。高标准打造黄山夜市节点提升，获评全市铁路沿线环境整治第二等次。完成跑马山路等 3 个片区、3.5 万平方米老旧小区改造和西柴苑、王家巷等 2 个小区城镇污水处理达标建设。完成阳彭山滑坡地质灾害隐患点自动化监测设备安装，实现在线 24 小时自动监测。助力文明城市创建。聚焦城市管理中的重点、堵点、痛点和盲点，扎实开展结合“清洁家园”城乡环境卫生大扫除行动方案，开展“城中村”垃圾清理专项行动，对古西门街、李家花园、马家山周边进行网格化巡查整治，重点对区域内的卫生死角、保洁盲区、乱堆乱放、小广告等群众反映强烈的问题进行整治；秉持“创建惠民”理念，采用进小区、进楼栋、进商铺发放调查问卷的形式，营造全民参与创建的良好氛围，确保高质量通过全国、省级文明城市复查测评。大力改善人居环境。全面落实中央生态环保督察、省市交办突出问题整改销号；持续强化国控站点周边污染整治，不断提升辖区环境质量；对重点区域烧烤店店面外溢、占道经营反复现象加大整治，力争做到夜市烧烤、大排档经营“进门店、不占道、不扰民、不污染”；针对飞线乱线问题，联合移动、电信等部门在凤鸣新村、山林苑等老旧小区 20 余处进行飞线集中梳理捆扎，在中海润泽园小区、同德里互济巷车库安装便民充电桩 23 个；认真履行河长制职责，扎实做好古运河、周家河河道日常巡查和管护，全力维护良好河道生态环境。

民生事业稳步发展。秉持“民有所呼、必有所应”的工作理念，全力以赴解决群众的急难愁盼问题，努力提升群众满意度。建立低保跟踪督查机制。2023 年，新增低保户 14 户 16 人，倾情服务街道 641 户低保户 888 人，清退低保户 73 户 133 人，切实做到“应保尽保、应退尽退”，实现救助资金精准发放。促进就业创业。协同上级部门多次组织线下招聘，帮助企业、就业人员实现双向互动。1—12 月，帮扶就业困难人员再就业 332 人，帮助灵活就业人员申请享受社保补贴 332 人，支持成功自主创业 214 人，其中，大学生创业 50 人，创业带动就业 1008 人，帮助申请享受政府贴息创业贷款 13 人，金额 375 万元，申请创业补贴 5 人，金额 1.6 万元。涵养文化底蕴。截至 2023 年年底，共计上报文化高质量考核服务 13.7216 万人次，达序时进度 108.22%。依托新时代文明实践站、辖区学校，结合重要时间节点，开展各类居民喜闻乐见的文化活动，共服务超 9.8834 万人次，提升群众幸福感和获得感。

社会大局和谐稳定。坚持对标对表、狠抓工作落实，防范化解矛盾，推动各项决策部署、重点工作落地落实。妥善处理各类信访矛盾。稳妥处置领诚国际商铺群访诉求，积极配合交产集团，在保障商铺业主基本权益的同时，也得到了市、区两级领导的高度肯定。聚焦重点领域安全稳定。深入学习贯彻习近平总书记关于安全生产重要论述，落实《宝塔路街道重点行业领域风险防控及包干责任清单》，最大限度防范遏制各类事故发生，全力维护辖区人民群众生命财产安全和社会大局稳定。聚焦建筑工地、城镇燃气、消防、自建房等重点领域，深入开展安全隐患排查，推进落实“智慧消防”工作，截至 2023 年 12 月月底，共计铺设点位 800 余处。

党建引领持续强化。坚持把党建工作摆在更加突出位置，扎实推动基层党建工作整体提升。夯实基础，落实书记项目。全面推进“家门口服务”体系建设。在黎明社区红星牡丹园小区打造“家门口”小屋，开展党员活动，提供爱心义诊，同时“双全”社工定期进驻集中办理社区日常事务。同德里社区联合“水电气路”党建联盟开展“家门口”的营业厅服务。凤鸣新村等社区以“民主议事半月谈”“庭院议事”“邻长议事”等品牌，健全居民议事机制，调动群众参与社区治理的积极性。优化网格，凸显阵地效用。充分摸排社区“能人”“达人”等主心骨力量，打造网格志愿服务的“生力军”，积极探索鼓励激励机制，调动群众参与社会治理的积极性。把街道大工委力量充实到网格中，让街道工作人员同社区干部一起“上网格”“下网格”。发挥全域党建优势，推动各类共建力量下沉到网格，让小支部也能聚齐大资源，能形成快速响应、办理、反馈的完整闭环。建强队伍，注重素养提升。扎实开展主题教育，聚焦急难愁盼，以整改实效增强群众的获得感，相关做法在市级专题简报上刊登。制定夺“宝”奇兵青年干部增能计划，引导青年干部勇做践行“四敢”精神的排头兵，以“青”悦读、“微课堂”“集训营”等形式，组织主题学习、主题讨论、各条线业务培训 12 次。同时将窗口服务、信访、征地拆迁等一线工作作为青年干部“练兵场”，在急难险重中检验干部，为推动宝塔高质量发展提供坚强的干部人才队伍，相关做法在“镇江先锋”公众号上刊登。

【双招双引成效明显】 加大招商引资力度，引进中国电信无线千兆数字城市建设项目、润州区瑞源农村小额贷款有限公司、清枫酒店项目、镇江电网改造项目、京艺源酒店项目、瑞香苑商务酒店项目等6个项目，完成存量楼宇去化面积2.27万平方米。注重科技引领，完成高企申报3家，科小入库完成15家，“金山英才”入选3人，“金山英才·润州专项”入选1人，与翼视科创中心联合打造的众创空间获评省级众创空间。

【人民民主广泛全面】 充分发挥基层人大组织、人大代表和议政代表的主体作用，出台“五百行动”实施方案，打造“商圈吹号，代表报到”品牌，成立商圈人大协商议事会，得到市委、市人大常委会组成员的点赞。展现人大新作为，展示代表新风采。2023年，各类录用稿件72篇，其中“学习强国”学习平台1篇、省人大《代表与权力》1篇、市人大《民主法治建设》5篇，获评市人大调研文章二等奖1篇。

【社会治理纵深推进】 利用街道集成管理指挥中心，建立综合指挥平台，借助一体化服务平台和“智慧网格”，及时更新人口、企业、地理等要素，线上交办问题，反馈处理结果。积极推进街道为民服务中心提档升级，不断优化基层政务服务环境。在华都名城、中浩国际、九洲广场等区域打造“翼安居”智慧社区平台，依据5G、物联网、云计算、大数据等新兴信息技术，为社区居民提供高质量的物业服务。以网格为单位，核查更新人员信息，做到底数清、情况明。多措并举推进“保交楼”，先后完成恒大铂珺花园第二批次、景天花园五期等逾期楼盘413套房屋交付。完成217栋自建房和2840栋既有建筑隐患整治，完成6处、2228平方米危房解危。对辖区内845家餐饮企业和单位定期开展包保督导，切实筑牢食品安全防线。 （宝塔路街道）

2023年宝塔路街道各社区基本情况一览表

表18

社区名称	总户数（户）	总人口（人）	党总支（党委、党支部）书记	社区居民委员会主任	办公电话
黎明社区	3930	8796	崔正雪	崔正雪	80966620
庄泉社区	1992	4661	李　实	李　实	80966629
黄山社区	2610	4056	朱　晶	朱　晶	87056566
运河社区	2209	5229	蔡春娟	蔡春娟	84496005
车站社区	1916	4259	杜　娟	杜　娟	85917058
凤鸣新村社区	2156	5841	陆金玉	陆金玉	85212983
润州花园社区	2126	6216	薛顶雨	薛顶雨	85210226
金桥社区	1639	3799	贾宇琳	贾宇琳	84419081
北府路社区	2102	4208	时　敏	时　敏	88082514
广东山庄社区	1175	2329	黄　飞	黄　飞	85219608
同德里社区	2582	3486	于　敏	于　敏	85288433
林隐社区	2837	6253	钱　淼	钱　淼	80967750

（宝塔路街道）

和平路街道

【概况】 和平路街道环抱金山，滨水而居，2023年辖4个涉农社区和7个城市社区，陆域20平方千米，水域220平方千米，长江岸线93.56千米，常住人口6.8万人。

2023年，和平路街道以习近平新时代中国特色社会主义思想为指引，认真学习贯彻落实中共二十大精神，围绕中心，服务大局，齐心协力谋发展、惠民生、促稳定、保安全，各项工作任务稳步推进。完成一泉社区老旧小区改造工作；推进江南新村、桃园新村物业市场化工作。

经济运行总体平稳。2023年，一般公共预算税收收入实际完成1.05亿元，服务业应税营业收入31.9亿元；固定资产投资完成6.8亿元；民间投资3.7亿元；市级亿元以上重大项目招引1个，总投资0.5亿元；社会消费品零售总额实际完成12亿元；规模以上工业总产值实际完成1820万元；建安工程投资实际完成6.55亿元；核算行业规模以上服务业营收实际完成5.53亿元，同比增长10%；限额以上批发业销售额实际完成5.31亿元；限额以上零售业商品销售额实际完成1.98亿元；建筑业总产值实际完成4.6亿元；商品房销售面积实际完成4.73万平方米。

重点项目有序推进。对接市城建集团和市文旅集团推进项目建设，长江路以北、环湖路以西，长江路以南、润州路以东和长江路以南、太平路以西三大地块成功上市。成功引进润康智慧农贸、金沙渔港、金山宝地智慧停车及新能源汽车充电一体化建设项目和金山湖文化旅游创意产业园建设项目，成功引进加拿大跨境电商落地注册。

人才工作持续发力。积极推进省、市、区人才计划申报工作。完成启明计划1人创新人才有效申报，完成1人海外博士后有效申报。完成市金山英才有效申报5人，并成功入选1人；完成区润州英才有效申报3人。

扎实推进主题教育。及时召开党工委（扩大）会议，传达学习中央、省市主题教育安排部署和工作要求，成立领导小组，组建专班人员，制定实施方案、工作计划和主题教育“读书班”计划；详细安排部署，明确目标任务、时间节点和责任主体，提高认识，统一思想，凝聚共识，依托“社区党校”资源、结合“三会一课”、主题党日等活动载体，搭建多样性、全覆盖的学习教育模式，送学上门78次，送出书籍450余本；成立“伴晚金辉”“红音嘹亮”等老党员宣讲队，开展活动36次，组织党员开展志愿活动180余次。

【聚焦“红色共享”，共建共治“红润滨江”】 依托“护江红”党建创新品牌，新建“护渔驿站”，联合27家“党建联建”成员单位“手拉手”共抓长江生态保护。启动创新实践项目10余项，发布“红色滨江 水岸共治”首批“金泉花园小区基础设施提升”“便民集市”“红色共享家”“大江见证 红色线路”等4个总项目和安装充电桩、便民椅、绿化补植、健身广场修复等9个子项目。

【网格治理“精细化”】 持续推进“微网格 大治理”工作，积极推广“党建+网格化”，创新“红色滨江带”整片打造模式，细化“1+11+N”阵地建设思路，打造1个“红色共享家”阵地、升级完善11个社区党群服务中心以及N个网格党群服务站点。建成网格党支部48个。

【文明城市建设】 以三茅宫片区和润康冷批市场专项整治行动为契机，建立实时问题整改和长效管理落实制度，形成“自查—督查—攻坚—销号”问题整治闭环网络。开展文明城市集中部署、动员会议20余场，“互学互查互评”行动20余次，发布督查整改通报15期。开展“美丽和平 清洁家园”行动240余次。

【长江禁捕工作】 新建禁渔退捕渔民服务阵地，面积约220平方米，包含数据技防监控室、护渔队值班室、退捕渔民服务站（两室一站）。和平路街道护渔队荣获农业农村部长江流域渔政监督管理办公室颁发的“2022年度长江流域渔政协助巡护优秀队伍一等奖”。

【人居环境持续改善】 累计投入20余万元改善丹徒姚大圩农村人居环境，对丹徒渔民公园出入口周边环境进行改造等。启动实施辖域内重点河道清淤疏浚及坡岸治理。金山河入选镇江市2023年度河湖“红榜”。

【信访工作】 圆满完成国家重点活动及会议期间的信访工作。共处理群众来信来访146件次，其中，接待来访35件、阳光信息平台111件。阳光信访及时受理率100%、按期办结率100%、满意率100%、评价率100%。全年成功化解重点信访积案3件。

【法治建设实现强落实】 街道领导班子以习近平新时代中国特

色社会主义思想为指导，学习贯彻习近平法治思想以及习近平总书记关于法治建设的重要指示精神，提高思想素质和政策理论水平，增强工作的科学性和预见性，提高了依法行政、依法办事的意识和能力。聘请江苏路韬律师事务所为街道的法律顾问单位，参与街道重大问题、重大事项、重大决策、突出事件等，保障街道各项工作以事实为依据，以法律为准绳，遵守法定程序，阳光操作。 （和平路街道）

2023 年和平路街道各社区基本情况一览表

表 19

社区名称	面积（平方千米）	总户数（户）	总人口（人）	党总支（党委、党支部）书记	社区居民委员会主任	办公电话
金泉社区	0.80	2156	5290	金　涛	金　涛	85516592
金湖社区	1.96	6480	13810	倪彦勇	张玉忠	87057089
征润州社区	1.55	1802	4079	陈　锋	陈　锋	—
新金江社区	9.00	1234	3392	常春平	常春平	85520703
三茅一社区	0.60	3769	10223	杨　洋	杨　洋	85617516
三茅二社区	0.75	4912	13582	庄　萌	庄　萌	85609968
金山社区	0.90	1418	2896	姜　丹	姜　丹	85520016
桃园社区	1.15	3272	8525	何志伟	何志伟	85529680
一泉社区	1.20	1556	4540	邹　航	邹　航	85529191
琴园巷社区	0.60	1686	4636	耿晓波	耿晓波	85627970
牌湾社区	0.90	2269	5076	王　琪	王　琪	88968308

（和平路街道）

金山街道

【概况】 金山街道位于镇江城区西北部，东起宝塔路、黄山北路，南至中山西路，西沿中山北路，北到长江路，坐拥千年“文脉”西津渡古街、镇江博物馆等。辖区面积 5.16 平方千米，户籍人口 4 万余人，常住人口 1.5 万人。街道下辖 8 个社区，分别为迎江路中心社区、西津古渡社区、银山门社区、润州山路社区、杨家门社区、红光太古山社区、京畿路社区、风车山社区。

2023 年，金山街道紧扣“文化金山 幸福金山”发展定位，真抓实干谋发展，凝心聚力抓经济，尽心尽力惠民生，各项工作呈现出稳中有进、稳中向好的发展态势，在全区“走在前、做示范”中展现了金山担当和作为。

刻下“牢记嘱托走在前”的奋进足迹。金山街道坚持把学习贯彻习近平新时代中国特色社会主义思想主题教育作为贯穿全年工作的主题主线，各个社区积极开展了形式多样、内容丰富的主题教育，其中，迎江路中心社区创新开展的圆桌学习会代表润州亮相《新闻联播》，西津古渡社区开展的主题教育先后迎来了中央指导组、省委主题教育办考察指导并得到肯定。形成了“西津红运”“印江红”“一网九图”“润馨里”“同心圆”等一批可借鉴、推广的“一社一品”经验，持续推动了街道党建工作亮点纷呈、质效提升。

彰显“攻坚克难促发展”的责任担当。2023 年，金山街道聚焦指标狠抓落实、攻坚克难排解难题，实现高质量发展绩效评价考核全区第一，其中 10 项国民经济指标高效落实，11 项地区生产总值支撑指标稳进向好，红豆熙津里等5个市区级重点产业项目落地落实。同时，围绕打造优质营商环境金字招牌，街道经发局组织专人上门宣传润州最新产业政策，帮助峰华饮品等15家企业争取奖补资金。围绕“五经普”清查部署安排，街道、社区“两员”开展了1个多月的全天候应战，顺利完成“五经普”任务，也为街道经济发展谋篇布局提供重要支撑。

诠释“一枝一叶总关情”的为民初心。金山街道始终坚持以人民为中心的发展思想，把暖民心、解民忧、惠民生的实事好事办到群众心坎上。围绕市、区两级政府民生实事项目的实施，高质高效完成宝盖山滑坡地质灾害治理和宝盖山体育公园建设，完成鱼巷片区、登云新村两个老旧小区改造项目；围绕省巡督导组和居民群众的要求，启动“老城区绿化排忧行动”，共修整树木360株，及时排解群众居住出行安全隐患，也进一步美化了城市环境；围绕老城区弱势群众需求，试点建设全市唯一“家门口慈善”街道，首创的“12345”工作法受中华、省、市慈善总会充分肯定并在全市推广；围绕基层民主实践要求，率先打造“全过程人民民主金山街道实践站”，为广大群众与代表联系提供便捷渠道，受到省、市人大常委会组成人员的高度认可。

兑现“安全稳定兜底线”的庄严承诺。金山街道紧绷安全发展和社会稳定之弦，坚持常态化开展危房排查整治工作，全年完成危房整改68户，及时对3栋D级危房、1栋C级危房采取维修加固措施。扎实做好餐饮燃气场所、“三合一”场所、养老院、建筑工地等安全检查工作，对发现的276条安全隐患做到应改尽改，免费为辖区1250户瓶装燃气用户更换金属包覆软管和减压阀，为123户独居老人安装烟感报警器。认真抓好社会稳定和信访积案化解工作，街道被评为2023年度社会治理现代化先进街道、信访工作示范街道、先进单位。

【西津古渡社区党委书记史梅玲获评“江苏最美基层干部”】 1月4日，由江苏省委宣传部主办，镇江市委宣传部、润州区委宣传部承办的省级重大典型——江苏“最美基层干部”史梅玲先进事迹发布会和媒体见面会在润州区举行。“时代楷模”、“全国脱贫攻坚楷模”、全国最美奋斗者赵亚夫为史梅玲颁发江苏“最美基层干部”荣誉证书。

【善院建成启用】 在市、区慈善部门的大力支持下，全市面积最大、功能最全的慈善阵地——善院建成启用。金山街道委托AAAAA级社会组织康乃馨惠民服务中心进行日常运营，配备3名专职慈善社工与街道慈善分会合署办公。发动引导100余名微网格员、爱心人士和乡贤能人加入善院志愿服务队伍，形成“网格+社工+义工”联动机制。善院已组建了一支由130余人组成的帮扶队伍，定向帮扶特殊困难人员260多名。

【全过程人民民主实践站打造】 金山街道依托人大代表联络工作站同步建设“全过程人民民主金山街道实践站”，集工作展陈、接待选民、收集民意、建议督办和代表活动等于一体，打造践行全过程人民民主的基层缩影和一线窗口。4月27日，省人大常委会副秘书长、研究室主任王林视察金山街道全过程人民民主实践站，市委书记马明龙，市人大常委会党组书记、主任李健参加活动。

【宝盖山滑坡地质灾害治理工程】 宝盖山滑坡地质灾害治理工程作为2022年镇江市民生实事项目

2023年4月27日，省、市人大常委会组成人员调研“全过程人民民主金山街道实践站”

（金山街道　供稿）

之一，总投资3000多万元，治理5个重要滑坡地质隐患点。结合宝盖山滑坡地质灾害治理工程，在宝盖山顶打造宝盖山体育口袋公园，总建设面积约0.883公顷，在山顶建设网球场、篮球场、健身器材、乒乓球桌等多元运动空间、健身步道，在山顶开辟林下棋牌区。上山步道樱花等花卉和山顶绿化植物种植，促进了生态空间和公共生活有机融合，形成“推窗见绿、出门进园”的生活新常态。　(金山街道)

宝盖山山体滑坡治理前

宝盖山山体滑坡治理后

(金山街道　供稿)

2023年金山街道各社区基本情况一览表

表20

社区名称	总人数(人)	总户数(户)	党总支(党委、党支部) 书记	社区居民委员会主任	电话
迎江路中心社区	8888	2431	宋国琴	宋国琴	85291392
西津古渡社区	5118	2558	史梅玲	史梅玲	87052685
银山门社区	6078	2106	蒋菊花	蒋菊花	86100061
杨家门社区	6628	2848	邱　君	邱　君	86100098
润州山路社区	2900	1370	张亚芳	张亚芳	88081191
红光太古山社区	4906	2133	戴永能	苏文峰	88081195
京畿路社区	5700	2031	邵　城	邵　城	86107031
风车山社区	5275	2444	何永慧	何永慧	86107055

(金山街道)

韦岗街道

【概况】　韦岗街道隶属于镇江市润州区，成立于2011年8月，位于润州区西南部、高骊山东麓，距离市中心约20千米，分别与丹徒区高资街道、句容市边城镇交界，处于镇江市西南片区的中心位置，是G312产业创新走廊的重要节点，是润州区唯一属于茅山革命老区的街道。

2023年，韦岗街道把学习宣传贯彻党的二十大精神作为一项重大政治任务，努力把韦岗建设成为凝心聚力的红色阵地、群英汇聚的人才沃土、安全稳定的和谐乡村、乐享生活的宜居家园、经济提效的强大引擎，以更加昂扬的奋斗姿态和更加饱满的工作热情奋进新征程。

【党的建设】　2023年，韦岗街道以学习宣传贯彻党的二十大精神为主线，持续推动主题教育走深走实，组织灵活补学、结对送学等活动28次，开展“党的二十大精神我来讲”等主题活动9场，在各大媒体平台发表正面宣传报道227篇。以“党建+网格化治理”为抓手，科学划分成立5个网格党支部，细化14个党小组，实现精细到户、精准到人；吸纳包括学校、银行等24家单位加入韦岗“红色联盟”，开展“植树增绿优环境　党建引领促振兴”等共建活动14次；深化“红色帮代办”党员志愿服务，为独居老人、重残重疾、货车司机等群体提供“一对一”服务23次。坚持党管武装，狠抓武装工作落实，在军分区半年检查考核中代表润州区迎检，受到上级好评。街道人大工委持续深化“牢记嘱托、感恩奋进”学习实践活动，自力推动东家庄小流域治理工程、农村道路安全隐患治理工程、绿色村庄提升项目3项街道民生实事按期完成，在发展“全过程人民民主”上交出书面答卷。成功申报全国红色美丽村庄试点建设工作，根据中组部、财政部要求制定《韦岗村建设红色美丽村庄试点工作方案》成立红色美丽村庄试点工作领导小组，并积极争取各类项目资金倾斜，拟投入金额1155万元，确定五大方面21个具体实施项目。

【经济发展】 一是主要经济指标保持合理区间。2023年，一般公共预算税收收入预计完成0.79亿元，半年完成评价全区排名第一；固定资产投资完成1.14亿元，市级亿元以上重大项目招引2个，投资额6.1亿元，新增规模以上企业4家。规模以上工业总产值完成4.19亿元，建安工程投资完成0.84亿元，建筑业总产值完成目标任务。二是在建项目有序推进。聚焦绿色新能源产业发展，深挖活用本土资源，聚力打造韦岗绿色建材产业园，其中韦岗绿色建材开采及加工项目已完成主体建筑施工。全力构建绿色低碳先行板块，加快传统产业升级改造，推动产数融合发展，顺利完成船山矿熔剂线技改项目，稳步推进石墨烯光伏复合材料项目开工建设。三是项目招引成效明显。按照“红色韦岗产业韦岗”发展定位，积极探索新发展路径，瞄准绿色、低碳、数字化等新产业新赛道，开展党政主要领导带队的小分队外出招商16次，顺利与江苏协鑫绿港智慧交通有限公司签订投资约6亿元的协鑫超级电港项目框架协议，储备了船山智改数转项目、新型高效环保脱硫剂项目等一批优质项目。

【民生事业】 保障底线民生，发放民生类保障资金82.86万余元。开展重点人群专项摸排，最低生活保障人群建立“一户一档”。发挥慈善帮扶、临时救助功能，各类慰问、救助帮困金8.2余万元。特殊困难群体救助帮扶覆盖率位居全区第一,严重精神障碍患者监护以奖代补完成率位居全区第一。提升公共文化服务水平，举办演出展览、讲座培训等文化类活动60余场，服务1万余人次。人均接受文化场馆服务次数上半年评价位居全区第一。整合服务阵地，完善设施配套，建成韦岗街道慈善社工站、残疾人之家、未成年人保护站，开展困难人群基础信息调查、困难儿童入户走访,对各类人群不同需求实施精准服务。完成农业生产各项指标任务，村庄垃圾专项清理行动列市第一等次，推进农村人居环境“红黄榜”积分管理。承办农民丰收节活动。创成区级示范家庭农场2家。完善村镇污水收集处理体系，配合住建部门抓好“333”城镇污水处理提质增效行动，加强雨污分流基础设施建设，补齐村镇污水收集短板。

【安全稳定】 高标准完成末端治理基础设施和队伍建设，为应急管理科技赋能，装配无人机和综合大屏，利用科技手段，实现对辖区重点企业、重点区域全时段、全方位监管。组建全区第一支民兵应急消防救援分队，完成社区应急中心站及微型消防站建设，不断提升基层应急救援能力。

常态化安全生产检查，排查整改危化品、工贸企业、燃气使用、建筑施工、消防安全、非煤矿山等重点行业领域隐患85条，完成辖区3家企业重大事故隐患排查整改5条；开展电动自行车消防专项治理，安装智能集中充电设备4套；完成消防基础设施建设，为34户老弱病残村民安装独立烟感报警器，为965户居民免费更换燃气软管，并将辖区20个燃气使用单位纳入燃气安全管理系统，录入率达100%。安全生产和消防水平上半年评价位居全区第一。做好自建房安全隐患排查工作，排查有安全隐患的房屋4处，并制定相应的措施，已完成2023年系统登记的6处隐患房屋整治工作。推动农村公路安全隐患整理，投入20万元对辖区内约12千米的农村公路安全防护设施进行精细化提升工作，安装防护设施，建立长效管护机制。

扎实推进平安建设，着力提高基层治理法治化水平,加大基层平安创建、网格化管理、多元化矛盾“一站式”调处、信访维稳等工作力度，高度重视全国两会、杭州亚运会期间辖区稳定工作，确保敏感时段辖区平安稳定。优化网格管理工作制度，利用张贴网格化公示牌、横幅、App群发短信、拍摄网格员主题宣传片等方法，加大宣传力度，扩大知晓率，逐步完善网格化管理全覆盖模式。持续推动“三官一律”进网格，举办各类法治宣传活动、法律咨询活动，推动形成办事依法、遇事找法、解决问题用法、化解矛盾靠法的良好氛围。深入学习贯彻“枫桥经验”，推广“小板凳”工作法，认真做好矛盾纠纷排查化解，重点信访事项攻坚化解上半年评价全区第一。

（韦岗街道）

2023年韦岗街道韦岗村基本情况一览表

表21

村名称	面积 (平方千米)	总户数 (户)	总人口 (人)	党委书记	村委会主任	办公电话
韦岗村	10.52	834	3261	王海宏	王海宏	85821426

(韦岗街道)

南山街道

【概况】 南山街道，东至沪宁铁路线，转至谷阳路、官塘桥路、环山路，南与丹徒区接壤，西到九华山路，北接南徐大道，转至南山路、林隐路。地理位置独到，文化底蕴深厚。坐拥被宋代大书画家米芾赞之为“城市山林”的国家AAAA级旅游景区——南山风景区。自南朝以来，备受历代文人青睐，苏东坡、骆宾王、王昌岭、康熙、乾隆等数百位文人墨客和帝王将相均先后留下了讴歌南山的华章。辖区总面积约16.28平方千米，下辖五凤口、鹤林、檀山白龙湖、回龙、朝阳5个社区及回龙山水库管理所。

2023年，南山街道坚持用中共二十大精神指导实践，狠抓政治建设，聚焦主责主业，一心一意谋发展，多方百计保民生，为润州区实现“双轮驱动”，建设现代化一流主城区，贡献南山力量。

【经济发展】 围绕重点指标，稳步推进，全年固定资产投资、民间投资、规模以上工业总产值、限额以上批发销售额、限额以上零售销售额均达序时，“四上”企业入库指标已完成。积极对接企业，完成高企、科小申报指标，并超额完成技术合同成交额指标。牢牢守住数据质量生命线，第五次经济普查工作落实到位。全力开展招商工作，招引亿元以上项目1个，中国节能（镇江）低碳科创园项目，投资总额达20亿元。联东U谷·官塘科技港项目已正式开工。引进德天肥牛、南京银行等高质量企业入驻，推进现有闲置载体招商，消化街道闲置楼宇年度3475平方米。组建专班、优化服务、深度融合，升级“红色代办”机制，帮助1家企业办理了注册，对于僵尸企业和个体户进行排查清理，累计清理注销经营异常企业4家、个体工商户220家。高标准推动街道人才工作扎实开展，新引进创业人才企业1家，申报润州专项2人次。

【党建工作】 按照上级要求，认真完成主题教育规定动作，根据党员特点，分层分类进行指导，坚持“实”字当头，各支部对照工作清单，做好必学科目学习和各项活动开展。指导瑞祥科技集团为做出非公有制企业党建主题教育典范，接受省委主题教育办、省委巡回指导组调研指导，相关做法被《中国组织人事报》报道。街道党工委紧紧围绕区委四全目标深化全域党建引领城市基层治理工作要求，结合街道“三治模式”书记项目，构建“党建引领网格治理”社区治理新模式，建成网格党支部（建制型）3个、网格党小组11个，网格党组织覆盖率100%。探索“五微工作室”“红色物业联盟”“红色民情站”等自治、联治、共治新路径，取得良好实效。深化党建联盟单位及“三结三定”单位共建共治，街道、社区分别与区级机关工委联动开展巡回服务指“南”针先锋行动，与区级机关部门常态化开展“清洁家园”志愿服务，与团市委、团区委联合开展“暑期微课堂”，受益少年儿童达400多人次。市公安部门首家基层反诈志愿者服务站在朝阳社区揭牌。落实“两聚两化”行动，街道试点社区完成率100%。檀山白龙湖社区以“睦邻·家空间”为载体，联合物业，升级服务内涵。朝阳社区的创新家门口“便民集市”“百姓舞台”等做法，极大提升社区服务人气。认真开展党员冬训、“强国复兴有我”群众性主题教育等，党员群众积极参与。加大对外宣传，在“学习强国”学习平台，刊稿17篇，其中省级8篇，市级9篇。与上级部门联动，开展建区40周年活动，进行主题演讲1场，组织文艺演出4场，开展档案展览2场。加强精神文明建设，高贵芬入选中国好人传，刘正英、王巧云获镇江好人，五凤口社区农家书屋获评省级农家书屋，檀山白龙湖社区红星广场入选五争五建样板公益广告点位。注重网络安全宣传，联合瑞祥科技集团，承办润州区网络安全宣传周启动仪式活动。

【民生治理】 紧扣民生需求点，开展精准服务，完成凤凰河活水

中共镇江市润州区委　镇江市润州区人民政府印发 关于做好 2023 年全面推进乡村振兴重点工作实施意见的通知

镇润发〔2023〕5 号

各街道党工委、办事处，官塘创新社区党工委、管委会，各场圃，区委各部委办局，区各委办局，各人民团体，各直属单位：

《关于做好 2023 年全面推进乡村振兴重点工作的实施意见》已经区委常委会会议研究通过，现印发给你们，请认真贯彻落实。

中共镇江市润州区委员会
镇江市润州区人民政府
2023 年 3 月 20 日

关于做好 2023 年全面推进乡村振兴重点工作的实施意见

做好 2023 年“三农”工作，要坚持以习近平新时代中国特色社会主义思想为指导，深入学习贯彻党的二十大精神和习近平总书记关于“三农”工作的重要论述，落实中央、省委、市委农村工作会议部署要求，坚持和加强党对“三农”工作的全面领导，坚持农业农村优先发展，坚持城乡融合发展，强化科技创新和制度创新，牢牢稳住润州农业农村基本盘，扎实做好乡村发展、乡村建设、乡村治理和农村改革等重点工作，推动润州乡村振兴取得新进展。

一、抓紧抓好农业生产，夯实农业基础设施

（一）严格落实粮食安全和“菜篮子”责任。压实粮食安全政治责任，严格执行粮食安全责任制，确保完成市下达的粮食播种面积和产量任务。严格落实稻谷生产补贴、耕地地力保护补贴、农机购置与应用补贴等政策。落实“菜篮子”区长负责制，稳定蔬菜生产、调运和应急保障能力。强化农作物病虫疫情监测预警，开展农业外来入侵物种普查，推进主要农作物病虫草害综合防治。（责任部门：区农业农村局、区经发局、区财政局、区商务局）

（二）加强农业综合生产能力建设。坚持党政同责，落实最严格的耕地保护制度，按照国家和省、市统一部署，签订耕地保护目标责任书，实现严格考核、一票否决、终身追责。加强耕地用途管制，严格落实耕地利用优先序，全面实施耕地占补平衡、进出平衡制度，坚决遏制耕地“非农化”、防止“非粮化”。做好全国第三次土壤普查工作。推广高效节水灌溉。扎实推进农村防汛抗旱基础设施建设，加强全区水库、塘坝蓄水、引提水等工程建设，实施韦岗片区小流域治理、燕子窝水库大坝灌浆、凤凰河提水泵站建设等工程，强化农村河道疏浚治理。充分发挥农村防汛预报预警工作系统作用，建立健全自然灾害灾情会商机制、快速研判机制和应急联动机制。加强防汛抗旱应急物资、救灾备荒种子等储备。（责任部门：市自然资源和规划局润州分局、区农业农村局、区水利局、区财政局）

二、发展特色乡村产业，强化现代农业支撑

（三）大力推进乡村产业创优创特。突出强龙头、兴业态、树品牌，落实市农业龙头企业“金凤行动”，支持和引导龙头企业发挥好“链主”和示范引领作用，重点建设镇江“金山翠芽”茶产业链“链主”，打造“镇研”种业、“金莲”食品等专精特新特色。培育壮大镇江三六五蔬菜产业联合体。围绕绿色低碳精准开展乡村产业项目招引，强化要素和服务保障，重点推进韦岗农光互补项目建设。坚持一二三产融合发展，积极发展电子商务、直销直供、冷链配送、社区拼购等业态。统筹疫情防控和农产品市场供应，确保农产品物流畅通。（责任部门：区农业农村局、区商务局、区经发局）

（四）推进农业农村绿色发展。加大食品安全、农产品质量安全监管力度，健全追溯管理制度。推进规模主体入网监管，强化风险预警和重点品种“治违禁、控药残、促提升”专项治理。加大承诺达标合格证的推广运用，建立入市农产品质量安全达标出证为农服务站点 1 个、农产品质量安全速测服务站点 3 个。实施农产品“三品一标”行动，申

报绿色优质农产品种植基地2个。实施品牌强农战略。组织参加全市十大农产品品牌大赛。发展生态低碳农业。实施农药化肥减量增效行动，农药、化肥使用量在2020年基础上分别削减1.5%和1.8%。推进农药包装等废弃物回收处置，废旧农膜回收率91%以上，落实畜禽禁养长效管理。坚持长江十年禁渔，持续开展长江非法捕捞和垂钓执法专项行动。加大生物多样性保护，防治外来有害物种侵害。完成绿化造林30亩，自然湿地保护率达到77.7%。（责任部门：区市场监管局、区农业农村局、区供销社、市自然资源和规划局润州分局、公安润州分局）

（五）强化农业科技和装备支撑。开展农业科技研发和推广。积极引导本区农业企业申报实施市级农业科技计划项目。实施市级“1+1+N”新型农技推广项目1项，提升农业科技示范和成果转化能力。推广智能化绿色化农机装备和技术，农作物耕种收综合机械化率达到90%以上，特色农业机械化率达70%以上。创建省级农机维修服务中心1个，年农机维修能力达1000台以上。加快农业农村数字化建设。推进数字技术与农村生产生活深度融合，深入开展“互联网+”农产品出村进城工程，发展智慧农业，加强数字技术装备应用推广，建设智慧农业基地1个，做好涉农数据与省“苏农云”平台有效对接。（责任部门：区农业农村局、区科技局、区委网信办、区经发局）

三、稳步发展新型农村集体经济，促进农民共同富裕

（六）深入推进富民强村行动。常态化开展低收入人口认定工作，完善低保标准动态调整机制，健全低收入人口分层分类社会救助体系。盘活村集体资源资产，引导村集体拓宽物业经济、服务经济、项目经济等路径，稳步发展新型农村集体经济，逐步扩大股份经济合作社收益分配。全面加强农村集体资产监督管理，推广使用智慧监管服务平台。（责任部门：区乡村振兴局、区农业农村局、区民政局）

（七）拓展农民增收致富渠道。开展新型农业经营主体提升行动，支持家庭农场、农民合作社根据发展需要，带动小农户合作经营、共同增收。全面改善农村创业就业生态。发挥公共投资和重大项目带动就业作用，围绕劳务服务、家政服务、养老托育、物流配送等行业，加大就业支持力度，促进农民就业增收。全年争创标准化“家门口”就业服务站1个。优化完善创业政策，加强和改进创业服务，全年扶持农民创业200人。加快完善有利于农民灵活就业和适应新就业形态特点的社会保障制度。（责任部门：区农业农村局、区经发局、区人社局）

（八）深化农村综合改革。持续深化土地承包“三权分置”改革，引导土地经营权有序流转，发展农业适度规模经营。巩固提升农村集体产权制度改革，做好农村集体资产年度清查。依法有序推进乡村公共空间治理。巩固深化供销等综合改革。（责任部门：区农业农村局、市自然资源和规划局润州分局、区供销社）

四、扎实推进乡村建设，打造宜居宜业和美乡村

（九）加强乡村规划管理。坚持规划引领，严格落实“三区三线”等各类管控边界，牢牢守住耕地红线。积极配合市做好新一轮国土空间规划编制工作，完成润州区国土空间总体规划落地上图工作。严格落实市国土空间规划中确定的用途管制和建设管控要求。（责任部门：市自然资源和规划局润州分局、区住建局、区农业农村局）

（十）提升农村人居环境整治水平。落实农村人居环境长效管理各项制度，深入开展常态化村庄清洁行动，高标准开展村庄垃圾清理专项行动，保持村庄环境干净整洁。扎实巩固农村厕所革命成果，建立完善管护制度，明确管护措施，加大人口较多、群众有需求的自然村公共厕所建设力度。实施农村生活污水治理提升行动，统筹推进农村厕所粪污处理与农村生活污水治理有效衔接。有序开展农村黑臭水体排查治理，基本消除较大面积黑臭水体。组织开展农村生态河道建设，着力提升全区生态河道覆盖率。巩固完善城乡统筹的生活垃圾收运处置体系建设，保持农村生活垃圾无害化处理率达到100%；2023年推进2个生态宜居美丽示范村建设，出新改造15座农村垃圾房，改造1座农村公共厕所，改造提升1个省级绿美村庄。持续开展爱国卫生运动。（责任部门：区农业农村局、区乡村振兴局、润州生态环境局、区城管局、区住建局、区水利局、市自然资源和规划局润州分局、区卫健委）

（十一）做好重点农村基础设施建设。进一步加大农路管养力度。加强自然村（组）内部道路建设。加强农村交通安全隐患排查整治。重点整治桥梁、交叉路口和临水路段，全面打造安全放心路。（责任部门：区交通运输局、区农业农村局、区乡村振兴局）

（十二）提升城乡一体化公共服务水平。健全完善村级综合服务功能，确保综合服务供给下沉到村。深入推进义务教育学校标准化、现代化建设。提升县域医共体建设发展水平，持续深入开展优质服务基层行活动。深化乡村医疗互助试点工作。提高农村传染病防控和应急处置能力。做好农村新冠疫情防控工作，加强农村老幼病残孕等重点人群医疗保障。持续推进“15分钟医保服务圈”建设。落实基本养老服务指导性目录清单，健全县乡村三级养老服务网络。（责任部门：区交通运输局、区教育局、区卫健委、区农业农村局、区乡村振兴局、区民政局）

五、健全乡村治理体系，确保农村社会平安和谐

（十三）强化农村基层党组织建设。扎实推进“党旗‘镇’红、红润全城”新时代全域党建深化提升工程，大力实施农村领域乡村振兴先锋行动。完善“党委抓支部、支部管党员、党员带群众”机制，持续整顿软弱涣散基层党组织。持续优化村“两委”班子特别是带头人队伍，区街联动推进村党组织书记专业化管理。深化发展党员“双提”工程，推进党员发展全程纪实。大力开展乡村振兴主题培训。加大在青年农民特别是致富能手、农村外出务工经商人员中发展党员力度。完善党组织领导的乡村治理体系，积极推进党建引领乡村治理，开展“党员在身边、书记在家门口”行动，建设群众“家门口”服务体系，持续开展“村村到、户户进、人人访”活动，推行提户知人、提人知事、提事知情“三提三知”群众工作法，各级党组织每年兴办一批民生实事。（责任部门：区委组织部、区农业农村局）

（十四）提升乡村善治效能。落实党建引领、自治法治德治智治融合、农村集体经济充分发展的现代乡村治理体系。修订完善村务公开目录，规范村级组织工作事务、机构牌子和证明事项，推进农村社区“减负增效”。开展党群服务中心效用专项提升行动。积极推广“清单制”“积分制”“红黑榜”等乡村治理典型方式。深入推进“精网微格”工程。持续完善社会矛盾纠纷多元预防调处化解机制。扎实推进农村“雪亮工程”建设，常态化推进农村地区扫黑除恶斗争，加强农村宗教活动常态化管理。做好农村特殊群体救助帮扶和妇女儿童权益保障，坚决防止冲击道德底线的事情发生。深化农业农村领域安全生产风险专项整治。（责任部门：区委组织部、区委政法委、区委宣传部、公安润州分局、区司法局、区农业农村局、区民政局、区民宗局、区妇联）

（十五）加强农村精神文明建设。提升新时代文明实践中心（所、站）、道德讲堂等载体建设质效，深化文明实践志愿服务，在乡村创新开展“听党话、感党恩、跟党走”宣传教育活动。按照相关标准加强乡村文化体育设施建设，各类文艺资源向乡村倾斜。持续开展“送戏下乡”主题展演、展览等文化惠民活动，继续实施“乡村（社区）文艺播种计划”，通过专家辅导等方式打造“乡村文艺团队”。创新开展公共数字文化服务，公共数字文化服务覆盖率达到50%。深入推进“治理高额彩礼、抵制大操大办、减轻人情负担”移风易俗专项行动。注重家庭家教家风建设。开展“中国农民丰收节”活动。（责任部门：区委宣传部、区文明办、区委农办、区文体旅游局、区农业农村局）

六、完善体制机制建设，强化各项要素保障

（十六）健全多元化投入机制。坚持把农业农村作为一般公共预算优先保障领域，压实地方政府投入责任。深入推进涉农资金统筹整合，全面加强涉农资金项目绩效管理，将绩效评价结果与预算安排和政策调整挂钩。强化乡村振兴金融服务，深入推进“金穗行动”，鼓励金融机构加大“三农”领域小微贷款投放力度，引导金融机构实行差别化信贷政策，创新金融产品和服务。推动农业保险高质量发展，落实粮食作物保险政策，支持发展地方优势特色农产品保险。（责任部门：区财政局、区金融办、区农业农村局）

（十七）强化农业农村用地保障。统筹安排新增用地计划和存量用地盘活指标，单列不少于5%的新增建设用地计划保障乡村重点产业和农村一二三产业融合发展项目用地。规范设施农业用地管理。有序开展农村土地整治，盘活农村存量建设用地，推进低效用地再开发。（责任部门：市自然资源和规划局润州分局、区农业农村局）

（十八）强化乡村振兴人才支撑。深入实施乡村人才“引凤行动”，健全完善乡村人才“引育用留”体制机制和政策体系。深入推行科技特派员制度。落实村干部基本待遇。落实基层事业单位专业技术人员“定向设岗、定向评价、定向使用”政策。健全乡土人才职称评价制度，支持乡村工匠培育。加大家庭农场、农民专业合作社等新型农业经营主体培育力度。培育高素质农民50人以上。允许符合一定条件的返乡回乡下乡就业创业人员在原籍地或就业创业地落户。（责任部门：区委农办、区委组织部、区科技局、区教育局、区人社局、区财政局、区农业农村局、区卫健委、公安润州分局）

（十九）全面压实工作责任。坚持党对“三农”工作的全面领导，全面落实《乡村振兴责任制实施办法》，扎实推动乡村振兴“书记领航”项目制度实施，切实推动“五级书记”抓乡村振兴落到实处。区委农村工作领导小组要充分发挥牵头抓总、统筹协调作用，街道和村党组织要进一步充实农业农村工作力量，完善运行机制，提升工作效率。开展乡村振兴战略实绩考核和督查，强化考核结果运用。推进乡村振兴领办实事项目，扎实开展抓党建促乡村振兴行动，并纳入涉农街道党工委书记抓基层党建述职评议考核重要内容。加强“三农”干部队伍建设。发挥农民主体地位。持续深化纠治乡村振兴中的各类形式主义、官僚主义问题。（责任部门：区委农办、区委组织部、区农业农村局、区纪委监委）

区委办公室　区政府办公室关于印发镇江市润州区乡村建设行动实施方案的通知

镇润办发〔2023〕10号

各街道党工委、办事处，官塘创新社区党工委、管委会，各场圃，区委各部委办局，区各委办局，各人民团体，各直属单位：

《镇江市润州区乡村建设行动实施方案》已经区委常委会会议研究通过，现印发给你们，请结合实际认真贯彻落实。

中共镇江市润州区委办公室

镇江市润州区人民政府办公室

2023年3月23日

镇江市润州区乡村建设行动实施方案

乡村建设是全面推进乡村振兴、实现农村现代化的重要任务。为贯彻落实《市委办公室　市政府办公室关于印发镇江市乡村建设行动实施方案的通知》（镇办发〔2023〕5号）精神，扎实推进乡村建设行动，进一步提升润州乡村宜居宜业水平，结合我区实际，制定本实施方案。

一、总体要求

以习近平新时代中国特色社会主义思想为指导，深入贯彻落实党的二十大精神，把乡村建设摆在社会主义现代化建设的重要位置，以普惠性、基础性、兜底性民生建设为重点，强化规划引领，顺应乡村发展规律，树立绿色低碳理念，因地制宜、分类指导，加强政府引导，统筹资源要素，全面建立自下而上、村民自治、农民参与的实施机制，不断补齐乡村基础设施和公共服务短板。到2025年，润州区农村人居环境更加美丽，农村基础设施更加完备，农村基本公共服务更加便利，农民精神文化生活更加丰富，乡村宜居宜业水平持续提升，农民获得感、幸福感、安全感明显提高。

二、重点任务

（一）强化乡村规划建设管理。坚持规划引领，严格落实“三区三线”等各类管控边界，牢牢守住耕地红线。积极配合市做好新一轮国土空间规划编制工作，完成润州区国土空间总体规划落地上图工作。严格落实市国土空间规划中确定的用途管制和建设管控要求。（市自然资源和规划局润州分局牵头，区住建局、区农业农村局等按职责分工负责）

（二）实施农村道路畅通工程。进一步加大农路管养力度。加强自然村（组）内部道路建设。加强农村交通安全隐患排查整治。重点整治桥梁、交叉路口和临水路段，全面打造安全放心路。（区交通运输局牵头，公安润州分局、区财政局、区住建局、区农业农村局、市自然资源和规划局润州分局、区乡村振兴局、区消防救援大队按职责分工负责）

（三）实施农村防汛抗旱和供水保障工程。充分发挥长江堤防、运粮河、周家河、回龙水库、燕子窝水库等骨干水利工程防灾减灾作用，扎实推进农村防汛抗旱基础设施建设，加强全区水库、塘坝蓄水、引提水等工程建设，实施韦岗片区小流域治理、燕子窝水库大坝灌浆、凤凰河提水泵站建设等工程，强化农村河道疏浚治理。排查整治阻水障碍、违法违规建筑物、河道淤积等妨碍行洪的突出问题，提高农村防汛抗旱能力。不得随意填埋农村河网水系。充分发挥农村防汛预报预警工作系统作用，建立健全自然灾害灾情会商机制、快速研判机制和应急联动机制。（区水利局牵头，区经发局、区财政局、区住建局、区农业农村局、区卫健委、区应急管理局、区乡村振兴局按职责分工负责）

（四）实施乡村清洁能源建设工程。巩固提升农村电力保障水平，配合开展农村地区配套电网改造，构建网架较为坚强、供电能力进一步提升、分布式新能源接入能力显著增强的农村配电网。支持农民利用自有建筑屋顶建设户用光伏。推进燃气下乡，因地制宜实施农村“瓶改管”工程，推动农村能源消费升级和清洁取暖。（区经发局、区住建局牵头，区财政局、润州生态环境局、区农业农村局、区乡村振兴局等按职责分工负责）

（五）实施农产品仓储保鲜冷链物流设施建设工程。支持家庭农场、农民合作社等农业经营主体发展产地冷藏保鲜，建设冷库、预冷及配套设备等农产品冷藏保鲜设施。推动商业建设行动，完善商业体系建设，加强区重要农产品批发市场冷库建设和升级改造。到 2025 年，全区建设连锁便利店 3 个，完成润康冷冻食品批发市场冷库升级改造。（区农业农村局、区商务局牵头，区经发局、区财政局、区交通运输局、区乡村振兴局按职责分工负责）

（六）实施数字乡村建设发展工程。推进数字技术与农村生产生活深度融合，积极开展数字乡村建设。发展智慧农业，加强数字技术装备应用推广，支持智慧农业基地建设。推进乡村管理服务数字化，加快实施长江禁渔、农村集体经济、集体资产、农村产权流转交易等数字化管理。推动“互联网 +”服务向农村延伸覆盖，推进涉农事项在线办理，促进数字技术在教育、卫生、养老、助残等领域广泛应用，加快城乡灾害监测预警信息共享。深入实施“雪亮工程”。推进乡村优秀文化资源数字化工作。（区委网信办、区农业农村局牵头，区经发局、区科技局、公安润州分局、区民政局、区应急管理局、区文体旅游局、区乡村振兴局、区残联按职责分工负责）

（七）实施村级综合服务设施提升工程。完善村级综合服务站点布局建设，支持党建服务、基本公共服务和公共事业服务就近或线上办理。完善村级综合服务设施建设，到 2025 年，村级综合服务设施面积达标率达到 90%以上。实施党群服务中心（站点）效用专项提升行动，持续推动规划建设、政治功能、服务内容、设施配置、管理运行、基本保障“六个规范化”建设。以村级党群服务中心和网格党群服务站点为重点，实施党建阵地“两聚两化”行动，坚持聚人气、聚民心，推动室内阵地为民服务面积最大化、室外公共空间党建共享效用最大化，推动“大门常开、场所常用、活动常办、服务常抓、群众常来”。加强农村全民健身场地设施建设、管理与维护。积极落实《镇江市区公共体育设施布局规划（2016—2030）》，每年新建体育设施向农村地区倾斜，确保农村室内外健身器材齐全，管护到位，并定期进行提档升级。推进公共照明设施与村内道路、公共场所、建设场地一体规划建设，加强行政村村内主干道路灯建设。健全村庄应急管理体系，推广应急管理智慧终端应用，因地制宜建设农村应急避难场所，开展农村公共服务设施无障碍建设和改造。（区民政局牵头，区委组织部、区住建局、区农业农村局、区应急管理局、区文体旅游局、区乡村振兴局、区供销社等按职责分工负责）

（八）实施农村住房条件改善专项行动。强化农村危房监测，建立农村房屋安全巡查监管信息共享制度，对新发生的行政村集体土地上的农村危房，按照“谁拥有、谁负责”原则，切实落实产权人（使用人）责任，消除安全隐患。开展各类文化资源调查及文物保护工作，加强对文物保护单位的安全检查。（区住建局牵头，区财政局、市自然资源和规划局润州分局、区应急管理局、区市场监管局、区行政审批局、区农业农村局、区乡村振兴局、区文体旅游局、润州消防救援大队按职责分工负责）

（九）实施农村人居环境整治提升行动。落实农村人居环境长效管理各项制度，深入开展常态化村庄清洁行动，高标准开展村庄垃圾清理专项行动，保持村庄环境干净整洁，保障现有农村人居环境基础设施稳定运行，推动生态美、环境美、人文美、管护水平高的“三美一高”宜居宜业和美乡村建设。扎实巩固农村厕所革命成果，树立“三分建设、七分管护”理念，建立完善管护制度，明确管护措施，加强日常管护，确保正常使用，加大人口较多、群众有需求的自然村公共厕所建设力度。实施农村生活污水治理提升行动，统筹推进农村厕所粪污处理与农村生活污水治理有效衔接。有序开展农村黑臭水体排查治理，基本消除较大面积黑臭水体。组织开展农村生态河道建设，着力提升全区生态河道覆盖率。巩固完善城乡统筹的生活垃圾收运处置体系建设，保持农村生活垃圾无害化处理率达到100%；加强入户道路建设，鼓励有条件的地方实现硬化道路户户通。依法有序推进公共空间治理。加强农村电力线、通信线、广播电视线“三线”线路维护梳理，整治农村户外广告。深入实施乡村绿化美化行动，持续加强绿美村庄建设。2023年推进2个生态宜居美丽示范村建设，出新改造15座农村垃圾房，改造1座农村公共厕所，改造提升1个省级绿美村庄。到2025年，全区生态宜居美丽示范村覆盖率达30%以上，建设农村生态河道3条。（区委农办牵头，区经发局、区农业农村局、区乡村振兴局、区财政局、市自然资源和规划局润州分局、润州生态环境局、区住建局、区城管局、区交通运输局、区水利局、区卫健委、区应急管理局等按职责分工负责）

（十）推进城乡基本公共服务一体化。发挥城乡融合发展支撑作用，强化主城区综合服务能力，推动服务重心下移、资源下沉，完善城乡公共服务硬件设施和流动服务，提高农村居民享受公共服务的可及性、便利性。加快实现全区范围内的义务教育优质均衡，实施学前教育发展提升行动计划，持续优化农村普惠性学前教育资源供给，深入推进幼儿园课程改革，不断提升农村幼儿园保教质量。发展农村幸福院等互助型养老，加强农村残疾人托养服务能力建设，支持卫生服务中心利用现有资源开展农村重度残疾人托养照护服务。（区教育局、区民政局牵头，区经发局、区财政局、区卫健委、区农业农村局、区乡村振兴局、区残联等按职责分工负责）

（十一）加强农村基层组织建设。扎实推进“党旗‘镇’红、红润全城”新时代全域党建深化提升工程，大力实施农村领域乡村振兴先锋行动。完善“党委抓支部、支部管党员、党员带群众”机制，持续整顿软弱涣散基层党组织。持续优化村“两委”班子特别是带头人队伍，区街联动推进村党组织书记专业化管理。深化发展党员“双提”工程，推进党员发展全程纪实。大力开展乡村振兴主题培训。加大在青年农民特别是致富能手、农村外出务工经商人员中发展党员力度。完善党组织领导的乡村治理体系，积极推进党建引领乡村治理，开展“党员在身边、书记在家门口”行动，建设群众“家门口”服务体系，持续开展“村村到、户户进、人人访”活动，推行提户知人、提人知事、提事知情“三提三知”群众工作法，各级党组织每年兴办一批民生实事。深化全域党建促乡村振兴，推动村级集体经济融入城市经济发展，加强村级集体经济合作组织建设，推行“党支部＋合作社”模式，深化党支部带动村民共同富裕实践。深化网格化治理创新，加强农村专兼职网格员队伍建设，加快网格化服务管理中心、综治中心规范化建设。落实好《镇江市城乡网格化服务管理实施细则》，完善乡级社会治理现代化指挥中心建设，深入推进“精网微格”工程，织密基层服务网。加强农村人民调解组织建设，完善矛盾纠纷多元预防调处化解综合机制。深化平安法治乡村建设，加强农村社会治安突出问题治理，大力培育乡村“法律明白人”和村法律顾问，不断推进农村警务建设，依法严厉打击非法宗教、邪教活动以及农村黄赌毒、侵害农村妇女儿童人身权利等各种违法犯罪行为，切实维护农村社会和谐稳定。（区委组织部牵头，区委政法委、区委编办、区委农办、区民政局、区司法局、公安润州分局、区农业农村局、区乡村振兴局按职责分工负责）

（十二）深入推进农村精神文明建设。深入学习宣传贯彻党的二十大精神，坚持不懈用习近平新时代中国特色社会主义思想凝心铸魂，广泛开展中国特色社会主义和中国梦宣传教育，加强思想政治引领。继续大力选树宣传时代楷模、道德模范、身边好人、最美人物等先进典型，推动社会主义核心价值观融入农村发展和农民生活。用好新时代文明实践中心、所、站，常态化开展文明实践志愿服务活动，在乡村创新开展“听党话、感党恩、跟党走”宣传教育活动。按照相关标准加强乡村文化体育设施建设，各类文艺资源向乡村倾斜。持续开展“送戏下乡”主题展演、展览等文化惠民活动，继续实施“乡村（社区）文艺播种计划”，通过专家辅导等方式打造“乡村文艺团队”。深化党建引领、自治法治德治智治融合、村级集体经济充分发展“1+4+1”乡村治理，加强民主法治示范村建设和管理。开展“治理高额彩礼、抵制大操大办、减轻人情负担”移风易俗专项行动，健全道德评议会、红白理事会、村民议事会、村规民约等机制，促进形成文明乡风、良好家风、淳朴民风，焕发乡村文明新气象。深入开展农民丰收节活动。（区委宣传部、区文明办牵头，区委组织部、区委政法委、区委农办、区民政局、区司法局、区农业农村局、区文体旅游局、区乡村振兴局按职责分工负责）

三、强化政策和要素保障支持

（十三）强化投入保障和金融服务。区财政持续积极支持乡村振兴建设。各地将乡村建设作为政府支出重点领域，合理安排资金投入。土地出让收入用于农业农村部分，按规定统筹安排乡村建设。鼓励地方金融组织在依法合规前提下，主动作为，多措并举，通过创新放贷方式、提升放款速度、扩大服务对象和半径、降低抵押标准和要求，加大资金对乡村建设的投入力度；量身定制乡村建设金融产品和服务，服务乡村建设。（区财政局、区金融办、区经发局、区农业农村局、区乡村振兴局等按职责分工负责）

（十四）强化用地保障。区每年新增建设用地计划5%用于支持农村一二三产业融合发展项目。积极盘活农村存量建设用地，推进低效用地再开发，腾挪空间用于支持乡村建设，力争“十四五”期间完成各类城镇低效用地再开发任务。（市自然资源和规划局润州分局牵头，区住建局、区农业农村局按职责分工负责）

（十五）强化人才支撑。加大乡村建设人才培养和培训力度，支持符合条件的乡村建设人才申报职称和有关人才项目，定期开展农业工程、水利工程、乡土人才等各系列乡村人才的职称评审工作，选拔培养一批乡村人才。探索建立乡村工匠培养和管理制度，支持熟悉乡村的专业技术人才参与项目建设，统筹推进城乡基础设施建管人才互通互享。鼓励支持企业、高校院所等开展乡村建设领域新技术新产品研发。落实省市编制的乡村基础设施、基本公共服务设施建设技术导则要求，完善建设、运行维护、监管、服务等工作。（区农业农村局牵头，区委组织部、区科技局、区人社局、区乡村振兴局、区住建局、润州生态环境局等按职责分工负责）

（十六）引导各方力量参与。扎实开展“万企兴万村”行动，引导和鼓励社会力量投入乡村建设，对经营性建设项目，规范有序推广政府和社会资本合作模式，切实发挥运营企业作用。将乡村建设行动纳入重点支持领域，鼓励村民投工投劳、就地取材开展建设，积极推广以工代赈，吸引更多农村低收入群体就地就近就业，积极推行村民认领、定额包干、门前“三包”等农民自管方式。党组织牵头丰富整合基层各类议事协商平台，强化与村民委员会议事决策机制有效衔接。健全党组织领导下的村民自治机制，在村党组织领导下，采取居民说事、听证议事、民情恳谈等方式，常态化开展民主协商，建立议题和自治项目征集、协商结果落实反馈公示机制等完善执行“四议两公开”制度，引导农民群众积极参与、建设、监督乡村建设行动，实现共谋共建、共管共享。（区农业农村局、区乡村振兴局牵头，区委组织部、区经发局、区财政局、区人社局、区民政局、区工商联、区住建局等按职责分工负责）

（十七）健全长效管护机制。以清单式明确村庄公共基础设施管护主体、责任、方式和经费来源等，落实公示制度，落实《公共基础设施城乡一体化管护规范》市级地方标准，按需配备管护队伍，探索建立农户合理付费、村级组织统筹、政府适当补助的运行管护经费保障制度，推动管护队伍专职化，推广智能化、数字化管护方式向村级覆盖。（区经发局、区财政局、区农业农村局、区乡村振兴局及相关行业主管部门按职责分工负责）

四、加强组织领导

（十八）强化统筹协调。按照中央统筹、省负总责、市县乡抓落实的要求，建立健全乡村建设组织领导体系和工作推进机制。区委农村工作领导小组统筹组织实施乡村建设行动，建立专项推进机制，协调推进重点任务。充分发挥区委农村工作领导小组作用，推动相关职能部门细化具体举措，确保各项建设任务落到实处。（区委农办牵头，区乡村振兴局、区委组织部、区住建局、区农业农村局等按职责分工负责）

（十九）实行专项任务责任清单制。严格落实一项任务、一个推进方案要求，根据省市专项任务推进工作机制，根据工作情况建立定期会商、调度、部署的联合办公机制，统筹推进各项工作。各专项任务区级牵头单位要结合实际，明确目标措施，每年研究确定年度建设任务，并细化分解到街道，实行清单化管理，督导推进各项工作。各地要抓好推进落实，建立乡村建设台账。（区农业农村局、区乡村振兴局及相关行业主管部门按职责分工负责）

（二十）开展考核评估。将乡村建设行动实施情况作为乡村振兴督查考核的重要内容，纳入党政领导班子和领导干部推进乡村振兴战略实绩考核，考核结果作为干部综合考核评价的重要内容。（区委农办、区委组织部、区农业农村局、区乡村振兴局、区住建局按职责分工负责）

（二十一）加强宣传引导。深入宣传乡村建设取得的新进展新成效，总结推广乡村建设好经验好做法好典型，发挥示范带动作用。编制创作群众喜闻乐见的乡村建设题材文艺作品，增强乡村建设的社会认知度。（区委宣传部、区委农办、区农业农村局、区乡村振兴局、区文体旅游局等按职责分工负责）

文件题录

2023年润州区委文件一览表

表23

序号	文号	题名
1	镇润发〔2023〕1号	关于表彰2022年度润州区“建设现代化一流主城区”城市经济奖先进集体和个人的决定
2	镇润发〔2023〕2号	关于区委常委工作分工的通知
3	镇润发〔2023〕3号	关于调整区委常委、副区长挂钩基层联系点的通知
4	镇润发〔2023〕4号	印发中共镇江市润州区委常委会关于坚决维护党中央权威和集中统一领导规定的通知
5	镇润发〔2023〕5号	印发关于做好2023年全面推进乡村振兴重点工作实施意见的通知
6	镇润发〔2023〕6号	关于印发《中共镇江市润州区委常委会2023年工作要点》的通知
7	镇润发〔2023〕7号	关于成立中共镇江市润州区委人才工作领导小组的通知
8	镇润发〔2023〕8号	关于表彰金山街道等4个领导班子、张娟等26名同志2022年度“三聚三提五创”三十佳的决定
9	镇润发〔2023〕9号	关于印发省委第五巡视组巡视润州配合保障工作方案的通知
10	镇润发〔2023〕10号	关于印发省委第五巡视组徐杰同志、市委马明龙同志、区委徐心田同志在巡视润州区工作动员会议上讲话的通知
11	镇润发〔2023〕11号	关于调整区委常委、副区长挂钩基层联系点的通知
12	镇润发〔2023〕12号	印发关于开展“回应民生关切 兜牢民生底线”省委巡视推动解决民生实事“四大行动”“四大计划”的实施方案的通知
13	镇润发〔2023〕13号	关于印发润州区2022年度政治生态监测评估反馈问题整改实施方案的通知
14	镇润发〔2023〕14号	印发关于深入开展学习贯彻习近平新时代中国特色社会主义思想主题教育工作方案的通知
15	镇润发〔2023〕15号	关于成立区委学习贯彻习近平新时代中国特色社会主义思想主题教育领导小组的通知
16	镇润发〔2023〕16号	印发区委常委会关于开展学习贯彻习近平新时代中国特色社会主义思想主题教育工作安排的通知
17	镇润发〔2023〕17号	印发润州区关于加快推进产业发展的政策意见(2023年修订版)的通知
18	镇润发〔2023〕18号	关于印发省委第五巡视组关于巡视镇江市润州区的反馈意见及徐心田同志在省委第五巡视组巡视润州区情况反馈会上表态发言的通知
19	镇润发〔2023〕19号	关于成立省委巡视反馈意见整改工作领导小组的通知
20	镇润发〔2023〕20号	关于调整设立镇江市润州区防范化解地方债务风险领导小组的通知
21	镇润办发〔2023〕1号	关于印发《“润州最滋润”优化营商环境十条措施(2023年修订版)》的通知
22	镇润办发〔2023〕2号	关于印发2023年重点产业项目投资计划、政府投资项目计划及民生实事项目投资计划的通知

续表 23

序号	文号	题名
23	镇润办发〔2023〕3 号	关于印发《2023 年度落实全面从严治党“两个责任”清单》的通知
24	镇润办发〔2023〕4 号	关于印发《润州区重点企业 2023 年度“两级挂包”服务方案》的通知
25	镇润办发〔2023〕5 号	关于印发《区政协 2023 年重点协商计划安排》的通知
26	镇润办发〔2023〕6 号	关于印发润州区招商引资全域改革实施方案的通知
27	镇润办发〔2023〕7 号	印发关于开展全区“产业强区”文件清理工作实施方案的通知
28	镇润办发〔2023〕8 号	关于印发《润州区关工委 2023 年工作意见》的通知
29	镇润办发〔2023〕9 号	关于印发 2023 年全区意识形态工作“责任清单”“任务清单”的通知
30	镇润办发〔2023〕10 号	关于印发镇江市润州区乡村建设行动实施方案的通知
31	镇润办发〔2023〕11 号	印发中共镇江市润州区委关于贯彻落实中央八项规定《实施细则》和省委《具体办法》、市委《实施办法》具体措施的通知
32	镇润办发〔2023〕12 号	关于印发《2023 年区领导领办督办重点提案责任分工》的通知
33	镇润办发〔2023〕13 号	关于贯彻落实党委(党组)网络意识形态工作责任制实施细则的通知
34	镇润办发〔2023〕14 号	关于印发镇江市润州区“项目建设提升年”行动方案的通知
35	镇润办发〔2023〕15 号	关于印发中共镇江市润州区委党的建设工作领导小组 2023 年工作要点的通知
36	镇润办发〔2023〕16 号	印发关于在全区各级党组织和广大党员干部中大兴调查研究实施方案的通知
37	镇润办发〔2023〕17 号	关于印发《润州区基层医疗卫生机构绩效分配制度改革实施方案(试行)》的通知
38	镇润办发〔2023〕18 号	关于 2022 年度各街道、区级机关部门综合考核情况的通报
39	镇润办发〔2023〕19 号	关于印发《润州区区属场圃深化改革方案》的通知
40	镇润办发〔2023〕20 号	关于印发“共建文明城市 共享美好家园”2023 高质量推进文明润州建设四大行动计划的通知
41	镇润办发〔2023〕21 号	转发市委办公室关于加强新时代离退休干部党的建设工作实施意见的通知
42	镇润办发〔2023〕22 号	关于印发区委常委会成员、区政府领导班子成员 2023 年安全生产重点工作清单的通知
43	镇润办发〔2023〕23 号	印发关于加强和改进新时代区政协工作实施意见的通知
44	镇润办发〔2023〕24 号	关于印发镇江市润州区法治街道建设三年行动方案(2023—2025 年)的通知
45	镇润办发〔2023〕25 号	关于印发《2023 年度全区党委信息工作考评细则》的通知
46	镇润办发〔2023〕26 号	关于印发《中共镇江市润州区委全面深化改革委员会 2023 年工作要点》的通知
47	镇润办发〔2023〕27 号	关于印发《“生命至上、隐患必除”——镇江市润州区“润安万家”消防安全专项整治提升行动方案》的通知
48	镇润办发〔2023〕28 号	关于印发区对街道财政管理体制调整完善方案的通知
49	镇润办发〔2023〕29 号	关于印发《润州区房屋安全排查整治专项行动工作方案》的通知
50	镇润办发〔2023〕30 号	关于印发《2023 年度润州区高质量发展综合考核实施办法》等文件的通知

续表 23

序号	文号	题名
51	镇润办发〔2023〕31 号	关于严格区管干部因私出国(境)管理工作的通知
52	镇润办发〔2023〕32 号	关于开展润州区建区 40 周年“和润之星——最美润州人”评选活动的通知
53	镇润办发〔2023〕33 号	关于调整润州区信访案件县(处)级领导包案的通知
54	镇润办发〔2023〕34 号	印发关于深化基层党建“五责联抓”工作体系的通知
55	镇润办发〔2023〕35 号	关于做好全区 2024 年度重点党报党刊征订工作的通知
56	镇润办发〔2023〕36 号	印发关于优化调整区级层面国家安全重点领域协调机制实施方案的通知
57	镇润办发〔2023〕37 号	关于调整区委巡察工作领导小组组成人员的通知
58	镇润办发〔2023〕38 号	印发《中共镇江市润州区委关于省委巡视反馈意见的整改方案》的通知
59	镇润办发〔2023〕39 号	印发《〈关于专项检查润州区委巡察工作情况的报告〉整改工作方案》的通知
60	镇润办发〔2023〕40 号	关于印发润州区农村集体经济组织财务管理实施细则的通知
61	镇润办发〔2023〕41 号	印发《中共镇江市润州区第九届委员会巡察工作规划(修订)》的通知
62	镇润办发〔2023〕42 号	印发《中共镇江市润州区委关于省委巡视意识形态工作责任制落实情况专项检查反馈意见整改方案》的通知
63	镇润办发〔2023〕43 号	印发《中共镇江市润州区委关于省委巡视选人用人专项检查整改工作方案》的通知
64	镇润办发〔2023〕44 号	关于建立润州区乡村建设行动联席会议制度的通知
65	镇润办发〔2023〕45 号	关于成立润州区旅游高质量发展领导小组的通知
66	镇润办发〔2023〕46 号	关于印发润州区文化和旅游深度融合高质量发展实施意见的通知

2023 年润州区人大常委会文件一览表

表 24

序号	文号	题名
1	镇润人〔2023〕1 号	关于印发《润州区人大常委会 2023 年工作要点》的通知
2	镇润人〔2023〕2 号	关于机关效能建设测评优秀单位的通报
3	镇润人〔2023〕3 号	关于 2020—2022 年度机关效能建设人民满意优秀单位的通报
4	镇润人〔2023〕4 号	关于提请张云凯等同志职务任免的报告
5	镇润人〔2023〕5 号	关于张云凯等同志职务任免的通知
6	镇润人〔2023〕6 号	关于康云等同志职务任免的通知
7	镇润人〔2023〕7 号	关于赵江等同志职务任免的通知
8	镇润人〔2023〕8 号	关于朱兆明等同志职务任免的通知

续表 24

序号	文号	题名
9	镇润人〔2023〕9 号	关于边颖等 3 名市人大代表履职情况测评结果的报告
10	镇润人〔2023〕10 号	关于戚研同志任职的通知
11	镇润人〔2023〕11 号	关于确定拟选任人民陪审员人数的通知
12	镇润人〔2023〕12 号	关于陈大伟同志免职的通知
13	镇润人〔2023〕13 号	关于郭琰等 9 名市人大代表履职情况测评结果的报告
14	镇润人〔2023〕14 号	关于王刚等同志职务任免的通知
15	镇润人〔2023〕15 号	关于任命人民陪审员的通知
16	镇润人〔2023〕16 号	关于提请郑永明同志任职的报告
17	镇润人〔2023〕17 号	关于徐烨等同志职务任免的通知
18	镇润人〔2023〕18 号	关于鲍建武等同志职务任免的通知
19	镇润人〔2023〕19 号	关于提请鲍建武同志任职的报告
20	镇润人〔2023〕20 号	关于鲍建武同志任职的通知
21	镇润人〔2023〕21 号	关于郑永明同志任职的通知
22	镇润人办〔2023〕1 号	关于做好区人大代表联系监督 2023 年区政府民生实事票决项目的通知
23	镇润人办〔2023〕2 号	关于印发《区人大常委会“聚焦产业发展，聚力项目提升，推动润州经济高质量发展”专项工作方案》的通知
24	镇润人办〔2023〕3 号	关于赵梅等同志述职评议情况的通报
25	镇润人办〔2023〕4 号	关于印发《润州区人大常委会 2023 年代表工作要点》的通知
26	镇润人办〔2023〕5 号	关于成立润州区“数字人大”建设工作领导小组的通知
27	镇润人办〔2023〕6 号	关于成立润州区 “数字人大”建设工作专班和分工的通知
28	镇润人办〔2023〕7 号	关于印发《关于在全区人大代表中开展“牢记嘱托、感恩奋进”学习实践活动实施方案》的通知
29	镇润人办〔2023〕8 号	关于润州区第十届人民代表大会第二次会议“关于进一步加快推进重大产业项目落地” 议案的交办意见
30	镇润人办〔2023〕9 号	关于陈赞群同志述职评议情况的通报
31	镇润人办〔2023〕10 号	关于举办润州区人大常委会组成人员履职能力提升培训班的通知
32	镇润人办〔2023〕11 号	关于张明等同志述职评议情况的通报
33	镇润人办〔2023〕12 号	关于做好 2023 年重点办理代表建议工作的通知
34	镇润人办〔2023〕13 号	关于印发《区人大常委会 2022 年度重点监督议题“回头看”实施方案》的通知
35	镇润人办〔2023〕14 号	关于赴区人大各街道工委开展工作调研的通知
36	镇润人办〔2023〕15 号	关于徐子强等同志述职评议情况的通报
37	镇润人办〔2023〕16 号	关于评选先进区人大代表小组、优秀区人大代表、优秀议案和建议、代表建议先进承办单位的通知

2023年润州区政府文件一览表

表25

序号	文号	题名
1	镇润政〔2023〕1号	关于印发《2023年春节期间润州区禁止燃放烟花爆竹实施方案》的通知
2	镇润政〔2023〕2号	关于2022年度润州区法治政府建设工作的报告
3	镇润政〔2023〕3号	关于邀请市政府领导出席官塘创新社区基础设施特许经营项目签约仪式的请示
4	镇润政〔2023〕4号	关于调整区长、副区长工作分工的通知
5	镇润政〔2023〕5号	关于申请五凤口高架项目土地征收的请示
6	镇润政〔2023〕6号	关于提请康云等同志职务任免的议案
7	镇润政〔2023〕7号	关于王淮等同志试用任职的通知
8	镇润政〔2023〕8号	关于祁明星等同志职务任免的通知
9	镇润政〔2023〕9号	镇江市润州区人民政府国有土地上房屋征收补偿决定书(郑董氏户)
10	镇润政〔2023〕10号	镇江市润州区人民政府国有土地上房屋征收补偿决定书(郑顺林户)
11	镇润政〔2023〕11号	关于印发润州区全民科学素质行动规划纲要(2021—2035年)的通知
12	镇润政〔2023〕12号	关于润州区朝阳楼幼儿园宝盖山南侧滑坡治理工程款拨付的申请
13	镇润政〔2023〕13号	关于公布2023年度区政府重大行政决策事项目录的通知
14	镇润政〔2023〕14号	关于申请镇江市润州区城乡建设用地增减挂钩专项规划2023年度第1501批实施方案建新区土地征收的请示
15	镇润政〔2023〕15号	关于申请镇江市2018年度农用地转用和土地征收第15批次实施方案(高新区段)土地征收的请示
16	镇润政〔2023〕16号	关于申请镇江市2018年度农用地转用和土地征收第11批次实施方案土地征收的请示
17	镇润政〔2023〕17号	关于季吉祥同志免职的通知
18	镇润政〔2023〕18号	关于办理镇江市2018年度第9批次土地征收的请示
19	镇润政〔2023〕19号	关于办理镇江市2018年度第12批次土地征收的请示
20	镇润政〔2023〕20号	关于认真做好镇江市润州区第五次全国经济普查工作的通知
21	镇润政〔2023〕21号	关于沙澄等同志职务任免的通知
22	镇润政〔2023〕22号	关于312国道快速化改造工程高新区段供电线迁改项目占用省级生态空间管控区的评估意见
23	镇润政〔2023〕23号	关于提请戚研同志任职的议案
24	镇润政〔2023〕24号	关于调整区长、副区长工作分工的通知
25	镇润政〔2023〕25号	关于杨凡等同志职务任免的通知
26	镇润政〔2023〕26号	关于刘英等同志职务任免的通知
27	镇润政〔2023〕27号	关于申请对《镇江市润州区生态文明建设规划(2023—2030)》组织评审的请示

续表 25

序号	文号	题名
28	镇润政〔2023〕28 号	关于请求批准《2023 年度镇江市润州区预支空间规模指标落地上图方案》的请示
29	镇润政〔2023〕29 号	履行房屋征收补偿决定催告书(郑荣林)
30	镇润政〔2023〕30 号	履行房屋征收补偿决定催告书(郑顺林)
31	镇润政〔2023〕31 号	关于授予 2022—2023 年度润州区“优秀教育工作者”称号的通报
32	镇润政〔2023〕32 号	关于邀请市政府领导出席网易(镇江)联合创新中心开园仪式暨数字经济生态创新论坛活动的请示
33	镇润政〔2023〕33 号	关于对江苏卓运建设工程有限公司“7·29”物体打击事故实施销号的请示
34	镇润政〔2023〕34 号	关于提请对三茅宫片区开发范围内地价评估结果进行研究的报告
35	镇润政〔2023〕35 号	关于申请拨付“恒仁公司退地款”的请示
36	镇润政〔2023〕36 号	关于申报 2024 年新增地方政府债券需求的请示
37	镇润政〔2023〕37 号	关于报批润州区、镇江高新区与丹徒区联合细化行政区域界线补充协议书的请示
38	镇润政〔2023〕38 号	关于报批润州区与句容市联合细化行政区域界线补充协议书的请示
39	镇润政〔2023〕39 号	关于提请审查并转报省政府审批润州区生态管控区域优化调整方案的请示
40	镇润政〔2023〕40 号	关于上报审查《镇江市润州区城乡建设用地增减挂钩专项规划(2024—2026年)》的请示
41	镇润政〔2023〕41 号	关于公布润州区第六批区级非物质文化遗产代表性项目名录的通知
42	镇润政〔2023〕42 号	关于杨勇等同志职务任免的通知
43	镇润政〔2023〕43 号	关于蔡飞同志免职的通知
44	镇润政〔2023〕44 号	关于王宗坤等同志试用任职的通知
45	镇润政办〔2023〕1 号	关于印发《2023 年度区政府常务会议学法计划安排》的通知
46	镇润政办〔2023〕2 号	关于印发《政府工作报告》重点任务和政府民生实事项目任务分解表的通知
47	镇润政办〔2023〕3 号	关于印发《润州区“十四五”应急管理体系规划》的通知
48	镇润政办〔2023〕4 号	关于印发《润州区“十四五”综合防灾减灾规划》的通知
49	镇润政办〔2023〕5 号	关于印发《润州区“十四五”安全生产规划》的通知
50	镇润政办〔2023〕6 号	关于申请拨付疫情防控相关经费的请示
51	镇润政办〔2023〕7 号	润州区重点项目管理办法(试行)
52	镇润政办〔2023〕8 号	关于印发 2023 年一季度润州区主要指标预期目标的通知
53	镇润政办〔2023〕9 号	关于调整润州区城市管理协调委员会成员的通知
54	镇润政办〔2023〕10 号	关于调整润州区城乡生活垃圾分类和治理工作联席会议组成人员的通知
55	镇润政办〔2023〕11 号	关于印发《润州区“共创文明城市 建设美好家园”城乡环境卫生大扫除行动方案》的通知

续表 25

序号	文号	题名
56	镇润政办〔2023〕12 号	关于印发润州区重点行业领域安全生产风险专项整治巩固提升年行动工作方案的通知
57	镇润政办〔2023〕13 号	关于印发《润州区深入实施“精美主城”行动方案》的通知
58	镇润政办〔2023〕14 号	关于印发《润州区 2023 年各街道和消委会成员单位消防工作任务清单》的通知
59	镇润政办〔2023〕15 号	关于开展润州区“十四五”规划实施情况中期评估工作的通知
60	镇润政办〔2023〕16 号	关于开展行政规范性文件清理工作的通知
61	镇润政办〔2023〕17 号	关于印发 2023 年上半年主要指标奋斗目标的通知
62	镇润政办〔2023〕18 号	润州区加强住宅小区物业管理工作提升物业服务水平行动方案
63	镇润政办〔2023〕19 号	关于申请拨付省委第五巡视组巡视相关经费的请示
64	镇润政办〔2023〕20 号	关于印发《润州区鼓励支持旅游业发展的若干政策(修订版)》的通知
65	镇润政办〔2023〕21 号	关于成立润州区铁路沿线安全环境整治工作领导小组的通知
66	镇润政办〔2023〕22 号	关于申请拨付保障省委巡视工作相关经费的请示
67	镇润政办〔2023〕23 号	关于印发润州区特大暴雨城市防洪避险预案的通知
68	镇润政办〔2023〕24 号	关于成立润州区安置房小区物业管理移交工作领导小组的通知
69	镇润政办〔2023〕25 号	关于公布《镇江市润州区行政许可事项清单(2023 年版)》的通知
70	镇润政办〔2023〕26 号	关于申请增加行政运行支出经费的请示
71	镇润政办〔2023〕27 号	关于进一步加大重大项目推进力度完善审批服务机制的实施方案
72	镇润政办〔2023〕28 号	关于印发润州区“无废城市”建设实施方案(2022—2025 年)的通知
73	镇润政办〔2023〕29 号	关于印发《关于深入推进医养结合发展的实施意见》的通知
74	镇润政办〔2023〕30 号	关于成立润州区“全国医养结合示范区”创建工作领导小组的通知
75	镇润政办〔2023〕31 号	关于印发润州区“全面冲刺四季度”工作方案的通知
76	镇润政办〔2023〕32 号	关于申请拨付省委第五巡视组巡视相关经费的请示
77	镇润政办〔2023〕33 号	关于拨付省、市安全生产督导组开展工作相关费用的请示
78	镇润政办〔2023〕34 号	关于申请拨付省委第五巡视组巡视相关经费的请示
79	镇润政办〔2023〕35 号	关于印发《润州区国有企业审计监督细则》的通知
80	镇润政办〔2023〕36 号	关于印发镇江市润州区美国白蛾疫情防控应急预案的通知

2023年润州区政协文件一览表

表26

序号	文号	题名
1	镇润政协〔2023〕1号	关于印发《润州区政协2023年工作要点》的通知
2	镇润政协〔2023〕2号	关于调整政协润州区第七届委员会主席、副主席、秘书长工作分工的通知
3	镇润政协〔2023〕3号	关于调整区政协领导分工联系各专委会委员活动小组和基层联络委的通知
4	镇润政协〔2023〕4号	关于"加强水生态治理,推进幸福河湖建设"民主监督的报告
5	镇润政协〔2023〕5号	关于推进我区企业上市工作的建议
6	镇润政协〔2023〕6号	关于文化赋能经济社会高质量发展的建议
7	镇润政协〔2023〕7号	关于优化服务业产业结构的建议案
8	镇润政协〔2023〕8号	关于打造人才安居环境的建议
9	镇润政协〔2023〕9号	关于探索老旧小区物业管理新模式的建议案
10	镇润政协〔2023〕10号	关于沙开红等同志任职的通知
11	镇润政协〔2023〕11号	关于推进我区科创载体建设的建议
12	镇润政协〔2023〕12号	关于调整政协润州区第七届委员会主席、副主席、秘书长工作分工的通知
13	镇润政协〔2023〕13号	关于印发《中国人民政治协商会议镇江市润州区委员会全体会议工作规则》的通知
14	镇润政协〔2023〕14号	政协镇江市润州区委员会中共党员常委履职建言点评实施办法(试行)
15	镇润政协〔2023〕15号	关于金国民等同志职务任免的通知
16	镇润政协〔2023〕16号	关于召开政协镇江市润州区第七届委员会第三次会议的决定
17	镇润政协办〔2023〕1号	关于举办润州区七届政协第二期委员履职能力提升培训班的通知
18	镇润政协办〔2023〕2号	关于区七届政协第二期委员培训班培训费的请示
19	镇润政协办〔2023〕3号	关于印发《政协镇江市润州区委员会2023年委员读书活动实施方案》的通知
20	镇润政协办〔2023〕4号	关于在"同心助企"行动中深入开展"助力民营经济健康发展、高质量发展"深度走访调研活动的通知
21	镇润政协办〔2023〕5号	政协镇江市润州区委员会办公室关于印发《政协镇江市润州区委员会关于加强和改进界别工作的办法》的通知
22	镇润政协办〔2023〕6号	关于做好区政协七届三次全体会议提案征集工作的通知
23	镇润政协办〔2023〕7号	关于印发《政协镇江市润州区委员会协商议政质量评价工作办法(试行)》的通知
24	镇润政协办〔2023〕8号	关于印发《政协镇江市润州区委员会各界别召集人名单》的通知

荣誉榜

省级以上先进集体名录

润州区获省级以上先进集体表彰名录一览表

表 27

单位名称	荣誉称号	表彰单位
润州区妇幼保健计划生育服务中心	2023 年全国避孕药具不良反应监测工作先进单位	国家卫生健康委计划生育药具不良反应监测中心
润州区	第二批江苏省文化和旅游产业融合发展示范区建设单位	省文化和旅游厅
区仲裁委劳动人事争议人民调解委员会	江苏省 2023 年“金牌劳动人事争议调解组织”	省人社厅、省总工会、省企业家联合会 / 企业家协会、省工商联
江苏瑞祥科技集团有限公司劳动争议调解委员会	江苏省 2023 年“金牌劳动人事争议调解组织”	省人社厅、省总工会、省企业家联合会 / 企业家协会、省工商联
润州区七里甸社区卫生服务中心	江苏省 2022 年度家庭医生服务模式创新单位	省卫生健康委
润州区官塘桥社区卫生服务中心宝平社区家庭医生工作室	江苏省 2022 年度星级家庭医生工作室	省卫生健康委
国家税务总局镇江市润州区税务局法制股	江苏省五一巾帼标兵岗	省人社厅、省总工会
镇江市金山湖小学少先队大队	2023 年度江苏省优秀少先队集体	共青团江苏省委、江苏省教育厅、江苏省人力资源和社会保障厅、江苏省少工委
镇江实验学校三(16)中队	2023 年度江苏省优秀少先队集体	共青团江苏省委、江苏省教育厅、江苏省人力资源和社会保障厅、江苏省少工委
润州区护渔队	2022 年度长江流域渔政协助巡护优秀队伍评选一等奖	省禁捕退捕工作专班
润州区七里甸光华社区联合瑞和居家养老服务中心	江苏省 2023 年度优秀红十字博爱家园	省红十字会
润州区人民法院金山湖人民法庭	“全省优秀人民法庭”	省法院、省人社厅
镇江市润州区和平路街道新金江社区文明实践巾帼志愿阳光站	江苏省“在你身边”文明实践巾帼志愿阳光站	省妇联
润州区七里甸街道新城社区	2022 年度江苏省学雷锋志愿服务先进典型优秀志愿服务社区	省文明办
润州区检察院	2023 年度全省检察新闻宣传先进集体	江苏法治报社

省级以上先进个人名录

润州区获省级以上先进个人表彰名录一览表

表 28

姓名	荣誉称号	表彰单位
宋国琴	2022 年度全国退役军人服务中心（站）“百名优秀主任（站长）”	退役军人事务部办公厅
朱建群	2023 年全国避孕药具不良反应监测工作先进个人	国家卫生健康委计划生育药具不良反应监测中心
李焱平	2023 年全国避孕药具不良反应监测工作先进个人	国家卫生健康委计划生育药具不良反应监测中心
沈琨皓	2023 年度江苏省优秀少先队员	共青团江苏省委、江苏省教育厅、江苏省人力资源和社会保障厅、江苏省少工委
华青云	2023 年度江苏省优秀少先队辅导员	共青团江苏省委、江苏省教育厅、江苏省人力资源和社会保障厅、江苏省少工委
季砚戎	全省优秀法治副校长	省检察院
王萍芳	2023 年江苏省教学名师	省教育厅
江　悦	江苏省宣传系统先进工作者	江苏省委宣传部、江苏省人力资源和社会保障厅

区委、区政府表彰名录

2022 年度润州区“建设现代化一流主城区”城市经济奖先进集体和个人名单

镇润发〔2023〕1 号

一、2022 年度润州区“建设现代化一流主城区”城市经济奖先进集体名单（共 29 家）

江苏船山集团有限责任公司
镇江大照集团有限公司
陕西延长石油物资集团江苏有限公司
镇江建工建设集团有限公司
江苏镇江建设集团有限公司
江苏英汇能源科技有限公司
镇江和谐建筑劳务有限公司
中国移动通信集团江苏有限公司镇江分公司
镇江华江油气工程技术服务有限公司
江苏银行股份有限公司镇江分行
中信银行股份有限公司镇江分行
南京银行股份有限公司镇江分行
中国光大银行股份有限公司镇江分行
中国农业银行股份有限公司镇江分行
中国邮政储蓄银行股份有限公司镇江市分行
华夏银行股份有限公司镇江分行
华福证券有限责任公司镇江北府路证券营业部
中国农业发展银行镇江市分行
太平人寿保险有限公司镇江中心支公司

金山街道
韦岗街道
官塘桥街道（官塘创新社区）
区总工会
区纪委监委机关（区委巡察办）
区经发局
区应急管理局
区住建局

区卫健委
公安润州分局

二、2022年度润州区“建设现代化一流主城区”城市经济奖先进个人名单（共60名）

笪建新　江苏船山集团有限责任公司党委委员、董事长、总经理
孙海渤　镇江大照集团有限公司董事长、党委书记
李晓恒　陕西延长石油物资集团江苏有限公司法人代表
陶运平　镇江建工建设集团有限公司董事长
伊　立　江苏镇江建筑科学研究院集团股份有限公司党委书记、董事长、院长
袁云燕　江苏瑞祥科技集团有限公司总裁
贺　军　中国电信股份有限公司镇江分公司总经理、党委书记
杨　准　镇江长申商贸有限公司总经理
李静凯　镇江国际经济技术合作有限公司总经理
卢国强　镇江市镇研种业有限公司董事长、总经理
周元明　江苏银行股份有限公司镇江分行党委书记、行长
汤效勇　中信银行股份有限公司镇江分行党委书记、行长
汤　松　南京银行股份有限公司镇江分行党委书记、行长
韩振亚　中国农业银行股份有限公司镇江分行党委书记、行长
段泽强　兴业银行股份有限公司镇江分行党委书记、行长
高立铮　华夏银行股份有限公司镇江分行党总支书记、行长
王劲新　平安银行股份有限公司镇江分行党委书记、行长
刘　敏　浙商银行股份有限公司镇江分行党委书记、行长
王吉祥　华泰证券股份有限公司镇江分公司总经理
李　伟　镇江市润州区明润农村小额贷款有限公司董事长
殷　康　七里甸街道经济发展和建设局工作人员
黄　晔　官塘桥街道经济发展和建设局工作人员
倪若男　宝塔路街道党工委委员、办事处副主任
丁笑笑　和平路街道党工委副书记、二级主任科员
袁　颖　金山街道党工委副书记
杨美荣　韦岗街道统计站工作人员
耿　静　南山街道经济发展和建设局局长
王仲军　镇江市润州区新农村发展实业有限公司综合管理部经理
邵建栋　区政协提案委主任
杨　飚　区人大财经委主任、四级调研员
汤昕怡　区委组织部办公室主任
金　蕾　区委研究室副主任
祁明星　区委宣传部副部长、区委网信办主任、区政府新闻办主任、区新闻中心主任
李文楷　区委政法委办公室主任
张一玄　区政府办公室党组成员、副主任
陈　璐　区委区级机关工委副书记
肖　骁　区市场监管局党委委员、副局长
范虹华　润州税务局党委委员、副局长
马　莉　区财政局财政结算中心科长
杨海莲　区科技局党组成员、副局长
孙　杰　区政务服务中心副主任
陈　鑫　区农业农村局党委委员、副局长、二级主任科员
陈　娜　区统计局综合科一级科员
钟　灵　自规润州分局副局长
徐　冲　区商务局办公室主任
苏德志　区信访局党组成员、副局长
潘丁亮　区法院民事审判庭庭长
沈　军　区人社局党委委员、副局长、四级调研员
焦惟奇　区检察院二级主任科员、办公室主任、检察综合管理党支部书记
鄂　萍　区教育局副局长
戴永能　金山街道党工委委员、人大工委主任、红光太古山社区党委书记
秦勇华　韦岗街道经济发展和建设局局长
蒋雨舟　镇江市官塘创新社区投资运营有限公司投资建设处副主任
刘美中　区总工会党组成员、副主席
马少俊　区纪委常委、区监委委员、区委巡察办主任、一级主任科员
倪守俊　区经发局党组成员、副局长、四级调研员
汤世鹏　区应急管理局党委委员、副局长、二级主办
胡　静　区住建局住建科科长
郃　磊　区卫健委疾控科负责人
戎姗姗　公安润州分局民警

2022年度“三聚三提五创”三十佳表彰名单

镇润发〔2023〕8号

一、忠诚团结创新担当好班子（共4个）

金山街道　区财政局

区住建局　区退役军人事务局

二、发展富民好搭档（共1对，2名）

张　娟　韦岗街道党工委书记

周恒祥　韦岗街道党工委副书记、办事处主任

三、服务基层好班长（共3名）

欧阳国良　区委区级机关工作委员会书记

刘春光　区人力资源和社会保障局党委书记、局长

耿长旭　区市场监督管理局党委书记、局长、知识产权局局长

四、头雁领航好书记（共5名）

李　伟　区农业农村局党委书记、局长、乡村振兴局局长

朱荣平　官塘桥街道党工委委员、官塘桥村党委书记

李　实　宝塔路街道庄泉社区党委书记

史梅玲　金山街道西津古渡社区党委书记

蒋菊花　金山街道银山门社区党委书记

五、勇于担当好助手（共16名）

（一）街道（7名）

钱　进　宝塔路街道党工委委员、人大工委主任

郑永明　和平路街道党工委委员、人大工委主任、四级调研员

戴永能　金山街道党工委委员、人大工委主任

夏　兵　七里甸街道党工委副书记

向　绯　官塘桥街道党工委副书记、三级主任科员

徐　春　韦岗街道党工委副书记

尤　毅　南山街道党工委副书记、人武部部长

（二）区级机关部门（7名）

余　波　区人民法院党组成员、副院长

杨海峰　区人民检察院党组成员、副检察长

侍婷婷　区经济发展局副局长

殷荣栋　区财政局原党委副书记、副局长、二级主任科员

康　伟　区住房和城乡建设局党委委员、副局长、三级主任科员

张　杰　区水利局党组成员、副局长

张涵宇　区统计局党组副书记、副局长

（三）区属企事业单位（2名）

张　静　区委党校副校长

壮　伟　区城市建设投资有限公司副总经理

统计公报

2023年润州区国民经济和社会发展统计公报

润州区统计局

（2024年7月20日）

2023年，在市委、市政府和区委、区政府的坚强领导下，全区坚持以习近平新时代中国特色社会主义思想为指导，认真贯彻中共二十大和二十届历次全会精神，深入落实习近平总书记视察江苏、镇江重要讲话指示精神，牢记“镇江很有前途”的殷殷嘱托，团结依靠全区人民，攻坚克难、苦干实干，不断推动城市经济和各项事业高质量发展，努力为镇江“十四五”贡献润州力量。

一、综合

2023年，全区实现地区生产总值300.05亿元，按可比价格计算，比上年增长6.8%，其中：第一产业增加值0.46亿元，同比增长3.4%；第二产业增加值57.63亿元，同比增长4.2%；第三产业增加值241.96亿元，同比增长7.3%。

经济结构进一步调整，服务业增加值占地区生产总值比重略有提升，三次产业比例为0.2∶19.2∶80.6。

2023年，完成一般公共预算收入162753万元，同口径增长11.1%，其中税收收入123022万元，同口径增长10.38%。完成一般公共预算支出212549万元，同比下降43.82%。

二、农业

全区农林牧渔业总产值8209万元，按可比价计算，同比增长3.6%；农林牧渔业增加值4937万元，按可比价计算，同比增长3.6%。粮食总产量1059.04吨，同比增长3.4%；蔬菜及食用菌12565.34吨，同比增长10.4%。

全年农作物播种面积650.67公顷，同比增长2.4%，其中：粮食播种面积137.4公顷，同比增长5.1%；蔬菜播种面积456.27公顷，同比增长0.2%。

全年化肥施用量（折纯）358.5吨。

2023年度润州区农田水利基本建设完成投资约150万元。完成土方约2万方，疏浚县乡河道1条，疏浚长度约1千米；改造塘坝一座，改善灌溉面积66.67公顷；改善除涝面积66.67公顷；长效保洁河道约17千米。

三、工业和建筑业

2023年年末，拥有规模以上工业企业9家。全年规模以上工业企业完成总产值32.62亿元，同比下降15.2%。分轻重工业看，轻工业0亿元；重工业32.62亿元，同比下降15.2%。分行业门类看，采矿业8.28亿元，同比下降6.2%；制造业3.49亿元，同比下降51.9%；电力、热力、燃气及水生产和供应业20.85亿元，同比下降6.8%。在总计中，股份制企业4.43亿元，同比下降6.9%；外商及港澳台商投资企业20.85亿元，同比下降6.8%。在总计中，民营工业8.28亿元，同比下降38.8%，其中私营企业0.88亿元，同比下降80.9%。在总计中，大中型工业企业28.43亿元，同比下降6.4%。

全年，规模以上工业企业实现营业收入38.24亿元，同比下降9.1%；利税4.46亿元，同比下降37.5%；利润3.32亿元，同比下降41.7%。规模以上工业企业成本费用利润率为9.5%，产品销售率为101.9%。规模以上工业企业主要产品产量见表29。

2023年主要工业产品产量表

表29

产品名称	计量单位	累计	同比±%
石灰石	吨	10130274.00	-10.3
商品混凝土	立方米	27932.00	-67.5
石墨及碳素制品	吨	0	-100.0
滚动轴承	万套	237.39	14.2

2023年年末，在库的具有资质等级的建筑业企业92家，从事建筑业活动的平均人数为28540人。签订合同额155.85亿元，同比下降10.4%，其中，本年新签合同额90.88亿元，同比下降27.9%。建筑业房屋施工面积240.22万平方米，同比下降12.3%。全年实现建筑业总产值112.18亿元，同比增长5.1%。竣工产值56.50亿元，同比下降10.1%。

四、固定资产投资

全年，完成固定资产投资58.08亿元，同比下降1.8%。其中：二产投资完成6.02亿元，同比增长35.7%；三产投资完成52.06亿元，同比下降4.9%；高技术产业投资完成3.34亿元，同比增长35.5%；民间投资27.83亿元，同比下降8.5%。

2023年年末，在库从事房地产开发经营业企业28家，完成房地产投资30.52亿元,同比下降7.7%。房屋施工面积216.32万平方米，同比下降9.3%；房屋竣工面积38.75万平方米，同比下降5.6%。本年商品房销售面积49.23万平方米，同比下降0.9%，其中，住宅销售面积24.26万平方米，同比下降45.4%。本年商品房销售额完成40.72亿元，同比下降15.4%。待售面积10.45万平方米，同比下降63.9%。

五、国内贸易和开放型经济

2023年，实现社会消费品零售总额151.16亿元，增长10.5%。限额以上单位中，批发业实现零售额22.37亿元，同比增长12.59%；零售业实现零售额85.09亿元，同比增长27.51%；住宿业实现零售额0.31亿元，同比下降6.75%；餐饮业实现零售额4.17亿元，同比增长12.23%。全年共实现国内贸易总额542.01亿元，同比增长13.05，其中批发业378.47亿元，增长12.6%；零售业134.90亿元，增长13.4；住宿业4.41亿元，增长21.2%；餐饮业24.24亿元，增长16.6%。

2023年年末，拥有亿元贸易市场2个，分别是：镇江九州国际装饰家居广场有限公司、镇江农副产品批发市场有限公司，实现成交额43.99亿元。

2023年，完成进出口总额23.2亿元，同比下降9.8%，其中出口总额16.1亿元，同比下降23.6%；进口总额7.2亿元，同比增长51.8%。2023年全年全区实际利用外资510万美元，占市计划的102%。

六、科学技术和卫生

2023年，认定的国家级高新技术企业15家，年末拥有国家高新技术企业数27家，科技型中小企业入库64家，高新技术企业培育入库26家。2023年新增2家市级工程技术研发中心，年末拥有省级工程技术中心1家，市级工程技术中心14家。获批1家省级专业型众创空间，1家市级众创空间及1家培育点，年末拥有市级孵化器1家，省级众创空间4家，市级众创空间4家。

2023年年末，拥有医疗卫生机构（包含个私诊所）134个、实有床位640张；有卫生技术人员1660人，其中：执业（助理）医师643人、注册护士826人、药剂人员97人、技师（检验、影像、康复）94人。城乡居民合作医疗同步实施。（卫生部分含高新区）

七、教育、体育和文化

2023年，全区拥有小学12所、初中1所、九年一贯制学校5所（含两所民办：镇江苏州外国语学校、镇江培文实验学校）；现有在校小学生15286人，初中生4524人。九年义务教育对象入学率100%；小学、初中在校生巩固率均达100%；初中升高中段的比例达到100%。职业教育、成人教育继续发展，现有中等职业类学校1所，在校学生1607人；区老年大学在校生2268人。（教育部分含高新区）

2023年，全区学校国家学生体质健康网数据上报平均合格率95%以上，优良率50%以上，优秀率10%以上。在2023年镇江市区中考体育考试中我区以63.29%的满分率及26.89的区均分（总分28分）再次获得均分市区第一。（此部分含高新区）

2023年年末，全区拥有街道文化站7个，各村（社区）综合文化服务实现全覆盖，公共数字文化地区覆盖率达到100%。围绕学习宣传贯彻中共二十大精神、庆祝润州建区40周年等主题开展系列活动，开展“耕耘四十载·筑梦新时代”优秀群众文艺节目巡演等惠民广场文化演出34场，完成“润心书场”扬州曲艺特邀专场2场、驻场演出88场，组织“润心课堂”艺术普及培训700余课时、“文艺播种计划”志愿辅导110课时，策划18个主题的艺术展览进校园，开展“润心向学”系列研学活动5场，戏曲进校园活动10场。成功举办第四届区少儿故事创作演讲大赛、“润州之星”润州区优秀群众文艺节目选拔赛等区级文艺赛事13场。报送团队、作品获评市级以上奖项二十余个，区文体旅游局被表彰为镇江市创建国家公共文化服务体系示范区先进集体。全区已建成体育健身路径点190个。目前，社会体育指导员2418人。

八、生态环境

2023年，润州区空气质量优良天数比率为77.1%，较2017年上升21个百分点；$PM_{2.5}$浓度为35微克/立方米，较2017年下降39%。2023年润州区新河桥国考断面及京口闸省考断面水质年平均浓度达到Ⅱ类，达到省考核目标。全区集中式饮用水水质达标率100%。

2023年，全区共完成造林总面积8.67公顷（其中新增造林2公顷，低效林改造6.67公顷）；林木覆盖率为32.82%。

九、人民生活和社会保障

2023年，润州区城镇常住居民人均可支配收入为63354元，同比增加2959元，增长4.9%。从收入来源看，工资性收入、经营净收入、财产净收入和转移净收入分别为37262元、7123元、7061元和11908元，同比分别增长6.7%、1.2%、1.3%和3.7%。城镇居民人均消费支出41334元，同比增加3273元，增长8.6%。从同比增速来看，八大类消费呈全面增长趋势，其中教育文化娱乐、交通通信、其他用品及服务支出呈现两位数增长。从消费比重上看，食品、居住和教育文化娱乐支出位居前三位，比重分别为28.7%、20.2%和16.1%；其次是交通通信、衣着、生活用品及服务、医疗保健和其他用品及服务支出，比重分别为15.7%、6.3%、4.8%、4.5%和3.7%。

2023年，全区新增城镇就业人员6365人，帮助城镇失业人员再就业5637人。2023年末城镇调查登记失业率控制在5%以内。（此部分含高新区）

2023年，全区城乡基本社会保险覆盖率达98%，共有7394人享受城乡居民省基础养老金。（此部分含高新区）

注：

1.公报中各项统计数据均为初步统计数，正式数据以《润州统计年鉴（2023）》为准。

2.地区生产总值、各产业增加值绝对数按当年价格计算，增长速度按可比价格计算。

3.除标注含高新区外，其余段落部分的数据均不含高新区。

（区统计局）

统计数据

2023 年润州区国民经济和社会发展主要指标表

表 30

指标名称		计量单位	2023 年实绩	比上年 ± %
行政概况	街道	个	7	
	村民委员会	个	4	
	居民委员会	个	48	
	全区总面积	平方千米	113	
国民经济核算	地区生产总值	亿元	280.04	1.3
	#第一产业	亿元	0.45	4.0
	第二产业	亿元	54.53	4.0
	#工业	亿元	25.81	2.1
	第三产业	亿元	225.06	0.7
农业	农林牧渔总产值	万元	8209.00	3.6
	#农业	万元	6553.00	−2.3
	林业	万元	431.00	90.4
	牧业	万元	0	—
	渔业	万元	500.00	28.6
	农林牧渔服务业	万元	725.00	20.0
工业	规模以上工业总产值	亿元	32.62	−15.2
	规模以上工业增加值	亿元	—	−7.3
	规模以上工业营业收入	亿元	38.24	−9.1
	规模以上工业利税总额	亿元	4.46	−37.5
	规模以上工业利润总额	亿元	3.32	−41.7
国内贸易	社会消费品零售总额	亿元	151.16	10.5
对外经济	实际利用外资	万美元	510.00	−67.7
	进出口总额	亿元	23.2	−9.8
	进口	亿元	16.1	−23.6
	出口	亿元	7.2	51.8

续表 30

指标名称		计量单位	2023 年实绩	比上年 ± %
固定资产投资	固定资产投资	亿元	58.08	-1.8
	#第二产业	亿元	6.02	35.7
	第三产业	亿元	52.06	-4.9
	#房地产	亿元	30.52	-7.7
财政收支	一般公共预算收入	亿元	16.28	1.7
	# 税收收入	亿元	12.30	-1.6
	一般公共预算支出	亿元	21.25	-43.8
人民生活	在岗职工平均工资	元	145158.00	4.4
	城镇常住居民人均可支配收入	元	63354.00	4.9
教育卫生	在校学生数	人	27858	4.3
	医院床位数	张	660	-12.2
	卫生技术人员	人	782	13.7
	# 护士	人	420	18.6

2023 年润州区规模以上工业表（分行业）

表 31

指标名称	计量单位	2023 年实绩	比上年 ± %
规模以上工业企业个数	个	9	-10.0
工业总产值	亿元	32.62	-15.2
# 轻工业	亿元	0.00	—
重工业	亿元	32.62	-15.2
按登记类型分:			
国有企业	亿元	—	—
集体企业	亿元	—	—
有限责任公司	亿元	6.46	-3.83
股份有限公司	亿元	4.43	-6.9
私营企业	亿元	0.88	-80.9
外商及港澳台商投资企业	亿元	20.85	-6.8
其他经济类型企业	亿元	—	—

续表 31

指标名称	计量单位	2023 年实绩	比上年 ± %
营业收入	亿元	38.24	–9.1
# 轻工业	亿元	0.00	—
重工业	亿元	38.24	–9.1
按登记类型分:			
国有企业	亿元	—	—
集体企业	亿元	—	—
有限责任公司	亿元	10.72	32.6
股份有限公司	亿元	4.50	–13.9
私营企业	亿元	2.16	–66.1
外商及港澳台商投资企业	亿元	20.85	–6.8
其他经济类型企业	亿元	—	—
主要经济指标按主要行业分			
1. 营业收入	亿元	38.24	–9.1
非金属矿采选业	亿元	12.19	17.4
农副食品加工业	亿元	—	—
非金属矿物制品业	亿元	1.47	–73.3
金属制品业	亿元	3.04	3.4
通用设备制造业	亿元	0.53	–10.0
仪器仪表制造业	亿元	0.17	–42.1
废弃资源综合利用业	亿元	—	—
燃气生产和供应业	亿元	20.85	–6.8
2. 工业利税总额	亿元	4.46	–37.5
非金属矿采选业	亿元	1.96	–37.3
农副食品加工业	亿元	—	—
非金属矿物制品业	亿元	0.07	–92.7
金属制品业	亿元	0.21	96.9
通用设备制造业	亿元	0.05	–3.4
仪器仪表制造业	亿元	0.02	–49.9
废弃资源综合利用业	亿元	—	—
燃气生产和供应业	亿元	2.16	–25.8

续表 31

指标名称	计量单位	2023 年实绩	比上年 ± %
3. 工业利润总额	亿元	3.32	–41.7
非金属矿采选业	亿元	1.29	–45.5
农副食品加工业	亿元	—	—
非金属矿物制品业	亿元	0.06	–90.8
金属制品业	亿元	0.12	95.2
通用设备制造业	亿元	0.01	19.1
仪器仪表制造业	亿元	0.01	–63.8
废弃资源综合利用业	亿元	—	—
燃气生产和供应业	亿元	1.83	–29.7
4. 平均用工人数	万人	0.22	–8.8
非金属矿采选业	万人	0.08	–7.3
农副食品加工业	万人	—	—
非金属矿物制品业	万人	0.01	–46.5
金属制品业	万人	0.04	–7.9
通用设备制造业	万人	0.04	–2.5
仪器仪表制造业	万人	0.00	–4.0
废弃资源综合利用业	万人	—	—
燃气生产和供应业	万人	0.05	–5.3

2023 年润州区规模以上工业主要经济指标表

表 32

指标名称	计量单位	2023 年实绩	比上年 ± %
规模以上企业个数	个	9	–10.0
亏损企业个数	个	1	0.0
流动资产合计	亿元	24.25	–2.2
资产总计	亿元	37.77	–2.1
负债总计	亿元	12.57	–18.2
二项资金	亿元	3.92	1.0
其中:应收账款	亿元	3.14	9.1
其中:产成品存货	亿元	0.78	–22.3

续表 32

指标名称	计量单位	2023 年实绩	比上年 ± %
工业总产值(现行价)	亿元	32.62	–15.2
其中:战新产值	亿元	0.00	–100.0
工业销售产值	亿元	33.24	–17.8
其中:出口交货值	亿元	0.52	–89.9
工业增加值	亿元	—	–7.3
工业用电量	万千瓦时	4239	–6.8
营业收入	亿元	38.24	–9.1
营业成本	亿元	31.18	–6.2
税金及附加	亿元	0.28	–14.9
销售费用	亿元	1.68	–5.1
管理费用	亿元	1.97	2.0
财务费用	亿元	–0.23	–487.5
利润总额	亿元	3.32	–41.7
亏损企业亏损总额	亿元	0.00	–100.0
利税总额	亿元	4.46	–37.5
本年应交增值税	亿元	0.86	–22.6
平均用工人数	万人	0.22	–8.8
本年应付职工薪酬	亿元	3.71	6.6

2023 年润州区规模以上工业表（分街道）

表 33

街道名称	工业总产值（亿元）	营业收入（亿元）	利税（亿元）	利润总额（亿元）	资产总计（亿元）	负债合计（亿元）	企业数（个）	平均用工人数（万人）
七里甸街道	24.88	28.67	3.00	2.48	19.01	9.52	3	0.09
官塘桥街道	—	—	—	—	—	—	—	—
宝塔路街道	—	—	—	—	—	—	—	—
和平路街道	0.18	0.17	0.02	0.01	0.26	0.01	1	0.00
金山街道	—	—	—	—	—	—	—	—
韦岗街道	4.96	6.36	1.24	0.71	15.22	1.92	4	0.08
南山街道	2.61	3.04	0.21	0.12	3.30	1.11	1	0.04
合计	32.62	38.24	4.46	3.32	37.77	12.57	9	0.22

2023 年润州区能源表

表 34

能源名称	计量单位	年初库存	购进量		购进金额（千元）	工业生产消费	消费量		年末库存
			实物量	购自外省			用于原材料	运输工具消费	
天然气	万立方米	0	69	0	2923	69	0	0	0
汽油	吨	0	106.56	0	1059.7	106.56	0	98.08	0
煤油	吨	0	3	0	43	3	0	0	0
柴油	吨	150.5	3856.36	0	28394.29	3742.08	0	68.69	264.78
润滑油	吨	29.08	164.91	0	4364.39	171.85	171.85	0	22.15
石油焦	吨	865.66	0	0	0	0	0	0	865.66
电力	万千瓦时	0	4239.15	0	33793.59	4239.15	0	2	0
余热余压	百万千焦	0	0	0	0	0	0	0	0
能源合计	吨标准煤	0	0	0	70577.97	11843.7	243.05	246.86	0

2023 年润州区建筑业主要指标表

表 35

指标名称	计量单位	2023 年实绩	比上年 ± %
企业数	个	92	5.7
签订的合同额	亿元	156	−10.4
建筑业总产值	亿元	112	5.1
竣工产值	亿元	56	−10.1
房屋建筑施工面积	万平方米	240	−12.3
# 新开工面积	万平方米	76	−29.2
从事建筑业活动的平均人数	人	28540	5.7
建筑业企业期末人数	人	13026	16.2

注:本表建筑业企业均为具有资质等级的总承包和专业承包建筑业企业 (不含劳务分包建筑业企业)。

2023 年润州区建筑业财务状况表

表 36

指标名称	计量单位	2023 年实绩	比上年 ± %
营业收入	亿元	87.85	−2.0
营业成本	亿元	79.29	−3.7
销售费用	亿元	0.22	−24.5
管理费用	亿元	4.32	−9.8
财务费用	亿元	0.43	−35.7
营业利润	亿元	3.64	68.0
利润总额	亿元	3.61	72.5

注:本表建筑业企业均为具有资质等级的总承包和专业承包建筑业企业(不含劳务分包建筑业企业)。

2023年润州区主要农副产品产量表

表37

产品名称	计量单位	2023年实绩	比上年±%
稻谷	吨	848	0.0
水产品	吨	173	73.0
蔬菜	吨	12565	10.4

2023年润州区城镇居民主要收支情况表

表38

指标名称	计量单位	2023年实绩	比上年±%
人均可支配收入	元	63354	4.9
#工资性收入	元	37262	6.7
经营净收入	元	7123	1.2
财产净收入	元	7061	1.3
转移净收入	元	11908	3.7
人均生活消费支出	元	41334	8.6
#食品烟酒	元	11857	7.9
衣着	元	2616	6.4
居住	元	8364	2.6
生活用品及服务	元	1998	3.4
交通和通信	元	6487	10.5
教育文化娱乐服务	元	6630	18.9
医疗保健	元	1849	8.2
其他商品和服务	元	1533	10.6

2023年润州区城镇居民年末主要消费品百户拥有量表

表39

指标名称	计量单位	2023年实绩	比上年±%
1.家用汽车	辆	60	7.1
2.助力车	辆	126	-18.2
3.洗衣机	台	101	-5.5
4.电冰箱(柜)	台	106	-13.1
5.彩色电视机	台	180	-2.2
6.计算机	台	92	12.2

续表 39

指标名称	计量单位	2023 年实绩	比上年 ± %
7.照相机	架	21	5.0
8.中高档乐器(含钢琴)	架	16	33.3
9.微波炉	件	102	—
10.空调器	台	260	2.0
11.淋浴热水器	台	100	—
12.健身器材	套	16	-11.1
13.固定电话	部	16	14.3
14.移动电话	部	218	-7.6
接入互联网的移动电话	部	215	-6.1
接入互联网的计算机	台	92	12.2

2023 年润州区固定资产投资表

表 40

指标名称	2023 年实绩（亿元）	比上年 ± %
固定资产投资	58.08	-1.8
其中：工业投资	6.02	35.7
其中：制造业投资	0.49	-52.0
其中：工业技改投资	0.47	-22.0
服务业投资	52.06	-4.9
# 房地产	30.52	-7.7
其中:产业投资		
其中：高技术产业投资	3.34	35.5
其中：民间投资	27.83	-8.5

2023年润州区房地产开发投资表

表41

指标名称	计量单位	2023年实绩	比上年±%
房地产开发投资完成额	亿元	30.52	-7.7
房屋施工面积	万平方米	210.09	-11.9
房屋竣工面积	万平方米	38.75	-5.6
商品房销售面积	万平方米	49.23	-0.9
#住宅	万平方米	23.90	-46.2
商品房销售额	亿元	40.72	-15.4
#住宅	亿元	24.44	-44.8
商品房平均售价	元	8270.78	-14.6
#住宅	元	10226.01	2.7
待售面积	万平方米	10.45	-63.9

2023年润州区城镇非私营单位从业人员和劳动报酬表

表42

指标名称	计量单位	2023年实绩
全部从业人员	人	42755
在岗职工	人	37937
其他从业人员	人	2425
劳务派遣人员	人	2393
女性	人	17210
全部从业人员劳动报酬	万元	612845
在岗职工	万元	576483
其他从业人员	万元	17013
劳务派遣人员	万元	19349
在岗职工平均工资	元	145158

2023 年润州区社会消费品零售总额表

表 43

指标名称	计量单位	2023 年实绩	比上年 ± %
社会消费品零售总额	万元	1511600	10.5
按行业分组			
限额以上批发业	万元	223678	12.6
限额以上零售业	万元	850935	27.5
限额以上住宿业	万元	3127	–6.7
限额以上餐饮业	万元	41748	12.2

2023 年润州区社会消费品零售总额表（分街道）

表 44

街道名称	2023 年实绩(万元)	比上年 ± %
润州区	1511600.3	10.5
七里甸街道	196952.8	12.9
官塘桥街道	27233.1	9.3
宝塔路街道	342266.7	9.8
和平路街道	120330.3	10.3
金山街道	62583.6	11.6
韦岗街道	6492.1	7.3
南山街道	755741.7	13.1

2023年润州区规模以上服务业表（分行业）

表45

行业类别	营业收入（亿元）	应交增值税（亿元）	应付职工薪酬（亿元）	从业人员数（人）
交通运输、仓储和邮政业	16.40	0.11	4.23	2513
信息传输、软件和信息技术服务业	50.42	1.22	6.99	2748
物业管理	4.39	0.19	1.92	3861
租赁和商务服务业	7.10	0.17	2.94	4164
科学研究和技术服务业	10.19	0.40	5.10	2820
水利、环境和公共设施管理业	5.79	0.28	0.58	346
居民服务、修理和其他服务业	0.24	0.00	0.04	48
卫生和社会工作	1.29	0.00	0.40	341
文化、体育和娱乐业	0.14	0.01	0.02	16
合计	95.96	2.38	22.22	16857

2023年润州区利用外资表（分街道）

表46

街道名称	实际利用外资(万美元)
七里甸街道	50.00
官塘桥街道	50.00
宝塔路街道	50.00
和平路街道	50.00
金山街道	50.00
韦岗街道	10.00
南山街道	250.00
合计	510.00

2023 年润州区一般公共预算收入表

表 47

指标名称	2023 年实绩(万元)	比上年 ± %
一般公共预算收入	162753	1.7
税收收入	123022	-1.6
增值税	64042	14.7
企业所得税	17990	-1.2
个人所得税	9882	-8.5
资源税	1072	-26.5
城市维护建设税	5	400.0
房产税	6219	-24.8
印花税	6255	98.2
城镇土地使用税	1514	-8.5
土地增值税	15098	-40.6
耕地占用税	796	—
其他税收收入	149	-29.7
非税收收入	39731	13.4
专项收入	5551	-1.9
行政事业性收费收入	813	-74.4
罚没收入	7937	314.5
国有资源(资产)有偿使用收入	986	48.5
国有资本经营收入	18000	-10.0
其他收入	6444	77.8

2023 年润州区一般公共预算支出表

表 48

指标名称	2023 年实绩(万元)	比上年 ± %
一般公共预算支出	212549	-43.8
一般公共服务	28850	-0.3
国防支出	425	99.5
公共安全支出	10057	-5.7
教育支出	42598	1.0
科学技术支出	2792	-0.7
文化旅游体育与传媒支出	1029	-7.9
社会保障和就业支出	25727	-3.6
卫生健康支出	12150	18.4
节能环保支出	8402	206.5
城乡社区支出	8456	-88.7
农林水支出	3164	-13.1
交通运输支出	1189	107.1
资源勘探工业信息等支出	20399	4494.4
商业服务业等支出	1005	-5.5
金融支出	0	—
援助其他地区支出	763	-1.7
自然资源海洋气象等支出	783	291.5
住房保障支出	35702	-78.5
灾害防治及应急管理支出	1212	-7.6
债务付息及发行费支出	5365	50.7
其他支出	2481	8170

2023 年润州区教育表

表 49

指标名称	计量单位	2023 年实绩	比上年 ± %
全区学校总数	所	53	5.7
九年一贯制	所	5	–20.0
初中	所	1	0.0
职中	所	1	0.0
小学	所	12	0.0
幼儿园	所	34	11.8
全区学生总数	人	27858	–1.3
初中	人	4524	–4.0
职中	人	1602	–33.6
小学	人	15286	–4.7
幼儿园	人	6446	16.6
全区班级总数	个	799	0.6
初中	个	109	0.9
职中	个	44	–31.8
小学	个	391	–2.3
幼儿园	个	255	10.6
全区当年毕业生数	人	6449	2.8
初中	人	1360	9.9
职中	人	0	—
小学	人	2283	3.6
幼儿园	人	2806	–9.1
全区当年招生数	人	6636	1.2
初中	人	1593	–7.3
职中	人	593	4.6
小学	人	2587	–0.3
幼儿园	人	1863	9.4
全区教职员工总数	人	1449	0.9
初中	人	334	0.3
职中	人	87	4.6

续表 49

指标名称	计量单位	2023 年实绩	比上年 ± %
小学	人	878	0.7
幼儿园	人	150	1.3
中学专任教师职称人数	人	314	-1.0
高级教师(副高级)	人	115	-0.9
一级教师(中级)	人	152	-1.3
二级教师(助理级)	人	47	0.0
小学专任教师职称人数	人	830	0.6
高级教师(副高级)	人	98	4.1
一级教师(中级)	人	610	7.7
二级教师(助理级)	人	122	-37.7
职中专任教师职称人数	人	82	6.1
高级教师(副高级)	人	50	2.0
一级教师(中级)	人	28	14.3
二级教师(初级)	人	4	0.0

注：专任教师数不含工人。

2023 年润州区医疗机构表

表 50

指标名称	机构数（个）	床位数（张）	卫生技术人员（人）	其中		
				执业医师（人）	注册护士（人）	药剂人员（人）
医院	7	220	127	64	55	8
综合医院	7	220	127	64	55	8
社区卫生服务中心	7	440	635	210	363	62
妇幼保健所	1	0	11	8	2	1
疾病预防控制中心	1	0	9	9	0	0
卫生监督所	1	0	0	0	0	0
总计	17	660	782	291	420	71

（区统计局）

说 明

一、本索引采用主题分析索引方法编制，按索引词第一个字的汉语拼音字母顺序排列（同音按声调），音、调相同按第二个字音序排列，以此类推。

二、索引词后的阿拉伯数字表示内容所在的页码，数字后的拉丁字母 a、b、c 表示该页码从左到右的栏数。

三、凡空二字起排，为二级索引，是一级索引词的“附见”。

四、特载、专记、大事记等内容不作索引。

B

C

D

F

G

H

R

S

T

W

X

Y

Z

镇江润州长江村镇银行

2023年6月1日，参加镇江市银行业普及金融知识万里行活动

2023年11月11日，参加金融系统健步走活动

镇江润州长江村镇银行位于镇江市润州区中山西路102号，2015年2月开业。银行的经营宗旨是：恪守信用，合法经营，积极参与金融市场竞争，以安全性、流动性、效益性为经营原则，以服务“三农”、“小微企业”、区域经济发展为目标，向社会提供优质、高效的金融服务，促进经济繁荣及各项事业发展。作为地方一级法人金融机构，银行的主要特点：一是公司治理结构简洁、灵活。按现代企业制度构建的村镇银行，实行简洁、灵活的公司治理，针对规模小、业务单一的特点，建立和设置公司组织架构，建立科学合理的管理流程和业务流程，缩短决策链条，提高经营决策效率。二是市场定位明确。服务对象主要定位于“三农”和“小微企业”，属于分散、小额、个性化的低端客户市场，业务流程短、频、快，业务上与其他金融机构虽有竞争，但更多是互补。三是贷款小额、分散，有利于更好防范风险。

2023年10月20日，与金山街道风车山社区开展“美食重阳 你我共享”活动

2023年7月，与金山街道润州山路社区开展银社共建“整村授信-助力乡村振兴”主题宣讲活动

润州区七里甸街道

2023年4月，省委老干部局主要负责人调研万科社区老干部工作

2023年12月28日，市委常委、市委组织部主要负责人调研万科社区主题教育开展情况

七里甸街道是镇江市、润州区两级行政中心所在地，地处主城核心板块，坐拥南徐“首善”资源，辖区面积7.8平方千米，下辖10个社区，总人口8.4万人。南徐大道、檀山路等主要干道贯通东西、南北，城际铁路、连淮扬镇铁路穿城而过，区位独特，交通便利。此外，街道还聚集了商务A区、国控双子楼、旭辉时代大厦等10座楼宇，是润州区发展生产性服务业的重点板块。

2023年，七里甸街道深入学习贯彻习近平新时代中国特色社会主义思想和中共二十大精神，认真学习贯彻省、市、区委全会精神，落实“首善七里、标杆七里”2023行动方案，坚持走好高质量发展之路，为描绘中国式现代化一流主城区美好画卷作出七里甸贡献。

2023年8月，区政协主要负责人到黄山小区开展商前调研

2023年3月21日，七里甸街道召开第二届议政代表会第三次会议

2023年6月1日，与镇江市"水电气路"党建联盟共建，打造"网格合伙人"项目

2023年6月，举办首届"幸福满'格'"党员服务市集

2023年9月，五里社区"吾家"党建微家投入使用

2023年9月，举办"润州区建区40周年"七里甸街道迎国庆文艺会演

2023年8月1日上午，七里甸司法所开展"送法进军营"活动

2023年11月，沙地公园建成

润州区官塘桥街道

2023年5月30日，市政府负责人、区政府主要负责人调研街道辖区铁路沿线整治工作

2023年11月20日，市人大负责人和区委负责人现场调研街道人大“驿路有我”品牌工作

2023年6月18日，街道主要负责人带队检查东风河沿岸危房

官塘桥街道位于镇江市南郊，于2011年7月20日由原蒋乔镇拆镇设街，是官塘新城开发建设的主阵地，街道办事处驻官驸路6号。2020年，街道行政区域面积12.26平方千米，总户数4304户，总户籍人口1万余人，下辖官塘桥、平山、秀山3个村和宝平、远洋2个社区。街道东邻镇江丁卯经济开发区，南接丹徒新区，西北紧依南山风景区，辖区有省道338线、京沪高速铁路和沪宁城际铁路等交通干线。辖区内有九年制义务教育学校2所，幼儿园1所，社区卫生服务中心1所。

2023年10月13日，召开第二届议政代表大会第四次会议

2023年1月31日，召开官塘桥街道服务创新社区高质量发展暨项目建设提升年动员大会

2023年11月10日，官塘桥街道召开2023年“聚焦民生福祉·办好民生实事”新闻发布会

2023年4月7日，开展“送法进基层、法润千万家”主题活动日活动

2023年4月26日，举办“平平联动　党建联盟”第三批单位集中签约仪式

2012年12月“智慧官塘”产业楼落成

2023年5月6日，举办庆祝润州区建区40周年系列文化活动启动仪式暨官塘桥街道第六届农民运动会

润州区宝塔路街道

2023年12月20日，区委主要负责人走访调研辖区重点金融企业

2023年9月11日，区政府主要负责人现场观摩五经普清查工作

2023年6月8日，举行“金融链”党建联盟签约仪式

宝塔路街道地处镇江市润州主城区，东至古运河及丁卯桥路，南至天桥路、南山路、北府路，西至檀山路、黄山北路，北至中山西路及京口闸，总面积5.08平方千米。街道下辖12个社区居委会。街道年末总人口59133人，总户数27274户，是镇江城际门户和综合交通的枢纽。2023年，宝塔路街道党工委牢牢把握稳中求进工作总基调，围绕发展目标，坚定不移抓好落实，主动担当，集中精力推动各项工作有序开展。一般公共预算收入3.36亿元；固定资产投资完成9.44亿元，超计划完成任务；限额以上餐饮营业额完成1.91亿元，同比增幅51.29%；建筑业总产值完成46.03亿元，占全区完成总量的41%；新增规模以上企业单位全年任务20家，实际完成上报29家，完成总量位居全区第一。重点项目不断推进。完成亿元以上项目招引1个，中国电信5G无线千兆数字城市建设项目，总投资1亿元。完成区重点项目招引5个。

2023年5月26日，开展“四社联动谱新篇 校地共建创辉煌”——庆祝润州区建区40周年文艺演出活动

2023年6月2日，宝塔路街道城际商圈妇女联合会在庄泉社区正式成立

2023年8月24日，在城际商圈党建微家举办“低风险创业沙龙读书会”

2023年3月2日，联合镇江市城管局党委，开展“学雷锋见行动　守护运河当先锋”志愿服务活动

2023年8月10日，在同德里社区开展“‘家门口’的营业厅”志愿服务活动

2023年1月18日，在镇江汽车站开展第六届“带一本好书回家”文化惠民活动

2023年7月3日，社区联合江苏科技大学材料学院志愿者开展航天知识进社区活动

2023年7月1日，联合润州团区委实施“乐享一夏”爱心暑托班项目

润州区和平路街道

2023年5月，镇江市市委主要负责人走进小区

2023年7月，区委主要负责人、区政府主要负责人调研老旧小区改造项目

2023年9月，区委主要负责人检查安全生产工作

和平路街道环抱金山，滨水而居，现辖4个涉农社区和7个城市社区，陆域面积20平方千米，水域220平方千米，长江岸线93.56千米，常住人口6.8万人，是城乡结合型街道。

2023年，和平路街道以习近平新时代中国特色社会主义思想为指引，认真学习贯彻落实中共二十大精神，围绕中心，服务大局，齐心协力谋发展、惠民生、促稳定、保安全，各项工作任务稳步推进。完成一泉社区老旧小区改造工作，推进江南新村、桃园新村物业市场化工作。

2023年6月，区政府主要负责人督查指导防汛工作

2023年2月，新疆生产建设兵团第四师七十七团调研新就业群体中心

2023年7月19日，召开“护江红”党建联盟暨“红色滨江水岸共治”启动会议

2023年6月27日，开展“红润新滨江　党建新征程”主题活动

2023年3月4日，开展润州区渔政执法船“32615”入列首航仪式暨长江禁渔春季联合执法行动

2023年11月，举办“就”在金秋，“职”面未来专场招聘会

2023年7月，打造退捕渔民身边的“悦”读圈

2023年12月，开展“和和美美　奋进2024年”主题活动

润州区金山街道

2023年4月27日，省、市人大领导调研全过程人民民主金山街道实践站

2023年1月30日，召开“新春第一会”，奋力建设“文化金山　幸福金山”

2023年3月2日，举办向“文化金山　幸福金山”出发学雷锋志愿服务活动启动仪式

2023年4月19日，“‘读’领风尚　阅见西津”全民阅读示范街区揭牌仪式举行

2023年2月3日，举办“我们的节日”系列活动·金山街道2023年度元宵文化集市

2023年，金山街道紧扣“文化金山 幸福金山”发展定位，真抓实干谋发展，凝心聚力抓经济，尽心尽力惠民生，各项工作呈现出稳中有进、稳中向好的发展态势，在全区“走在前、做示范”中展现了金山担当和作为。街道实现高质量发展绩效评价考核全区第一，其中10项国民经济指标高效落实，11项地区生产总值支撑指标稳中向好。高质高效完成宝盖山滑坡地质灾害治理和宝盖山体育公园建设，街道被评为2023年度社会治理现代化先进街道、信访工作示范街道、先进单位。西津古渡社区书记史梅玲获“江苏最美基层干部”称号。

2023年11月17日，召开2023年民生实事项目新闻发布会

2023年4月10日，召开第二届议政代表会第三次会议

2023年9月，举办“万家团圆庆中秋、邻里欢聚迎国庆”群众文化文艺演出活动

2023年2月，举办二月二龙抬头活动

润州区官塘桥街道官塘桥村

2023年4月14日，区委负责人调研村党建工作

2023年8月4日，市司法局负责人调研官塘桥村省级法治文化建设示范点工作

2023年5月6日，开展“机关支部进楼宇　纾难解困促发展”活动

2023年12月27日，联合官塘派出所开展“普法进企业　防诈惠民行”活动

官塘桥村位于镇江市南大门，是官塘桥街道办事处驻地，东面和官塘桥街道平山村交界，南面和丹徒区缪家甸社区接壤，西面与南山街道回龙社区为邻，北面与南山街道五凤口社区衔接。官塘桥村交通十分便利，沪宁高速公路出入口接线，官塘桥路、环山路穿村而过。辖区面积约3平方千米，户籍人口1423人。2010年以来，官塘桥村整建制拆迁，村民全部搬进了各个安置小区，随着官塘创新社区的发展建设，辖区内已有融创银城滴翠园、中企回龙山庄、中南林清月三家房地产项目陆续交付，常住人口约600人。在街道党工委、办事处的坚强领导下，先后获得了“全国综合减灾示范村”“全国科普惠农兴村先进单位”“江苏省民主法治示范村”“江苏省卫生村”“镇江市优秀基层党组织”“镇江市基层武装工作先进单位”等多项荣誉。

2023年11月8日，开展老少同乐包饺子，体验中国传统民俗活动

2023年4月12日，组织江苏大学留学生走进辖区林隐茶博园，体验春茶采摘

2023年6月25日，组织全体党员赴瞿秋白纪念馆开展实地参观学习

润州区官塘桥街道秀山村

2023年11月10日，区政府负责人带队检查农批市场国家卫生城市创建工作

2023年11月6日，街道办事处负责人调研文明城市复检情况

秀山村地处官塘桥街道东南，距离镇江市中心约8千米，东与沪宁城际相邻，南接省道338线，西至镇南立交桥、市农批市场，北与润州茶场、平山村交界。属于丘陵山区。全村占地面积5.6平方千米，下辖9个自然村（已全部拆迁），19个村民小组，共有农户760户，农业人口2650人。

◀ 2023年2月15日，人大代表听民生集民意

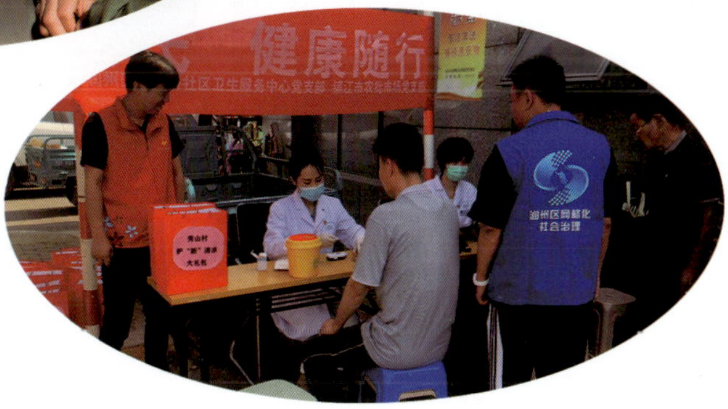

2023年6月7日，联合区城管局、官塘卫生服务中心开展护新送清凉活动 ▶

2023年3月2日，联合江苏科技大学开展志愿服务

2023年8月26日，太平花灯受邀参加镇江市社区五人制足球开幕式

2023年9月13日，联合江苏大学开展多彩主题墙绘活动，扮靓美丽乡村

润州区官塘桥街道平山村

2023年1月12日，街道党工委主要负责人到平山村进行党的二十大报告宣讲

2023年1月29日，区退役军人事务局、区人武部和街道上门送喜报

官塘桥街道平山村位于沪蓉高速南出入口，东与丁卯街道毗邻，南与秀山村接壤，北与五凤口社区交界，是官塘新城建设的核心区。辖区面积3.65平方千米，下辖21个村民小组（现已全部拆迁），852户居民，常住人口3024人。村党委下属4个党支部，11个党小组，共有党员115名，其中预备党员1名。辖区内有九年制义务教育学校2所，重点单位1个——华茂烟花仓库，市军分区下属单位仓库1个。

2023年2月28日，开展“深学细悟二十大，党员冬训暖人心”活动

2023年11月15日，驿家人党群服务站为群众办理养老资格认证

2023年8月12日，联合区司法局开展“清洁家园助文明　志愿服务我先行——‘三结三定’单位‘微·周六’”活动

2023年2月28日，在宝平文化广场开展“学习贯彻二十大　平平联动学雷锋服务集市”活动

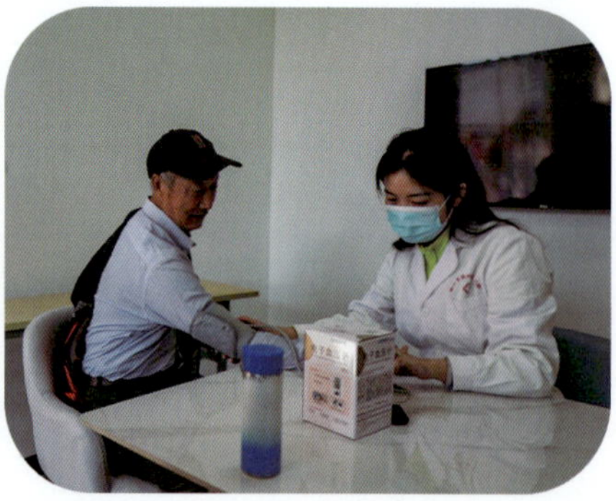

2023年11月15日，辖区医务工作者在服务站为老年人义诊

2023年10月28日，举办平平联动第四届阳光亲子运动会

润州区官塘桥街道宝平社区

2023年2月28日，开展“深学细悟二十大，党员冬训暖人心”学雷锋便民服务集市暨党员冬训活动

2023年6月29日，开展“追寻红色血脉精神　同心汲取奋进力量”主题党日活动

2023年6月28日，举办“翰墨绘未来　同心颂中华”专题书画展

2023年10月23日，开展“孝润童心　爱满重阳”活动

宝平社区东邻宝平路，南邻三里岗路，北靠谷阳路，西邻官山路。辖区有秀山美苑、南山一品、世茂云图三个住宅小区，总人口约4000人，是一个多元化社区。

社区以社会化服务为抓手，以“平安和谐温馨型社区”为目标，以“围绕服务抓党建，抓好党建促服务”为宗旨，设立“一站式”服务大厅、建立信息研判制度、拓宽民意收集渠道，实施全程代办服务，为居民办理各项业务提供便利。辖区内建有近5000平方米综合性宝平文化广场、社区科普体验馆、社区党校。举办“平平”假日课堂、学雷锋便民集市活动、流动书箱学党史、“驿路相伴　平平同行”邻里节、“红色传承润童心　凝心聚力向未来”红色亲子运动会，举办“追寻红色血脉　同心汲取奋进力量”“翰墨绘廉洁　廉扇扬清风”主题党日活动等主题鲜明、内容丰富、形式多样的党员群众文化教育活动，营造社区浓厚的文化氛围。社区先后获得江苏省民主法治示范社区、江苏省新闻出版广电系统先进集体、镇江市四星级示范农家书屋、镇江市文明社区、镇江市社区科普益民先进单位、镇江市人社基层服务标准化示范平台、镇江市优秀基层综合性文化服务中心、江苏省五四红旗团支部等多项荣誉。

2023年2月3日，开展“浓浓邻里情，欢乐闹元宵”活动

2023年4月26日，开展“驿路相伴　平平同行”首届邻里节活动

2023年10月28日，举办“红色传承润童心　凝心聚力向未来”红色亲子运动会

润州区官塘桥街道远洋社区

2023年1月11日，开展“墙绘年俗迎新春”活动

2023年2月23日，开展“冬训义诊进社区　便民服务暖人心”活动

2023年3月3日，开展“弘扬雷锋精神　共筑美好家园”活动

2023年3月11日，开展“贯彻党的二十大　共建植树添新绿”活动

远洋社区位于镇江市南大门，沪宁高速出入口东侧，是一个复合型社区，总建筑面积67.2万平方米，社区成立于2016年12月，常住人口2125户、6146人，户籍人口426户、956人。社区党群服务中心面积约1008平方米，配备一站式服务大厅、驿家人关心家园党群服务站、暖“新”加油吧、中鼎养老服务中心、残疾人康复中心等功能室，是开放共享、功能齐备的党建服务阵地。社区成立以来先后获得“全国科普日优秀活动”“省级健康社区”“省级残疾人康复中心”“省级创业型示范社区”“镇江市劳动示范平台”“镇江市五星先进党支部”“镇江市基层科普行动计划先进单位”“润州区先进基层党组织”“区级十佳网格党组织”等荣誉称号。

2023年3月24日，科普活动进校园

2023年6月19日，中外大学生乐享端午文化

2023年8月31日，举办防诈骗科普讲座

润州区和平路街道新金江社区

2023年3月9日，开展“齐创生态美　共添长江绿”植树护绿文明实践活动

2023年5月8日，在红十字博爱家园发起捐赠活动

和平路街道新金江社区成立于2020年10月，是渔民村向社区转变的新型社区，现有居民1234户，总人口3392人，其中党员148人。围绕践行习近平生态文明思想，突出抓好党建引领长江大保护，结合全域党建“四全模式”，打造“护江红”党建品牌，通过“水岸联盟”“水岸共学”“水岸乐行”三步齐驱，成立长江大保护党建联盟、创新形式浓厚学习氛围、党群合力打造自治平台，全力落实长江十年禁渔、长江岸线生态修复、退捕渔民安居乐业、“渔”文化传承等工作。

2023年6月14日，开展“踏寻先辈足迹　重温红色记忆”主题党日活动

2023年10月16日，联合镇江市金山地区人民检察院党支部以及护渔行动支部，在护渔驿站开展“检察护江润初心　赠书共学聚余香”主题活动

2023年11月3日，和平路街道人大工委组织人大代表走进新金江社区接待选民，面对面听取群众对经济发展、城市建设、社会治理、民生保障等方面的意见和建议

润州区南山街道朝阳社区

2023年6月，与镇江市人民检察院开展“学党章，强党性，迎七一”主题党日共建活动

2023年6月，与镇江市公安局反诈中心举办反诈党建联盟签授牌仪式

2023年5月，在官塘绿苑小区与润州区应急管理局共同开展“减轻灾害风险　守护美好家园”——防灾减灾宣传周暨三结三定活动

朝阳社区辖区范围为宝平路以西，谷阳路以北，官塘桥路以东，主体为官塘绿苑4个小区，居民人员构成以官塘、平山、秀山、五凤口等附近拆迁征地村组居民为主，其中还包含部分市区征地拆迁居民、廉租房住户等。社区积极探索党建引领强化管理，探索回迁小区治理的新路径，从改善居住环境和满足居民精神文化需求入手，以“居民自治+多元共参”为目标，努力构筑“社区居委会、共建单位、物业、网格员、楼栋长”5级社区管理组织架构，建立议事与服务机制，重点推进养老服务、健康医疗、休闲娱乐、教育培训等方面工作，逐步实现居民融合、素质提升、文化凝聚目标，形成“原户籍地+本辖区”兼容并包的文化氛围，增强辖区居民的凝聚力，提升居民的幸福感、获得感。

2023年3月在官塘绿苑小区与中国太平保险公司开展“播种绿色希望　建设美好家园”植树节党建共建活动

▲　2023年6月，开展“党建引领促共建　情暖端午粽飘香”端午节主题活动

◀　2023年6月，在官塘绿苑小区开展“百姓大舞台　文艺进万家”活动

2023年6月，在南山街道养老服务中心开展“粽叶飘香——巧手编织五彩绳”活动

润州区韦岗街道韦岗村

2023年2月，街道人武部主要负责人走访新兵，开展家访工作

2023年8月，街道退役军人服务站主要负责人走访困难优抚对象

2023年，韦岗街道韦岗村坚持以习近平新时代中国特色社会主义思想为指导，深入学习贯彻中共二十大精神，牢记嘱托、感恩奋进，以实干担当投身到各项工程的落实和推进，大力建设红色美丽乡村。全年，集体收入304.1万元，同比增比32.5%，其中，经营性收入181.3万元，同比增比11.6%。2023年，韦岗村凭借深厚的红色资源，成功入选中央组织部、中央财政部全国红色美丽村庄建设试点名单。

2023年11月，举办“和美乡村 ‘藕’遇韦岗”农民丰收节文艺演出

2023年2月9日，开展读书节活动

2023年2月2日，开展“其乐融融庆元宵，温暖和谐一家亲”猜灯谜闹元宵活动

2023年1月16日，联合镇江市文广旅局开展“新春慰问暖人心 春联送福康泰年”活动

镇江华润燃气有限公司

2023 年 3 月 13 日，江苏省第四督导组主要负责人一行对燃气行业安全生产工作开展督导检查

2023 年 12 月 12 日，镇江华润燃气与上海航天能源股份有限公司及江苏科技大学自动化学院签署智慧燃气技术研发与应用中心建设三方框架合作协议并举行揭牌仪式

镇江华润燃气有限公司一直秉持着“以客户为中心”的服务理念，坚持首问必答、首问必释、首问必果的原则，将用户的问题跟踪到底。公司不断优化服务理念，推进一站式服务和智能云端系统，满足用户定制管道美化、全天候燃气安全监护、智能化安全厨居等产品需求。公司推出“燃气管家”企业微信以及24小时燃气热线电话“95777”，为用户提供优质服务。公司坚决贯彻落实安全生产工作要求，筑牢安全防线。同时，公司积极发展分布式能源、分布式光伏、社会充电站等多项综合能源项目。未来，镇江华润燃气有限公司将不断提升服务质量和水平，用实实在在的成效推动城市高质量发展。

2023年4月25日，高桥镇LNG瓶组站正式投入使用

2023年6月16日，实施“安燃”惠民行动

2023年7月，开展“镇镇通”工程

2023 年 7 月 27 日，华润燃气镇江区域公司华桑食品 738.65 千瓦屋顶分布式光伏发电项目一期顺利投运

润州区国有平台公司

2023年1月，市委负责人调研平台公司承建的“333”污水达标区工程项目

2023年9月，区委、区政府负责人调研平台公司承建铁路沿线环境改造项目

2023年6月，平台公司负责人为党员干部讲授题为《学党史，忆初心，勇前行，扎实推进平台公司廉洁文化建设，全力打好意识形态领域主动仗》的党课

润州区国有平台公司位于镇江市金润大道1018号，由区新农村发展实业有限公司、区土地房屋开发有限公司、区城市建设投资有限公司、区新城镇发展有限公司4个主体公司组成，全资、控股和参股公司25个，主要涉及土地一级开发整理、征地拆迁、房地产开发建设、工程建设和配套施工、物业管理、建材贸易、酒店经营、金融资产管理、小额贷款经营等业务。截至2023年末，平台公司共有199人。2023年实现营收5.6亿元，上缴税收1700万元。

2023年2月，召开转型发展暨项目建设提升年动员大会